O IMPÉRIO DO DIREITO

O IMPÉRIO DO DIREITO

Ronald Dworkin

Tradução
JEFFERSON LUIZ CAMARGO

Revisão técnica
DR. GILDO RIOS

martins fontes
selo martins

©1999, Livraria Martins Fontes Editora Ltda.,
São Paulo, para a presente edição.
© 1996 by Ronald Dworkin.
Publicado através de acordo com a Harvard University Press.
Esta obra foi publicada originalmente em inglês com o título
Law's Empire

Publisher *Evandro Mendonça Martins Fontes*
Coordenação editorial *Vanessa Faleck*
Revisão da tradução *Silvana Vieira*
Revisão técnica *Gildo Sá Leitão Rios*
Revisão *Ivete Bastista dos Santos*
Márcia da Cruz Nóboa Leme
Julio de Mattos
Diagramação *Studio 3 Desenvolvimento Editorial*
Capa *Marcela Badolatto*

Dados Internacionais de Catalogação na Publicação (CIP)
(Câmara Brasileira do Livro, SP, Brasil)

Dworkin, Ronald
    O império do direito / Ronald Dworkin ;
tradução Jeferson Luiz Camargo ; revisão
técnica Gildo Sá Leitão Rios. – 3. ed. –
São Paulo : Martins Fontes - selo Martins, 2014. –
(Justiça e direito)

    Título original: Law`s Empire.
    ISBN 978-85-8063-126-5

    1. Common law 2. Direito - Filosofia
3. Jurisprudência I. Título. II. Série.

14-00066   CDU-340.12

Índices para catálogo sistemático:
1. Direito : Filosofia 340.12

Todos os direitos desta edição reservados à
Martins Editora Livraria Ltda.
Av. Dr. Arnaldo, 2076
01255-000 São Paulo SP Brasil
Tel. (11) 3116 0000
info@emartinsfontes.com.br
www.emartinsfontes.com.br

Sumário

Prefácio.. XI
Capítulo I. **O que é o direito?**............................. 3
Por que é importante – Divergências quanto ao direito –
O direito como simples questão de fato – Uma objeção
liminar – O mundo real – Teorias semânticas do direito –
O verdadeiro argumento em favor das teorias semânticas

Capítulo II. **Conceitos de interpretação**........... 55
O aguilhão semântico – Um exemplo imaginário – Um primeiro exame da interpretação – Interpretação e intenção do
autor – A arte e a natureza da intenção – Intenções e práticas – Etapas da interpretação – Filósofos da cortesia – Uma
digressão: a justiça – Ceticismo sobre a interpretação

Capítulo III. **A jurisprudência revisitada**.......... 109
Uma nova imagem – Conceitos e concepções do direito
– Concepções céticas e direito iníquo – Fundamentos e
força do direito

Capítulo IV. **Convencionalismo**......................... 141
Sua estrutura – Sua atração – As convenções jurídicas –
Dois tipos de convencionalismo – O convencionalismo

se ajusta à nossa prática? – O convencionalismo justifica a nossa prática?

Capítulo V. **Pragmatismo e personificação**............... 185

Uma concepção cética – O pragmatismo é conveniente? – O direito sem direitos – As exigências da integridade – A comunidade personificada

Capítulo VI. **Integridade**... 213

Programa – A integridade se ajusta? – A integridade é atraente? – O enigma da legitimidade – As obrigações da comunidade – Fraternidade e comunidade política – Notas desordenadas ao fim de um capítulo

Capítulo VII. **Integridade no direito**............................. 271

Uma visão de conjunto – A cadeia do direito – Direito: a questão dos danos morais – Resumo provisório – Algumas objeções conhecidas – O ceticismo no direito

Capítulo VIII. **O *common law***..................................... 333

A interpretação econômica – Complexidades – A questão da justiça – O dever utilitarista – A interpretação igualitária – Igualdade e custo comparativo – Pessoas privadas e órgãos públicos

Capítulo IX. **As leis**... 377

A intenção legislativa – A intenção do locutor – Convicções – O método de Hércules – A história legislativa – As leis ao longo do tempo – Quando a linguagem é clara?

Capítulo X. **A constituição**.. 425

O direito constitucional estaria baseado em um erro? – Liberais e conservadores – Historicismo – Passivismo –

Hércules no Olimpo – Teorias de igualdade racial –
A decisão do caso *Brown* – A decisão do caso *Bakke*
– Hércules é um tirano?

Capítulo XI. **O direito além do direito** 477

A autopurificação do direito – Os sonhos do direito –
Epílogo: o que é o direito?

Índice remissivo 493

Para Betsy

Prefácio

Vivemos na lei e segundo o direito. Ele faz de nós o que somos: cidadãos, empregados, médicos, cônjuges e proprietários. É espada, escudo e ameaça: lutamos por nosso salário, recusamo-nos a pagar o aluguel, somos obrigados a pagar nossas multas ou mandados para a cadeia, tudo em nome do que foi estabelecido por nosso soberano abstrato e etéreo, o direito. E *discutimos* os seus decretos, mesmo quando os livros que supostamente registram suas instruções e determinações nada dizem; agimos, então, como se a lei apenas houvesse sussurrado sua ordem, muito baixinho para ser ouvida com nitidez. Somos súditos do império do direito, vassalos de seus métodos e ideais, subjugados em espírito enquanto discutimos o que devemos, portanto, fazer.

Como se explica isso? Como pode a lei comandar quando os textos jurídicos emudecem, são obscuros ou ambíguos? O presente livro expõe, de corpo inteiro, uma resposta que venho desenvolvendo aos poucos, sem muita continuidade, ao longo de anos: a de que o raciocínio jurídico é um exercício de interpretação construtiva, de que nosso direito constitui a melhor justificativa do conjunto de nossas práticas jurídicas, e de que ele é a narrativa que faz dessas práticas as melhores possíveis. Segundo esse ponto de vista, a estrutura e as restrições que caracterizam o argumento jurídico só se manifestam quando identificamos e distinguimos as diversas dimensões, frequentemente conflitantes, do valor político, os diferentes fios entretecidos no complexo juízo segundo o qual, em termos gerais e após o exame de todos os aspectos, uma interpretação torna a história do direito a melhor de todas. Este livro aprimora, expande e ilustra essa concepção do direito. Aprofunda suas bases numa política mais geral de integridade, comunidade e fraternidade. Examina suas consequências para a teoria jurídica abstrata e, em seguida, para uma série de casos concretos levantados pelo *common law**, pela legislação e pela Constituição.

Utilizo vários argumentos, procedimentos e exemplos que já empreguei anteriormente, ainda que, em cada caso, o faça de maneira diferente e, espero, aperfeiçoada. Essa repetição é deliberada: permite que muitas discussões e exemplos sejam aqui mais concisos, uma vez que os leitores que desejarem examiná-los mais detalhadamente, para além do nível necessário à argumentação do presente livro, poderão consultar as referências que apresento para um tratamento mais aprofundado. (Muitas dessas discussões mais longas podem ser encontradas em *A Matter of Principle*, Cambridge, Mass., e Londres, 1985.) Este livro, como qualquer obra sobre a teoria do direito, aborda algumas questões complexas, e já muito estudadas, da filosofia geral. Para evitar interromper o argumento geral com digressões sobre esses temas, sempre que possível retomei-os em longas notas ao texto principal. Também usei essas notas para discussões complementares de certos argumentos de autoria de outros juristas.

Não me preocupei em descobrir até que ponto este livro altera ou substitui posições que tenha defendido em livros anteriores. Ainda assim, talvez convenha observar, já de início, de que modo o livro aborda duas posições que foram muito

---

* O *common law* ou *commune ley* foi, conforme a lição de René David (René David, *O direito inglês*, WMF Martins Fontes, 1977, p. 4-11), desenvolvido pelos tribunais reais ingleses, valendo para todo o reino, diferentemente dos costumes locais aplicados pelas jurisdições tradicionais ligadas aos senhores feudais. Preferiu-se manter, como frequente em outras obras, a expressão inglesa, uma vez que a tradução "direito comum" ou "direito geral" é muito ambígua. (N. T.)

comentadas. Em *Taking Rights Seriously*, apresentei argumentos contra o positivismo jurídico que enfatizavam a fenomenologia da decisão judicial: afirmei que, caracteristicamente, os juízes sentem uma obrigação de atribuir a decisões passadas aquilo que chamo de "força gravitacional", e que essa obrigação contradiz a doutrina positivista do poder discricionário do juiz. O presente livro, particularmente no capítulo IV, enfatiza mais as deficiências interpretativas do positivismo que suas falhas fenomenológicas, embora no fundo sejam as mesmas.

Durante muitos anos, também argumentei contra a alegação positivista de que não podem existir respostas "certas" a questões jurídicas polêmicas, mas apenas respostas "diferentes"; insisti em que, na maioria dos casos difíceis, existem respostas certas a ser procuradas pela razão e pela imaginação. Na interpretação de alguns críticos, o que eu quis dizer era que, nesses casos, uma resposta poderia ser demonstrada para todos como correta, de forma incontestável, ainda que eu tenha enfatizado, desde o início, que a questão de se podemos ou não ter razão ao considerarmos certa uma resposta é diferente da questão de se poder ou não demonstrar que tal resposta é certa. No presente livro, sustento que os críticos não conseguem compreender do que trata, de fato, a controvérsia sobre respostas certas – aquilo que ela deve ser caso a tese dos céticos – de que não existem respostas certas – seja considerada como qualquer um dos argumentos contra a teoria do direito que defendo. Afirmo que, na verdade, a controvérsia diz respeito à moral, não à metafísica, e que, entendida como uma questão moral, a tese da inexistência de respostas certas é muito pouco convincente, tanto do ponto de vista moral quanto jurídico.

De modo geral, evitei comparar minhas opiniões com as de outros filósofos do direito e da política, clássicos ou contemporâneos, ou demonstrar até que ponto fui influenciado por suas obras, ou delas extraí quaisquer elementos. Este livro tampouco é um exame das ideias recentes em jurisprudência. Nele discuto, em profundidade, várias concepções atuais no âmbito da teoria jurídica, inclusive o positivismo "moderado" do direito, a análise econômica do direito e o movimento crítico dos estudos jurídicos, bem como as teorias "passivas" e "das intenções dos legisladores constitucionais" do direito constitucional norte-americano*. Discuto-as, porém, porque suas afirmações interferem no argumento que apresento, e deixo de considerar muitos filósofos do direito cuja obra é de igual ou maior importância.

Frank Kermode, Sheldon Leader, Roy McLees e John Oakley leram, individualmente, uma prova de parte substancial do livro e fizeram extensos comentários. Sua ajuda foi inestimável: cada um impediu, a seu modo, que eu cometesse erros graves, contribuindo com exemplos importantes, descobrindo problemas que eu deixara passar e levando-me a repensar certos argumentos. Jeremy Waldron leu e melhorou o capítulo VI, e Tom Grey fez o mesmo com o capítulo II. A maioria das notas, com exceção das mais longas, foi preparada por William Ewald, William Riesman e, especialmente, por Roy McLees; qualquer valor que o livro possa ter como fonte de referências fica inteiramente a seu crédito. Sou grato ao generoso apoio do Fundo de Pesquisas Filomen D'Agostino e Max E. Greenberg, da Faculdade de Direito da New York University. Também agradeço a David Erikson, da Xyquest, Inc., que voluntariamente fez adaptações especiais ao extraordinário programa de processamento de texto dessa empresa, o XyWrite III, para que eu pudesse usá-lo neste livro. Peggy Anderson, da Harvard University Press, foi excepcionalmente prestativa e paciente ao tolerar mudanças de última hora.

Também sou grato a outras pessoas. Meus colegas da comunidade jurídica da Grã-Bretanha, sobretudo John Finnis, H. L. A. Hart, Neil MacCormick, Joseph Raz e William Twining, foram os pacientes professores de um aluno obtuso, e meus amigos da Faculdade de Direito da New York University, em especial Lewis Kornhauser, William Nelson, David Richards e

---

* As pessoas que redigiram a Constituição ("The *framers* of the Constitution"), ou que redigem leis ordinárias ("The *framers* of the 1986 act..."). (N. T.)

PREFÁCIO XV

Laurence Sager, foram uma fonte inesgotável de discernimento e conselhos. Sou grato, acima de tudo, aos prestigiosos críticos que tive a sorte de atrair no passado; este livro poderia ter sido dedicado a eles. Responder às críticas tem sido, para mim, o lado mais produtivo de todo o meu trabalho. Espero ter a mesma sorte novamente.

O IMPÉRIO DO DIREITO

Capítulo I
O que é o direito?

Por que é importante

É importante o modo como os juízes decidem os casos. É muito importante para as pessoas sem sorte, litigiosas, más ou santas o bastante para se verem diante do tribunal. Learned Hand*, que foi um dos melhores e mais famosos juízes dos Estados Unidos, dizia ter mais medo de um processo judicial que da morte ou dos impostos. Os processos criminais são os mais temidos de todos, e também os mais fascinantes para o público. Mas os processos civis, nos quais uma pessoa pede que outra a indenize ou ampare por causa de algum dano causado no passado ou ameaça de dano, têm às vezes consequências muito mais amplas que a maioria dos processos criminais. A diferença entre dignidade e ruína pode depender de um simples argumento que talvez não fosse tão podcroso aos olhos de outro juiz, ou mesmo o mesmo juiz no dia seguinte. As pessoas frequentemente se veem na iminência de ganhar ou perder muito mais em decorrência de um aceno de cabeça do juiz do que de qualquer norma geral que provenha do legislativo.

Os processos judiciais são importantes em outro aspecto que não pode ser avaliado em termos de dinheiro, nem mesmo de liberdade. Há, inevitavelmente, uma dimensão moral associada a um processo judicial legal e, portanto, um risco perma

---
* Mão Sábia. (N. T.)

nente de uma forma inequívoca de injustiça pública. Um juiz deve decidir não simplesmente quem vai ter o quê, mas quem agiu bem, quem cumpriu com suas responsabilidades de cidadão, e quem, de propósito, por cobiça ou insensibilidade, ignorou suas próprias responsabilidades para com os outros, ou exagerou as responsabilidades dos outros para consigo mesmo. Se esse julgamento for injusto, então a comunidade terá infligido um dano moral a um de seus membros por tê-lo estigmatizado, em certo grau ou medida, como fora da lei. O dano é mais grave quando se condena um inocente por um crime, mas já é bastante considerável quando um queixoso com uma alegação bem fundamentada não é ouvido pelo tribunal, ou quando um réu dele sai com um estigma imerecido.

São estes os efeitos diretos de um processo judicial sobre as partes e seus dependentes. Na Grã-Bretanha e nos Estados Unidos, entre outros países, as decisões judiciais também afetam muitas outras pessoas, pois a lei frequentemente se torna aquilo que o juiz afirma. As decisões da Suprema Corte dos Estados Unidos, por exemplo, são de importância notória nesse sentido. Essa Corte tem o poder de revogar até mesmo as decisões mais ponderadas e populares de outros setores do governo, se acreditar que elas são contrárias à Constituição, tendo, portanto, a última palavra na questão de *se* e *como* os estados podem executar assassinos, proibir abortos ou exigir preces nas escolas públicas, ou se o Congresso pode ou não convocar soldados para lutar numa guerra ou forçar um presidente a tornar públicos os segredos de seu gabinete. Quando a Corte decidiu, em 1954, que nenhum Estado tinha o direito de segregar as escolas públicas por raça, levou o país à mais profunda revolução social já deflagrada por qualquer outra instituição política[1].

A Suprema Corte é o testemunho mais significativo do poder judiciário, mas as decisões de outros tribunais também costumam ser de grande importância em termos gerais. Aqui

---

1. *Brown vs. Board of Educ.*, 347, U.S. 486 (1954).

O QUE É O DIREITO? 5

estão dois exemplos retirados, quase aleatoriamente, da história jurídica inglesa. No século XIX, os juízes ingleses declararam que o operário de uma fábrica não podia exigir indenização judicial de seu patrão se tivesse sido lesado devido à negligência de outro operário[2]. Afirmavam que um trabalhador "assume o risco" da imprudência de seus "companheiros de trabalho", e que, de qualquer modo, o trabalhador sabe melhor que seu empregador quem são os operários imprudentes e talvez tenha mais influência sobre eles. Essa norma (que parecia menos tola quando as imagens darwinianas do capitalismo eram mais populares) teve um profundo efeito sobre a lei das indenizações por acidentes de trabalho, até que foi definitivamente abandonada[3]. Em 1975, a Câmara dos Lordes, a mais alta corte britânica, criou leis estipulando por quanto tempo um oficial de gabinete deveria esperar, depois de aposentar-se, para publicar relatos de reuniões confidenciais do gabinete[4]. Essa decisão determinou a quais arquivos oficiais têm acesso jornalistas e historiadores contemporâneos que criticam um governo, e desse modo afetou o comportamento do governo.

Divergências quanto ao direito

Uma vez que é importante, como se vê nesses diferentes casos, o modo como os juízes decidem as causas, também é importante saber o que eles pensam que é o direito, e, quando divergem sobre esse assunto, o tipo de divergência que estão tendo também importa. Há algum mistério nisso? Sim, mas precisamos de algumas distinções para saber qual é esse mistério. Os processos judiciais sempre suscitam, pelo menos em princípio, três diferentes tipos de questões: questões de fato, questões de direito e as questões interligadas de moralidade

---

2. *Priestley vs. Fowler* [1837] 3 M. & W. 1.
3. Ver Law Reform (Personal Injuries) Act 1948, 35 *Halsbury's Statutes of England* 548 (3.ª ed.).
4. *Attorney-General vs. Jonathan Cape Ltd.* [1975] 3 All E.R. 484.

política e fidelidade. Em primeiro lugar, o que aconteceu? O homem que trabalhava no torno mecânico realmente deixou cair uma chave inglesa no pé de seu companheiro de trabalho? Em segundo lugar, qual é a lei pertinente? A lei permite que um operário assim ferido obtenha indenização de seu patrão? Por último, se a lei negar o ressarcimento, será injusto? Se for injusto, devem os juízes ignorar a lei e assegurar a indenização de qualquer modo? A primeira dessas questões, a questão de fato, parece bastante direta. Se os juízes divergem quanto aos fatos concretos e históricos envolvidos na controvérsia, sabemos sobre o que estão divergindo e que tipo de evidência decidiria a questão caso ela estivesse disponível. A terceira questão, da moralidade e fidelidade, é muito diferente, apesar de igualmente conhecida. As pessoas muitas vezes divergem quanto ao que é certo e errado em termos morais, e esse tipo de divergência não suscita nenhum problema especial quando se manifesta no tribunal. Que dizer, porém, da segunda questão, a do direito? Advogados e juízes parecem divergir com muita frequência sobre a lei que rege um caso; parecem divergir, inclusive, quanto às formas de verificação a serem usadas. Um juiz, propondo um conjunto de provas, afirma que a lei favorece o setor escolar ou o empregador, e outro, propondo um conjunto diferente, acredita que a lei favorece os alunos da escola ou o empregado. Se este é realmente um terceiro tipo de discussão, distinta dos demais e diferente tanto das discussões sobre fato histórico quanto das discussões morais, de que tipo de discussão se trata? Sobre o que é a divergência?

Chamemos de "proposições jurídicas" todas as diversas afirmações e alegações que as pessoas fazem sobre aquilo que a lei lhes permite, proíbe ou autoriza. As proposições jurídicas podem ser muito gerais – "a lei proíbe que os Estados neguem a qualquer pessoa igual proteção no contexto da acepção da Décima Quarta Emenda" – ou muito menos gerais – "a lei não prevê indenização para danos provocados por companheiros de trabalho" – ou muito concretas – "a lei exige que a Acme Corporation indenize John Smith pelo acidente de trabalho que sofreu em fevereiro último". Juristas e juízes, bem como as pessoas em geral, pressupõem que pelo menos algumas das proposições jurídicas podem ser verdadeiras ou falsas[5]. Mas ninguém pensa que elas possam refletir as declarações de algum fantasma: não se referem àquilo que o direito sussurrou aos planetas. Os advogados, na verdade, falam sobre aquilo que a lei "diz", ou se a lei é "muda" sobre esta ou aquela questão. Isto, porém, são apenas figuras de retórica. Todos pensam que as proposições jurídicas são verdadeiras ou falsas (ou nem uma coisa nem outra) em virtude de outros tipos mais conhecidos de proposições, das quais as proposições jurídicas são parasitárias, como poderíamos dizer. Essas proposições mais conhecidas oferecem aquilo que chamarei de "fundamentos" do direito. A proposição de que ninguém pode dirigir a mais de 90 quilômetros por hora na Califórnia é verdadeira, pensa a maior parte das pessoas, porque a maioria dos legisladores daquele estado disse "sim", ou levantou a mão quando um texto sobre o assunto veio parar em suas mesas. Podia não ser verdadeira se nada disso tivesse acontecido; não poderia então ser verdadeira apenas pelo que tivesse dito um fantasma, ou pelo que se tivesse encontrado no céu, em tabuinhas transcendentais.

Agora podemos distinguir duas maneiras pelas quais advogados e juízes poderiam divergir a propósito da verdade de uma proposição jurídica. Eles poderiam estar de acordo sobre os fundamentos do direito – sobre quando a verdade ou falsidade de outras proposições mais conhecidas torna uma proposição jurídica específica verdadeira ou falsa –, mas poderiam divergir por não saberem se, de fato, aqueles fundamentos foram observados em um determinado caso. Advogados e juízes podem concordar, por exemplo, que a velocida-

---

5. É o que fazem os que corrigem exames nas escolas de direito. Algumas pessoas não gostam de utilizar os termos "verdadeiro" e "falso" dessa forma, mas gostam de dizer que as proposições jurídicas podem ser "bem fundadas" ou "infundadas", ou algo do gênero, que no presente caso vem a dar no mesmo. Cf. a discussão sobre ceticismo em direito nos capítulos II e VII.

de-limite na Califórnia é de 90 quilômetros por hora se a legislação desse estado contiver uma lei nesse sentido, mas podem divergir quanto ao fato de ser este o limite de velocidade, por discordarem quanto à existência de tal lei na legislação estadual vigente. Poderíamos dar a isso o nome de divergência empírica sobre o direito. Ou eles poderiam discordar quanto aos fundamentos do direito, sobre quais outros tipos de proposições, quando verdadeiras, tornam verdadeira uma certa proposição jurídica. Podem concordar, empiricamente, quanto àquilo que os repertórios de legislação e as decisões judiciais precedentes têm a dizer sobre a indenização por danos provocados por companheiros de trabalho, mas discordar quanto àquilo que a lei das indenizações realmente é, por divergirem sobre a questão de se o *corpus* do direito escrito e as decisões judiciais esgotam ou não os fundamentos pertinentes do direito. Poderíamos dar a isso o nome de divergência "teórica" sobre o direito.

A divergência empírica sobre o direito quase nada tem de misteriosa. As pessoas podem divergir a propósito de quais palavras estão nos códigos da mesma maneira que divergem sobre quaisquer outras questões de fato. Mas a divergência teórica no direito, a divergência quanto aos fundamentos do direito, é mais problemática. Mais adiante, neste capítulo, veremos que advogados e juízes têm, de fato, divergências teóricas. Divergem, por exemplo, sobre o que o direito realmente é, sobre a questão da segregação racial ou dos acidentes de trabalho, mesmo quando estão de acordo sobre quais leis foram aplicadas, e sobre o que as autoridades públicas disseram e pensaram no passado. De que tipo de divergência se trata? Como nós próprios julgaríamos quem tem o melhor argumento?

O público em geral parece bastante alheio a esse problema; na verdade, parece bastante alheio à divergência teórica sobre o direito. O público está muito mais preocupado com a questão da fidelidade. Políticos, editorialistas e cidadãos comuns discutem, às vezes acaloradamente, a questão de saber se os juízes dos grandes processos que atraem a atenção pública "descobrem" ou "inventam" o direito que anunciam, e se "inventar" o direito é estatística ou tirania. Mas a questão da fidelidade quase nunca é muito veemente nos tribunais anglo-americanos; nossos juízes raramente refletem sobre se devem ou não observar o direito uma vez que tenham decidido qual seu verdadeiro sentido; e o debate público é na verdade um exemplo, ainda que extremamente disfarçado, da divergência teórica sobre o direito.

Num sentido trivial, é inquestionável que os juízes "criam novo direito" toda vez que decidem um caso importante. Anunciam uma regra, um princípio, uma ressalva a uma disposição – por exemplo, de que a segregação é inconstitucional, ou que os operários não podem obter indenização em juízo por danos provocados por companheiros de trabalho – nunca antes oficialmente declarados. Em geral, porém, apresentam essas "novas" formulações jurídicas como relatos aperfeiçoados daquilo que o direito já é, se devidamente compreendido. Alegam, em outras palavras, que a nova formulação se faz necessária em função da correta percepção dos verdadeiros fundamentos do direito, ainda que isso não tenha sido previamente reconhecido, ou tenha sido, inclusive, negado. Portanto, o debate público sobre a questão de se os juízes "descobrem" ou "inventam" o direito constitui, na verdade, um debate sobre *se* e *quando* essa ambiciosa pretensão é verdadeira. Se alguém diz que os juízes descobriram a ilegalidade da segregação nas escolas, é porque já acreditava que a segregação era de fato ilegal, mesmo antes da decisão que a declarou como tal e ainda que nenhum tribunal tivesse afirmado isso anteriormente. Se alguém diz que eles inventaram essa parte do direito, quer dizer que a segregação não era ilegal antes, e que os juízes mudaram o direito com sua decisão. Esse debate seria suficientemente claro – e poderia ser resolvido com facilidade, pelo menos caso a caso – se todos estivessem de acordo quanto ao que é o direito, se não houvesse divergência teórica sobre os fundamentos do direito. Então, seria fácil verificar se o direito antes da decisão da Suprema Corte era, de fato, aquilo que tal decisão declarou ser.

Contudo, tendo em vista que advogados e juízes realmente divergem no campo teórico, o debate sobre a questão de se os juízes criam ou encontram o direito faz parte dessa divergência, ainda que em nada contribua para resolvê-la, uma vez que a verdadeira questão nunca vem à tona.

O direito como simples questão de fato

Por incrível que pareça, nossa doutrina não tem nenhuma teoria plausível acerca da divergência teórica no direito. Os filósofos do direito estão, sem dúvida, conscientes de que a divergência teórica é problemática, de que não é claro, à primeira vista, de que tipo de divergência se trata. Mas a maioria deles já se decidiu por aquilo que, como logo veremos, é mais uma evasiva que uma resposta. Afirmam que a divergência teórica é uma ilusão, que na verdade advogados e juízes estão de acordo quanto aos fundamentos da lei. Darei a isso o nome de ponto de vista da simples questão de fato dos fundamentos do direito; aqui está uma exposição preliminar de suas principais alegações. O direito nada mais é que aquilo que as instituições jurídicas, como as legislaturas, as câmaras municipais e os tribunais, decidiram no passado. Se alguma corporação desse tipo decidiu que os trabalhadores podem ser indenizados por danos ocasionados por colegas de trabalho, será isso, então, o direito. Se a decisão for contrária, então este será o direito. Portanto, as questões relativas ao direito sempre podem ser respondidas mediante o exame dos arquivos que guardam os registros das decisões institucionais. É claro que se necessita de uma formação especial para saber onde procurar e como compreender o misterioso vocabulário em que tais decisões são escritas. O leigo não possui essa formação ou vocabulário, mas os advogados sim, e portanto não pode haver controvérsia entre eles quanto ao direito assegurar ou não a indenização por danos ocasionados por companheiros de trabalho, por exemplo, a menos que algum deles tenha cometido um erro empírico a propósito daquilo que, na verdade, foi decidido no passa-

O QUE É O DIREITO?

do. "Em outras palavras, o direito existe como simples fato, e o que o direito é não depende, de modo algum, daquilo que ele deveria ser. Por que, então, advogados e juízes às vezes parecem ter uma divergência teórica sobre o direito? Porque, quando eles parecem estar divergindo teoricamente sobre o que é o direito, estão na verdade divergindo sobre aquilo que ele deveria ser. Divergem, de fato, quanto a questões de moralidade e fidelidade, não de direito."

A popularidade desse ponto de vista entre os teóricos do direito ajuda a explicar por que os leigos, quando pensam nos tribunais, se preocupam mais com a conformidade para com o direito do que com qual é o direito. Se os juízes se dividem em algum grande processo, e se sua divergência não pode dizer respeito a nenhuma questão de direito, por ser este uma questão apenas de fato, que se decide facilmente entre advogados bem informados, um dos lados deve estar desobedecendo à lei ou ignorando-a, e este deve ser o lado que sustenta uma decisão inusitada, no sentido trivial do termo. Assim, a questão da fidelidade é a questão que exige um debate público e a atenção do cidadão precavido. Na Grã Bretanha e nos Estados Unidos, a opinião mais popular insiste em que os juízes devem sempre, a cada decisão, seguir o direito em vez de tentar aperfeiçoá-lo. Eles podem não gostar do direito que encontram – este pode exigir que despejem uma viúva na véspera do Natal, sob uma tempestade de neve –, mas ainda assim devem aplicá-lo. Infelizmente, de acordo com essa opinião popular, alguns juízes não aceitam essa sábia submissão; velada ou abertamente, submetem a lei a seus objetivos ou opiniões políticas. São estes os maus juízes, os usurpadores, os destruidores da democracia.

Essa é a resposta mais popular à questão da fidelidade, mas não é a única. Algumas pessoas sustentam o ponto de vista contrário, de que os juízes devem tentar melhorar a lei sempre que possível, que devem ser sempre políticos, no sentido deplorado pela primeira resposta. Na opinião da minoria, o mau juiz é o juiz rígido e "mecânico", que faz cumprir a lei pela lei, sem se preocupar com o sofrimento, a injustiça ou a ineficiência que se seguem. O bom juiz prefere a justiça à lei.

As duas versões do ponto de vista do leigo, a "conservadora" e a "progressista", baseiam-se na tese acadêmica de que o direito vigente é uma simples questão de fato, mas, sob certos aspectos, a tese acadêmica é mais sofisticada. A maioria dos leigos supõe que, nos repertórios, existem normas jurídicas para decidir cada questão que se possa trazer à presença de um juiz. A versão acadêmica do ponto de vista da simples questão de fato nega tal concepção. Ela enfatiza que o direito pode ser silencioso a propósito do litígio em questão porque nenhuma decisão institucional anterior emite, sobre ele, qualquer opinião. Talvez nenhuma instituição competente jamais tenha decidido se os trabalhadores podem ou não pedir indenização por danos provocados por colegas de trabalho. Ou o direito pode silenciar porque a decisão institucional pertinente apenas estipulou vagas diretrizes ao declarar, por exemplo, que um locador deve dar a uma viúva um tempo "razoável" para pagar seu aluguel. Nessas circunstâncias, de acordo com a versão acadêmica, nenhuma decisão pode fiar-se em que aplicar a lei é preferível a mudá-la. O juiz, portanto, não tem nenhuma opção a não ser exercer seu discernimento para criar uma nova norma, preenchendo as lacunas onde o direito silencie e tornando-o mais preciso onde for vago.

Nada disso justifica o ponto de vista da simples questão de fato, segundo o qual o direito é sempre uma questão de fato histórico e nunca depende da moralidade. Apenas acrescenta que, em certas ocasiões, advogados experientes podem descobrir que não existe absolutamente norma jurídica alguma. Todas as questões sobre a natureza do direito têm, ainda, uma resposta histórica categórica, embora algumas tenham respostas negativas. A questão da fidelidade é então substituída por uma questão diferente, igualmente distinta da questão do direito, que podemos chamar de questão da reparação. O que fariam os juízes na ausência da norma jurídica? Essa nova questão política abre espaço a uma divergência de opiniões muito semelhante à divergência original sobre a questão da fidelidade, pois os juízes que não têm escolha a não ser criar um novo direito podem introduzir ambições diferentes nessa iniciativa. Devem preencher as lacunas com prudência, preservando ao máximo o espírito do ramo do direito em questão? Ou devem fazê-lo democraticamente, tentando chegar ao resultado que, segundo acreditam, represente a vontade do povo? Ou devem arriscar--se, tentando tornar o direito resultante tão justo e sábio quanto possível, em sua opinião? Cada uma dessas atitudes muito diferentes tem seus partidários nos cursos de direito e nos discursos que se seguem aos jantares nas organizações profissionais. São as bandeiras – desgastadas pelo uso – das cruzadas da ciência do direito.

Alguns juristas acadêmicos extraem conclusões especialmente radicais da sofisticada versão do ponto de vista do direito como simples questão de fato[6]. Afirmam que as decisões institucionais do passado não somente às vezes, mas quase sempre, são vagas, ambíguas ou incompletas e, com frequência, também incompatíveis ou mesmo incoerentes. Concluem que realmente nunca existe direito relativo a nenhum tópico ou questão, mas apenas retórica que os juízes utilizam para mascarar decisões que, na verdade, são ditadas por preferências ideológicas ou de classe. A sequência que descrevi, da confiante crença do leigo em que o direito está por toda parte, até a zombeteira descoberta do cínico de que ele absolutamente não existe, é o curso natural seguido pela convicção, uma vez que aceitemos o ponto de vista do direito como simples questão de fato e sua consequente alegação de que a divergência teórica é apenas política disfarçada. Pois quanto mais aprendemos sobre o direito, mais nos convencemos de que nada de importante sobre ele é totalmente incontestável.

Devo acrescentar que o ponto de vista da simples questão de fato não é aceito por todos. É muito popular entre os leigos e os escritores acadêmicos cuja especialidade é a filosofia do

---

6. Tenho em mente os "realistas" jurídicos discutidos mais adiante neste mesmo capítulo, como Jerome Frank (*Law and the Modern Mind* [Nova York, 1949]), e o movimento dos "estudos jurídicos críticos", discutido no capítulo VII (cf., de modo geral, 38 *Stanford Law Review* 1-674 [1984], simpósio sobre os conhecimentos crítico-jurídicos).

direito. Mas é rejeitado nas explicações que advogados e juízes ponderados e atuantes fazem de seu trabalho. Eles talvez endossem o modelo do simples fato como uma peça da doutrina formal sempre que solicitados, em tom devidamente grave, a emitir sua opinião sobre o que é o direito. Em momentos de menos reserva, porém, contarão uma história diferente, mais romântica. Dirão que direito é instinto, que não vem explicitado numa doutrina, que só pode ser identificado por meio de técnicas especiais cuja descrição ideal é impressionista, quando não misteriosa. Dirão que julgar é uma arte, não uma ciência, que o bom juiz mistura analogia, ciência, sabedoria política e a consciência de seu papel para chegar a uma decisão intuitiva, que ele "vê" o direito com mais clareza do que consegue explicá-lo, de tal modo que sua opinião escrita, por mais cuidadosamente racional que possa ser, nunca será capaz de apreender a plenitude de seu discernimento[7].

Muito frequentemente, acrescentam aquilo que acreditam ser uma modesta retratação. Dizem que não existem respostas certas, mas apenas respostas diferentes a difíceis questões jurídicas; que em última análise o discernimento é subjetivo; que é apenas o que parece certo, seja o que for, a um determinado juiz em um determinado momento. Na verdade, porém, essa modéstia contradiz o que eles dizem primeiro, pois quando os juízes finalmente decidem de um jeito ou de outro, consideram seus argumentos melhores do que os argumentos contrários – e não simplesmente diferentes; embora possam pensar a esse respeito com humildade, desejando que sua confiança fosse maior ou que dispusessem de mais tempo para decidir, ainda assim é naquilo que acreditam. De qualquer maneira, o ponto de vista romântico da "ciência" é insatisfatório; é excessivamente desestruturado, por demais complacente com os mistérios que cultiva para ser considerado uma teoria avançada do que seja o argumento jurídico. Precisamos disciplinar a ideia

---

7. Cf., por exemplo, Benjamin Cardozo, *The Nature of the Judicial Process*, em especial p. 165-80 (New Haven, 1921).

do direito como ciência, ver de que modo a estrutura do "instinto" jurídico difere de outras convicções que as pessoas possam ter sobre o governo e a justiça.

Ainda não apresentei as razões para minha alegação de que o ponto de vista do direito como simples fato, que predomina nos meios acadêmicos, é mais uma evasiva do que uma teoria. Precisamos de exemplos concretos de divergência teórica, que fornecerei em breve. Mas, se eu estiver certo, estaremos numa situação difícil. Se leigos, professores de direito, advogados em exercício e juízes não têm uma boa resposta para a pergunta de como é possível a divergência teórica, e do que se trata, não dispomos do essencial de um aparato razoável que nos permita fazer uma crítica inteligente e construtiva da atuação de nossos juízes. Nenhum ministério é mais importante que nossos tribunais, e nenhum é tão inteiramente mal compreendido pelos governados. A maioria das pessoas tem opiniões bastante claras sobre o modo como congressistas, primeiros-ministros, presidentes ou ministros das Relações Exteriores devem desempenhar suas funções, e opiniões claras sobre o verdadeiro comportamento dessas autoridades. Mas a opinião popular sobre os juízes e o exercício da justiça é um caso lamentável de frases vazias, e aí incluo as opiniões de muitos juízes e advogados em exercício sempre que escrevem ou falam sobre aquilo que fazem. Tudo isso é vergonhoso, o que é apenas uma parte do dano. Afinal, temos interesse pelo direito não só porque o usamos para nossos próprios propósitos, sejam eles egoístas ou nobres, mas porque o direito é a nossa instituição social mais estruturada e reveladora. Se compreendermos melhor a natureza de nosso argumento jurídico, saberemos melhor que tipo de pessoas somos.

Uma objeção liminar

Este livro é sobre a divergência teórica no direito. Seu objetivo é compreender de que tipo de divergência se trata e, então, criar e defender uma teoria particular sobre os fundamentos apropriados do direito. É evidente, porém, que nele se aborda mais a prática judiciária do que os argumentos sobre o direito, e o livro negligencia grande parte daquilo que a teoria do direito também estuda. Há muito pouco aqui sobre questões de fato, por exemplo. É importante o modo como os juízes decidem se um operário tem ou não o direito legal de ser indenizado quando um companheiro de trabalho derruba uma chave inglesa em seu pé, mas também importa saber como um juiz ou um júri decide que, pelo contrário, foi o próprio operário (como alega o empregador) que derrubou a chave inglesa no pé. Também não discuto a administração adequada da deliberação judicial, as soluções conciliatórias que os juízes devem às vezes aceitar, declarando o direito de modo um pouco diferente daquele que consideram mais perfeito, com a finalidade de conquistar os votos de outros juízes, por exemplo. Estou preocupado com a questão do direito, não com as razões que os juízes possam ter para atenuar suas afirmações sobre o que é o direito. Meu projeto também é limitado em outro sentido. Concentra-se na decisão judicial, nos juízes togados, mas estes não são os únicos protagonistas do drama jurídico, nem mesmo os mais importantes. Um estudo mais completo da prática do direito levaria em consideração os legisladores, policiais, promotores públicos, assistentes sociais, diretores de escolas e vários outros tipos de autoridades, além de pessoas como banqueiros, administradores e dirigentes sindicais, que não são considerados funcionários públicos, mas cujas decisões também afetam os direitos jurídicos de seus concidadãos.

Alguns críticos estarão ansiosos por dizer, a esta altura, que nosso projeto não somente é parcial nesses vários aspectos, mas também é falho; que teremos uma compreensão equivocada do processo legal se dermos atenção especial aos argumentos doutrinários dos advogados acerca do que é o direito. Dizem eles que esses argumentos obscurecem – e talvez pretendam obscurecer – a importante função social do direito enquanto força ideológica e evidência. Um bom entendimento do direito como fenômeno social exige, na opinião desses críticos, uma abordagem mais científica, sociológica ou histórica, que dê pouca ou nenhuma atenção às complicações da doutrina sobre a correta caracterização do argumento jurídico. Devemos nos voltar, pensam eles, para questões muito diferentes, como estas: até que ponto, e de que modo, são os juízes influenciados pela consciência de classe ou pelas circunstâncias econômicas? As decisões judiciais tomadas nos Estados Unidos no século XIX desempenharam papel importante na formação da versão tipicamente norte-americana de capitalismo? Ou será que essas decisões não passaram de espelhos que refletiam transformações e conflitos — transformações que não ajudaram a promover e conflitos que não ajudaram a solucionar? Estaremos nos desviando de questões sérias como essas, advertem os críticos, se nos deixarmos levar por argumentos filosóficos sobre *se* e *por que* as proposições jurídicas podem ser polêmicas, tal como antropólogos que se deixassem envolver por debates teológicos sobre alguma cultura antiga e primitiva.

Essa objeção fracassa em decorrência de seus próprios critérios. Pede realismo social, mas o tipo de teoria que preconiza é incapaz de oferecê-lo. O direito é, sem dúvida, um fenômeno social. Mas sua complexidade, função e consequências dependem de uma característica especial de sua estrutura. Ao contrário de muitos outros fenômenos sociais, a prática do direito é *argumentativa*. Todos os envolvidos nessa prática compreendem que aquilo que ela permite ou exige depende da verdade de certas proposições que só adquirem sentido através e no âmbito dela mesma; a prática consiste, em grande parte, em mobilizar e discutir essas proposições. Os povos que dispõem de um direito criam e discutem reivindicações sobre o que o direito permite ou proíbe, as quais seriam impossíveis — porque sem sentido — sem o direito, e boa parte daquilo que seu direito revela sobre eles só pode ser descoberta mediante a observação de como eles fundamentam e defendem essas reivindicações. Esse aspecto argumentativo crucial da prática do direito pode ser estudado de duas maneiras, ou a partir de dois pontos de vista. Um deles é o ponto de vista exterior do sociólogo ou do historiador, que pergunta por que certos tipos de argumentos jurídicos se desenvolvem em certas épocas ou circunstâncias, e não em outras, por exemplo. O outro é o ponto de vista interior daqueles que fazem as reivindicações. Seu interesse não é, em última análise, histórico, embora possam considerar a história relevante; é prático, exatamente no sentido que a presente objeção ridiculariza. Essas pessoas não querem que se especule sobre as reivindicações jurídicas que farão, mas sim demonstrações sobre quais dessas reivindicações são bem fundadas e por quê; querem teorias não sobre o modo como a história e a economia formaram sua consciência, mas sobre o lugar dessas disciplinas na demonstração daquilo que o direito exige que elas façam ou tenham.

As duas perspectivas sobre o direito, a externa e a interna, são essenciais, e cada uma delas deve incorporar ou levar em conta a outra. O ponto de vista do participante inclui o do historiador quando algum pleito jurídico apoia-se numa questão de fato histórico: quando, por exemplo, a questão de saber se a segregação é ou não ilegal volta-se para os motivos dos políticos que escreveram a Constituição ou daqueles que segregaram as escolas[8]. A perspectiva do historiador inclui a do participante de modo mais abrangente, pois o historiador não pode compreender o direito como prática social argumentativa, nem mesmo o suficiente para rejeitá-lo como enganador, enquanto não tiver a compreensão de um participante, enquanto não dispuser de sua própria opinião sobre o que se considera boa ou má argumentação no âmbito dessa prática. Precisamos de uma teoria social do direito, mas exatamente por essa razão ela deve fazer parte da doutrina jurídica. Portanto, serão perversas as teorias que, em nome de questões supostamente mais amplas de história e sociedade, ignorarem a estrutura do argumento jurídico. Por ignorarem as questões sobre a natureza interna do argumento no direito, suas explicações são pobres e incompletas, como as histórias da matemática se escritas na linguagem de Hegel ou de Skinner. Foi Oliver Wendell Holmes, penso, que defendeu de modo mais

---

8. Essas possibilidades são discutidas nos capítulos IX e X.

convincente esse tipo de teoria "externa" do direito[9]; a deprimente história da doutrina socioteórica em nosso século serve para nos mostrar quão errado ele estava. Estamos ainda à espera de explicação e, enquanto esperamos, as teorias ficam cada vez mais programáticas e menos substantivas, mais radicais na teoria e menos críticas na prática. Este livro adota o ponto de vista interno, aquele do participante; tenta apreender a natureza argumentativa de nossa prática jurídica ao associar-se a essa prática e debruçar-se sobre as questões de acerto e verdade com as quais os participantes deparam. Estudaremos o argumento jurídico formal a partir do ponto de vista do juiz, não porque apenas os juízes são importantes ou porque podemos compreendê-los totalmente se prestamos atenção ao que dizem, mas porque o argumento jurídico nos processos judiciais é um bom paradigma para a exploração do aspecto central, proposicional, da prática jurídica. Os cidadãos, os políticos e os professores de direito também se preocupam com a natureza da lei e a discutem, e eu poderia ter adotado seus argumentos como nossos paradigmas, e não os do juiz. Mas a estrutura do argumento judicial é tipicamente mais explícita, e o raciocínio judicial exerce uma influência sobre outras formas de discurso legal que não é totalmente recíproca.

O mundo real

Precisamos atenuar o peso das prodigiosas abstrações contidas nessas observações introdutórias. Tentarei mostrar como a tese do simples fato distorce a prática jurídica, e começarei pela descrição de alguns casos reais que foram decididos por juízes ingleses e norte-americanos. São casos famosos, pelo menos entre os estudantes de direito, e continuam a ser discutidos nas salas de aula. Apresento-os aqui, conjuntamente, por diversas

---

9. Oliver Wendell Holmes, "The Path of the Law", 10 *Harvard Law Review* (1897).

razões. Eles introduzem certos termos técnicos aos leitores que não possuem formação em direito, e oferecem novos exemplos de diferentes argumentos e discussões contidos nos capítulos seguintes. Espero que ofereçam, de modo mais geral, algum entendimento da textura e do tom verdadeiros dos argumentos jurídicos. Esta última razão é a mais importante pois, no fim das contas, todos os meus argumentos são reféns da ideia que tem cada leitor sobre o que acontece e pode acontecer nos tribunais.

O caso Elmer

Elmer assassinou o avô por envenenamento em Nova York, em 1882[10]. Sabia que o testamento deixava-o com a maior parte dos bens do avô, e desconfiava que o velho, que voltara a casar-se havia pouco, pudesse alterar o testamento e deixá-lo sem nada. O crime de Elmer foi descoberto; ele foi declarado culpado e condenado a alguns anos de prisão. Estaria ele legalmente habilitado a receber a herança que seu avô lhe deixara no último testamento? Os legatários residuais incluídos no testamento, habilitados a herdar se Elmer tivesse morrido antes do avô, eram as filhas deste. Como seus nomes não são mencionados, vou chamá-las aqui de Goneril e Regan. Elas processaram o inventariante do espólio, exigindo que o patrimônio ficasse com elas, e não com Elmer. Argumentavam que, como Elmer havia matado o testador, seu pai, a lei não lhe dava direito a nada.

O direito relativo aos testamentos encontra-se, em sua maior parte, disposto em leis especiais, geralmente chamadas de leis sucessórias, que determinam a forma que um testamento deve ter para ser considerado legalmente válido: quantas, e que tipos de testemunhas devem assinar; qual deve ser o estado mental do testador; de que maneira um testamento válido, uma vez firmado, pode ser revogado ou alterado pelo testador, e assim

---

10. *Riggs vs. Palmer*, 115, Nova York, 506, 22 N.E. 188 (1889).

O QUE É O DIREITO? 21

por diante. A lei de sucessões de Nova York, como muitas outras em vigor naquela época, não afirmava nada explicitamente sobre se uma pessoa citada em um testamento poderia ou não herdar, segundo seus termos, se houvesse assassinado o testador. O advogado de Elmer argumentou que, por não violar nenhuma das cláusulas explícitas da lei, o testamento era válido, e que Elmer, por ter sido nominalmente citado num testamento válido, tinha direito à herança. Declarou que, se o tribunal se pronunciasse favoravelmente a Goneril e Regan, estaria alterando o testamento e substituindo o direito por suas próprias convicções morais. Todos os juízes da mais alta corte de Nova York concordavam que suas decisões deveriam ser tomadas de acordo com o direito. Nenhum deles negava que se a lei sucessória, devidamente interpretada, desse a herança a Elmer, eles deveriam ordenar ao inventariante do espólio que assim procedesse. Nenhum deles dizia que, naquele caso, a lei deveria ser alterada no interesse da justiça. Divergiam quanto à solução correta do caso, mas sua divergência – pelo menos assim nos parece com base na leitura dos pareceres que redigiram – dizia respeito à verdadeira natureza do direito, àquilo que determina a legislação quando devidamente interpretada.

Como podem as pessoas que têm diante de si o texto de uma lei divergir quanto ao que ele realmente significa, quanto ao tipo de direito que ela criou? Precisamos estabelecer uma distinção entre dois sentidos da expressão "lei". Ela pode descrever uma entidade física de um certo tipo, um documento com palavras impressas, as próprias palavras que os congressistas ou membros do Parlamento tinham diante de si quando votaram para aprovar esse documento. Mas também pode ser usada para descrever o direito criado ao se promulgar o documento, o que pode constituir uma questão bem mais complexa. Considere-se a diferença entre um poema concebido como uma sequência de palavras que podem ser declamadas ou escritas, e um poema concebido como a expressão de uma teoria metafísica ou de um ponto de vista específicos. Todos os críticos literários concordam quanto ao que representa o poema "Sailing to Byzantium" ("Navegando para Bizâncio") no primeiro sentido. Concordam que se trata de uma sequência de palavras designada como aquele poema de W. B. Yeats. Mas divergem quanto ao que representa o poema no segundo sentido, ou seja, não há consenso sobre o que o poema realmente diz ou significa. Eles divergem sobre o modo de interpretar o "verdadeiro" poema, o poema no segundo sentido, a partir do texto, o poema no primeiro sentido.

De modo muito semelhante, os juízes que têm diante de si uma lei precisam interpretar a "verdadeira" lei – uma afirmação de que diferenças a lei estabelece para os direitos de diferentes pessoas – a partir do texto da compilação de leis. Assim como os críticos literários precisam de uma teoria operacional, ou pelo menos de um estilo de interpretação, para interpretar o poema por trás do texto, os juízes também precisam de algo como uma teoria da legislação para fazer o mesmo com relação às leis. Isso pode parecer evidente quando as palavras contidas nas compilações sofrem da mesma deficiência semântica; quando são ambíguas ou vagas, por exemplo. Mas uma teoria da legislação também se faz necessária quando, do ponto de vista linguístico, essas palavras são impecáveis. Os termos da lei sucessória que figuravam no caso Elmer não eram nem vagos nem ambíguos. Os juízes divergiram sobre o impacto desses termos sobre os direitos legais de Elmer, Goneril e Regan porque divergiram sobre o modo de interpretar a verdadeira lei nas circunstâncias especiais daquele caso.

O voto dissidente, escrito pelo juiz Gray, defendia uma teoria da legislação mais aceita na época do que hoje em dia. A isso às vezes se dá o nome de teoria da interpretação "literal", embora esta não seja uma descrição particularmente esclarecedora. Essa teoria propõe que aos termos de uma lei se atribua aquilo que melhor chamaríamos de seu significado acontextual, isto é, o significado que lhes atribuiríamos se não dispuséssemos de nenhuma informação especial sobre o contexto de seu uso ou as intenções de seu autor. Esse método de interpretação exige que nenhuma ressalva tácita e dependente do contexto seja feita à linguagem geral; o juiz Gray, portanto, insistia em que a verdadeira lei, interpretada da maneira adequada, não continha exceções para os assassinos. Seu voto foi favorável a Elmer.

Os estudantes de direito que hoje leem seu parecer mostram-se geralmente desdenhosos com relação a esse modo de interpretar uma lei a partir do texto; eles veem nisso um exemplo de doutrina mecânica. Mas não há nada mecânico no argumento do juiz Gray. Há muito a dizer (e ele em parte o disse) em favor de seu método de interpretar uma lei, pelo menos no caso da lei sucessória. Os testadores deveriam saber como seus testamentos serão tratados quando eles não mais estiverem vivos para fornecer novas instruções. Talvez o avô de Elmer tivesse preferido que seu patrimônio ficasse com Goneril e Regan na hipótese de Elmer envenená-lo. Mas pode ser que não: ele poderia ter pensado que, mesmo com as mãos manchadas pelo assassinato, Elmer continuaria sendo melhor objeto de sua generosidade que suas filhas. A longo prazo, talvez fosse mais sábio que os juízes assegurassem aos testadores que a lei sucessória será interpretada segundo o chamado modo literal, para que os testadores possam fazer todas as estipulações que desejarem, confiantes de que suas disposições, por mais engraçadas que sejam, ainda assim serão respeitadas. Além disso, se Elmer perder a herança por ser um assassino, estará sofrendo uma punição adicional por seu crime, além dos anos que passará na prisão. É um princípio importante da justiça que a punição de um determinado crime seja estabelecida com antecedência pela legislação e não seja aumentada pelos juízes depois que o crime foi cometido. Tudo isso (e mais ainda) pode ser dito em defesa da teoria do juiz Gray sobre como interpretar uma lei sobre testamentos.

O juiz Earl, porém, escrevendo em nome da maioria, usou uma teoria da legislação muito diferente, que dá às *intenções* do legislador uma importante influência sobre a verdadeira lei. "É um conhecido cânone da interpretação", escreveu Earl, "que algo que esteja na intenção dos legisladores seja parte dessa lei, tal como se estivesse contida na própria letra; e que uma coisa que esteja contida na letra da lei somente faça parte da lei, se estiver presente na intenção de seus criadores."[11] (Observe-se

---

11. *Id.*, 189.

como ele se apega à distinção entre o texto, que chama de "letra" da lei, e a própria lei, que chama de "lei" propriamente.) Seria absurdo, pensava ele, imaginar que os legisladores de Nova York que originalmente aprovaram a lei sucessória pretendessem que os assassinos pudessem herdar, e por essa razão a verdadeira lei que promulgaram não continha tal consequência.

Precisamos ter um certo cuidado ao explicar o que o juiz Earl quis dizer sobre o papel que a intenção deveria desempenhar na interpretação das leis. Ele não quis dizer que uma lei não possa ter nenhuma consequência que os legisladores não tivessem em mente. Isso é claramente muito radical enquanto regra geral: nenhum legislador pode ter em mente todas as consequências de qualquer lei a favor da qual ele vote. Os legisladores de Nova York não poderiam imaginar que as pessoas um dia deixariam computadores em herança, mas seria absurdo concluir que a lei não compreenda tais legados. Tampouco quis ele dizer, apenas, que uma lei não possa conter nada que os legisladores não pretenderam que ela contivesse. Isso parece mais plausível, mas é muito frágil para ser de qualquer utilidade no caso Elmer, pois parece provável que os legisladores de Nova York não tinham em mente, de modo algum, o caso dos assassinos. Eles não pretendiam que os assassinos herdassem, mas também não pretendiam que eles não pudessem fazê-lo. Não os movia nenhuma intenção em qualquer desses dois sentidos. Earl pretendia apegar-se a um princípio, que poderíamos chamar de intermediário, entre esses princípios excessivamente drásticos e frágeis: queria dizer que uma lei não pode ter nenhuma consequência que os legisladores teriam rejeitado se nela tivessem pensado[12].

O juiz Earl não se apoiou apenas em seu princípio sobre a intenção do legislador; sua teoria da legislação continha outro princípio relevante. Ele afirmava que na interpretação das leis a partir dos textos não se deveria ignorar o contexto histórico, mas levar-se em conta os antecedentes daquilo que denominava de princípios gerais do direito: ou seja, que os juízes deveriam

---

12. Há problemas bastante sérios nesse princípio intermediário, e examinaremos alguns deles no capítulo IX.

interpretar uma lei de modo a poderem ajustá-la o máximo possível aos princípios de justiça pressupostos em outras partes do direito. Ele apresentou duas razões. Primeiro, é razoável admitir que os legisladores têm uma intenção genérica e difusa de respeitar os princípios tradicionais da justiça, a menos que indiquem claramente o contrário. Segundo, tendo em vista que uma lei faz parte de um sistema compreensivo mais vasto, o direito como um todo, deve ser interpretada de modo a conferir, em princípio, maior coerência a esse sistema. Earl argumentava que, em outros contextos, o direito respeita o princípio de que ninguém deve beneficiar-se de seu próprio erro, de tal modo que a lei sucessória devia ser lida no sentido de negar uma herança a alguém que tivesse cometido um homicídio para obtê-la.

Os pontos de vista do juiz Earl prevaleceram. Outros quatro juízes acompanharam-no em sua decisão, enquanto o juiz Gray só conseguiu encontrar um aliado. Elmer, portanto, não recebeu sua herança. Usarei esse caso para ilustrar muitas questões diferentes na argumentação que se segue, mas a mais importante de todas é esta: a controvérsia sobre Elmer não dizia respeito à questão de se os juízes deveriam seguir a lei ou adaptá-la, tendo em vista os interesses da justiça. Não pelo menos se considerarmos as opiniões que apresentei da forma como foram apresentadas, e (como afirmarei mais adiante) nada justifica que as consideremos de qualquer outro modo. Foi uma controvérsia sobre a natureza da lei, sobre aquilo que realmente dizia a própria lei sancionada pelos legisladores.

O caso do snail darter

Passarei agora a descrever um caso bem mais recente, através do qual pretendo demonstrar que esse tipo de controvérsia continua a ocupar os juízes[13]. Em 1973, durante um

---

13. *Tennessee Valley Authority vs. Hill*, 437 U.S. 153 (1978). John Oakley chamou a atenção para o valor desse caso como exemplo.

período de grande preocupação nacional com a preservação das espécies, o Congresso dos Estados Unidos promulgou a Lei das Espécies Ameaçadas. Essa lei autoriza o ministro do Interior a designar as espécies que, em sua opinião, estariam correndo o risco de desaparecer devido à destruição de alguns hábitats que ele considere essenciais à sobrevivência delas, e também exige que todos os órgãos e departamentos do governo tomem "as medidas necessárias para assegurar que as ações autorizadas, financiadas ou executadas por eles não ponham em risco a continuidade da existência de tais espécies ameaçadas"[14].

Um grupo de preservacionistas do Tennessee vinha se opondo aos projetos de construção de uma barragem da Administração do Vale do Tennessee, não devido a alguma ameaça às espécies, mas porque esses projetos estavam alterando a geografia da área ao transformarem regatos que corriam livremente em feios e estreitos fossos, com a finalidade de produzir um aumento desnecessário (como pensavam os preservacionistas) de energia hidrelétrica. Esse grupo descobriu que uma barragem quase concluída, que já consumira mais de cem milhões de dólares, ameaçava destruir o único hábitat do *snail darter*, um peixe de 7,5 cm, destituído de qualquer beleza, interesse biológico ou importância ecológica especiais. Convenceram o ministro a apontar esse peixe como uma espécie ameaçada de extinção e a tomar as medidas legais para impedir que a barragem fosse concluída e usada.

Quando o ministro assim procedeu, a Administração do Vale argumentou que a lei não podia ser interpretada de modo a impedir a conclusão ou operação de qualquer projeto já em fase avançada de construção. Afirmou que as palavras "ações autorizadas, financiadas ou executadas" deviam ser entendidas como uma referência ao início de um projeto, não à conclusão de projetos já iniciados. Para sustentar seu pedido, chamou-se a atenção para várias leis do Congresso, todas aprovadas depois de o ministro ter declarado que a conclusão da barragem

---

14. Lei das Espécies Ameaçadas de 1973, Pub. L. N? 93-205, sec. 7, 87 Lei. 884, 892 (codificada como foi emendada em 16 U.S. C. sec. 1536 [1982]).

destruiria o *snail darter*, o que sugeria que o Congresso desejava que a barragem fosse concluída a despeito da declaração. O Congresso autorizara, especificamente, a dotação de recursos para a continuidade do projeto mesmo após o ministro ter apontado aquele peixe como espécie ameaçada, e várias de suas comissões declararam, específica e reiteradamente, discordar do ministro, aceitar a interpretação da lei feita pela Administração do Vale e desejar que o projeto prosseguisse.

Não obstante, a Suprema Corte ordenou que a barragem fosse interrompida, apesar do enorme desperdício de recursos públicos. (O Congresso então aprovou uma outra lei, estabelecendo um procedimento geral para excluir a incidência da Lei das Espécies Ameaçadas com base nas conclusões de uma junta revisora.[15]) O presidente da Suprema Corte, Warren Burger, teve seu voto acompanhado pela maioria dos juízes. Nele afirmava, em palavras que lembram a opinião do juiz Gray no caso Elmer, que quando o texto é claro a corte não tem o direito de recusar-se a aplicá-lo apenas por acreditar que os resultados serão tolos. Os tempos mudam, porém, e sob um aspecto a opinião do presidente da Suprema Corte era muito diferente da do juiz Gray. Burger reconhecia a importância das intenções do Congresso sobre a decisão de qual interpretação este deveria adotar. Mas não aceitou o princípio de Earl sobre o *modo* como as intenções do Congresso são relevantes. Recusou-se a considerar a prova contrafactual que a análise de Earl tornava decisiva. "Não cabe a nós", afirmou, "especular, e muito menos agir, com base na questão de se o Congresso teria alterado sua posição se os eventos específicos deste caso tivessem sido previstos.[16]"

Em vez disso, adotou aquilo que, ao discutir o parecer de Earl, chamei de versão excessivamente frágil da ideia de que os juízes, ao interpretarem uma lei, devem respeitar as intenções do legislador. Essa versão se resume a isto: se o significa-

---

15. Emendas à Lei das Espécies Ameaçadas de 1978, Pub. L. N.º 95-632, 92 Lei 3571 (codificada como foi emendada em 16 U.S. C. sec. 1536 [1982]).
16. *Tennessee Valley Authority vs. Hill*, 437 U.S. 153, 185 (1978).

do acontextual das palavras do texto for claro – se a palavra "executar" normalmente incluísse a continuação, bem como o início de um projeto –, então o tribunal deve atribuir esse significado àquele termo, a menos que se pudesse mostrar que, na verdade, o legislador pretendia obter o resultado contrário. O histórico do processo legislativo que leva à promulgação da Lei das Espécies Ameaçadas não autorizava tal conclusão, dizia ele, pois era claro que o Congresso queria dar às espécies em extinção um alto grau de proteção, mesmo em detrimento de outros objetivos sociais, e é certamente possível, ainda que improvável, que os legisladores com esse objetivo geral desejariam ver o *snail darter* a salvo, mesmo ao extraordinário preço da destruição de uma barragem. Ele rejeitou as provas contidas nos relatos posteriores das comissões, bem como as ações do Congresso que aprovavam o financiamento para a continuação da barragem, nas quais se poderia ter visto a indicação de uma intenção real de não sacrificar a barragem a essa espécie particular. As comissões que se manifestaram em favor da barragem não eram as mesmas que haviam apoiado inicialmente a lei, afirmou ele, e os congressistas muitas vezes votam a emissão de recursos sem considerar plenamente se os gastos propostos são legais de acordo com as decisões anteriormente tomadas pelo Congresso.

O juiz Lewis Powell apresentou voto dissidente, acompanhado por outro juiz. Declarou que a decisão da maioria dava uma interpretação absurda ao texto da Lei das Espécies Ameaçadas. "Não cabe a nós", disse ele, "retificar políticas ou juízos políticos emanados do Poder Legislativo, por notório que seja o desserviço que prestem ao interesse público. Mas quando a formação da lei e o processo legislativo, como neste caso, não precisam ser interpretados para chegar a tal resultado, considero dever desta Corte adotar uma interpretação eficaz, que seja compatível com um pouco de bom senso e com o bem-estar público.[17]" Isto demonstra ainda outra teoria da le-

---

17. *Id.*, 196 (Powell, J. em desacordo).

gislação, outra teoria sobre o modo como as intenções da legislatura afetam a lei por trás do texto, e é muito diferente da teoria de Burger. Este afirmava que se deveria exigir o cumprimento do significado acontextual do texto, por mais estranhas ou absurdas que fossem as consequências, a menos que a corte descobrisse fortes indícios de que o Congresso realmente pretendia o contrário. Powell dizia que os tribunais só deveriam aceitar um resultado absurdo se encontrassem uma prova inequívoca de que fosse *isso* o pretendido. A teoria de Burger é a mesma de Gray, ainda que numa forma menos rígida, que atribui algum papel à intenção do legislador. A teoria de Powell é semelhante à de Earl, embora neste caso substitua os princípios de justiça encontrados em outras partes do direito pelo bom senso.

Mais uma vez, se tomarmos as opiniões desses dois juízes por seu significado aparente, eles não divergiram sobre nenhuma questão de fato histórico. Não divergiram quanto ao estado mental dos vários congressistas que se reuniram para promulgar a Lei das Espécies Ameaçadas. Ambos os juízes presumiram que a maioria dos congressistas jamais se perguntara se a lei poderia ser usada para interromper uma barragem que, além de muito dispendiosa, já estava quase concluída. Nem discordaram sobre a questão da fidelidade. Ambos admitiram que a Corte deveria seguir a lei. Discordaram sobre o sentido da lei; discordaram sobre o modo como os juízes deveriam decidir sobre qual norma jurídica resultava de um texto específico promulgado pelo Congresso, quando os congressistas tinham as crenças e intenções que os dois juízes concordavam que eles tinham nesse caso.

McLoughlin

O caso *Elmer* e o caso do *snail darter* têm, em sua origem, uma lei. Em cada caso, a decisão dependia da melhor interpretação da verdadeira lei, a partir de um texto legislativo específico. Em muitos processos judiciais, porém, o pleiteante não se fundamenta em uma lei, mas em decisões anteriormente tomadas por tribunais. Ele argumenta que o juiz do seu caso deve seguir as normas estabelecidas nesses casos anteriores, os quais, segundo alega, exigem um veredito que lhe seja favorável. O caso *McLoughlin* foi assim[18]. O marido e os quatro filhos da sra. McLoughlin foram feridos num acidente de carro na Inglaterra, mais ou menos às quatro da tarde do dia 19 de outubro de 1973. Ela estava em casa quando um vizinho lhe trouxe a notícia do acidente, por volta de seis horas, e dirigiu-se imediatamente ao hospital, onde foi informada de que a filha havia morrido e o marido e os outros filhos estavam em estado grave. Teve um colapso nervoso e mais tarde processou o motorista cuja negligência provocara o acidente, bem como outras pessoas de alguma forma envolvidas, exigindo uma indenização por danos morais. Seu advogado chamou a atenção para várias decisões anteriores dos tribunais ingleses concedendo indenização às pessoas que haviam sofrido danos morais ao verem um parente próximo gravemente ferido. Em todos esses casos, porém, o pleiteante tinha estado na cena do acidente ou ali chegara logo em seguida. Em um caso de 1972, por exemplo, uma mulher foi ressarcida – recebeu indenização – por danos morais; ela vira o cadáver do marido imediatamente após o acidente que lhe tirara a vida[19]. Em 1967, um homem sem parentesco algum com as vítimas de um acidente de trem trabalhou durante horas tentando resgatá-las; a experiência o levou a um colapso nervoso, e ele conseguiu obter a indenização que pediu[20]. O advogado da sra. McLoughlin fundamentou-se nesses casos como precedentes, decisões que haviam incorporado ao direito a norma jurídica segundo a qual pessoas na situação dela têm direito a ser indenizadas.

Os juristas britânicos e norte-americanos falam da doutrina do precedente; referem-se à doutrina segundo a qual decisões de

---

18. *McLoughlin vs. O'Brian* [1983] 1 A.C. 410, modificando [1981] Q.B. 599.
19. *Marshall vs. Lionel Enterprise Inc.* [1972] O.R. 177.
20. *Chadwick vs. British Transport* [1967] 1 W.L.R. 912.

casos anteriores muito semelhantes a novos casos devem ser repetidas nestes últimos. Estabelecem, contudo, uma distinção entre aquilo que poderíamos chamar de doutrina estrita e doutrina atenuada do precedente. A doutrina estrita *obriga* os juízes a seguirem as decisões anteriores de alguns outros tribunais (em geral de tribunais superiores, mas às vezes no mesmo nível na hierarquia dos tribunais de sua jurisdição), mesmo acreditando que essas decisões foram erradas. A forma exata da doutrina estrita varia de lugar para lugar; é diferente nos Estados Unidos e na Grã-Bretanha, e difere de estado para estado nos Estados Unidos. De acordo com o que pensa a maioria dos juristas ingleses com relação à doutrina estrita, o Tribunal de Apelação, cuja autoridade só é inferior à da Câmara dos Lordes, não tem outra escolha a não ser seguir suas próprias decisões anteriores; já os juristas norte-americanos negam que os tribunais de hierarquia comparável tenham essa obrigação. Os juristas de uma jurisdição específica às vezes divergem – pelo menos quanto aos detalhes – da doutrina estrita tal como esta se aplica a eles: a maioria dos juristas norte-americanos pensa que os tribunais federais inferiores são absolutamente obrigados a seguir as decisões já tomadas pela Suprema Corte, mas esse ponto de vista é contestado por alguns[21].

Por outro lado, a doutrina atenuada do precedente exige apenas que o juiz atribua algum peso a decisões anteriores sobre o mesmo problema, e que ele deve segui-las a menos que as considere erradas o bastante para suplantar a presunção inicial em seu favor. Essa doutrina atenuada pode adotar as decisões anteriores não somente de tribunais acima do juiz, ou no mesmo nível de sua jurisdição, mas também de tribunais de outros estados ou países. Obviamente, muito depende de quão forte se considere a presunção inicial. Uma vez mais, as opiniões variam entre os advogados de diferentes jurisdições, mas também é

---

21. Cf., por exemplo, *Jaffree vs. Board of School Comm'rs*, 554 F. Supp. 1104 (S.D. Ala. 1982) (o juiz da vara federal se recusa a seguir o precedente da Suprema Corte), *rev'd sub nom. Jaffree vs. Wallace*, 705 F.2d 1526 (11ª Circ. 1983), *aff'd* 605 S. Ct. 2479 (1985).

provável que variem, numa mesma jurisdição, em muito maior grau do que a opinião sobre as dimensões da doutrina estrita.

Contudo, é mais provável que qualquer juiz atribua mais importância a decisões anteriores de tribunais superiores de sua própria jurisdição, e a decisões anteriores de todos os tribunais, superiores e inferiores de sua jurisdição, e não de tribunais de outras jurisdições. Ele também pode atribuir mais importância a decisões recentes de qualquer tribunal, e não às anteriores, bem como favorecer as decisões tomadas por juízes famosos, e não por juízes medíocres etc. Há duas décadas, a Câmara dos Lordes declarou que a doutrina estrita do precedente não exige que se adotem as decisões que ela mesma tomou no passado[22] – antes dessa declaração, os juristas britânicos presumiam que a doutrina estrita impunha tal exigência –, mas a Câmara dos Lordes, não obstante, atribui grande importância a suas decisões passadas, mais que a decisões passadas de instâncias inferiores da hierarquia britânica, e muito mais que a decisões de tribunais norte-americanos.

As diferenças de opinião sobre a natureza da doutrina estrita e a força da doutrina atenuada explicam por que certos processos são polêmicos. No mesmo caso, diferentes juízes divergem sobre o ponto de serem ou não obrigados a seguir alguma decisão tomada no passado, envolvendo a mesma questão de direito com que deparam no momento. Não foi esta, porém, a essência da controvérsia no caso *McLoughlin*. Seja qual for o ponto de vista dos advogados sobre a natureza e a força do precedente, a doutrina só se aplica a decisões passadas que apresentem suficiente semelhança com o caso atual para serem consideradas, como dizem os advogados, "pertinentes". Às vezes, uma facção argumenta que certas decisões passadas são muito pertinentes, enquanto a outra afirma que essas decisões são "discrimináveis", querendo com isso dizer que são diferentes do caso atual em algum aspecto que as isenta da doutrina. O juiz diante do qual a sra. McLoughlin apresentou sua petição pela primeira

---

22. Exposição de Prática (Precedente Judicial) [1966] 1 W.L.R. 1234.

vez, o juiz de primeira instância, decidiu que os precedentes citados por seu advogado, sobre outras pessoas que haviam sido indenizadas por danos morais sofridos ao verem vítimas de acidentes, eram discrimináveis porque, em todos aqueles casos, o colapso nervoso ocorrera na cena do acidente, enquanto ela só sofrera o colapso cerca de duas horas mais tarde, em outro local. É evidente que nem todas as diferenças nos fatos relativos a dois casos tornam o anterior discriminável: ninguém podia imaginar que seria importante o fato de a sra. McLoughlin ser mais jovem que a pleiteante nos casos anteriores.

O juiz de primeira instância considerou que o fato de o colapso nervoso ter ocorrido longe da cena do acidente constituía uma diferença importante, pois significava que os danos morais da sra. McLoughlin não eram "previsíveis" no mesmo sentido daqueles sofridos por outros pleiteantes. Os juízes britânicos e norte-americanos seguem o princípio do direito consuetudinário, segundo o qual as pessoas que agem com negligência só são responsáveis por danos razoavelmente previsíveis causados a terceiros, danos que uma pessoa sensata poderia antever se refletisse sobre a questão. O juiz de primeira instância foi obrigado, em virtude da doutrina do precedente, a admitir que o dano moral de parentes próximos na cena de um acidente é razoavelmente previsível, mas afirmou que o mesmo não se pode dizer do dano sofrido por uma mãe que viu os resultados do acidente mais tarde. Portanto, achou que desse modo podia fazer uma distinção entre os supostos precedentes, e decidiu contra a reivindicação da sra. McLoughlin.

Ela recorreu de sua decisão ao tribunal imediatamente superior na hierarquia britânica, o Tribunal de Apelação[23]. Esse tribunal confirmou a decisão do juiz de primeira instância – recusou a apelação da sra. McLoughlin e manteve a decisão judicial –, mas não com base na argumentação usada pelo juiz. O Tribunal de Apelação afirmou que *era* razoavelmente previsível que uma mãe corresse para o hospital para ver os membros feri-

---
23. [1981] Q.B. 599.

dos de sua família, e que sofresse um colapso emocional ao vê-los nas condições em que a sra. McLoughlin os encontrou. Esse tribunal discriminou os precedentes, não por esse motivo, mas pela razão muito diversa de que aquilo que ele chamou de política judiciária justificava uma distinção. Os precedentes haviam estabelecido responsabilidade por dano moral em certas circunstâncias restritas, mas segundo o Tribunal de Apelação o reconhecimento de uma esfera mais ampla de responsabilidade, incluindo danos a parentes que não estavam na cena no momento, poderia ter muitas consequências adversas para a comunidade como um todo. Incentivaria um número muito maior de processos por danos morais, o que exacerbaria o problema da saturação dos tribunais. Abriria novas oportunidades a reivindicações fraudulentas de pessoas que não haviam sofrido danos morais realmente graves, mas que podiam perfeitamente encontrar médicos dispostos a testemunhar o contrário. Aumentaria o custo do seguro de responsabilidade civil, encarecendo o ato de dirigir carros e, talvez, impedindo para sempre que alguns pobres dirigissem. As alegações dos que haviam sofrido um verdadeiro dano moral longe da cena do acidente seriam mais difíceis de comprovar, e as incertezas do litígio poderiam complicar seu estado de saúde e retardar sua recuperação.

A sra. McLoughlin apelou da decisão uma vez mais, desta vez à Câmara dos Lordes, que revogou a decisão do Tribunal de Apelação e ordenou um novo processo[24]. A decisão foi unânime, mas os lordes divergiram sobre aquilo que chamavam de verdadeiro direito. Vários deles afirmaram que as razões de senso comum, do tipo descrito pelo Tribunal de Apelação, poderiam, em algumas circunstâncias, ser suficientes para discriminar uma série de precedentes e, desse modo, justificar a recusa de um juiz em estender o princípio daqueles casos a uma esfera mais ampla de responsabilidade. Mas não acharam que essas razões de política judiciária fossem suficientemente plausíveis ou meritórias no caso da sra. McLoughlin. Não acreditaram que o

---

24. [1983] 1 A.C. 410.

risco de um "dilúvio" de litígios fosse suficientemente grave, e afirmaram que os tribunais deveriam ser capazes de estabelecer uma distinção entre as reivindicações autênticas e as fraudulentas, mesmo no caso dos que sofressem o alegado dano várias horas após o acidente. Não se comprometeram a dizer quando argumentos de política judiciária poderiam ser utilizados para limitar as indenizações por danos morais; deixaram em aberto, por exemplo, a questão de se a irmã da sra. McLoughlin na Austrália (caso ela tivesse uma irmã lá) poderia ser indenizada pelo choque que sofreria ao ler sobre o acidente semanas ou meses depois, em uma carta.

Dois lordes adotaram uma concepção do direito bem diferente. Disseram que seria errado que os tribunais negassem a indenização a um pleiteante meritório, pelos *tipos* de razões que o Tribunal de Apelação havia mencionado, os quais, para os outros lordes, podiam ser suficientes em algumas circunstâncias. Os precedentes deviam ser vistos como discrimináveis, diziam eles, somente se, por alguma razão, os princípios morais admitidos nos casos anteriores não se aplicassem da mesma maneira ao pleiteante. E, uma vez admitido que o dano causado a uma mãe no hospital, horas depois do acidente, é razoavelmente previsível a um motorista negligente, nenhuma diferença pode ser encontrada entre os dois casos. A saturação dos tribunais ou o aumento do preço do seguro de responsabilidade civil para os motoristas, diziam eles, por mais que representem um inconveniente para a comunidade como um todo, não podem justificar a recusa em fazer satisfazer direitos e deveres individuais que anteriormente se reconheceram e fizeram cumprir. Afirmavam que esses eram os tipos errados de argumentos a se fazer aos juízes enquanto argumentos de direito, por mais convincentes que pudessem ser quando dirigidos a legisladores como argumentos favoráveis a uma mudança na lei. (A opinião de lorde Scarman foi particularmente clara e eloquente sob esse aspecto.) A argumentação dos lordes revelou uma importante diferença de opinião sobre o papel que cabe às considerações de política judiciária ao se decidir a quais resultados têm direitos as partes de uma ação judicial.

Brown

Terminada a Guerra Civil norte-americana, o norte vitorioso emendou a Constituição para pôr fim à escravidão e a muitos de seus incidentes e consequências. Uma dessas emendas, a Décima Quarta, declarava que nenhum Estado poderia negar a ninguém "igualdade perante a lei". Depois da Reconstrução, os Estados sulistas – de novo no controle de suas próprias políticas – praticaram a segregação racial em muitos serviços públicos. Os negros tinham de viajar na parte de trás dos ônibus e só podiam frequentar escolas segregadas, junto com outros negros. No famoso caso de *Plessy vs. Ferguson*[25], o réu alegou, perante a Suprema Corte, que essas práticas segregacionistas violavam automaticamente a cláusula da igualdade perante a lei. A Corte rejeitou a alegação, afirmando que as exigências dessa cláusula estariam sendo atendidas se os Estados oferecessem serviços separados, porém iguais, e que, por si só, o fato da segregação não tornava esses serviços automaticamente desiguais.

Em 1954, um grupo de crianças negras que frequentavam uma escola em Topeka, no Kansas, provocou a retomada da discussão do problema[26]. Nesse ínterim, muitas coisas haviam acontecido nos Estados Unidos – um grande número de negros havia morrido pelo país numa guerra recente, por exemplo –, e a segregação parecia agora mais profundamente errada aos olhos de muito mais pessoas do que quando se decidira o caso *Plessy*. Não obstante, os Estados que praticavam a segregação resistiram ferozmente à integração, sobretudo nas escolas. Seus advogados argumentavam que, sendo *Plessy* uma decisão da Suprema Corte, era necessário respeitar o precedente. Dessa vez, a Corte tomou uma decisão favorável aos queixosos.

---

25. 163 U.S. 537 (1896).
26. *Brown vs. Board of Education*, 347 U.S. (1954). O julgamento consolidou casos ocorridos em escolas segregadas em Topeka, Kansas; condado de Clarendon, Carolina do Sul; condado de Prince Edward, Virgínia, e condado de New Castle, Delaware. Cf. 347 U.S. na página 486 n.1.

Sua decisão foi inesperadamente unânime, ainda que a unanimidade tenha sido obtida graças ao voto escrito por Earl Warren, presidente do Supremo Tribunal, o qual sob muitos aspectos era uma solução conciliatória. Ele não rejeitou cabalmente a fórmula "separado porém igual"; em vez disso, baseou-se em controvertidas evidências sociológicas para mostrar que as escolas nas quais se praticava segregação racial não podiam ser iguais por esta única razão. Ele também não disse, de modo categórico, que a Corte estava então revogando o caso *Plessy*. Disse apenas que *se* a presente decisão estivesse em contradição com o caso *Plessy*, então aquela decisão anterior estaria sendo revogada. Em termos práticos, o compromisso mais importante estava na intenção de reparação que o parecer outorgou aos queixosos. Esse voto não ordenou que as escolas dos Estados sulistas abolissem imediatamente a segregação, mas apenas, segundo uma expressão que se tornou um emblema de hipocrisia e demora, "a toda velocidade adequada"[27].

A decisão foi muito polêmica, o processo de integração que se seguiu foi lento, e o progresso significativo só foi obtido ao preço de muitas outras batalhas jurídicas, políticas e até mesmo físicas. Os críticos afirmaram que a segregação, apesar de deplorável em termos de moralidade pública, não era inconstitucional[28]. Observaram que, por si mesma, a expressão "igual proteção" não determina se a segregação é proibida ou não; que os congressistas que haviam aprovado a Décima Quarta Emenda tinham plena consciência da segregação nas escolas e, ao que parece, achavam que a emenda preservaria sua legitimidade; e que a decisão da Corte no caso *Plessy* era um importante precedente, de linhagem quase antiga, e não deveria ser levianamente derrubada. Tratava-se de argumentos sobre os fundamentos reais do direito constitucional, não de

---

27. Essa frase foi usada num segundo julgamento sobre o assunto relativo a remédios jurídicos. *Brown vs. Board of Education*, 349 U.S. 294, 301 (1955).
28. Cf. Charles Fairman, "Forward: The Attack on the Segregation Cases", 70 *Harvard Law Review* 83 (1956).

alegações de moralidade ou reparação: muitos dos que as sustentavam estavam de acordo quanto à natureza imoral da segregação e admitiam que a Constituição seria um documento melhor se a houvesse proscrito. Tampouco os argumentos daqueles que concordavam com a Corte eram argumentos de seu valor moral ou reforma. Se, do ponto de vista jurídico, a Constituição não proibia a segregação racial oficial, então a decisão do caso *Brown* era uma emenda constitucional ilícita, e muito poucos dos que apoiaram a decisão pensariam estar apoiando tal coisa. Em torno desse caso, como de outros que aqui apresentamos como exemplos, travou-se uma batalha sobre a questão do direito. Ou assim pareceu aos que travaram essa batalha.

Teorias semânticas do direito

Proposições e fundamentos do direito

No início deste capítulo, descrevi aquilo que chamei de ponto de vista do direito como simples questão de fato. Tal ponto de vista sustenta que o direito apoia-se apenas em questões de mero fato histórico, que a única divergência sensata sobre o direito é a divergência empírica sobre aquilo que as instituições jurídicas realmente decidiram no passado, que aquilo que denominei divergência teórica é ilusório e pode ser mais bem compreendido, enquanto argumento, não no que diz respeito à natureza da lei, mas sim àquilo que ela deveria ser. Os casos que usei como exemplos parecem oferecer um contra exemplo do ponto de vista do direito como simples questão de fato: os argumentos nesses casos parecem remeter ao direito, não à moral, à fidelidade ou à reforma do direito. Precisamos, portanto, colocar esse desafio ao ponto de vista do direito como simples questão de fato: por que insistir em que a aparência é aqui uma ilusão? Alguns filósofos do direito oferecem uma resposta surpreendente. Dizem eles que a divergência teórica sobre os fundamentos do direito deve ser um pretexto, pois o próprio significado da palavra "direito" faz o direito depender de certos critérios específicos, e que qualquer advogado que rejeitasse ou contestasse esses critérios estaria dizendo absurdos que contradizem a si mesmos.

Seguimos regras comuns, afirmam eles, quando usamos qualquer palavra: essas regras estabelecem critérios que atribuem significado à palavra. Nossas regras para o uso de "direito" ligam o direito ao fato histórico puro e simples. Não se segue daí que todos os advogados tenham consciência dessas regras no sentido de serem capazes de enunciá-las de alguma forma nítida e abrangente. Pois todos nós seguimos regras ditadas pela língua que falamos, e delas não temos plena consciência. Todos usamos a palavra "causa", por exemplo, de um jeito que, *grosso modo*, parece ser o mesmo – concordamos sobre os eventos físicos que causaram outros, desde que todos tenhamos conhecimento dos fatos pertinentes –, e ainda assim a maioria de nós não tem ideia dos critérios que utilizamos para fazer esses julgamentos, ou mesmo do sentido em que empregamos esses critérios. Cabe à filosofia explicá-los a nós. A tarefa pode apresentar uma certa dificuldade, e os filósofos podem muito bem divergir. Talvez nenhum conjunto de critérios para o uso da palavra "causa" se ajuste exatamente à prática comum, e a questão será, então, saber qual conjunto oferece, em termos gerais, o melhor ajuste (ou os melhores ajustes) aos principais casos de causalidade. Além disso, a exposição do conceito de causalidade por um filósofo deve não apenas ajustar-se, mas ser também filosoficamente respeitável e atraente sob outros aspectos. Para explicar nosso uso de causalidade, não deve incorrer em petição de princípio, usando o próprio conceito em sua descrição do modo como o utilizamos, e é necessário que empregue uma ontologia plausível. Não aceitaríamos um relato do conceito de causalidade que recorresse a deuses causais residentes em objetos. Segundo o ponto de vista que no momento descrevo, o mesmo se aplica ao conceito de direito. Todos usamos os mesmos critérios factuais para formular, aceitar e rejeitar afirmações sobre a natureza do direito, mas ignoramos o que são esses critérios. Os filósofos do direito devem elucidá-los para nós, procedendo a um profundo estudo do modo como falamos. Eles podem divergir entre si, mas por si só isso não lança dúvidas sobre seu pressuposto comum, de que compartilhamos algum conjunto de padrões sobre o uso que deve ser dado à palavra "direito".

Os filósofos que insistem em que os advogados seguem, todos, certos critérios linguísticos para avaliar as proposições jurídicas, talvez inadvertidamente, produziram teorias que identificam esses critérios. Darei ao conjunto dessas teorias o nome de teorias semânticas do direito, mas o termo em si requer uma elaboração. Durante muito tempo, os filósofos do direito embalaram seus produtos e os apresentaram como definições do direito. John Austin, por exemplo, de cuja teoria apresentarei uma breve descrição, dizia estar explicando o "significado" do direito. Quando os filósofos da linguagem desenvolveram teorias mais sofisticadas do significado, os filósofos do direito tornaram-se mais cuidadosos em suas definições, e passaram então a afirmar que estavam descrevendo o "uso" dos conceitos jurídicos, com o que queriam dizer, em nosso vocabulário, as circunstâncias nas quais as proposições jurídicas são consideradas como verdadeiras ou falsas por todos os juristas competentes. Em minha opinião, porém, isso não foi muito além de uma troca de embalagem; de qualquer modo, pretendo incluir as teorias sobre o "uso" no grupo das teorias semânticas do direito, bem como as teorias anteriores, que tinham um caráter de definição mais claro[29].

---

29. Às vezes se diz que o objetivo das teorias que chamo de semânticas não é, como o nome sugere, desenvolver teorias sobre o significado da palavra "direito", mas sim descobrir os traços distintivos que caracterizam o direito como fenômeno social. Cf, por exemplo, Ruth Gavison, "Comments on Dworkin", em *Papers of the Jerusalem Conference* (no prelo). Mas essa oposição é, em si, um equívoco. Os filósofos que tenho em mente, cujas teorias são descritas nas páginas seguintes, reconhecem que o aspecto mais distintivo do direito como "fenômeno social" é que os participantes das instituições jurídicas apresentam e debatem proposições jurídicas e consideram importante, em geral decisivamente, saber se são aceitas ou rejeitadas. As teorias clássicas tentam explicar esse aspecto central e abrangente da prática jurídica ao descreverem o sentido das proposições jurídicas – o que significam para os que as utilizam –, e essa explicação assume a forma de definições

Positivismo jurídico

As teorias semânticas pressupõem que os advogados e juízes usam basicamente os mesmos critérios (embora estes sejam ocultos e passem despercebidos) para decidir quando as proposições jurídicas são falsas ou verdadeiras; elas pressupõem que os advogados realmente estejam de acordo quanto aos fundamentos do direito. Essas teorias divergem sobre quais critérios os advogados de fato compartilham e sobre os fundamentos que esses critérios na verdade estipulam. Os estudantes de direito aprendem a classificar as teorias semânticas segundo o esquema aproximado que apresentamos a seguir. As teorias semânticas mais influentes sustentam que os critérios comuns levam a verdade das proposições jurídicas a depender de certos eventos históricos específicos. Essas teorias positivistas, como são chamadas, sustentam o ponto de vista do direito como simples questão de fato, aquele segundo o qual a verdadeira divergência sobre a natureza do direito deve ser uma divergência empírica sobre a história das instituições jurídicas. As teorias positivistas, contudo, diferem entre si sobre quais fatos históricos são cruciais, e duas versões têm sido particularmente importantes na doutrina britânica.

John Austin, advogado e acadêmico inglês do século XIX, dizia que uma proposição jurídica é verdadeira no interior de uma determinada sociedade política desde que transmita, corretamente, o comando precedente de alguma pessoa ou grupo que ocupe uma posição soberana em tal sociedade. Austin definia um soberano como uma pessoa ou grupo cujas ordens costumam ser obedecidas e que não tenha o costume de obedecer a ninguém[30]. Essa teoria foi objeto de um caloroso debate, que muitas vezes

---
do "direito" à maneira antiga ou de avaliações, no estilo mais moderno, sobre as "condições de autenticidade" das proposições jurídicas – as circunstâncias em que os juristas as aceitam ou rejeitam.
30. Cf. J. L. Austin, *The Province of Jurisprudence Determined* (H. L. A. Hart, org., Nova York, 1954) e *Lectures in Jurisprudence* (5ª ed., 1885). Cf. também Jeremy Bentham, *An Introduction to the Principles of Morals and Legislation* (J. H. Barns e H. L. A. Hart, orgs., Londres, 1970).

teve matizes escolásticos. Os filósofos do direito discutiam se certas proposições jurídicas obviamente verdadeiras – proposições sobre o número de assinaturas necessárias para tornar um testamento legalmente válido, por exemplo – podiam, de fato, ser consideradas verdadeiras em virtude da *ordem* de alguém. (Afinal, ninguém ordenou ao leitor, ou a mim, a fazer um testamento, muito menos um testamento válido.) Também discutiam se algum grupo poderia ser considerado soberano (no sentido atribuído a esta palavra por Austin) numa democracia, como a dos Estados Unidos, onde o povo, em sua totalidade, tem o poder de alterar radicalmente a forma de governo ao emendar a Constituição. Contudo, ainda que a teoria de Austin se mostrasse deficiente em várias questões de detalhe, o que resultou na sugestão de muitas emendas e aperfeiçoamentos, sua ideia central de que o direito é uma questão de decisões históricas tomadas por aqueles que detêm o poder político, nunca perdeu totalmente sua força sobre a doutrina.

A mais importante e fundamental reformulação dessa ideia encontra-se no livro *The Concept of Law* (O conceito do direito), de H. L. A. Hart, publicado pela primeira vez em 1961[31]. Hart refutava a opinião de Austin de que a autoridade jurídica era um fato puramente físico de comando e obediência habituais. Afirmava que os verdadeiros fundamentos do direito encontram-se na aceitação, por parte da comunidade como um todo, de uma regra-mestra fundamental (que ele chamou de "regra de reconhecimento") que atribui a pessoas ou grupos específicos a autoridade de criar leis. Assim, as proposições jurídicas não são verdadeiras apenas em virtude da autoridade de pessoas que costumam ser obedecidas, mas, fundamentalmente, em virtude de convenções sociais que representam a aceitação, pela comunidade, de um sistema de regras que outorga a tais indivíduos ou grupos o poder de criar leis válidas. Para Austin, a proposição de que o limite máximo de velocidade na Califórnia é 90 quilômetros é verdadeira apenas porque

---

31. H. L. A. Hart, *The Concept of Law* (Londres, 1961).

os legisladores que promulgaram tal lei estavam então no poder; para Hart, é verdadeira porque o povo da Califórnia aceitou, e continua aceitando, o sistema de autoridade usado nas Constituições estaduais e nacionais. Para Austin, a proposição de que os motoristas negligentes devem indenizar as mães que sofrem danos morais na cena de um acidente é verdadeira na Grã-Bretanha porque as pessoas que têm poder político fizeram dos juízes seus representantes e, tacitamente, adotam os comandos deles como se fossem seus. Para Hart, essa proposição é verdadeira porque a regra de reconhecimento aceita pelo povo inglês transforma as declarações dos juízes em direito sujeito ao poder de outras pessoas – os legisladores – de revogá-lo quando quiserem.

A teoria de Hart, como a de Austin, gerou um grande número de debates entre aqueles que foram atraídos por sua ideia básica. Em que consiste a "aceitação" de uma regra de reconhecimento? Muitos oficiais da Alemanha nazista obedeciam às ordens de Hitler como se fossem leis, mas só o faziam por medo. Isso significa que aceitavam uma regra de reconhecimento que o autorizava a criar leis? Se assim for, então a diferença entre a teoria de Hart e a de Austin torna-se ilusória, porque então não haveria diferença entre um grupo de pessoas que aceita uma regra de reconhecimento e outro que, por medo, simplesmente adota um modelo forçado de obediência. Se não for assim, se a aceitação exige algo além da mera obediência, então parece possível afirmar que não havia direito na Alemanha nazista, que nenhuma proposição jurídica era verdadeira, lá ou em muitos outros lugares nos quais a maioria das pessoas afirmaria a existência de um direito, ainda que malévolo ou impopular. E assim a teoria de Hart não seria capaz de apreender, afinal, o modo como todos os advogados usam a palavra "direito". Os especialistas refletiram sobre este e outros aspectos da teoria de Hart, porém, uma vez mais, sua ideia fundamental, de que a verdade das proposições jurídicas depende essencialmente de padrões convencionais de reconhecimento do direito, conquistou um amplo assentimento.

Outras teorias semânticas

As teorias positivistas não estão a salvo de contestações na literatura da doutrina clássica; devo mencionar, aqui, dois outros grupos de teorias geralmente tidas como suas rivais. A primeira costuma ser chamada de escola do direito natural, ainda que as várias teorias agrupadas sob tal designação sejam muito diferentes entre si, e que o nome não se ajuste a nenhuma delas[32]. Se as tratarmos como teorias semânticas (no capítulo III, apresentarei um modo melhor de compreendê-las), elas têm isto em comum: sustentam que os juristas seguem critérios que não são inteiramente factuais, mas, pelo menos até certo ponto, morais, para decidirem que proposições jurídicas são verdadeiras. A mais radical dessas teorias ressalta que o direito e a justiça são idênticos, de tal modo que nenhuma proposição jurídica injusta pode ser verdadeira. Essa teoria radical é bastante implausível enquanto teoria semântica, pois os advogados frequentemente falam de maneira que a contradiz. Na Grã-Bretanha e nos Estados Unidos, muitos juristas consideram o imposto de renda progressivo injusto, por exemplo, mas nenhum deles põe em dúvida o fato de que a lei desses países fixa o imposto a taxas progressivas. Algumas teorias menos radicais do "direito natural" afirmam apenas que a moral é às vezes relevante para a verdade das proposições jurídicas. Sugerem, por exemplo, que quando uma lei permite diferentes interpretações, como no caso Elmer, ou quando os precedentes são inconclusivos, como no caso da sra. McLoughlin, a interpretação que foi moralmente superior será a afirmação mais exata do direito. Mas mesmo essa versão moderada do direito natural é pouco convincente se a tomarmos como uma teoria semântica sobre o modo como todos os juristas usam a palavra "direito"; o juiz Gray parece ter concordado com o juiz Earl quanto ao fato de que o direito seria melhor se negasse a Elmer sua herança, mas não estava de acordo com o fato de que, por isso, o direito não lha concedesse.

---

32. Para uma discussão extremamente ilustrativa sobre as teorias do direito natural e a defesa de uma versão moderna, cf. J. Finnis, *Natural Law and Natural Rights* (Nova York, 1980).

Os estudantes aprendem que o segundo rival do positivismo é a escola do realismo jurídico. As teorias realistas foram desenvolvidas no início deste século, sobretudo nas escolas de direito norte-americanas, embora o movimento tivesse ramificações em outros lugares. Se as tratarmos como teorias semânticas, elas afirmam que as regras linguísticas seguidas pelos advogados tornam as proposições jurídicas adjuvantes e prenunciativas. A melhor versão sugere que o exato significado de uma proposição jurídica – as condições nas quais os advogados irão considerar verdadeira a proposição – depende do contexto. Se um advogado afirma a um cliente que o direito permite que os assassinos herdem, por exemplo, deve-se entender que ele está prevendo que é isso que os juízes vão decidir quando o caso for levado ao tribunal. Se um juiz faz tal afirmação ao emitir seu voto, está apresentando um outro tipo de hipótese prenunciativa sobre o mais provável curso a ser seguido pelo direito na esfera geral de sua decisão[33]. Alguns realistas exprimiram essas ideias em uma linguagem profundamente cética. Afirmaram que o direito não existe, ou que resulta apenas daquilo que o juiz tomou em seu café da manhã. Queriam dizer que não existe nada que se possa chamar de direito, a não ser esses diferentes tipos de previsões. Contudo, mesmo assim compreendido, o realismo permanece extremamente implausível enquanto teoria semântica. Pois raramente é contraditório – na verdade, é até comum – que os advogados prevejam que os juízes cometerão um erro a propósito do direito, ou que os juízes manifestem seu ponto de vista sobre o direito para acrescentar, em seguida, que esperam que ele venha a ser modificado.

A defesa do positivismo

Vou concentrar-me no positivismo jurídico porque, como acabei de dizer, essa é a teoria semântica que sustenta o ponto

---

33. Cf., por exemplo, Holmes, acima (n. 9).

de vista do direito como simples questão de fato e a alegação de que o verdadeiro argumento sobre o direito deve ser empírico, não teórico. Se o positivismo está certo, então a aparente divergência teórica sobre os fundamentos do direito, no caso *Elmer*, no caso *McLoughlin*, no caso do *snail darter* e no caso *Brown*, é de certo modo enganadora. Nesses casos, as instituições jurídicas precedentes não haviam decidido expressamente a questão de nenhuma maneira, e os advogados que usavam corretamente a palavra "direito", segundo o positivismo, teriam concordado quanto a não haver direito algum a descobrir. Sua divergência, portanto, deve ter sido um debate disfarçado sobre qual deveria ser a natureza do direito. Mas podemos reafirmar essa inferência como um argumento contra o positivismo. Afinal, por que advogados e juízes deveriam simular uma divergência teórica em casos como esses? Alguns positivistas têm uma resposta rápida: os juízes fingem divergir sobre a natureza do direito porque o público acredita que o direito sempre existe e que os juízes devem sempre segui-lo. De acordo com esse ponto de vista, advogados e juízes conspiram sistematicamente para esconder a verdade das pessoas, para não desiludi-las nem provocar sua raiva ignorante.

Essa resposta rápida é pouco convincente. Por que tal fingimento seria necessário, ou como ele poderia ser bem-sucedido, é um mistério. Se todos os juristas concordam que não existe um direito claro em casos como esses que usamos a título de exemplo, por que, então, esse ponto de vista não se tornou parte de nossa cultura política popular? E se assim não foi – se a maioria das pessoas ainda pensa que sempre existe um direito que os juízes devem seguir –, por que os juristas temem corrigir seus erros tendo em vista os interesses de uma prática mais honesta da justiça? Seja como for, como essa simulação pode funcionar? Não seria fácil, para a parte decepcionada, demonstrar que realmente não havia direito segundo os fundamentos que todos sabem ser os fundamentos corretos? E, se a simulação é tão fácil de demonstrar, por que preocupar-se com a charada? Tampouco existe alguma prova, nos referidos casos, de que os advogados ou juízes realmente acreditavam naquilo que essa alegação lhes atribui. Muitos de seus argumentos seriam totalmente inadequados enquanto argumentos em favor da alteração ou do aperfeiçoamento do direito; só têm sentido enquanto argumentos sobre aquilo que os juízes devem fazer em razão de sua responsabilidade de aplicar o direito tal como ele é. Parece estranho descrever Gray ou Burger como propensos à reforma ou ao aperfeiçoamento, por exemplo, pois cada um admitiu que aquilo que considerou como direito estava aberto a sérias objeções na esfera da equidade e da sabedoria. Em sua argumentação, afirmaram que a lei em questão devia ser interpretada de uma certa maneira, *a despeito de* suas evidentes falhas, quando assim interpretada.

Uma vez, porém, que o positivista admita que Gray estava tentando afirmar a natureza do direito, e não aquilo que ele deveria ser, deve também admitir que o ponto de vista de Gray sobre os fundamentos do direito eram polêmicos até mesmo em seu próprio tribunal. A posição contrária, aquela defendida por Earl, também deve ser compreendida como uma afirmação sobre as exigências do direito – uma afirmação de que Gray estava errado –, não como uma manobra disfarçada para alterar ou revisar o direito. No caso *McLoughlin*, os juízes do Tribunal de Apelação realmente pareciam pensar que, sendo os precedentes restritos a danos morais na cena do acidente, não havia direito algum sobre danos morais sofridos longe da cena, e que, portanto, a tarefa que lhes cabia era corrigir a lei, desenvolvê-la no melhor sentido possível, levando-se todos os aspectos em conta. Mas não era esse o ponto de vista da Câmara dos Lordes, em especial o de lorde Scarman, que se achava ligado a princípios fundados nos precedentes. Até onde sabemos, lorde Scarman concordava com os juízes do Tribunal de Apelação que a comunidade como um todo se tornaria pior se concedesse uma indenização em tais circunstâncias. Os diferentes juízes que decidiram o caso da sra. McLoughlin divergiam quanto à força e à natureza do precedente enquanto fonte de direito, e, ainda que a divergência tenha sido sutil, tratou-se na verdade de uma divergência sobre o conteúdo do direito, não sobre o que se deveria fazer na ausência de direito.

De fato, não existe nenhuma evidência de que, quando advogados e juízes parecem discordar sobre a lei, eles não estejam falando a verdade. Não há argumentos que favoreçam essa concepção do problema, com exceção da petição de princípio, de quem afirma que, se a tese de direito como simples questão de fato é bem fundada, eles só podem estar fingindo. Existe, porém, uma estratégia mais sofisticada de defesa do positivismo, que admite, nos casos que usamos como exemplo, que os advogados e juízes pensavam estar divergindo sobre o direito, mas argumenta que, por uma razão um tanto diversa, essa autodescrição não deve ser tomada ao pé da letra. Esse novo argumento enfatiza a importância de se estabelecer uma distinção entre os usos padrão ou os usos intrínsecos da palavra "direito" e os usos limítrofes e nebulosos dessa mesma palavra. Pretende esse argumento que todos os advogados e juízes seguem aquilo que é basicamente a mesma regra para o uso da palavra "direito", e que, portanto, todos concordam com o limite de velocidade oficial na Califórnia e o índice básico de tributação na Grã--Bretanha. Mas, como as regras para o uso de palavras não são precisas e exatas, elas permitem a existência de casos nebulosos ou limítrofes nos quais as pessoas falam de maneira um tanto diferente entre si. Assim, os juristas podem usar a palavra "direito" de modo diferente nos casos excepcionais em que alguns – mas nem todos – fundamentos especificados pela regra principal são respeitados. Isso explica, segundo o presente argumento, por que eles discordam em casos difíceis, como esses que nos serviram de exemplos. Cada um utiliza uma versão ligeiramente diferente da regra principal, e as diferenças tornam-se manifestas nesses casos específicos[34]. A esse respeito, prossegue o argu-

---

34. Cf. Hart, acima (n. 31), pp. 129-50, e "Positivism and the Separation of Law and Morals", 71 *Harvard Law Review* 593 (1958). Hart se baseia na distinção entre núcleo e penumbra ao explicar por que os juízes devem ter poder discricionário para corrigir lacunas nas leis, e em seguida sugere que a regra principal que qualquer comunidade usa para identificar a extensão do direito tende, ela própria, a possuir uma área de penumbra que pode gerar controvérsias nas quais "tudo que se sai bem é um sucesso".

mento, nosso uso da palavra "direito" não é diferente de nosso uso de muitas outras palavras que não consideramos problemáticas. Estamos todos de acordo sobre o significado padrão da palavra "casa" (*house*), por exemplo. Quem negar que as moradias separadas entre si das ruas de um bairro residencial de Londres são casas, simplesmente não entende a língua inglesa. Não obstante, existem casos duvidosos. Nem todas as pessoas seguem exatamente as mesmas regras; algumas diriam que o palácio de Buckingham é uma casa, enquanto outras não.

Essa defesa mais sofisticada do positivismo nos conta, quanto aos casos que usamos como exemplos, uma história bem diferente daquela de um simples fingimento. De acordo com essa nova história, Earl e Gray e os outros juízes e advogados não estavam, de modo algum, fingindo ou tentando enganar o público. Estavam divergindo sobre o conteúdo do direito, mas sua divergência era "puramente verbal", como a divergência quanto ao palácio de Buckingham ser ou não uma casa. De *nosso* ponto de vista enquanto críticos, de acordo com essa explicação do positivismo, é melhor pensar que seus argumentos seriam mais adequados ao aperfeiçoamento do direito, ao que o direito deveria ser, porque entenderemos melhor o processo jurídico se somente usarmos a palavra "direito" para descrever o que se encontra no âmago desse conceito, isto é, se a usarmos somente para abranger proposições jurídicas verdadeiras segundo a regra central ou principal do uso de "direito" aceito por todos, como as proposições das leis de trânsito. Seria melhor que os advogados e juízes usassem "direito" nesse sentido, assim como seria melhor que as pessoas, em vez de discutirem a correta classificação do palácio de Buckingham, concordassem em usar "casa" no mesmo sentido, sempre que possível. Assim, o positivismo, defendido desse modo diferente, tem um caráter tanto reformador quanto descritivo. Seja como for, a defesa favoreceu a tese do direito como simples questão de fato. Trata a questão principal de cada um de nossos exemplos como uma questão de aperfeiçoamento do direito, ainda que os próprios juízes talvez não a tenham concebido dessa maneira, e nos estimula a avaliar seu desempenho indagando de que forma os juízes devem criar um novo direito quando algum caso não puder ser resolvido mediante a aplicação de regras fundadas no direito aceitas por todos os advogados. Em certo sentido, porém, a explicação é semelhante àquela do fingimento: ela não explica, de modo algum, por que os profissionais do direito agiram por tanto tempo da forma como a tese positivista diz que o fizeram. Afinal, as pessoas sensatas não discutem se o palácio de Buckingham é ou não uma casa; elas entendem de imediato que essa não é uma questão genuína, mas apenas uma questão de como se escolhe utilizar uma palavra cujo significado não tem limites fixos, no seu sentido mais amplo. Se "direito" é realmente como "casa", por que os advogados deveriam discutir por tanto tempo se o direito realmente dá ao ministro do Interior o poder de interromper uma barragem quase pronta para salvar um peixinho, ou se a lei proíbe a segregação racial nas escolas? Como poderiam pensar ter argumentos favoráveis à decisão essencialmente arbitrária de usar a palavra em um sentido, e não em outro? Como poderiam pensar que decisões importantes sobre o uso do poder do Estado pudessem se transformar em um mero jogo de palavras? De nada adianta dizer que advogados e juízes são capazes de se enganar porque, na verdade, estão discutindo uma outra questão, a questão política de se o ministro deve ter esse poder, ou se os estados devem ser proibidos de praticar a segregação nas escolas. Já vimos que muitos dos argumentos que os juízes utilizam para sustentar suas afirmações polêmicas sobre o direito não são apropriados a essas questões diretamente ligadas à política. Desse modo, a nova defesa do positivismo é uma crítica mais radical da prática profissional do que poderia parecer à primeira vista. A tese do fingimento mostra os juízes como mentirosos bem-intencionados; a tese do caso limítrofe mostra-os, por outro lado, como indivíduos simplórios.

Além do mais, a tese do caso limítrofe é pior que um insulto, pois ignora uma importante distinção entre dois tipos de divergência, a distinção entre casos limítrofes e casos experimentais ou essenciais. As pessoas às vezes interpretam mal umas às outras quando conversam, do modo como descreve a tese do caso limítrofe. Elas concordam sobre a maneira correta de verificar a aplicação de alguma palavra em contextos que consideram como casos normais, mas usam a palavra de modo muito diferente nos contextos que todos reconhecem como casos excepcionais, como o caso do palácio. Às vezes, porém, discutem a adequação de alguma palavra ou descrição porque divergem sobre a maneira correta de verificar o uso da palavra ou expressão em *qualquer* ocasião. Podemos ver essa diferença imaginando duas discussões entre críticos de arte sobre se a fotografia deve ou não ser considerada uma forma de arte. Eles podem concordar quanto aos aspectos em que a fotografia é igual ou diferente de outras atividades que reconhecem como exemplos "padrão" e incontestáveis de arte, como a pintura e a escultura. Podem concordar que a fotografia não é total ou essencialmente uma forma de arte no mesmo sentido em que são essas outras atividades; quer dizer, podem concordar que a fotografia é, quando muito, um caso limítrofe de arte. Em seguida, é provável que também concordassem que a decisão quanto a incluir ou não a fotografia nessa categoria é, em última análise, arbitrária, que deveria ser tomada quando se tivesse em vista a conveniência ou a facilidade de uma exposição, mas que, de outro modo, não existe nenhuma questão genuína para discutir se a fotografia é ou não uma arte "de verdade". Consideremos, agora, um tipo totalmente diferente de debate. Um grupo argumenta que (não importa o que pensam os outros) a fotografia é um exemplo central de uma forma de arte; que qualquer outro ponto de vista revelaria uma profunda incompreensão da natureza essencial da arte. Outro grupo assume a posição contrária, de que qualquer concepção bem fundada da natureza da arte mostra que a fotografia não pertence a seus domínios; que as técnicas fotográficas são totalmente estranhas às finalidades da arte. Em tais circunstâncias, seria um grande erro descrever a discussão como um debate sobre onde traçar uma linha divisória. A discussão diria respeito ao que a arte, devidamente compreendida, de fato é; revelaria que os dois grupos têm ideias muito diferentes sobre as razões pelas quais mesmo as formas artísticas padrão que ambos reconhecem – a pintura e a escultura – podem reivindicar tal título.

O leitor pode pensar que o segundo debate que acabei de descrever é tolo, algo como uma deformação acadêmica. Mas, seja lá o que pense, discussões desse tipo de fato ocorrem[35] e são diferentes daquelas do primeiro tipo. Seria um grave erro misturar as duas, ou afirmar que uma é apenas um caso especial da outra. A defesa "sofisticada" do positivismo interpreta mal a prática jurídica exatamente nesse sentido. Os diferentes advogados e juízes que debateram os casos que citamos como exemplos não pensavam estar defendendo direitos marginais ou *lato sensu*. Suas divergências sobre a legislação e o precedente eram fundamentais; seus argumentos mostravam que eles divergiam não só quanto à questão de se Elmer deveria ou não receber sua herança, mas também sobre a razão pela qual qualquer ato legislativo, inclusive as leis de trânsito e as taxas de tributação, impõe os direitos e deveres que todos reconhecem; não apenas sobre a questão de indenizar ou não a sra. McLoughlin, mas sobre como e por que as decisões judiciais anteriores alteraram a lei do país. Eles divergiram sobre aquilo que torna uma proposição jurídica verdadeira, não somente na superfície, mas em sua essência também. Os casos que apresentamos como exemplos foram compreendidos por aqueles que os discutiram nos tribunais, salas de aula e revistas de direito como casos centrais que punham à prova princípios fundamentais, e não como casos dúbios que pediam apenas a demarcação mais ou menos arbitrária de uma linha divisória.

O verdadeiro argumento em favor das teorias semânticas

Se o argumento jurídico diz respeito sobretudo, ou ainda que mesmo parcialmente, a questões vitais, os advogados não

---

35. Cf. Svetlana Alpers, *The Art of Describing*, 243-4, n. 37 (Londres, 1983), e material ali citado.

podem usar os mesmos critérios factuais para decidirem quando as proposições jurídicas são verdadeiras ou falsas. Seus argumentos diriam respeito, sobretudo ou em parte, a quais critérios utilizar. Assim, o esquema das teorias semânticas, de extrair regras comuns de um criterioso estudo daquilo que os advogados dizem e fazem, estaria condenado ao fracasso. Esse desafio protelatório agora amadureceu. Por que os positivistas estão tão convencidos de que o argumento jurídico não é o que parece ser? Por que estão tão seguros, contra todas as evidências, de que os advogados seguem regras comuns para o uso da palavra "direito"? Não pode ser a experiência que os convence disso, pois esta ensina o contrário. Eles dizem que a prática judiciária e jurídica não é o que parece. Mas, então, por que não? Os sintomas são clássicos, e meu diagnóstico é conhecido. Os filósofos da teoria semântica sofrem de algum bloqueio. Mas que bloqueio é esse?

Observem o argumento seguinte. Se dois advogados estão de fato seguindo regras *diferentes* ao empregar a palavra "direito", usando critérios factuais diferentes para decidir quando uma proposição jurídica é verdadeira ou falsa, então cada qual deve ter em mente algo diferente quando afirma o que é o direito. Earl e Gray devem pensar em coisas diferentes quando afirmam ou negam que o direito permite que os assassinos possam herdar: Earl quer dizer que seus fundamentos para o direito são ou não são respeitados, e Gray tem em mente seus próprios fundamentos, e não os de Earl. Portanto, os dois juízes não estão realmente divergindo sobre coisa alguma quando um nega e o outro afirma essa proposição. Ocorre, apenas, que estão falando sem entender um ao outro. Seus argumentos são inúteis no sentido mais trivial e vexatório do termo, como em uma discussão sobre bancos na qual uma pessoa tem em mente os bancos de investimento e a outra, os bancos de uma praça. Pior ainda, mesmo quando os advogados parecem estar de acordo sobre a natureza do direito, seu acordo se mostra igualmente falso, como se as duas pessoas que acabei de imaginar chegassem a um acordo quanto ao fato de haver muitos bancos nos Estados Unidos.

Essas bizarras conclusões devem ser falsas. O direito é uma profissão florescente e, apesar dos defeitos que possa ter, inclusive aqueles fundamentais, não se trata de uma piada grotesca. Significa alguma coisa afirmar que os juízes devem aplicar a lei, em vez de ignorá-la, que o cidadão deve obedecer à lei, a não ser em casos muito raros, e que os funcionários públicos são regidos por suas normas. Parece estúpido negar tudo isso simplesmente porque às vezes divergimos sobre o verdadeiro conteúdo do direito. Desse modo, nossos filósofos do direito tentam salvar aquilo que podem. Para fazê-lo, agarram-se a qualquer coisa que encontram: afirmam que, nos casos difíceis, os juízes apenas fingem divergir sobre o conteúdo do direito, ou que os casos difíceis não passam de discussões limítrofes, à margem daquilo que é claro e comum a todos. Ou então pensam que devem entrar em alguma forma de niilismo a propósito do direito. A lógica que preside a essa devastação é aquela que descrevi há pouco, o argumento de que, a menos que os advogados e juízes compartilhem critérios factuais sobre os fundamentos do direito, não poderá haver nenhuma ideia ou debate significativos sobre o que é o direito. Não temos outra opção a não ser confrontar esse argumento. Trata-se de um argumento filosófico, razão pela qual a próxima etapa de nosso esquema deve ser também filosófica.

Capítulo II
Conceitos de interpretação

O aguilhão semântico

Chamarei de aguilhão semântico o argumento que descrevi há pouco, e que tem causado tantos problemas à filosofia do direito. Suas vítimas são as pessoas que têm uma certa imagem do que é a divergência e de quando ela é possível. Elas pensam que podemos discutir sensatamente se (mas apenas se) todos aceitarmos e seguirmos os mesmos critérios para decidir quando nossas posições são bem fundadas, mesmo que não possamos afirmar com exatidão, como seria de esperar de um filósofo, que critérios são esses. Eu e você só poderemos discutir sensatamente quantos livros tenho em minha estante, por exemplo, se ambos estivermos de acordo, pelo menos em linhas gerais, quanto ao que é um livro. Podemos divergir sobre os casos limítrofes: posso chamar de livrinho aquilo que para você seria um panfleto. Mas não podemos divergir sobre aquilo que chamei de casos centrais. Se para você meu exemplar de *Moby Dick* não é um livro, pois em sua opinião romances não são livros, qualquer divergência será necessariamente absurda. Se essa imagem simples das circunstâncias em que a verdadeira divergência é possível esgota todas as possibilidades, ela deve aplicar-se aos conceitos jurídicos, inclusive ao conceito de direito. É então que se coloca o dilema que exponho a seguir. Ou os advogados, apesar das aparências, realmente aceitam, em linhas gerais, os mesmos critérios para decidir quando uma afirmação sobre o direito é verdadeira, ou não pode existir absolutamente nenhum verdadeiro acordo ou desacordo sobre o que é o direito, mas apenas a estupidez de pessoas pensando que divergem porque atribuem significados diferentes ao mesmo som. O segundo termo desse dilema parece absurdo. Portanto, os filósofos do direito adotam o primeiro e tentam identificar as regras fundamentais ocultas que *devem* estar contidas, mas não reconhecidas, na prática jurídica. Eles produzem e discutem as teorias semânticas do direito.

Infelizmente para essas teorias, a imagem do que torna a divergência possível ajusta-se mal aos tipos de divergência que os advogados realmente têm. Ela é coerente quando advogados e juízes divergem sobre fatos históricos ou sociais, sobre que palavras devem ser encontradas no texto de alguma lei, ou quais eram os fatos em alguma decisão judicial anterior. Em direito, porém, grande parte das divergências é teórica, não empírica. Os filósofos do direito em cuja opinião devem existir regras comuns tentam subestimar a divergência teórica por meio de explicações. Dizem que os advogados e juízes apenas fingem, ou que só divergem porque o caso que têm em mãos se situa numa zona cinzenta ou periférica das regras comuns. Em ambos os casos (dizem eles), o melhor a fazer é ignorar os termos usados pelos juízes e tratá-los como se divergissem quanto à fidelidade ou reforma do direito, e não quanto ao direito. Aí está o aguilhão: estamos marcados como seu alvo por uma imagem demasiado tosca do que deve ser a divergência.

Um exemplo imaginário

A atitude interpretativa

Talvez essa imagem do que torna a divergência possível seja muito tosca para captar qualquer divergência, ainda que sobre livros. Mas sustentarei apenas que ela não é exaustiva e, em particular, que não contém um conjunto importante de circunstâncias que inclua a argumentação teórica em direito. Ela não se sustenta quando os membros de comunidades específicas, que compartilham práticas e tradições, produzem e debatem afirmações sobre as melhores interpretações de tais práticas e tradições – quando divergem, melhor dizendo, sobre aquilo que alguma tradição ou prática realmente requer em circunstâncias concretas. Essas afirmações são muitas vezes polêmicas, e a divergência é genuína mesmo que as pessoas usem critérios diferentes para dar forma a essas interpretações; é genuína porque as interpretações conflitantes voltam-se para os mesmos objetos ou eventos a interpretar. Tentarei mostrar como esse modelo nos ajuda a compreender melhor o argumento jurídico e a ver com mais clareza o papel do direito na cultura, considerada em sentido mais vasto. Antes, porém, será útil examinar como o modelo se aplica a uma instituição muito mais simples.

Imagine a seguinte história a propósito de uma comunidade fictícia. Seus membros seguem um conjunto de regras, que chamam de "regras de cortesia", usando-as em um certo número de situações sociais. Eles dizem: "A cortesia exige que os camponeses tirem o chapéu diante dos nobres", por exemplo, e sustentam e aceitam outras proposições desse tipo. Por algum tempo, essa prática tem um caráter de tabu: as regras simplesmente estão ali, e ninguém as questiona nem tenta mudá-las. Mas em seguida, talvez lentamente, tudo isso muda. Todos desenvolvem uma complexa atitude "interpretativa" com relação às regras de cortesia, uma atitude que tem dois componentes. O primeiro é o pressuposto de que a prática da cortesia não apenas existe, mas tem um valor, serve a algum interesse ou propósito, ou reforça algum princípio – em resumo, tem alguma finalidade – que pode ser afirmado, independentemente da mera descrição das regras que constituem a prática. O segundo é o pressuposto adicional de que as exigências da cortesia – o comportamento que ela evoca ou os juízos que ela autoriza – não são, necessária ou exclusivamente, aquilo que sempre se imaginou que fossem, mas, ao contrário, suscetíveis a sua finalidade, de tal modo que as regras estritas devem ser compreendidas, aplicadas, ampliadas, modificadas, atenuadas ou limitadas segundo essa finalidade. Quando essa atitude interpretativa passa a vigorar, a instituição da cortesia deixa de ser mecânica; não é mais a deferência espontânea a uma ordem rúnica. As pessoas agora tentam impor um *significado* à instituição – vê-la em sua melhor luz – e, em seguida, reestruturá-la à luz desse significado.

Os dois componentes da atitude interpretativa são independentes um do outro; podemos adotar o primeiro componente dessa atitude com relação a alguma instituição sem que seja necessário adotar também o segundo. É o que fazemos no caso de jogos e competições. Recorremos à finalidade dessas práticas ao discutirmos a possibilidade de alterar suas regras, mas não (a não ser em casos muito raros[1]) aquilo que elas são no momento; isso é determinado pela história e pela convenção. A interpretação, portanto, desempenha um papel apenas exterior nos jogos e competições. Contudo, é fundamental para a minha fábula sobre a cortesia que as pessoas da comunidade hipotética adotem o segundo componente dessa atitude, bem como o primeiro; para eles, a interpretação decide não apenas por que a cortesia existe, mas também o que, devidamente compreendida, ela agora requer. Valor e conteúdo se confundem.

Como a cortesia se modifica

Vamos supor que, antes de a atitude interpretativa entrar em vigor com seus dois componentes, todos presumam que a finalidade da cortesia esteja na oportunidade que ela oferece de demonstrar respeito aos membros superiores da hierarquia social. Não se questiona se as formas tradicionais de respeito são, de fato, aquelas que a prática exige. Estas *são*, pura e simplesmente, as formas de deferência, e as opções disponíveis

---

1. Cf., em meu livro *Taking Rights Seriously*, 101-5 (Cambridge, Mass. e Londres, 1977), a discussão de um problema interpretativo incomum num torneio de xadrez.

são a conformidade ou a revolta. Porém, quando a atitude interpretativa se desenvolve plenamente, as pessoas começam a exigir, a título de cortesia, formas de deferência anteriormente desconhecidas, ou a desprezar ou rejeitar formas anteriormente reverenciadas, sem nenhum sentido de revolta, afirmando que o verdadeiro respeito é mais bem observado por aquilo que elas fazem que por aquilo que outros fizeram. A interpretação repercute na prática, alterando sua forma, e a nova forma incentiva uma nova reinterpretação. Assim, a prática passa por uma dramática transformação, embora cada etapa do processo seja uma interpretação do que foi conquistado pela etapa imediatamente anterior.

A concepção das pessoas sobre os fundamentos apropriados do respeito, por exemplo, pode variar de acordo com a posição social, idade ou sexo, ou algum outro atributo. Os principais beneficiários do respeito então seriam, em um período, os membros superiores da escala social, os idosos em outro período, as mulheres num terceiro, e assim por diante. Ou as opiniões podem mudar quanto à natureza ou qualidade do respeito, passando do ponto de vista de que a demonstração externa constitui respeito ao ponto de vista oposto, de que o respeito é apenas uma questão de sentimentos. Ou, ainda, as opiniões podem mudar num âmbito diferente, sobre se o respeito tem algum valor quando se dirige a grupos ou quando decorre de atributos naturais, e não a indivíduos em atenção à sua realização pessoal. Se o respeito do primeiro tipo não mais parece importante, ou mesmo parece errado, então uma nova interpretação da prática vai se fazer necessária. As pessoas passarão a ver a finalidade da cortesia quase como o inverso daquilo que era no começo, no valor de formas impessoais de relações sociais que, devido a sua impessoalidade, não exigem nem negam nenhum significado mais vasto. A cortesia passará então a ocupar um lugar menor e diferente na vida social, e já se pode antever o fim da fábula: a atitude interpretativa perderá sua força, e a prática retornará ao estado mecânico e estático que tinha de início.

Um primeiro exame da interpretação

Este é um exame rápido, a partir da perspectiva histórica, de como a tradição da cortesia muda com o passar do tempo. Precisamos agora considerar mais de perto a dinâmica da transformação, observando os tipos de juízos, decisões e argumentos que produzem cada resposta individual à tradição, as respostas que coletivamente, durante longos períodos, produzem as grandes mudanças que examinamos primeiro. Precisamos de informações sobre o modo como a atitude que chamo de interpretativa funciona a partir do interior, do ponto de vista dos intérpretes. Infelizmente, mesmo um relato preliminar será controvertido, pois, se uma comunidade faz uso dos conceitos interpretativos, o próprio conceito de interpretação será um deles: uma teoria da interpretação é uma interpretação da prática dominante de usar conceitos interpretativos. (Desse modo, qualquer relato apropriado da interpretação deve ser verdadeiro para consigo mesmo.) Neste capítulo, apresento uma abordagem teórica particularmente destinada a explicar a interpretação de práticas e estruturas sociais como a cortesia, e defendo essa abordagem contra algumas objeções fundamentais e aparentemente vigorosas. Receio que a discussão nos leve muito além do direito, ao domínio das controvérsias sobre interpretação das quais se têm ocupado sobretudo os críticos literários, os cientistas sociais e os filósofos. Mas, se o direito é um conceito interpretativo, qualquer doutrina digna desse nome deve assentar sobre alguma concepção do que é interpretação, e a análise da interpretação que elaboro e defendo neste capítulo constitui a base do restante do livro. A mudança de direção é essencial.

Interpretar uma prática social é apenas uma forma ou ocasião de interpretação. As pessoas interpretam em muitos contextos diferentes e, para começar, devemos procurar entender em que esses contextos diferem. A ocasião mais conhecida de interpretação — tão conhecida que mal a reconhecemos como tal — é a conversação. Para decidir o que uma outra pessoa disse, interpretamos os sons ou sinais que ela faz. A chamada in-

CONCEITOS DE INTERPRETAÇÃO 61

terpretação científica tem outro contexto: dizemos que um cientista começa por coletar dados, para depois interpretá-los. Outro, ainda, tem a interpretação artística: os críticos interpretam poemas, peças e pinturas a fim de justificar algum ponto de vista acerca de seu significado, tema ou propósito. A forma de interpretação que estamos estudando – a interpretação de uma prática social – é semelhante à interpretação artística no seguinte sentido: ambas pretendem interpretar algo criado pelas pessoas como uma entidade distinta delas, e não o que as pessoas dizem, como na interpretação da conversação, ou fatos não criados pelas pessoas, como no caso da interpretação científica. Vou concentrar-me nessa semelhança entre a interpretação artística e a interpretação de uma prática social; atribuirei a ambas a designação de formas de interpretação "criativa", distinguindo-as, assim, da interpretação da conversação e da interpretação científica.

A interpretação da conversação é intencional, e não causal em algum sentido mais mecânico. Não pretende explicar os sons que alguém emite do mesmo modo que um biólogo explica o coaxar de uma rã. Atribui significados a partir dos supostos motivos, intenções e preocupações do orador, e apresenta suas conclusões como afirmações sobre a "intenção" deste ao dizer o que disse. Podemos afirmar que todas as formas de interpretação têm por finalidade uma explicação intencional nesse sentido, e que essa finalidade estabelece uma distinção entre a interpretação, enquanto um tipo de explicação, e a explicação causal em sentido mais amplo? Essa descrição não me parece, à primeira vista, ajustar-se à interpretação científica, e poderíamos nos sentir forçados, se nos deixarmos atrair pela ideia de que toda interpretação genuína é intencional, a afirmar que a interpretação científica não é, de modo algum, interpretação de verdade. Poderíamos dizer que a expressão "interpretação científica" é apenas uma metáfora, a metáfora de dados que "falam" com o cientista do mesmo modo que uma pessoa fala com outra; ela mostra o cientista como alguém que se empenha em entender aquilo que os dados tentam dizer-lhe. Poderíamos perfeitamente acreditar que é possível descartar a metáfora e falar com precisão, simplesmente retirando de nossa descrição final do processo científico a ideia de intenção. Será então que a interpretação criativa também não passa de um caso metafórico de interpretação? Poderíamos dizer (para usar a mesma metáfora) que, quando falamos de interpretar poemas ou práticas sociais, estamos imaginando que eles nos falam, que pretendem dizer-nos alguma coisa, tal qual faria uma pessoa. Mas então não podemos descartar a metáfora, como no caso da ciência, explicando que na verdade temos em mente uma explicação causal comum, e que a metáfora de intenção e significado é apenas decorativa. Pois a interpretação das práticas sociais e das obras de arte diz respeito, *essencialmente*, a intenções, não a meras causas. Os membros da comunidade fictícia não tencionam encontrar, quando interpretam sua prática, os diversos determinantes econômicos, psicológicos ou fisiológicos de seu comportamento comum. Tampouco um crítico tem por objetivo uma descrição fisiológica de como um poema foi escrito. Precisamos, portanto, substituir a metáfora das práticas e das imagens falando com suas próprias vozes, de modo a reconhecer o lugar fundamental da intenção na interpretação criativa.

Há uma solução muito conhecida. Ela descarta a metáfora de poemas e imagens que nos falam, ao insistir em que a interpretação criativa é apenas um caso especial de interpretação conversacional. Ouvimos não as obras de arte em si, como sugere a metáfora, mas sim os seres humanos que são seus autores. A interpretação criativa pretende decifrar os propósitos ou intenções do autor ao escrever determinado romance ou conservar uma tradição social específica, do mesmo modo que, na conversação, pretendemos perceber as intenções de um amigo ao falar como fala[2]. Defenderei aqui uma solução diferente: a de que a

---

2. Nas páginas seguintes avalio o pressuposto de que a interpretação criativa deve ser interpretação conversacional, sobretudo ao discutir uma ideia familiar aos teóricos da literatura: de que interpretar uma obra literária significa recapturar as intenções de seu autor. Mas esse pressuposto tem uma base mais geral na literatura filosófica da interpretação. Wilhelm Dilthey, um filósofo alemão que foi especialmente influente em dar forma ao debate sobre

interpretação criativa não é conversacional, mas *construtiva*. A interpretação das obras de arte e das práticas sociais, como demonstrarei, na verdade, se preocupa essencialmente com o propósito, não com a causa. Mas os propósitos que estão em jogo não são (fundamentalmente) os de algum autor, mas os do intérprete. Em linhas gerais, a interpretação construtiva é uma

---

a objetividade nas ciências sociais, usou a palavra *verstehen* para descrever especificamente o tipo de entendimento que adquirimos ao saber o que outra pessoa quer dizer com aquilo que diz (poderíamos dizer que esse é um sentido da compreensão no qual entender alguém implica chegar a um entendimento com tal pessoa), em vez de descrever todas as possíveis maneiras ou modalidades de entender seu comportamento ou sua vida mental. (Cf. *Meaning in History: Dilthey's Thought on History and Society* [H. P. Rickman, trad. e org., Londres, 1961].) Dilthey colocou a questão de saber se e como esse tipo de entendimento é possível a despeito das diferenças culturais; encontrou a chave para seu problema na consciência "histórica": o estado de espírito alcançado por raros e dedicados intérpretes através da reflexão sobre a estrutura e as categorias gerais de suas próprias vidas em um nível de abstração tão alto que se pode supor, pelo menos como uma hipótese metodológica, que perduram no tempo. Os mestres contemporâneos que deram continuidade ao debate, como Gadamer e Habermas, tomam direções diferentes. Gadamer acha que a solução de Dilthey pressupõe o aparato hegeliano que Dilthey ansiava por exorcizar. (Cf. H. G. Gadamer, *Truth and Method*, em particular p. 192-214 [tradução inglesa, 2.ª ed., Londres, 1979].) Acredita que a consciência histórica arquimediana que Dilthey imaginou possível, livre daquilo que Gadamer chama, no sentido especial que dá ao termo, de preconceitos, é impossível, que o máximo que podemos esperar alcançar é uma "consciência histórica efetiva" que pretende ver a história não a partir de nenhum ponto de vista específico, mas sim compreender como nosso próprio ponto de vista é influenciado pelo mundo que desejamos interpretar. Habermas, por sua vez, critica Gadamer por sua visão demasiado passiva de que a direção da comunicação é de mão única, que o intérprete deve esforçar--se por aprender e aplicar aquilo que interpreta com base no pressuposto de que está subordinado a seu autor. Habermas faz a observação crucial (que aponta mais para a interpretação construtiva do que para a conversacional) de que a interpretação pressupõe que o autor poderia aprender com o intérprete. (Cf. Jürgen Habermas, 1, *The Theory of Communicative Action* [trad. de T. McCarthy, Boston, 1984].) O interminável debate prossegue, dominado especialmente pelo pressuposto que descrevo no texto: de que a única alternativa ao entendimento causa-e-efeito dos fatos sociais é o entendimento conversacional com base no modelo do *verstehen*.

questão de impor um propósito a um objeto ou prática, a fim de torná-lo o melhor exemplo possível da forma ou do gênero aos quais se imagina que pertençam. Daí não se segue, mesmo depois dessa breve exposição, que um intérprete possa fazer de uma prática ou de uma obra de arte qualquer coisa que desejaria que fossem; que um membro da comunidade hipotética fascinado pela igualdade, por exemplo, possa de boa-fé afirmar que, na verdade, a cortesia exige que as riquezas sejam compartilhadas. Pois a história ou a forma de uma prática ou objeto exerce uma coerção sobre as interpretações disponíveis destes últimos, ainda que, como veremos, a natureza dessa coerção deva ser examinada com cuidado. Do ponto de vista construtivo, a interpretação criativa é um caso de interação entre propósito e objeto.

Segundo esse ponto de vista, um participante que interpreta uma prática social propõe um valor a essa prática ao descrever algum mecanismo de interesses, objetivos ou princípios ao qual, se supõe, que ela atende, expressa ou exemplifica. Muitas vezes, talvez até mesmo quase sempre, os dados comportamentais brutos da prática – o que as pessoas fazem em quais circunstâncias – vão tornar indeterminada a atribuição de valor: esses dados serão compatíveis com atribuições diferentes e antagônicas. Uma pessoa poderia ver nas práticas da cortesia um meio de assegurar o respeito a quem o mereça devido a sua posição social ou outro atributo qualquer. Outra pessoa poderia ver, com a mesma nitidez, um meio de tornar as relações sociais mais convencionais e, portanto, *menos* indicativas de juízos diferenciais de respeito. Se os dados brutos não estabelecem diferenças entre essas interpretações antagônicas, a opção de cada intérprete deve refletir a interpretação que, de seu ponto de vista, atribui o máximo de valor à prática – qual delas é capaz de mostrá-la com mais nitidez.

Apresento essa exposição construtiva apenas a título de análise da interpretação criativa. Mas devemos observar, de passagem, de que modo a exposição construtiva poderia ser elaborada para se ajustar aos outros dois contextos de interpretação que mencionei, para mostrar, assim, uma profunda relação entre todas as formas de interpretação. Para entender a conversação de outra pessoa é preciso que se usem expedientes e pressupostos, como o chamado princípio de "caridade", que, em circunstâncias normais, têm o efeito de transformar aquilo que a pessoa diz no melhor exemplo de comunicação possível[3]. E a interpretação de dados na ciência faz um grande uso de padrões da teoria da construção, como simplicidade, elegância e possibilidade de verificação, que refletem pressupostos contestáveis e variáveis sobre os paradigmas de explicações, isto é, sobre quais características tornam uma forma de explicação superior à outra[4]. Portanto, a exposição construtiva da interpretação criativa talvez pudesse nos fornecer uma descrição mais geral da interpretação em todas as suas formas. Diríamos, então, que toda interpretação tenta tornar um objeto o melhor possível, como exemplo de algum suposto empreendimento, e que a interpretação só assume formas diferentes em diferentes contextos porque empreendimentos diferentes envolvem diferentes critérios de valor ou de sucesso. A interpretação artística só difere da interpretação científica porque julgamos o sucesso das obras de arte segundo critérios diferentes daqueles que utilizamos para julgar as explicações de fenômenos físicos.

Interpretação e intenção do autor

A exposição construtiva da interpretação, contudo, parecerá bizarra a muitos leitores, mesmo quando restrita à interpretação criativa ou, mais ainda, à interpretação de práticas sociais como a cortesia. Irão fazer-lhe objeções porque preferem a versão corrente da interpretação criativa que há pouco

---
3. Cf. W. V. O. Quine, *Word and Object*, 58-9 (Cambridge, Mass., 1960). O princípio de caridade é apresentado e aplicado num contexto diferente em Wilson, "Substance without Substrata", 12, *Review of Metaphysics*, 521-39 (1959).
4. Cf. T. Kuhn, *The Essential Tension: Selected Studies in Scientific Tradition and Change*, 320-51 (Chicago, 1977); Kuhn, *The Structure of Scientific Revolution* (2ª ed., Chicago, 1970); K. Popper, *The Logic of Scientific Discovery* (Nova York, 1959).

mencionei: de que a interpretação criativa é apenas interpretação de conversação dirigida a um autor. Eis uma declaração que ilustra bem seus protestos: "Sem dúvida as pessoas podem fazer afirmações do tipo que você atribui aos membros da comunidade hipotética a propósito das práticas sociais que compartilham; sem dúvida elas podem propor e contestar opiniões sobre como se devem entender essas práticas e dar-lhes continuidade. Mas é uma grave confusão dar a esse ponto de vista o nome de *interpretação*, ou sugerir que, de certo modo, ele atribua um sentido à prática *em si*. Isso é profundamente enganador em dois sentidos. Primeiro, interpretar quer dizer tentar entender algo – uma afirmação, um gesto, um texto, um poema ou uma pintura, por exemplo – de maneira particular e especial. Significa tentar descobrir os motivos ou as intenções do autor ao falar, representar, escrever ou pintar como o fez. Assim, interpretar uma prática social, como a prática da cortesia, significa apenas discernir as intenções de seus adeptos, uma por uma. Em segundo lugar, a interpretação tenta mostrar o objeto da interpretação – o comportamento, o poema, a pintura ou o texto em questão – com *exatidão*, exatamente como ele é, e não como você sugere, visto através de uma lente cor-de-rosa ou em sua melhor luz. Isso significa recuperar as verdadeiras intenções históricas de seus autores, e não impingir os valores do intérprete àquilo que foi criado pelos autores."

Vou responder a essa objeção por etapas, e o esboço de argumentação que se segue poderia ser útil, ainda que seja necessariamente condensado. Sustentarei primeiro que, mesmo considerando o objetivo da interpretação artística como uma recuperação da intenção de um autor, como recomenda a objeção, não poderemos fugir ao uso das estratégias de interpretação construtiva que a objeção condena. Não podemos evitar a tentação de fazer do objeto artístico o melhor que, em nossa opinião, ele possa ser. Tentarei demonstrar, em seguida, que se realmente considerarmos que o objetivo da interpretação artística é a descoberta da intenção do autor, isso deve ser uma *consequência* da aplicação, à arte, dos métodos da interpretação construtiva, e não da recusa em recorrer a tais métodos. Sustentarei, por último, que as técnicas da interpretação conversacional comum, nas quais o intérprete procura descobrir as intenções ou significados de outra pessoa, seriam de qualquer modo inadequadas à interpretação de uma prática social como a cortesia, pois é essencial à estrutura de tal prática que sua interpretação seja tratada como algo diferente da compreensão daquilo que outros participantes querem dizer com as afirmações que fazem ao colocá-la em operação. Segue-se que um cientista social deve participar de uma prática social se pretende compreendê-la, o que é diferente de compreender seus adeptos.

A arte e a natureza da intenção

A interpretação artística consiste inevitavelmente em descobrir as intenções de um autor? Descobrir as intenções de um autor é um processo factual independente dos valores do próprio intérprete? Começaremos pela primeira dessas perguntas e por uma afirmação cautelosa. A interpretação artística não é simplesmente uma questão de recuperar a intenção de um autor se por "intenção" entendermos um estado mental consciente, e não se atribuirmos à afirmação o significado de que a interpretação artística sempre pretende identificar um pensamento consciente específico que coordenava toda a orquestração na mente do autor quando este disse, escreveu ou criou sua obra. A intenção é sempre mais complexa e problemática. Portanto, precisamos reformular nossa primeira pergunta. Se, na arte, uma pessoa quer ver na interpretação a recuperação da intenção de um autor, o que ela deve entender por "intenção"? Assim reformulada, essa primeira pergunta vai dar uma nova forma à segunda. Existe de fato uma distinção tão nítida, como supõe a objeção entre descobrir a intenção de um artista e encontrar valor naquilo que ele fez?

Precisamos primeiro lembrar uma observação crucial de Gadamer, de que a interpretação deve *pôr em prática* uma intenção[5]. O teatro nos oferece um exemplo elucidativo. Alguém

---
5. Ver Gadamer, acima (n. 2).

que atualmente resolva produzir *O mercador de Veneza* deve encontrar uma concepção de Shylock que possa evocar, para o público contemporâneo, o complexo significado que a figura de um judeu tinha para Shakespeare e seu público, e por esse motivo sua interpretação deve, de alguma maneira, unir dois períodos de "consciência" ao transpor as intenções de Shakespeare para uma cultura muito diferente, situada no término de uma história muito diferente[6]. Se conseguir fazê-lo, é provável que sua leitura de Shylock seja muito diferente da visão concreta que Shakespeare tinha desse personagem. Sob certos aspectos, poderá ser o contrário, substituindo desprezo ou ironia por simpatia, por exemplo, ou pode haver uma mudança de ênfase que talvez torne a relação entre Shylock e Jessica muito mais importante do que aos olhos de Shakespeare como diretor da peça[7]. A intenção artística é, portanto, complexa e estruturada: diferentes aspectos ou níveis de intenção podem entrar em conflito da maneira que se segue. A fidelidade a cada uma das diversas opiniões concretas de Shakespeare sobre Shylock, ignorando o efeito que teria sua concepção desse personagem sobre o público contemporâneo, poderia configurar uma traição a seu propósito artístico mais abstrato[8]. E "aplicar" esse propósito abstrato a nossa situação é muito mais que um neutro exercício histórico de reconstrução de um estado mental anterior. De modo inevitável, envolve as opiniões artísticas do próprio intérprete exatamente como o sugere a explicação construtiva da interpretação criativa, porque tenta encontrar a melhor maneira de expressar, dado o texto em questão, grandes ambições artísticas que Shakespeare nunca formulou ou, talvez, nem mesmo definiu conscientemente, mas que são produzidas por nós ao perguntarmos como a peça que ele escreveu teria sido mais esclarecedora ou convincente para sua época.

---

6. Devo este exemplo a Thomas Grey.
7. Jonathan Miller enfatizou o papel de Jessica em sua produção de 1969.
8. Essa questão é desenvolvida, no contexto da interpretação das leis e da Constituição, nos capítulos IX e X. Cf. também *Taking Rights Seriously*, cap. 5, e meu livro *A Matter of Principle*, cap. 2 (Cambridge, Mass., 1985).

Stanley Cavell adiciona um novo grau de complexidade ao mostrar de que modo até mesmo as intenções concretas e detalhadas de um artista podem ser problemáticas[9]. Ele observa que um personagem do filme *La strada,* de Fellini, pode ser visto como uma referência à lenda de Filomela, e pergunta o que precisamos saber sobre Fellini para afirmar que a referência era intencional (ou, o que é diferente, não indeliberada). Ele imagina um diálogo com Fellini no qual o cineasta diz que, embora nunca antes tenha ouvido falar sobre essa lenda, ela reflete o sentimento que ele tinha acerca do personagem durante as filmagens, isto é, que ele *agora* a aceita como parte do filme. Cavell diz que, em tais circunstâncias, tende a tratar a referência como deliberada. A análise de Cavell é importante para nós, não porque a questão agora é saber se ela é correta em seus detalhes, mas porque sugere uma concepção de intenção muito diferente da tosca concepção de estado mental consciente. Segundo esse ponto de vista, uma intuição faz parte da intenção do artista quando se ajusta a seus propósitos artísticos e os ilumina de tal modo que ele a reconheceria e endossaria mesmo que ainda não o tivesse feito. (Portanto, o teste do diálogo imaginário pode ser aplicado a autores mortos há muito tempo, como deve ser se pretendemos que tenha alguma utilidade crítica geral.) Isso introduz o senso de valor artístico do intérprete na reconstrução da intenção do artista pelo menos de uma maneira comprobatória, pois o julgamento que faz o intérprete sobre aquilo que o autor teria aceito vai ser guiado por seu senso daquilo que o autor deveria ter aceito, isto é, seu senso de quais leituras tornariam a obra melhor e quais a tornariam pior.

A conversa imaginária com Fellini começa com Cavell achando que o filme ficaria melhor se visto como incluindo uma referência a Filomela; Cavell supõe também que Fellini poderia ser levado a compartilhar esse ponto de vista, a *desejar*

---

9. Stanley Cavell, *Must We Mean What We Say?*, cap. 8 (Nova York, 1969). Comparar com Gadamer, acima (n. 2, p. 39-55).

tal leitura do filme e a ver que suas ambições têm melhor resultado admitindo essa intenção. A maioria das razões que Cavell apresenta para fundamentar tal suposição são as razões dele para preferir sua própria leitura. Não quero dizer que esse uso da intenção artística seja uma espécie de fraude, um disfarce para o ponto de vista do intérprete. Pois essa conversa imaginária tem um importante papel negativo: em algumas circunstâncias, um intérprete teria bons motivos para supor que o artista rejeitaria uma leitura que agrade ao intérprete. Também não quero dizer que devemos aceitar a ideia geral de que a interpretação consiste em recuperar ou reconstruir as intenções de um determinado autor uma vez que abandonemos a concepção tosca do estado mental consciente. Hoje, muitos críticos rejeitam essa ideia geral de maneira ainda mais sutil, e mais adiante teremos de examinar de que modo essa querela persistente deve ser entendida. No momento, pretendo apenas afirmar que a ideia da intenção do autor, quando se torna um método ou um estilo de interpretação, implica em si mesma as convicções artísticas do intérprete: estas serão muitas vezes fundamentais para estabelecer aquilo em que, para tal intérprete, realmente consiste a intenção artística desenvolvida.

Podemos, se desejarmos, usar o relato de Cavell para elaborar uma nova descrição daquilo que fazem os cidadãos de minha imaginária comunidade interessada na cortesia ao interpretarem sua prática social, um relato que poderia ter parecido absurdo antes desta discussão. Cada cidadão, diríamos, está tentando descobrir sua própria intenção ao manter essa prática e dela participar – não no sentido de recuperar seu estado mental da última vez em que tirou o chapéu em sinal de respeito a uma senhora, mas no sentido de encontrar uma explicação significativa de seu comportamento que o faça sentir-se bem consigo mesmo. Essa nova descrição da interpretação social como uma conversa consigo mesmo, como combinação dos papéis de autor e crítico, sugere a importância, em termos da interpretação social, do choque de reconhecimento que tem um papel tão importante nos diálogos que Cavell imagina ter com os artistas. ("Sim, isso confere sentido ao que faço ao tirar meu chapéu; ajusta-se à noção que tenho de quando seria errado fazê-lo, noção que até então não fui capaz de descrever, mas que agora se torna possível." Ou "Não, não faz sentido".) De outro modo, a nova descrição nada acrescenta à minha primeira descrição que possa mostrar-se útil a nós. Revela, apenas, que a linguagem da intenção, e pelo menos algum aspecto da ideia de que a interpretação é uma questão de intenção, encontra-se ao alcance tanto da interpretação social quanto da interpretação artística. Na ideia de intenção, não existe nada que necessariamente separe os dois tipos de interpretação criativa.

Agora, porém, chegamos a um aspecto mais importante: há, nessa ideia, alguma coisa que necessariamente as une. Porque, mesmo se rejeitarmos a tese de que a interpretação criativa pretende descobrir alguma intenção histórica real, o conceito de intenção ainda assim oferece a estrutura *formal* a todo enunciado interpretativo. Quero dizer que uma interpretação é, por natureza, o relato de um propósito; ela propõe uma forma de ver o que é interpretado – uma prática social ou uma tradição, tanto quanto um texto ou uma pintura – como se este fosse o produto de uma decisão de perseguir um conjunto de temas, visões ou objetivos, uma direção em vez de outra. Essa estrutura é necessária a uma interpretação mesmo quando o material a ser interpretado é uma prática social, mesmo quando não existe nenhum autor real cuja mente possa ser investigada. Em nossa história imaginária, uma interpretação da cortesia terá um ar intencional ainda que a intenção não possa ser atribuída a ninguém em particular, nem mesmo às pessoas em geral. Essa exigência estrutural, considerada como independente de qualquer outra exigência que ligue a interpretação às intenções de um autor específico, propõe um estimulante desafio do qual nos ocuparemos mais adiante, em especial no capítulo VI. Por que valeria a pena insistir na estrutura formal do propósito, da maneira como explicamos os textos ou as instituições jurídicas, para além do objetivo de recuperar alguma intenção autêntica atual?

Intenção e valor da arte

Afirmei, há pouco, que o método de interpretação artística que se fundamenta na intenção do autor é discutível até mesmo em sua forma mais plausível. Muitos críticos afirmam que a interpretação literária deve ser sensível a certos aspectos da literatura – os efeitos emocionais que ela exerce sobre os leitores, ou o modo como sua linguagem foge a qualquer redução a um conjunto específico de significados, ou a possibilidade de diálogo que cria entre o artista e o público, por exemplo – quer esses aspectos façam ou não parte da intenção do autor, mesmo no sentido complexo em que até o momento a examinamos. E mesmo aqueles que ainda insistem em afirmar que a intenção do artista deve ser decisiva quanto à "verdadeira" natureza da obra divergem sobre o modo como essa intenção deve ser reconstruída. Todas essas divergências sobre a intenção e a arte são importantes para nós não porque devamos tomar partido – o que não se faz necessário aqui –, mas porque devemos tentar compreender a natureza da discussão, aquilo sobre que realmente há divergência.

Aqui está uma resposta a essa questão. As obras de arte se apresentam a nós como portadoras – ou pelo menos assim o pretendem – de um valor específico que chamamos de estético: esse modo de apresentação faz parte da ideia mesma de tradição artística. Mas é sempre uma questão um tanto aberta, sobretudo na tradição crítica geral que chamamos de "modernista", saber onde se encontra esse valor e até que ponto ele se concretizou. Os estilos gerais de interpretação são, ou pelo menos pressupõem, respostas gerais à questão que, portanto, ficou em aberto. Sugiro, então, que o argumento acadêmico sobre a intenção do autor seja considerado como um argumento particularmente abstrato e teórico sobre onde se situa o valor na arte. Assim, esse argumento desempenha seu papel, juntamente com argumentos mais concretos e valiosos, voltados principalmente para objetos particulares, nas práticas essenciais que nos propicia a experiência estética.

Essa maneira de ver o debate entre os críticos explica por que alguns períodos de atividade literária são mais associados do que outros com a intenção artística: sua cultura intelectual vincula o valor na arte mais firmemente ao processo de criação artística. Cavell observa que "na arte moderna, o problema da intenção do autor ... assumiu um papel mais visível, em nossa aceitação de suas obras, do que em períodos anteriores", e que "a prática da poesia se transforma nos séculos XIX e XX de tal modo que as questões de intenção ... são impostas ao leitor pelo próprio poema"[10]. Essa mudança reflete e contribui para o desenvolvimento, naqueles períodos, da convicção romântica de que a arte tem o valor que tem – e concretiza esse valor em objetos e eventos específicos – porque e quando encarna o gênio criador individual. O predomínio dessa concepção do valor da arte em nossa cultura explica não apenas nossa preocupação com a intenção e a sinceridade, mas muito mais – nossa obsessão com a originalidade, por exemplo. Assim, nosso estilo de interpretação dominante fixa-se na intenção do autor, e as discussões, no interior desse estilo, sobre o que é, mais precisamente, a intenção artística refletem dúvidas e divergências mais afinadas sobre a natureza do gênio criador, sobre o papel do consciente e do inconsciente, e sobre o que há de instintivo em sua composição e expressão. Alguns críticos que divergem mais explicitamente do estilo autoral, pois enfatizam os valores da tradição e da continuidade nos quais o lugar de um autor muda à medida que a tradição se constrói, defendem uma interpretação retrospectiva que faz a melhor leitura da obra depender daquilo que foi escrito um século mais tarde[11]. Desafios ainda mais radicais, que insistem na importância das consequências sociopolíticas da arte, ou da semântica estruturalista ou desconstrucionista, ou que insistem na narrativa construída entre o autor e o leitor, ou que parecem rejeitar por completo a atividade interpretativa, recorrem a concepções muito diferentes do lugar em que de fato se encontra o valor conceitualmente pressuposto da arte.

---

10. Cavell, acima (n. 9, p. 228-9).
11. Cf. T. S. Eliot, "Tradition and the Individual Talent", *Selected Essays* (Nova York, 1932).

Essa exposição da complexa interação entre a interpretação e outros aspectos da cultura é perigosamente simplista; pretendo apenas sugerir como a discussão sobre a intenção na interpretação, situada na prática social mais ampla de discussão do modo de avaliar a arte, pressupõe, ela mesma, o objetivo mais abstrato da interpretação construtiva, visando tirar o melhor proveito daquilo que é interpretado. Preciso ter cuidado para que não me entendam mal. Não estou afirmando que a teoria da interpretação artística com base na intenção do artista seja errada (ou certa), mas que, certa ou errada, essa questão e aquilo que ela significa (até onde seja possível refletir sobre essas questões no âmbito de nossa tradição crítica) devem voltar-se para a plausibilidade de alguma hipótese mais fundamental sobre a razão por que as obras de arte têm o valor que sua apresentação pressupõe. Tampouco quero dizer que o crítico empenhado em reconstituir as intenções de Fellini ao realizar *La strada* deva ter em mente, enquanto trabalha, alguma teoria que ligue a intenção ao valor estético: a intenção crítica não é um estado mental mais do que a intenção artística. Não estou pretendendo afirmar, também, que se o crítico relatar essa intenção como se ela incluísse uma reelaboração de Filomela, embora isso nunca tenha sido admitido por Fellini, ele deve ter consciência de estar pensando que o filme será melhor se interpretado dessa maneira. Quero dizer, apenas, que nas circunstâncias habituais da crítica, devemos ser capazes de atribuir-lhe tal ponto de vista, do mesmo modo que em geral atribuímos convicções às pessoas, se quisermos entender suas afirmações como interpretativas, e não, por exemplo, como zombeteiras ou enganadoras[12]. Não nego o que é óbvio, isto é,

---

12. Circunstâncias incomuns ausentes. Imagine esta sequência: um crítico insiste em que, embora o próprio Fellini não se tenha dado conta enquanto filmava, a melhor maneira de interpretar *La strada* é através da história de Filomela. Em seguida o crítico acrescenta que o filme, assim entendido, é particularmente banal. Ficamos sem saber por que ele faz tal interpretação. Não quero dizer que todo tipo de atividade que chamamos de interpretação pretenda fazer o melhor daquilo que interpreta – uma interpretação "científica" do Holocausto não tentaria mostrar os motivos de Hitler sob o ponto de

que os intérpretes pensam no âmbito de uma tradição interpretativa à qual não podem escapar totalmente. A situação interpretativa não é um ponto de Arquimedes, nem isso está sugerido na ideia de que a interpretação procura dar ao que é interpretado a melhor imagem possível. Recorro mais uma vez a Gadamer, que acerta em cheio ao apresentar a interpretação como algo que reconhece as imposições da história ao mesmo tempo que luta contra elas[13].

Intenções e práticas

Em resposta à objeção que apresentei ao iniciar esta discussão, afirmo que em nossa cultura a interpretação artística é uma interpretação construtiva. A grande questão sobre até que ponto a melhor interpretação de uma obra de arte deve ser fiel à intenção do autor volta-se para a questão construtiva de saber se a aceitação dessa exigência permite que a interpretação aprimore ao máximo a experiência ou o objeto artísticos. Os que admitem essa possibilidade, por acharem que o gênio é a essência da arte, ou por alguma outra razão, devem fazer uma avaliação mais detalhada do valor artístico ao decidirem qual é, de fato, a intenção pertinente ao autor. Devemos, agora, exa-

---

vista mais atraente, assim como alguém que tentasse mostrar os efeitos sexistas de uma história em quadrinhos não se empenharia em encontrar uma interpretação não sexista –, mas apenas que assim são as coisas nos casos normais ou paradigmáticos de interpretação criativa. Alguém poderia tentar desacreditar um escritor ao mostrar sua obra naquilo que ela tem de pior, não de melhor, e naturalmente apresentaria seu argumento como uma interpretação, uma afirmação sobre o que "realmente é" a obra do escritor em questão. Se o crítico realmente acredita que nenhuma outra interpretação mais favorável se ajusta tão bem, seu argumento se enquadra em minha descrição. Mas suponhamos que ele não acredite, e esteja omitindo uma interpretação mais atraente, que também é aceitável tendo-se em vista o texto. Nesse caso, sua estratégia é dependente da avaliação normal, pois ele só será bem-sucedido se seu público não perceber seu verdadeiro objetivo; somente se acreditar que ele tentou produzir a melhor interpretação possível.
13. Gadamer, acima (n. 2).

minar a objeção do modo como ela se aplica especificamente à outra modalidade de interpretação criativa, a interpretação das práticas e estruturas sociais. Como poderia essa forma de interpretação pretender descobrir algo como a intenção de um autor? Observamos um sentido no qual alguém poderia cogitar tal possibilidade. Um participante de uma prática social poderia pensar que a interpretação de sua prática significa descobrir suas próprias intenções no sentido que descrevi. Mas essa hipótese não faz frente à objeção, pois a objeção sustenta que a interpretação deve ser neutra, e que, portanto, o intérprete deve tentar descobrir os motivos e propósitos de *outra* pessoa. Que sentido podemos dar a essa sugestão no contexto da interpretação social?

Existem duas possibilidades. Alguém poderia dizer que interpretar uma prática social significa descobrir os propósitos ou intenções dos outros participantes da prática, os cidadãos da hipotética comunidade, por exemplo. Ou que significa descobrir os propósitos da comunidade que abriga essa prática, concebida como tendo, ela mesma, alguma forma de vida mental ou de consciência de grupo. A primeira dessas sugestões parece mais atraente, por ser a menos misteriosa. Mas é excluída pela estrutura interna de uma prática social argumentativa, pois é uma característica de tais práticas que uma afirmação interpretativa *não* seja apenas uma afirmação sobre aquilo que outros intérpretes pensam. As práticas sociais são compostas, sem dúvida, por atos individuais. Muitos desses atos têm por objetivo a comunicação e, portanto, convidam à seguinte pergunta: "O que ele quis dizer com isso?", ou "Por que ele disse isso exatamente naquele momento?" Se um membro da comunidade hipotética diz a outro que a instituição exige que se tire o chapéu diante dos superiores, torna-se perfeitamente sensato fazer tais perguntas, e respondê-las seria tentar compreender tal pessoa da maneira que é usual na interpretação conversacional. Mas uma prática social cria e pressupõe uma distinção crucial entre interpretar os atos e pensamentos dos participantes um a um, daquela maneira, e interpretar a prática em si, isto é, interpretar aquilo que fazem coletivamente. Ela pressupõe essa distinção porque as afirmações e os argumentos que os participantes apresentam, autorizados e estimulados pela prática, dizem respeito ao que *ela* quer dizer, e não ao que *eles* querem dizer. Essa distinção não teria importância efetiva se os participantes de uma prática sempre estivessem de acordo quanto à melhor interpretação dela. Mas eles não concordam, pelo menos em detalhes, quando a atitude interpretativa é intensa. Devem, na verdade, concordar sobre muitas coisas para poderem compartilhar uma prática social. Devem compartilhar um vocabulário: devem ter em mente mais ou menos a mesma coisa quando mencionam chapéus ou exigências. Devem compreender o mundo de maneira bastante parecida, e ter interesses e convicções suficientemente semelhantes para reconhecer o sentido das afirmações de todos os outros, para tratá-las *como* afirmações, não como meros ruídos. Isso significa não apenas usar o mesmo dicionário, mas compartilhar aquilo que Wittgenstein chamou de uma forma de vida suficientemente concreta, de tal modo que um possa encontrar sentido e propósito naquilo que o outro diz e faz, ver que tipos de crenças e de motivos dariam um sentido a sua dicção, a seus gestos, a seu tom de voz, e assim por diante. Devem, todos, "falar a mesma língua" em ambos os sentidos da expressão. Mas essa semelhança de interesses e convicções só deve manter-se até um certo ponto: deve ser suficientemente densa para permitir a verdadeira divergência, mas não tão densa que a divergência não possa manifestar-se.

Portanto, cada um dos adeptos de uma prática social deve estabelecer uma distinção entre tentar decidir o que outros membros de sua comunidade pensam que a prática exige, e tentar decidir, para si mesmo, o que ela realmente requer. Uma vez que se trata de questões diferentes, os métodos interpretativos que ele usa para responder a esta última questão não podem ser os métodos da interpretação conversacional, dirigida a indivíduos um a um, que usaria para responder à primeira. Um cientista social que se oferece para interpretar a prática deve estabelecer a mesma distinção. Se assim o desejar, ele pode dedicar-se apenas a reportar as diversas opiniões que diferentes membros da comunidade têm a respeito daquilo que a prática exige. Mas isso não configuraria uma interpretação da prática em si; se ele se dedicar a esse outro projeto, deve abrir mão do individualismo metodológico e empregar os métodos que os que estão submetidos a sua análise usam para formar suas próprias opiniões sobre aquilo que a cortesia realmente exige. Ele deve, portanto, *aderir* à prática que se propõe compreender; assim, suas conclusões não serão relatos neutros sobre o que pensam os membros da comunidade, mas afirmações sobre a cortesia que competem com as deles[14].

Que dizer da sugestão mais ambiciosa de que a interpretação de uma prática social é interpretação conversacional dirigida à comunidade como um todo, concebida como uma entidade superior? Os filósofos têm explorado a ideia de uma consciência coletiva ou de grupo por muitas razões e em muitos contextos, alguns dos quais pertinentes à interpretação; discuto

---

14. Habermas observa que a ciência social difere da ciência natural exatamente por esta razão. Afirma que, mesmo quando descartamos a concepção newtoniana da ciência natural como explicação dos fenômenos teoricamente neutros, em favor da concepção moderna de que a teoria de um cientista determinará aquilo que ele vê como dados, ainda assim continua existindo uma importante diferença entre a ciência natural e a social. Os cientistas sociais já encontram seus dados *pré*-interpretados. Devem compreender o comportamento do modo como este já é compreendido pelas pessoas que têm tal comportamento; um cientista social deve ser pelo menos um participante "virtual" das práticas que pretende descrever. Deve estar pronto a julgar, bem como a reportar, as afirmações que fazem seus sujeitos, pois, a menos que possa julgá-los, não poderá compreendê-los. (Cf. Habermas, acima, n. 2, p. 102-11.) Argumento no texto que um cientista social que tente compreender uma prática social argumentativa como a prática da cortesia (ou, como afirmarei, do direito) deve participar do espírito de seus participantes, mesmo que sua participação seja apenas "virtual". Uma vez que não pretendem interpretar-se entre si à maneira conversacional quando apresentam seus pontos de vista sobre as verdadeiras exigências da cortesia, tampouco pode fazê-lo o cientista quando apresenta seus pontos de vista. Sua interpretação da cortesia deve contestar a deles e, portanto, ser uma interpretação construtiva, e não conversacional.

alguns deles em uma nota[15]. Mesmo que aceitemos a difícil ontologia dessa sugestão, contudo, ela é invalidada pelo mesmo argumento que é fatal à menos ambiciosa. A interpretação conversacional é inadequada porque a prática a ser interpretada determina as condições da interpretação: a comunidade hipoté-

---

15. A ideia de uma consciência social ou de grupo parece oferecer uma fuga a uma séria dificuldade que, como pensam muitos, ameaça a possibilidade da interpretação conversacional através de culturas e épocas. Como podemos esperar compreender o que alguém escreveu ou pensou em uma cultura diferente, muito tempo atrás, ou o que suas práticas e instituições sociais significavam para ele? Não podemos compreendê-lo a menos que vejamos o mundo como ele o vê, mas não podemos deixar de vê-lo do modo como já o vemos, o modo como o expressam nossa linguagem e nossa cultura, e a partir desse ponto de vista suas afirmações podem parecer tolas e imotivadas. (Para uma versão desse argumento em um contexto jurídico, cf. Robert Gordon, "Historicism in Legal Scholarship", 90 *Yale Law Journal* 1017, 1021 [1981].) Não podemos esperar apreender o que a palavra "casta" significa para pessoas que nunca foram afetadas por ela, assim como não podemos compreender alguém que afirma estar sofrendo e não só não se importa, como também não entende por que alguém deveria sofrer. Contudo, se pudermos aceitar que as culturas e as épocas podem ter uma espécie de consciência duradoura, e que a própria história tem sua vida mental abrangente, as pessoas de um período podem esperar compreender as de outro, pois todas participam de uma consciência comum com significados duradouros que compartilham. Essa ambiciosa ideia separa os atos conversacionais de determinadas pessoas, expressando seus interesses e pressupostos individuais, o que exprime os propósitos e motivos de unidades sociais mais amplas, em última instância da própria vida ou da mente.

Não posso discutir aqui a ontologia do espírito de grupo ou a validade da sugestão de que ele oferece uma solução ao problema do isolamento cultural. (Cf. acima, n. 2, as citações de Dilthey, Gadamer e Habermas.) Vale assinalar, contudo, que o problema será difícil e ameaçador somente se o que estiver em questão for a interpretação conversacional, e não a interpretação construtiva. Quando é conveniente adotar a atitude interpretativa que descrevo no texto com relação a alguma cultura diferente (cf., por exemplo, a discussão dos sistemas jurídicos perversos e estrangeiros, no capítulo III), tentamos compreendê-la não em termos conversacionais, mas antes fazendo dela o melhor possível, dados os nossos propósitos e nossas convicções. Se pensarmos que esse objetivo exige que descubramos ou adotemos as convicções reais – que poderiam não ser as nossas – dos protagonistas históricos, o problema do isolamento continua existindo. É possível que não consigamos, de maneira sensata, atribuir a Shakespeare nem mesmo a intenção relativamente

tica insiste em que interpretar a cortesia não se reduz a uma questão de descobrir o que uma pessoa em particular pensa sobre ela. Portanto, mesmo supondo que a comunidade é uma pessoa distinta, com opiniões e convicções próprias, algum tipo de consciência de grupo, esse pressuposto apenas acrescenta à história uma outra pessoa cujas opiniões um intérprete deve julgar e contestar, não simplesmente descobrir e reportar. Ele deve ainda estabelecer uma distinção, entre a opinião que a consciência de grupo tem sobre aquilo que é exigido pela cortesia, que ele pensa poder descobrir ao refletir sobre seus motivos e propósitos distintos, e aquilo que ele, o intérprete, pensa que a cortesia realmente exige. Ele ainda precisa de um tipo de método interpretativo que possa usar para pôr à prova o julgamento daquela entidade, uma vez descoberto, e esse método não pode consistir numa conversação com essa entidade, ou com qualquer outra coisa.

Começamos essa longa discussão estimulados por uma importante objeção: de que a descrição construtiva da interpretação criativa é errada porque a interpretação criativa é sempre interpretação conversacional. No caso da interpretação das práticas sociais, essa objeção é ainda mais inadequada que no caso da interpretação artística. A descrição construtiva deve defrontar com outras objeções, em particular com a objeção que examinarei mais adiante, neste capítulo: de que a interpretação construtiva não pode ser objetiva. Mas devemos estudar um pouco mais esse modo de interpretação, antes de colocá-lo de novo à prova.

---

abstrata de provocar, entre seus contemporâneos, uma determinada reação complexa a Shylock. Mas esses problemas, quando sérios, se transformam em razões para adaptar as exigências da interpretação construtiva àquilo que podemos alcançar, para encontrar no teatro alguma dimensão de valor que nos permita fazer o melhor possível de *O mercador de Veneza* (ou dos antecedentes germânicos do direito consuetudinário) sem uma especulação duvidosa sobre estados de espírito aos quais não temos acesso devido às barreiras culturais. Pois na interpretação construtiva as intenções históricas não são os fundamentos constitutivos da compreensão interpretativa. A incapacidade de recuperá-las não é um desastre interpretativo, pois existem outras maneiras, quase sempre muito melhores, de encontrar valor nas tradições às quais aderimos.

Etapas da interpretação

Precisamos começar a refinar a interpretação construtiva, transformando-a em um instrumento apropriado ao estudo do direito enquanto prática social. Teremos de estabelecer uma distinção analítica entre as três etapas da interpretação que apresentaremos a seguir, observando como são necessários, em uma comunidade, diferentes graus de consenso para cada etapa quando se tem em vista o florescimento da atitude interpretativa. Primeiro, deve haver uma etapa "pré-interpretativa" na qual são identificados as regras e os padrões que se consideram fornecer o conteúdo experimental da prática. (Na interpretação de obras literárias, a etapa equivalente é aquela em que são textualmente identificados romances, peças etc., isto é, a etapa na qual o texto de *Moby Dick* é identificado e distinguido do texto de outros romances.) Coloco "pré-interpretativo" entre aspas porque, mesmo nessa etapa, algum tipo de interpretação se faz necessário. As regras sociais não têm rótulos que as identifiquem. Mas é preciso haver um alto grau de consenso – talvez uma comunidade interpretativa seja bem definida como necessitando de consenso nessa etapa – se se espera que a atitude interpretativa dê frutos, e podemos, portanto, nos abstrair dessa etapa em nossa análise ao pressupor que as classificações que ela nos oferece são tratadas como um dado na reflexão e argumentação do dia a dia.

Em segundo lugar, deve haver uma etapa interpretativa em que o intérprete se concentre numa justificativa geral para os principais elementos da prática identificada na etapa pré-interpretativa. Isso vai consistir numa argumentação sobre a conveniência ou não de buscar uma prática com essa forma geral. A justificativa não precisa ajustar-se a todos os aspectos ou características da prática estabelecida, mas deve ajustar-se o suficiente para que o intérprete possa ver-se como alguém que interpreta essa prática, não como alguém que inventa uma nova prática[16].

---

16. Para uma discussão mais aprofundada dessa distinção, e da interpretação criativa em termos gerais, cf. Dworkin, "Law as Interpretation", em

Por último, deve haver uma etapa pós-interpretativa ou reformuladora à qual ele ajuste sua ideia daquilo que a prática "realmente" requer para melhor servir à justificativa que ele aceita na etapa interpretativa. Um intérprete da comunidade hipotética em que se pratica a cortesia, por exemplo, pode vir a pensar que uma aplicação coerente da melhor justificativa dessa prática exigiria que as pessoas tirassem os chapéus tanto para soldados que voltam de uma guerra quanto para os nobres. Ou que ela exige uma nova exceção a um padrão estabelecido de deferência: isentar os soldados das demonstrações de cortesia quando voltam da guerra, por exemplo. Ou, talvez, até mesmo que uma regra inteira estipulando deferência para com todo um grupo (ou toda uma classe) de pessoas deva ser vista como um erro à luz daquela justificativa[17].

Em minha sociedade imaginária, a verdadeira interpretação seria muito menos deliberada e estruturada do que sugere essa estrutura analítica. Os juízos interpretativos das pessoas seriam mais uma questão de "ver" de imediato as dimensões de sua prática, um propósito ou objetivo nessa prática, e a conseqüência pós-interpretativa desse propósito. E "ver" desse modo não seria, habitualmente, mais penetrante do que o mero fato de concordar com uma interpretação então popular em algum grupo

---

The Politics of Interpretation 287 (W. J. T. Mitchell, org., Chicago, 1983); S. Fish, "Working on the Chain Gang: Interpretation in Law and Literature", 60 *Texas Law Review* 373 (1982); Dworkin, "My Reply to Stanley Fish (and Walter Benn Michaels): Please Don't Talk about Objectivity Any More", em *The Politics of Interpretation*, 287; S. Fish, "Wrong Again", 62 *Texas Law Review* 299 (1983). Os artigos de Dworkin foram reeditados, ainda que o segundo esteja modificado e abreviado, em *A Matter of Principle*, caps. 6 e 7.

17. Poderíamos resumir essas três etapas na observação de que a interpretação procura estabelecer um equilíbrio entre a descrição pré-interpretativa de uma prática social e uma justificativa apropriada de tal prática. Tomo a palavra "equilíbrio" emprestada de Rawls, mas essa descrição da interpretação é diferente de sua descrição do raciocínio sobre a justiça. Ele contempla o equilíbrio entre o que chama de "intuições" sobre a justiça e uma teoria formal que une essas intuições. Cf. John Rawls, *A Theory of Justice*, p. 20-1, 48-50 (Cambridge, Mass., 1971). A interpretação de uma prática social procura equilíbrio entre a justificativa da prática e suas exigências pós-interpretativas.

cujo ponto de vista o intérprete adota de maneira mais ou menos automática. Não obstante, haverá uma controvérsia inevitável, mesmo entre os contemporâneos, a propósito das exatas dimensões da prática que eles todos interpretam, e a controvérsia será ainda maior quanto à melhor justificativa para tal prática. Pois já identificamos, em nossa exposição preliminar da natureza da interpretação, muitas maneiras de divergir.

Podemos agora retomar nossa exposição analítica para compor um inventário do tipo de convicções, crenças ou suposições de que uma pessoa necessita para interpretar alguma coisa. Ela precisa de hipóteses ou convicções sobre aquilo que é válido, enquanto parte da prática, a fim de definir os dados brutos de sua interpretação na etapa pré-interpretativa; a atitude interpretativa não pode sobreviver a menos que membros da mesma comunidade interpretativa compartilhem, ao menos de maneira aproximada, as mesmas hipóteses a propósito disso. Ela também precisará de convicções sobre até que ponto a justificativa que propõe na etapa interpretativa deve ajustar-se às características habituais da prática, para ter valor como uma interpretação dela e não como invenção de algo novo. Pode a melhor justificativa das práticas da cortesia, que para quase todo o mundo significa basicamente a demonstração de deferência para com seus superiores sociais, ser aquela que de fato não vai exigir, na etapa da reformulação, nenhuma distinção em termos de posição social? Seria esta uma reforma demasiado radical, uma justificativa demasiado inadequada para valer como uma interpretação? Uma vez mais, não pode haver uma disparidade muito grande entre as convicções de diferentes pessoas sobre tal adequação; só a história, porém, pode nos ensinar o que deve ser visto como excesso de discrepância. Finalmente, essa pessoa vai precisar de convicções mais substantivas sobre os tipos de justificativa que, de fato, mostrariam a prática sob sua melhor luz, e de juízos sobre se a hierarquia social é desejável ou deplorável, por exemplo. Essas convicções substantivas devem ser independentes das convicções sobre adequação que descrevemos há pouco; do contrário, estas últimas não poderiam exercer coerção sobre as primeiras, e, ao final, a pessoa não poderia distinguir entre interpretação e invenção. Mas, para que a atitude interpretativa floresça, essas convicções não precisam ser tão compartilhadas pela comunidade quanto a noção do intérprete acerca dos limites da pré-interpretação, ou mesmo quanto a suas convicções sobre o devido grau de adequação.

Filósofos da cortesia

Identidade institucional

No capítulo I, passamos em revista as teorias ou filosofias clássicas do direito, e sustentei que, lidas da maneira habitual, essas teorias são inúteis, uma vez que paralisadas pelo aguilhão semântico. Podemos perguntar agora que tipo de teorias filosóficas *seriam* úteis às pessoas que adotam a atitude interpretativa que venho descrevendo a propósito de certas tradições sociais. Vamos supor que nossa comunidade imaginária de cortesia se vanglorie de ter um filósofo ao qual se pede, nos verdes anos da atitude interpretativa, que prepare uma exposição filosófica da cortesia. Ele recebe as seguintes instruções: "Não queremos suas próprias concepções autônomas, que têm tanto interesse quanto quaisquer outras, sobre aquilo que a cortesia realmente exige. Queremos uma teoria mais conceitual sobre a natureza da cortesia, sobre o que é a cortesia em virtude do próprio sentido da palavra. Sua teoria deve ser neutra sobre nossas controvérsias cotidianas; deve fornecer os antecedentes conceituais ou as normas que regem essas controvérsias, sem tomar partido". O que pode ele fazer ou dizer em resposta? Está na mesma situação do cientista social que mencionei, que deve aderir às práticas que descreve. Não pode oferecer um conjunto de regras semânticas para o uso apropriado da palavra "cortesia", como as regras que poderia oferecer no caso da palavra "livro". Não pode dizer que, por definição, tirar o chapéu diante de uma senhora é um caso de cortesia, do mesmo modo que se diria que, por definição, *Moby Dick* é um livro. Ou que mandar uma nota de agradecimento é um caso limítrofe que se pode considerar como pertencente ou não à esfera da cortesia, da mesma maneira que um grande folheto pode ou não ser considerado como um livro. Qualquer passo que ele dê nessa direção transgrediria de imediato a linha demarcada pela comunidade como o limite de sua tarefa; ele teria oferecido sua própria interpretação positiva, e não análise neutra dos antecedentes. Assemelha-se a um homem do Polo Norte a quem se diz que vá para qualquer parte, menos para o Sul. Ele se queixa da tarefa que lhe atribuíram, e recebe novas instruções. "Pelo menos, você pode dar uma resposta a essa questão. Nossas práticas são hoje muito diferentes do que eram várias gerações atrás, e diferentes também das práticas de cortesia que vigoram nas sociedades próximas e distantes. Contudo, sabemos que nossa prática é o mesmo *tipo* de prática que a deles. Portanto, todas essas diferentes práticas devem ter algum atributo comum, que faz de todas elas versões da cortesia. Esse atributo é certamente neutro tal como queremos, uma vez que é compartilhado por pessoas com ideias muito diferentes acerca das verdadeiras exigências da cortesia. Por favor, diga-nos que atributo é esse." Ele pode, sem dúvida, responder a essa questão, mas não da maneira que as instruções sugerem.

Para explicar em que sentido a cortesia permanece a mesma instituição ao longo de todas as mudanças e adaptações, e em comunidades distintas com normas muito diferentes, o filósofo não vai recorrer a nenhum "traço característico" comum a todos os casos ou exemplos dessa instituição[18]. Pois, por hipótese, não existe tal atributo: em uma etapa, a cortesia é vista como uma questão de respeito; em outra, como algo muito diferente. Sua explicação será histórica: a instituição tem a continuidade — para usar a conhecida imagem de Wittgenstein — de uma corda constituída de inúmeros fios dos quais nenhum corre ao longo de todo o seu comprimento nem a abarca em toda a sua largura. É apenas um fato histórico que a presente

---

18. Para uma tentativa importante de oferecer "características definidoras" de um sistema jurídico, cf. Joseph Raz, *The Concept of a Legal System* (2ª ed., Oxford, 1980).

instituição descenda, através de adaptações interpretativas do tipo que aqui apresentamos, de instituições mais antigas, e que as instituições estrangeiras também descendam de exemplos anteriores semelhantes. As mudanças de um período a outro, ou as diferenças entre uma sociedade e outra, podem ser grandes o suficiente para que a continuidade seja negada. Que mudanças são grandes o bastante para cortar o fio da continuidade? Esta é, em si, uma questão da interpretação, e a resposta dependeria do porquê do surgimento da questão da continuidade[19]. Não há nenhum atributo que alguma etapa ou exemplo da prática deva possuir em razão do significado da palavra "cortesia", e a busca de tal atributo seria apenas mais um exemplo da prolongada influência que produz o aguilhão semântico.

Conceito e concepção

Pode o filósofo ser menos negativo e mais eficiente? Será ele capaz de oferecer algo no sentido que seus clientes dele esperam: uma exposição da cortesia mais conceitual e menos autônoma que as teorias que eles já possuem e usam? Talvez. Não é improvável que os debates habituais sobre a cortesia na comunidade imaginária tenham a estrutura em forma de árvore que veremos a seguir. Em termos gerais, as pessoas concordam com as proposições mais genéricas e abstratas sobre a cortesia, que formam o tronco da árvore, mas divergem quanto aos refinamentos mais concretos ou as subinterpretações dessas proposições abstratas, quanto aos galhos da árvore. Por exemplo, numa certa etapa do desenvolvimento da prática, todos concordam que a cortesia, em sua descrição mais abstrata, é uma questão de respeito. Mas há uma importante divisão sobre a correta interpretação da ideia de respeito. Alguns consideram que se deve, de maneira mais ou menos automática, demons-

---

19. Cf. o excelente *Reasons and Persons*, de Derek Parfit (Oxford, 1984), sobre a identidade das comunidades e – de modo mais discutível – a identidade pessoal.

trar respeito a pessoas de certa posição ou grupo, enquanto outros pensam que o respeito deve ser merecido individualmente. Os primeiros se subdividem ainda mais, questionando quais grupos ou posições sociais são dignos de respeito; os segundos se subdividem a propósito de quais atos conferem respeito. E assim por diante, ao longo de infindáveis subdivisões de opinião.

Em tais circunstâncias, o tronco inicial da árvore – a ligação até o momento incontestável entre cortesia e respeito – funcionaria, tanto nos debates públicos quanto nas reflexões privadas, como uma espécie de patamar sobre o qual se formariam novos pensamentos e debates. Seria então natural que as pessoas considerassem essa ligação importante e, à guisa de conceito, dissessem, por exemplo, que o respeito faz parte do "próprio significado" da cortesia. Não querem dizer com isso que alguém que o negue seja culpado de autocontradição, ou não saiba como usar a palavra "cortesia", mas apenas que o que ele diz coloca-o à margem da comunidade do discurso útil, ou pelo menos habitual, sobre a instituição. Nosso filósofo servirá a sua comunidade se puder demonstrar essa estrutura e isolar essa ligação "conceitual" entre cortesia e respeito. Ele pode apreendê-la na proposição de que, para essa comunidade, o respeito oferece o *conceito* de cortesia, e que as posições antagônicas sobre as verdadeiras exigências do respeito são *concepções* desse conceito. O contraste entre conceito e concepção é aqui um contraste entre níveis de abstração nos quais se pode estudar a interpretação da prática. No primeiro nível, o acordo tem por base ideias distintas que são incontestavelmente utilizadas em todas as interpretações; no segundo, a controvérsia latente nessa abstração é identificada e assumida. Expor essa estrutura pode ajudar a aprimorar o argumento, e, de qualquer modo, irá melhorar a compreensão da comunidade acerca de seu ambiente intelectual.

A distinção entre conceito e concepção, assim compreendida e criada com esses propósitos, é muito diferente da conhecida distinção entre o significado de uma palavra e sua extensão. Nosso filósofo teve êxito, supomos, ao impor à prática de sua comunidade uma estrutura tal que certas teorias independentes podem ser identificadas e entendidas como subinterpretações de uma ideia mais abstrata. Em certo sentido sua análise, se bem-sucedida, deve também ser incontestável, porque sua alegação – de que o respeito estabelece o conceito de cortesia – não produz efeito, a menos que as pessoas estejam totalmente de acordo que a cortesia é uma questão de respeito. Contudo, apesar de incontestável nesse aspecto, sua afirmação é interpretativa, e não semântica; não se trata de uma afirmação sobre as regras básicas da linguística que todos devam observar para se fazerem entender. Sua afirmação também não é atemporal: ela se mantém graças a um padrão de acordo e desacordo que poderia, como na história que contei há pouco, desaparecer amanhã. E sua afirmação pode ser contestada a qualquer momento; o contestador parecerá excêntrico, mas será perfeitamente bem compreendido. Sua contestação marcará o aprofundamento da divergência, e não, como no caso de alguém que diz que *Moby Dick* não é um livro, sua superficialidade.

Paradigmas

Há mais uma tarefa – menos desafiadora, ainda que não menos importante – que o filósofo deve realizar para aqueles que o nomearam. A cada etapa histórica do desenvolvimento da instituição, certas exigências concretas da cortesia se mostrarão a quase todos como paradigmas, isto é, como requisitos da cortesia. A regra de que os homens devem levantar-se quando uma mulher entra na sala, por exemplo, poderia ser considerada um paradigma numa certa época. O papel que esses paradigmas desempenham no raciocínio e na argumentação será ainda mais crucial do que qualquer acordo abstrato a propósito de um conceito. Pois os paradigmas serão tratados como exemplos concretos aos quais qualquer interpretação plausível deve ajustar-se, e os argumentos contra uma interpretação consistirão, sempre que possível, em demonstrar que ela é incapaz de incluir ou explicar um caso paradigmático.

Em decorrência desse papel especial, a relação entre a instituição e os paradigmas da época será estreita a ponto de estabelecer um novo tipo de atributo conceitual. Quem rejeitar um paradigma dará a impressão de estar cometendo um erro extraordinário. Uma vez mais, porém, há uma importante diferença entre esses paradigmas de verdade interpretativa e os casos em que, como dizem os filósofos, um conceito se sustenta "por definição", assim como o celibato se sustenta graças aos homens que não se casam. Os paradigmas fixam as interpretações, mas nenhum paradigma está a salvo de contestação por uma nova interpretação que considere melhor outros paradigmas e deixe aquele de lado, por considerá-lo um equívoco. Em nossa comunidade imaginária, o paradigma do sexo poderia ter sobrevivido a outras transformações por muito tempo, apenas por parecer tão solidamente arraigado, até que um dia se tornasse um anacronismo não mais reconhecido. Um dia, então, as mulheres passariam a não mais admitir que os homens se levantassem na sua presença; poderiam ver em tal atitude a mais profunda falta de cortesia. O paradigma de ontem seria o chauvinismo de hoje.

Uma digressão: a justiça

As distinções e o vocabulário até aqui introduzidos vão mostrar sua utilidade quando passarmos, no capítulo seguinte, ao direito como conceito interpretativo. Convém, no momento, fazer uma pausa para ver até que ponto nossa exposição dos conceitos interpretativos sustenta outras importantes ideias políticas e morais, particularmente a ideia de justiça. A imagem tosca de como a linguagem funciona, a imagem que nos torna vulneráveis ao aguilhão semântico, falha tanto na justiça quanto na cortesia. Não seguimos critérios linguísticos comuns para decidir quais fatos tornam uma situação justa ou injusta. Nossas discussões mais intensas sobre a justiça – sobre o imposto de renda, por exemplo, ou sobre os programas de ação afirmativa – dizem respeito às provas apropriadas para verificar o que é a justiça, e não à adequação (ou não) dos fatos a alguma prova consensual em um caso específico. Um libertário pensa que o imposto de renda é injusto porque se apropria de bens sem o consentimento de seu proprietário. Ao libertário não interessa que os impostos contribuam ou não para a maior felicidade a longo prazo. Um utilitarista, por outro lado, pensa que o imposto de renda só será justo se realmente contribuir para a maior felicidade a longo prazo, e não lhe interessa que haja apropriação de bens sem o consentimento do proprietário. Assim, se aplicássemos à justiça a imagem de divergência que rejeitamos para a cortesia, concluiríamos que o libertário e o utilitarista não podem nem concordar nem divergir sobre qualquer questão relativa à justiça.

Isso seria um erro, pois a justiça é uma instituição que interpretamos[20]. Como a cortesia, tem uma história; cada um de nós

---

20. A justiça e outros conceitos morais de natureza superior são conceitos interpretativos, mas são muito mais complexos e interessantes do que a cortesia, e também menos úteis enquanto analogia com o direito. A diferença mais importante entre a justiça e a cortesia, nesse contexto, está no alcance global latente da primeira. As pessoas de minha comunidade imaginária usam a "cortesia" para reportar suas interpretações de uma prática que, para si, consideram local. Sabem que a melhor interpretação de sua prática não seria, necessariamente, a melhor das práticas comparáveis de qualquer outra comunidade. Contudo, se entendermos a justiça como um conceito interpretativo, teremos de tratar as concepções de justiça de diferentes pessoas, enquanto inevitavelmente desenvolvidas como interpretações de práticas das quais elas próprias participam, como reivindicando uma autoridade mais global ou transcendental, de modo que possam servir de base para criticar as práticas de justiça de outras pessoas até mesmo, ou sobretudo, quando forem radicalmente diferentes. Consequentemente, as margens de segurança da interpretação são muito menos rígidas: não se exige que uma teoria da justiça ofereça uma boa adequação às práticas políticas ou sociais de qualquer comunidade específica, mas apenas às convicções mais abstratas e elementares de cada intérprete. (Uma discussão recente das diferenças entre justiça e direito pode ser encontrada em *A Matter of Principle*, cap. 10, e em meu debate com Michael Walzer, *New York Review of Books*, 14 de abril de 1983.) A justiça é especial em outro sentido. Uma vez que se trata do mais nitidamente político dos ideais morais, oferece um elemento natural e conhecido à interpretação de outras práticas sociais. As interpretações do direito, como veremos, quase sempre recorrem à justiça como parte da ideia que desenvolvem na etapa

adere a essa história quando aprendemos a adotar a atitude interpretativa a propósito de exigências, justificativas e desculpas que vemos outras pessoas formulando em nome da justiça. Poucos de nós interpretam conscientemente essa história, do modo como imaginei o povo de minha comunidade hipotética interpretando a cortesia. Mas cada um – alguns mais reflexivamente que outros – forma uma ideia da justiça que é, não obstante, uma interpretação, e alguns de nós chegam mesmo a rever a própria interpretação de vez em quando. Talvez a instituição da justiça tenha começado da maneira como imaginei o começo da cortesia: por meio de regras simples e diretas sobre o crime, o castigo e a dívida. Mas a atitude interpretativa floresceu na época dos primeiros escritos de filosofia política, e continua florescendo desde então. As sucessivas reinterpretações e transformações têm sido muito mais complexas do que aquelas que descrevi a propósito da cortesia, mas cada qual se erigiu sobre a reorganização da prática e da atitude consumadas pela precedente.

Os filósofos políticos podem desempenhar os diferentes papéis que imaginei para o filósofo da cortesia. Eles não podem desenvolver teorias semânticas que estabeleçam regras para "justiça" como as regras que consideramos para "livro". Podem, contudo, tentar apreender o patamar do qual procedem, em grande parte, os argumentos sobre a justiça, e tentar descrever isso por meio de alguma proposição abstrata adotada para definir o "conceito" de justiça para sua comunidade, de tal modo que os argumentos sobre a justiça possam ser entendidos como argumentos sobre a melhor concepção desse conceito. Nossos próprios filósofos da justiça raramente fazem essa tentativa, pois é difícil encontrar uma formulação do con-

---

interpretativa. As interpretações da justiça não podem elas próprias recorrer à justiça, e isso ajuda a explicar a complexidade filosófica e a ambição de muitas teorias da justiça. Pois, uma vez que se descarte a justiça como o objetivo de uma prática política fundamental e abrangente, é natural que nos voltemos para uma justificativa de ideias inicialmente não políticas, como a natureza humana ou a teoria do eu, e não para outras ideias políticas que não parecem mais importantes ou fundamentais que a própria justiça.

ceito ao mesmo tempo suficientemente abstrata para ser incontestável entre nós e suficientemente concreta para ser eficaz. Nossas controvérsias sobre a justiça são muito ricas, e há no momento muitos tipos diferentes de teorias nesse campo. Vamos supor, por exemplo, que um filósofo proponha a seguinte formulação do conceito: a justiça é diferente de outras virtudes políticas e morais porque é uma questão de titularidade, uma questão daquilo que têm o direito de esperar todos os que forem atingidos pelos atos de indivíduos ou instituições. Isso parece ter pouca utilidade, pois o conceito de titularidade se encontra, ele próprio, demasiado próximo da justiça para ser esclarecedor, e de certo modo é excessivamente polêmico para que possamos considerá-lo conceitual no sentido em que o estamos examinando, pois algumas importantes teorias da justiça – a teoria marxista, se é que tal teoria existe[21], e mesmo o utilitarismo – o rejeitariam. Talvez não haja nenhuma formulação eficaz do conceito de justiça. Se assim for, isso não lança nenhuma dúvida sobre o sentido das discussões sobre a justiça, mas apenas oferece um testemunho da imaginação de pessoas que tentam ser justas.

Em todo caso, temos algo que é mais importante do que uma formulação eficaz do conceito. Compartilhamos a mesma percepção pré-interpretativa dos limites aproximados da prática na qual nossa imaginação deve exercitar-se. Usamos essa percepção para distinguir as concepções de justiça que rejeitamos, ou mesmo deploramos, das posições que não consideraríamos concepções de justiça mesmo que nos fossem apresentadas como tais. Para muitos de nós, a ética libertária é uma teoria da justiça sem atrativos. Mas a tese de que a arte abstrata é injusta não é nem mesmo carente de atrativos; é incompreensível enquanto teoria da justiça, pois nenhuma exposição pré-inter-

---

21. Mas o fato de que a teoria política de Marx não seja, de modo tão evidente, apreendida por essa declaração do conceito, explica sua própria ambivalência, e a ambivalência de seus estudiosos e críticos, quanto a se considerar ou não sua teoria como uma teoria da justiça. Uma intrigante discussão desse problema pode ser encontrada em Stephen Lukes, *Marxism and Morality* (Londres, 1985).

pretativa competente da prática da justiça engloba a crítica e a avaliação da arte[22]. Os filósofos, ou talvez os sociólogos, da justiça também podem fazer um trabalho útil identificando os paradigmas que, nos argumentos referentes à justiça, desempenham o papel que eu disse que desempenhariam nos argumentos referentes à cortesia. Para nós, hoje, é paradigmático que punir inocentes seja injusto, que a escravidão seja injusta, que roubar dos pobres para favorecer os ricos seja injusto. A maioria de nós rejeitaria de imediato qualquer concepção que parecesse exigir ou permitir a punição de um inocente. É um argumento corrente contra o utilitarismo, portanto, que ele seja incapaz de nos fornecer uma boa descrição ou justificativa desses paradigmas centrais; os utilitaristas não ignoram essa acusação como irrelevante, mas, ao contrário, recorrem a uma inventividade heroica para tentar refutá-la. Algumas teorias da justiça, porém, contestam grande parte daquilo que seus contemporâneos consideram paradigmático, e isso explica por que essas teorias – a de Nietzsche, por exemplo, ou as ideias aparentemente contraditórias de Marx sobre a justiça – não apenas pareceram radicais, como pareceram talvez não ser de fato teorias da justiça. Em sua maior parte, porém, os filósofos da justiça respeitam e usam os paradigmas de sua época. Seu principal trabalho consiste não em tentar formular o conceito de justiça, nem em redefinir os paradigmas, mas em desenvolver e defender teorias polêmicas que vão bem além dos paradigmas e chegam à esfera da política. O filósofo libertário se opõe ao imposto de renda e o filósofo igualitário pede por uma redistribuição maior porque suas concepções de justiça diferem. Não há nada neutro nessas concepções. Elas são interpretativas mas há nelas compromisso, e é deste último que, para nós, provém seu valor.

---

22. Uma vez que mesmo a etapa pré-interpretativa exige interpretação, esses limites da prática não são nem precisos nem seguros. Portanto, discordamos quanto à questão de saber se alguém pode ser injusto com os animais, ou apenas cruel, e se as relações entre grupos, à diferença daquelas que se dão entre os indivíduos, são questões de justiça.

Ceticismo sobre a interpretação

Um desafio

Até aqui, minha exposição da interpretação foi subjetiva em um dos sentidos dessa palavra problemática. Descrevi como os intérpretes veem a interpretação criativa, o que alguém deve pensar para aderir a uma interpretação e não a outra. Mas a atitude interpretativa que descrevi, a atitude que, em minha opinião, os intérpretes adotam, parece ser mais objetiva. Eles acham que as interpretações que adotam são melhores – e não apenas diferentes – daquelas que rejeitam. Essa atitude faz sentido? Quando duas pessoas divergem sobre a correta interpretação de alguma coisa – um poema, uma peça, uma prática social como a cortesia ou a justiça –, é razoável pensar que uma delas está certa e outra errada? Precisamos ser cautelosos ao distinguir essa questão de uma outra, diferente, que diz respeito à complexidade da interpretação. Parece dogmático, e em geral é um erro, supor que uma obra de arte complexa – *Hamlet*, por exemplo – é "sobre" uma certa coisa e mais nada, de tal modo que uma produção dessa peça seria a única correta, e qualquer outra produção que enfatizasse outro aspecto ou dimensão seria errada. Pretendo colocar uma questão sobre o desafio, não sobre a complexidade. Pode um ponto de vista interpretativo ser objetivamente melhor que outro quando são não apenas diferentes, pondo em relevo aspectos diferentes e complementares de uma obra complexa, mas contraditórios; quando o conteúdo de um *inclui* a afirmação de que o outro é errado?

A maioria das pessoas acha que sim, que algumas interpretações são realmente melhores que outras. Alguém que tenha feito uma releitura de *Paraíso perdido*, tremendo de excitação com sua descoberta, pensa que sua nova leitura é a *certa*, que é melhor do que aquela que abandonou, que os ainda não iniciados perderam algo verdadeiro e importante, que não veem o poema como ele realmente é. Ele pensa que foi conduzido pela verdade, e não que escolheu uma interpretação para usar naquele dia, como se fosse uma gravata nova. Pensa que tem boas e verdadeiras razões para aceitar sua nova interpretação, e que os outros, os que se apegam ao antigo ponto de vista que agora lhe parece errado, têm boas e verdadeiras razões para mudar de ideia. Alguns críticos literários, porém, acreditam que isso não passa de uma profunda confusão; dizem que é um erro pensar que uma interpretação pode ser realmente melhor que outra[23]. Veremos, no capítulo VII, que muitos estudiosos do direito afirmam coisas muito semelhantes sobre as decisões que os juízes tomam em casos difíceis como os que usamos como exemplos no capítulo I: em sua opinião, nos casos difíceis não pode haver uma resposta certa, mas apenas respostas diferentes.

Grande parte do que afirmei sobre a interpretação ao longo deste capítulo pode dar a impressão de sustentar essa crítica

---

23. Alguns críticos que em geral demonstram entusiasmo com essa imagem da interpretação tentam aperfeiçoar seu impulso cético. Baseiam-se na ideia de que as "comunidades críticas" normalmente desenvolvem "convenções" sobre aquilo que se considera como boa ou má interpretação de um determinado texto, e afirmam que essas convenções dão aos indivíduos uma sensação de restrição externa, e, portanto, de uma descoberta, quando passam a ver as implicações dessas convenções para uma obra de arte específica. Cf. Stanley Fish, *Is There a Text in This Class?* (Cambridge, Mass., 1980). Mas essa "solução" é enganosa. Veremos, no capítulo IV, que a ideia de uma convenção é em si mesma um tanto incompreensível; em seu presente uso, é igualmente insatisfatória. Pode-se imaginar que os colegas de profissão compartilham uma convenção sobre a melhor maneira de interpretar *O paraíso perdido*, por exemplo, quando divergem sobre qual é a melhor? Se admitirmos que, nesse caso, eles não compartilham uma convenção – que os colegas podem pertencer a "comunidades" interpretativas muito diferentes, ainda que seus escritórios fiquem lado a lado –, ainda assim deixaremos por explicar como alguém pode pensar que sua interpretação é melhor que a de um colega que pertence a uma outra comunidade. Nesse caso, ele acredita não somente que as convenções das duas comunidades são diferentes, mas que as de sua comunidade são melhores, as que devem ser usadas por serem corretas. Portanto, a ideia de convenções e de comunidades profissionais não nos é útil, razão pela qual devemos enfrentar a ousada posição de que não existe uma "resposta certa" à pergunta de como se deve interpretar *Paraíso perdido*, e que só existem interpretações diferentes, nenhuma delas melhor ou pior que as demais.

cética da concepção corrente do certo-errado. Apresentei esta caracterização geral e muito abstrata da interpretação: ela tem por finalidade apresentar em sua melhor luz o objeto ou a prática a serem interpretados. Assim, uma interpretação de *Hamlet* tenta fazer do texto a melhor peça possível, e uma interpretação da cortesia tenta fazer das diversas práticas da cortesia a melhor instituição social que essas práticas poderiam ser. Essa caracterização da interpretação parece hostil a toda afirmação da unicidade de significado, pois insiste em que pessoas diferentes, com gostos e valores diferentes, são predispostas – exatamente por essa razão – a "ver" significados diferentes naquilo que interpretam. Parece sustentar o ceticismo, pois a ideia de que pode haver uma resposta "certa" a questões de valor estético, moral ou social parece, a muitas pessoas, ainda mais estranha do que a possível existência de uma resposta certa a questões relativas ao significado de textos e práticas. Portanto, minha descrição abstrata do objetivo mais geral da interpretação pode muito bem reforçar, para muitos leitores, a tese cética de que é um erro filosófico supor que as interpretações podem ser certas ou erradas, verdadeiras ou falsas.

Ceticismo interior e exterior

No restante deste capítulo, avaliaremos o alcance e a força desse desafio colocado pelo ceticismo, e começaremos por uma distinção crucial: entre o ceticismo *no interior* da atividade de interpretação, como uma posição autônoma sobre a melhor interpretação de alguma prática ou obra de arte, e o ceticismo *no exterior* e *em torno* dessa atividade. Vamos supor que alguém diga que a melhor forma de entender *Hamlet* é como uma peça que examina a evasiva, a simulação e a protelação; essa pessoa sustenta que a peça tem mais integridade artística e que, lida com essas ideias em mente, harmoniza melhor os temas lexicais, retóricos e narrativos. Um cético "interior" poderia dizer: "Você está errado. O texto de *Hamlet* é por demais confuso e desordenado para dizer respeito a qualquer coisa:

essa peça não passa de uma miscelânea sem coerência alguma." Um cético "exterior" diria então: "Concordo com você; também penso ser essa a leitura mais esclarecedora da peça. Esta é, veja bem, apenas uma opinião que compartilhamos; não podemos, de modo razoável, supor que o fato de *Hamlet* ser uma peça sobre a protelação seja um dado objetivo que descobrimos aprisionado na natureza da realidade, 'lá' em algum mundo metafísico e transcendente onde subsistem os significados das peças".

São formas diferentes de ceticismo. O cético interior se interessa pela substância das afirmações que contesta; insiste em que será sempre um erro afirmar que *Hamlet* trata da protelação e da ambiguidade, um equívoco supor que a peça se torna melhor quando lida dessa maneira. Ou, na verdade, quando lida de qualquer outro modo. Não porque nenhuma concepção daquilo que torna uma peça melhor possa ser "realmente" certa, mas porque uma concepção *é* certa: aquela segundo a qual uma interpretação bem-sucedida deve oferecer o tipo de unidade que, em sua opinião, nenhuma interpretação de *Hamlet* pode oferecer. O ceticismo interior, portanto, apoia-se na solidez de uma atitude interpretativa geral para pôr em dúvida todas as possíveis interpretações de um objeto de interpretação específico. Pode-se ser cético assim não apenas com relação a uma peça em particular, mas também, em termos mais genéricos, a propósito de um empreendimento. Vamos supor que um cidadão estude as práticas de cortesia que seus vizinhos consideram valiosas e conclua que esse pressuposto comum é um erro comum. Ele tem convicções sobre os tipos de instituições sociais que podem ser úteis ou valiosas para uma comunidade; ele conclui que as práticas de cortesia, radicalmente, não servem a nenhum bom propósito, ou, pior ainda, que servem a um propósito perverso. Desse modo, condena como perversas todas as diferentes interpretações de cortesia que seus colegas elaboram e defendem umas contra as outras; com relação à cortesia, seu ceticismo interior é global. Mais uma vez, em vez de desdenhar ele apoia-se na ideia de que algumas práticas sociais são melhores que outras; a partir de uma opinião global sobre o valor social, condena todas as interpretações da cortesia oferecidas por seus colegas. Presume que suas opiniões globais são bem fundadas, e que as opiniões contrárias são erradas. Se fosse plausível para o direito, e não apenas para a cortesia, esse tipo de ceticismo interior de total abrangência ameaçaria nosso próprio empreendimento. Pois esperamos desenvolver uma discussão teórica correta dos fundamentos do direito, um programa para deliberação judicial que possamos recomendar aos juízes e usar para avaliar o que eles fazem. Assim, não podemos ignorar a possibilidade de que algum ponto de vista globalmente cético sobre o valor das instituições jurídicas seja, no final, o mais poderoso e convincente de todos; não podemos dizer que essa possibilidade é irrelevante para a teoria do direito. Voltaremos a tratar dessa ameaça no capítulo VII. No momento, nosso interesse está voltado para a outra forma de ceticismo, a exterior.

O ceticismo exterior é uma teoria metafísica, e não uma posição interpretativa ou moral. O cético exterior não contesta nenhuma afirmação moral ou interpretativa específica. Ele não diz que é um equívoco, de certa maneira, pensar que *Hamlet* versa sobre a protelação ou que a cortesia é uma questão de respeito, ou que a escravidão é iníqua. Sua teoria é, na verdade, uma teoria em segundo grau sobre a posição ou a classificação filosóficas dessas afirmações. Ele insiste em que elas não são descrições que possam ser comprovadas ou testadas, como na física: nega que os valores estéticos ou morais possam ser parte daquilo que chama (em uma das metáforas perturbadoras que parecem cruciais a qualquer afirmação de seus pontos de vista) de "fundamentos" do universo. Seu ceticismo é exterior por não ser engajado: afirma deixar o verdadeiro procedimento da interpretação à margem de suas conclusões. O cético exterior tem suas opiniões sobre *Hamlet* e a escravidão e pode apresentar as razões pelas quais prefere essas opiniões àquelas que rejeita. Insiste, apenas, em dizer que todas essas opiniões são projetadas na "realidade", e não descobertas nela.

Há um antigo e florescente debate filosófico sobre a questão de saber se o ceticismo exterior, particularmente o ceticismo exterior voltado para a moral, é uma teoria significativa e, se assim o for, se é correta[24]. Não entrarei nesse debate por ora, a não ser para examinar se o ceticismo exterior, se for correto, condenaria de alguma maneira a crença que tem a maioria dos intérpretes: de que a interpretação de algum texto ou prática social pode ser, levando-se tudo em conta, melhor que as outras; de que pode haver uma "resposta certa" à pergunta "qual é a melhor", mesmo quando existam divergências sobre o que se pode considerar como resposta certa[25]. Isso depende de como essas crenças "objetivas" (como poderíamos chamá-las) devem ser compreendidas. Vamos supor que eu afirme que a escravidão é iníqua. Em seguida, faço uma segunda série de afirmações: digo que a escravidão é "realmente" ou "objetivamente" iníqua, que não se trata apenas de uma questão de opinião, que seria verdade mesmo que eu (e qualquer outra pessoa) pensasse de outro modo, que aí está a "resposta certa" à questão de saber se a escravidão é iníqua, que a resposta contrária não é apenas diferente, mas configura um erro. Qual é a relação entre minha opinião inicial – de que a escravidão é iníqua – e esses vários juízos "objetivos" que acrescentei a ela?

Eis aqui uma sugestão. As afirmações objetivas que acrescentei devem fornecer algum tipo especial de comprovação de minha opinião inicial, ou alguma justificativa para o fato de eu guiar-me por ela. Elas pretendem sugerir que posso provar a iniquidade da escravidão do mesmo modo que poderia comprovar algum enunciado da física, por meio de argumentos factuais ou lógicos que qualquer pessoa dotada de razão deve aceitar: ao mostrar que as vibrações morais atmosféricas confirmam minha opinião, por exemplo, ou que ela está de acordo com um fato metafísico numênico. Se fosse esta a maneira

---

24. Cf., por exemplo, *Morality and Objectivity* (Ted Henderich, org., Londres, 1985); Bernard Williams, *Ethics and the Limits of Philosophy* (Cambridge, Mass., 1985), e Thomas Nagel, *The View from Nowhere* (no prelo).

25. Cf. *A Matter of Principle*, caps. V, VI e VII.

certa de entender minhas afirmações objetivas, então minhas afirmações declarariam aquilo que o ceticismo exterior nega: que os juízos morais são descrições de algum domínio moral específico da metafísica. Mas essa não é a maneira correta de compreendê-las. Ninguém que afirme que a escravidão é "realmente" iníqua vai pensar que, desse modo, ofereceu – ou mesmo sugeriu – um argumento demonstrando por que ela é iníqua. (Como poderiam as vibrações ou as entidades numênicas oferecer algum argumento para as convicções morais?) O único tipo de evidência que posso apresentar em defesa de meu ponto de vista de que a escravidão é iníqua, o único tipo de justificativa que posso ter para guiar-me por esse ponto de vista, é um tipo de argumento moral autônomo que as afirmações "objetivas" nem mesmo têm a pretensão de oferecer.

A verdadeira relação entre minha opinião inicial sobre a escravidão e meus comentários "objetivos" posteriores é muito diferente. Usamos a linguagem da objetividade não para dar a nossas afirmações morais ou interpretativas habituais um fundamento metafísico bizarro, mas para *repeti-las*, talvez de um modo mais preciso, para enfatizar ou qualificar seu *conteúdo*. Usamos essa linguagem, por exemplo, para estabelecer uma distinção entre as verdadeiras afirmações morais (ou interpretativas, ou estéticas) e o que seriam meras exposições de nossos gostos. Como não acredito (ao contrário de outras pessoas) que os sabores de sorvetes possuam um valor estético genuíno, então diria apenas que prefiro passas com rum, e não acrescentaria (como alguns o fariam) que passas com rum é "realmente" ou

---

26. Se eu defendesse o ponto de vista contrário e dissesse que realmente considero a superioridade da uva-passa com rum como uma questão de fato objetiva e não apenas meu gosto subjetivo; se afirmasse, também, que estava descrevendo uma propriedade do sorvete em si, e não apenas as minhas preferências, o leitor não concordaria, mas nossa divergência não seria alguma divergência de segunda ordem sobre a possibilidade de enunciados estéticos válidos. Seria uma disputa entre dois estilos ou atitudes estéticas: minha opinião tola de que todos têm uma razão para valorizar a experiência da uva passa com rum, gostem ou não dessa experiência, e o ceticismo (interno) mais atraente do leitor, de que o sorvete possa ter um valor estético desse tipo. Você

"objetivamente" o melhor sabor[26]. Também usamos a linguagem da objetividade para distinguir entre as afirmações que só devem valer para pessoas que têm crenças, relações, necessidades ou interesses particulares (talvez apenas para o orador) e aquelas que devem valer impessoalmente para todos. Suponhamos que eu diga que devo dedicar minha vida a reduzir a ameaça da guerra nuclear. Faz sentido perguntar se acho que essa tarefa vale "objetivamente" para todos, ou apenas para os que sentem, como eu, uma compulsão especial a lidar com esse problema. Combinei esses dois usos da linguagem objetiva no diálogo que há pouco imaginei sobre a escravidão. Afirmei que a escravidão era "realmente" iníqua, e o restante para deixar claro que minha opinião era um juízo moral, e que eu considerava a escravidão iníqua em toda parte, não apenas nas comunidades cujas tradições a condenam. Portanto, se uma pessoa disser que estou errado em meu julgamento, e nossa divergência for genuína, ela deve querer dizer que a escravidão *não* é iníqua em toda parte, ou, talvez, que não é iníqua em parte alguma. Essa é uma versão do ceticismo interior: só poderia ser defendida por argumentos morais de algum tipo, por exemplo ao se recorrer a uma forma de relativismo moral que sustenta que a verdadeira moral consiste apenas em respeitar as tradições da comunidade à qual se pertença.

Portanto, não existe diferença importante de categoria ou posição filosófica entre a afirmação de que a escravidão é iníqua e a afirmação de que existe uma resposta certa à questão da escravidão, isto é, que ela é iníqua. Não posso, racionalmente, considerar a primeira dessas opiniões como uma opinião moral sem fazer o mesmo com relação à segunda. Uma vez que o ceticismo exterior não oferece razões para repudiar ou modificar a primeira, também não oferece razões para repudiar ou modificar a segunda. As duas são afirmações internas à moral, e não

---

pensaria não que minha ontologia é defeituosa porque penso que o sorvete tem valor, do mesmo modo que o têm o creme e o açúcar, mas sim que tenho uma sensibilidade defeituosa, que não compreendo a natureza de uma verdadeira experiência estética.

sobre ela. Ao contrário da forma global de ceticismo interior, portanto, o verdadeiro ceticismo exterior não pode ameaçar nenhum projeto interpretativo. Mesmo pensando que entendemos e aceitamos essa forma de ceticismo, isso não pode oferecer nenhuma razão pela qual também não devamos pensar que a escravidão é iníqua, que *Hamlet* trata da ambiguidade e que a cortesia ignora a posição social, ou, o que vem a dar no mesmo, que cada uma dessas posições é melhor (ou "realmente" melhor) que suas concorrentes. Se fôssemos céticos exteriores, então, num tranquilo momento filosófico, longe das guerras morais ou interpretativas, adotaríamos uma concepção externamente cética da postura filosófica de *todas* essas opiniões. Classificaríamos todas como projeções, não como descobertas. Mas não faríamos distinções entre elas ao supor que somente as últimas eram erros. Apresso-me a acrescentar que o reconhecimento da questão crucial que venho enfatizando – de que as crenças "objetivas" que a maioria de nós sustenta são crenças morais, não metafísicas; que elas apenas repetem e qualificam outras crenças morais – de modo algum enfraquece essas crenças, nem as leva a afirmar alguma coisa menos importante, ou mesmo diferente, daquilo que se esperaria que afirmassem. Pois não podemos atribuir-lhes nenhum sentido, fiéis ao papel que na verdade desempenham em nossas vidas, que as faça deixarem de ser afirmações morais. Se há algo que essa questão torna menos importante, é o ceticismo exterior, não nossas convicções.

Que forma de ceticismo?

De que modo, então, devemos compreender o cético que faz um bicho de sete cabeças ao declarar que não pode haver respostas certas em questões de moral ou de interpretação? Ele usa a retórica metafórica do ceticismo exterior; diz que está atacando o ponto de vista de que os significados interpretativos estão "lá" no universo, ou que as decisões jurídicas corretas se situam em alguma "realidade transcendental". Usa argumentos conhecidos dos céticos exteriores: diz que, uma vez que as pessoas de diferentes culturas têm opiniões diferentes sobre a beleza e a justiça, essas virtudes não podem ser atributos do mundo independentemente das opiniões. Mas ele pensa, honestamente, que seu ataque tem a *força* do ceticismo interior: insiste em que as pessoas que interpretam poemas ou decidem casos difíceis em direito não deveriam falar ou agir como se um ponto de vista pudesse estar certo, e os outros errados. Ele não consegue lidar com ambas as coisas ao mesmo tempo. Ele ataca nossas crenças habituais porque nos atribui afirmações absurdas que não fazemos. *Nós* não dizemos (nem podemos compreender alguém que o diga) que a interpretação é como a física, ou que os valores morais estão "lá", ou podem ser provados. Dizemos apenas, com ênfases diversas, que *Hamlet* trata da protelação, e que a escravidão é iníqua. As práticas da interpretação e da moralidade dão a essas afirmações todo o significado de que necessitam, ou que poderiam ter. Se o cético pensa que são erros – maus desempenhos dentro dessas práticas corretamente entendidas – ele precisa comparar nossas razões e argumentos, nosso próprio relato enquanto participantes, com razões contrárias e argumentos de sua própria criação. Atenderemos melhor a esse crítico, portanto, observando até que ponto podemos reformular seus argumentos como argumentos do ceticismo interior. Podemos entender que ele nos acusa de erros morais, não de erros metafísicos? "Uma vez que ninguém se mostra de acordo a propósito da injustiça da hierarquia social", poderia ele dizer, "e uma vez que as pessoas só tendem a considerar a hierarquia social injusta quando nascem em determinadas culturas, é injusto afirmar que todos devem desprezar e rejeitar a hierarquia. O máximo que deveríamos dizer é que as pessoas que a consideram injusta deveriam desprezá-la e rejeitá-la, ou que as pessoas que vivem em comunidades em que vigora essa opinião deveriam fazer o mesmo." Ou: "O fato de que outros, em diferentes culturas, rejeitem nossos pontos de vista morais, mostra que só temos esses pontos de vista por causa da educação moral que por acaso recebemos, e perceber isso lança dúvidas sobre esses pontos de vista"[27].

Esses são argumentos de ceticismo interior porque pressupõem alguma posição moral geral e abstrata – aquela segun-

---

27. Quando alguém tem uma crença ou uma convicção, faz sentido perguntar por sua procedência, isto é, pedir uma explicação de como tal chegou a tê-la. Em alguma parte da história que contam, algumas explicações pressupõem a verdade da crença ou da convicção, e, se se aceita uma explicação desse tipo, o fato da crença constitui, em si, uma prova de sua autenticidade. Se pudermos explicar a crença das pessoas de que a grama só é verde de alguma maneira que supõe que a grama é verde – por exemplo, explicando que viram grama verde –, então, obviamente, a crença comum é a prova do fato. Mas se as crenças de todos sobre algum assunto podem ser explicadas de alguma maneira que não pressupõe o fato, então o fato da crença não é prova de sua autenticidade. Por exemplo, achamos que podemos explicar plenamente a crença das pessoas em bruxas explicando suas superstições; não importa até que ponto chegue, nossa explicação nunca recorreria a nenhum encontro real entre pessoas e bruxas. Se assim for, então o fato de que algumas pessoas acreditam em bruxas não constitui a prova de sua existência.
Uma pessoa poderia elaborar um argumento internamente cético sobre a moral começando com essa observação. Ela argumenta que podemos explicar o fato de que as pessoas têm crenças morais sem admitir a existência de fatos morais especiais que levaram a essas crenças. Nossas crenças morais, diz tal pessoa, são provocadas não pelo encontro com fatos especiais, mas por se desenvolverem no interior de uma cultura específica; isso explica por que pessoas de culturas diferentes têm convicções diferentes. Até aqui, porém, essa história causal plausível mostra apenas que o fato de nossas crenças morais não é prova de que elas sejam bem fundadas, e isso pouco tem de surpreendente. Ninguém, a não ser o egotista mais entusiasta, pensa que o fato de ter uma opinião moral particular constitua, em si, um argumento em favor de tal opinião. De qualquer modo, ninguém deveria preocupar-se muito com o fato de ser forçado a abandonar esse ponto de vista, porque no máximo estaria abandonando apenas um argumento em favor da consistência de suas opiniões morais, deixando intocados todos os argumentos que se sentiria tentado a apresentar. O cético deve mostrar não apenas que nossas convicções morais podem ser totalmente explicadas sem que seja necessário fazer nenhuma referência a qualquer propriedade moral causal do universo, mas que a forma adotada pela melhor explicação de nossas convicções lança dúvidas sobre elas.
Sob certas circunstâncias, descobrir como passamos a acreditar em alguma coisa faz com que duvidemos dela, mas isso acontece porque descobrimos algo que identificamos como um *defeito* em nosso método de instrução.

do a qual as afirmações morais só têm uma verdadeira força moral quando são extraídas dos costumes de uma comunidade específica, por exemplo, ou que as crenças morais são falsas, a menos que sejam passíveis de aceitação por qualquer cultura – como base para rejeitar as afirmações morais mais concretas em questão. Argumentos morais sólidos como esses foram realmente apresentados, sem dúvida, e sua atração latente poderia expli-

---

Se eu tivesse aprendido tudo que sei sobre história medieval em um livro que, mais tarde, descubro ser uma obra de ficção popular, duvidaria de tudo que acreditava saber. Mas o simples fato de que minhas convicções morais seriam diferentes se eu me tivesse educado de maneira diferente, ou em uma época muito diferente, não mostra *em si* nenhum defeito na cultura, na formação e nos processos de reflexão e observação que finalmente produziram as convicções que agora tenho. Isso poderia – deveria – tornar-me cuidadoso quanto a essas convicções, forçando-me a perguntar se tenho boas razões para pensar como penso. Poderia levar-me a perceber relações entre os pressupostos morais de minha comunidade e suas estruturas de poder econômico e outras modalidades de poder, e o fato de perceber essas relações poderia enfraquecer o domínio que, anteriormente, minhas convicções exerciam sobre mim. Essas são, todas, consequências possíveis do fato de eu passar a ver-me como uma criatura da cultura, mas são consequências do fato de ver mais que *ape nas* isso, e é necessário mais se o discernimento vai terminar em algum tipo de ceticismo interior.

Em geral se pensa que o argumento da causalidade que acabo de descrever é um bom argumento em defesa de alguma forma de ceticismo exterior. (Cf. Williams, acima, n. 24. Contudo, a importância do argumento causal para a moral é reduzida pelo fato de que, se acreditamos na iniquidade da escravidão, não podemos imaginar um mundo diferente do nosso apenas sob o aspecto de que a escravidão não é um erro.) Mas não estamos, aqui, preocupados com os méritos do ceticismo exterior. O que nos ocupa são as objeções ao ponto de vista comum de que uma convicção moral pode ser melhor que outras que contradiz, e não apenas diferente delas; que ela possa ser a resposta certa e, as outras, as respostas erradas. O texto afirma que esse ponto de vista é, em si mesmo, moral, que é parte essencial das convicções morais em que reside. Um ponto de vista moral só pode ser prejudicado por um argumento moral. Assim, o ceticismo que tememos é o ceticismo interior, e o argumento da causalidade não acarreta, em si, nenhum prejuízo. Sei que minhas opiniões seriam diferentes se eu tivesse vivido numa época muito diferente. Mas acho que minhas convicções são melhores, e também diferentes, e nenhuma explicação causal pode obrigar-me a abandonar esse ponto de vista, ainda que um argumento moral certamente pudesse fazê-lo.

car por que o ceticismo, disfarçado de ceticismo exterior, tornou-se tão difundido na interpretação e no direito. Talvez esses argumentos não pareçam bons ao leitor, uma vez que se abandone esse disfarce, mas penso que isso se deve ao fato de você considerar improvável o ceticismo interior global acerca da moral. A metamorfose que descrevo não é gratuita, pois os argumentos do cético, reconstruídos como argumentos de ceticismo interior, não podem continuar sendo peremptórios ou *a priori*. O cético precisa de argumentos que se apresentem como argumentos morais (ou estéticos, ou interpretativos); ou, se não de argumentos, pelo menos de convicções do tipo apropriado. Seu ceticismo não pode mais ser descompromissado ou neutro a propósito das opiniões morais (ou estéticas, ou interpretativas) correntes. Ele não pode reservar seu ceticismo para algum momento de serenidade filosófica e forçar suas opiniões pessoais sobre a moralidade da escravidão, por exemplo, ou sobre a relação entre cortesia e respeito, quando não está em serviço e atua da maneira habitual. Ele abandonou sua distinção entre as opiniões correntes e as opiniões objetivas; se de fato acredita, à maneira do ceticismo interior, que nenhum juízo moral é realmente melhor que qualquer outro, não pode então acrescentar que, em sua opinião, a escravidão é injusta.

Conclusões e programa

Concluo esta vasta seção com uma desculpa e alguns conselhos. Subimos por uma colina íngreme e então fizemos o percurso de volta. Não sabemos mais sobre a interpretação, a moral, a cortesia, a justiça ou o direito do que sabíamos quando começamos a examinar a impugnação dos céticos. Minha argumentação foi totalmente defensiva. Os céticos identificam um grave erro na atitude interpretativa do modo como a descrevi; dizem que é um erro supor que uma interpretação de uma prática social, ou de qualquer outra coisa, possa ser certa ou errada, ou realmente melhor do que outra. Se interpretarmos essa acusação nos moldes do ceticismo exterior, então, pelas razões que ofereci, a acusação é confusa. Se a interpretarmos mais naturalmente, como uma parte do ceticismo interior global, então toda a argumentação ainda está por ser feita. Estamos no mesmo ponto em que estávamos antes, apenas adquirimos uma percepção mais clara da possível ameaça que apresenta esta última forma de argumentação, potencialmente muito nefasta.

Subi e desci a colina somente porque a impugnação cética, percebida como a impugnação do ceticismo exterior, exerce uma poderosa influência sobre os advogados. A propósito de qualquer tese sobre a melhor maneira de avaliar uma situação jurídica em algum domínio do direito, eles dizem: "Essa é a sua opinião", o que é ao mesmo tempo verdadeiro e inútil. Ou perguntam: "Como você sabe?", ou "De onde provém essa pretensão?", exigindo não um caso que possam aceitar ou rejeitar, mas uma demonstração metafísica avassaladora à qual não possa resistir ninguém que a consiga compreender. E, quando percebem que não estão diante de nenhum argumento dotado de tal força, resmungam que a doutrina é tão somente subjetiva. Depois, finalmente, voltam a seu ramerrão – fazer, aceitar, resistir e rejeitar argumentos da maneira de sempre, consultando, revisando e mobilizando convicções que lhes permitam decidir qual, dentre as avaliações conflitantes da situação jurídica, constitui a melhor defesa de tal posição. Meu conselho é direto: essa dança preliminar do ceticismo é tola e inútil; não acrescenta nada ao assunto em questão, e dele também nada subtrai. O único ceticismo que vale alguma coisa é o ceticismo interior, e é preciso alcançá-lo por meio de argumentos da mesma natureza duvidosa que os argumentos aos quais ele se opõe, e não ser reivindicado de antemão por alguma pretensão à complexa metafísica empírica.

Devemos prosseguir com esse espírito nosso estudo da interpretação e do direito. Apresentarei argumentos sobre aquilo que torna uma interpretação de uma prática social melhor que outra, e sobre a exposição do direito que oferece a interpretação mais satisfatória dessa prática complexa e crucial. Esses argumentos não serão – nem podem ser – demonstrações. Convidam à divergência, e ainda que não seja um erro responder: "Mas essa é apenas a sua opinião", tampouco de nada servirá. O leitor deve então perguntar-se, depois de refletir, se essa é também a sua opinião. Se assim for, pensará que meus argumentos e conclusões são bem fundados, e que são frágeis e equivocados os outros, que a eles se opõem. Se tiver outra opinião, caberá a você explicar por quê, confrontando meus argumentos ou minhas convicções com as suas. O exercício em questão é de descoberta, pelo menos neste sentido: descobrir qual ponto de vista das questões importantes que discutimos se ajusta melhor às convicções que, juntos ou individualmente, temos e conservamos a propósito da melhor avaliação de nossas práticas comuns.

Capítulo III
A jurisprudência revisitada

Uma nova imagem

Extraímos o aguilhão semântico, e não precisamos mais da caricatura da prática do direito que nos oferecem as teorias semânticas. Agora podemos ver com maior clareza, e eis o que vemos. O direito é um conceito interpretativo como a cortesia em meu exemplo imaginário. Em geral, os juízes reconhecem o dever de continuar o desempenho da profissão à qual aderiram, em vez de descartá-la. Então desenvolvem, em resposta a suas próprias convicções e tendências, teorias operacionais sobre a melhor interpretação de suas responsabilidades nesse desempenho. Quando divergem sobre aquilo que chamei de modalidade teórica, suas divergências são interpretativas. Divergem, em grande parte ou em detalhes sutis, sobre a melhor interpretação de algum aspecto pertinente do exercício da jurisdição. Assim, o destino de Elmer vai depender das convicções interpretativas do corpo de juízes que julgará o caso. Se um juiz acha que para alcançar a melhor interpretação daquilo que os juízes geralmente fazem a propósito da aplicação de uma lei ele nunca deve levar em conta as intenções dos legisladores, poderá então tomar uma decisão favorável a Elmer. Mas se, ao contrário, acha que a melhor interpretação exige que ele examine essas intenções, é provável que sua decisão favoreça Goneril e Regan. Se o caso *Elmer* for apresentado a um juiz que ainda não refletiu sobre a questão da interpretação, ele deverá então fazê-lo, e de ambos os lados encontrará advogados dispostos a ajudá-lo. As interpretações lutam lado a lado com os litigantes diante do tribunal.

As teorias interpretativas de cada juiz se fundamentam em suas próprias convicções sobre o "sentido" – o propósito, objetivo ou princípio justificativo – da prática do direito como um todo, e essas convicções serão inevitavelmente diferentes, pelo menos quanto aos detalhes, daquelas de outros juízes. Não obstante, um grande número de forças atenua essas diferenças e conspira a favor da convergência. Toda comunidade tem seus paradigmas de direito, proposições que na prática não podem ser contestadas sem sugerir corrupção ou ignorância. Qualquer juiz norte-americano ou inglês que negasse que as leis de trânsito fazem parte do direito seria substituído, e esse fato desestimula as interpretações radicais. Contudo, as influências que levam mais poderosamente à convergência são inerentes à natureza da interpretação. A prática do precedente, que nenhum juiz pode ignorar totalmente em sua interpretação, pressiona pelo acordo; as teorias de cada juiz sobre o que realmente significa julgar vão incorporar por referência, mediante qualquer explicação e reelaboração do precedente em que ele se fundamente, aspectos de outras interpretações correntes na época. Além disso, os juízes refletem sobre o direito no âmbito da sociedade, e não fora dela; o meio intelectual de modo geral, assim como a linguagem comum que reflete e protege esse meio, exerce restrições práticas sobre a idiossincrasia e restrições conceituais sobre a imaginação. O inevitável conservadorismo do ensino jurídico formal, e do processo de selecionar juristas para as tarefas judiciárias e administrativas, aumenta a pressão centrípeta.

Seria um erro ignorar esses diversos fatores de unificação e socialização, mas um erro ainda mais insidioso e perigoso exagerar sua força. A dinâmica da interpretação resiste à convergência ao mesmo tempo que a promove, e as forças centrífugas são particularmente fortes ali onde as comunidades profissional e leiga se dividem com relação à justiça. Juízes diferentes pertencem a tradições políticas diferentes e antagônicas, e a lâmina das interpretações de diferentes juízes será afiada por diferentes ideologias. Tampouco isso é deplorável. Ao contrário, o direito ganha em poder quando se mostra sensível às fricções e tensões de suas fontes intelectuais. O direito naufragaria se as várias teorias interpretativas em jogo no tribunal e na sala de aula divergissem excessivamente em qualquer geração. Talvez um senso coletivo desse perigo proporcione ainda outra razão para que assim não seja. Mas o direito estagnaria, acabaria naufragando de um modo diferente, se caísse no tradicionalismo que imaginei como o destino último da cortesia.

Podemos obter uma visão mais ampla de nossa cultura jurídica observando de que modo ela se desenvolve e como seu caráter geral muda através dos tempos. Certas soluções interpretativas, incluindo pontos de vista sobre a natureza e a força da legislação e do precedente, são muito populares em determinada época, e sua popularidade, ajudada pela inércia intelectual normal, estimula os juízes a considerá-las estabelecidas para todos os propósitos práticos. Elas são os paradigmas e quase paradigmas de sua época. Mas ao mesmo tempo outras questões, talvez igualmente fundamentais, são objeto de debates e controvérsias. Durante décadas, talvez, nenhum juiz contesta – ou mesmo cogita contestar – a doutrina de que as intenções de legisladores específicos são irrelevantes para a atribuição do significado de uma lei que elaboraram. Todos concordam que seu significado deve ser determinado unicamente pelos termos da lei, ignorando qualquer indicação de que os legisladores não pretendiam dizer o que dizem as palavras. Durante esse mesmo período, porém, poderíamos questionar se os termos de uma lei devem ser entendidos fora do contexto – como poderíamos entendê-los se nada soubéssemos sobre a situação à qual a lei se aplica – ou, ao contrário, dentro do contexto, como os entenderia a maioria das pessoas em tal situação. Talvez durante décadas, ninguém duvide que os tribunais podem condenar à prisão as pessoas que se comportaram mal de acordo com a moral popular da comunidade, tenham ou não seus atos sido declarados criminosos pela legislação. Nesses mesmos anos, porém, poderia haver uma grande divergência quanto à adequação de os tribunais sancionarem um imposto sobre a riqueza, adotado depois de ter sido acumulada a riqueza visada por tal imposto. Contudo, esse padrão de acordo e desacordo é temporário. De repente, o que parecia incontestável é contestado; uma nova interpretação – ou mesmo uma interpretação radical – de uma parte importante da aplicação do direito é desenvolvida por alguém em seu gabinete de trabalho, vendo-se logo aceita por uma minoria "progressista". Os paradigmas são rompidos, e surgem novos paradigmas. São esses os diversos elementos de nossa nova imagem da jurisdição, em corte transversal e ao longo do tempo. A antiga imagem do direito visto como simples matéria de fato, apresentada no primeiro capítulo deste livro, dizia para não tomarmos ao pé da letra os votos proferidos pelos juízes nos casos difíceis; essa nova imagem tem o mérito notável de nos permitir, mais uma vez, acreditar no que dizem nossos juízes.

Conceitos e concepções do direito

Os filósofos do direito se encontram na mesma situação que os filósofos da justiça e o filósofo da cortesia que imaginamos. Não podem produzir teorias semânticas eficazes sobre o direito. Não podem expor os critérios comuns ou as regras fundamentais que os advogados seguem para colocar rótulos jurídicos nos fatos, porque tais regras não existem. Como as teorias gerais da cortesia e da justiça, as teorias gerais do direito devem ser abstratas, pois sua finalidade é interpretar o ponto essencial e a estrutura da jurisdição, não uma parte ou seção específica desta última. Contudo, apesar de toda sua abstração, trata-se de interpretações construtivas: tentam apresentar o conjunto da jurisdição em sua melhor luz, para alcançar o equilíbrio entre a jurisdição tal como o encontram e a melhor justificativa dessa prática. Assim, nenhuma linha claramente delineada separa a doutrina da deliberação judicial, ou de qualquer outro aspecto da aplicação do direito. Os filósofos do direito discutem sobre o fundamento interpretativo que qualquer argumento jurídico deve ter. Podemos reverter essa questão. Qualquer argumento jurídico prático, não importa quão detalhado e restrito seja, adota o tipo de fundamento abstrato que lhe oferece a doutrina, e, quando há confronto entre fundamentos antagônicos, um argumento jurídico assume um deles e rejeita os outros. Desse modo, o voto de qualquer juiz é, em si, uma peça de filosofia do direito, mesmo quando a filosofia está oculta e o argumento visível é dominado por citações e listas de fatos. A doutrina é a parte geral da jurisdição, o prólogo silencioso de qualquer veredito.

O direito não pode florescer como um empreendimento interpretativo em qualquer comunidade, a menos que haja suficiente consenso inicial sobre quais práticas são práticas jurídicas, de tal modo que os advogados discutam sobre a melhor interpretação a ser aplicada, *grosso modo*, aos mesmos dados. Essa é uma exigência prática de qualquer empreendimento interpretativo: seria inútil que dois críticos discutissem sobre a melhor interpretação de um poema se um deles tivesse em mente o poema *Sailing to Byzanthium* e o outro estivesse pensando em *Mathilda Who Told Lies*. Não quero dizer que todos os advogados, sempre e em todos os lugares, devam estar de acordo sobre exatamente quais matérias devem considerar como matérias jurídicas, mas apenas que os advogados de qualquer cultura na qual a atitude interpretativa seja bem-sucedida devem, em grande parte, estar de acordo em qualquer época dada. Todos entramos na história de uma prática interpretativa em um determinado momento; nesse sentido, o necessário acordo pré-interpretativo é contingente e local.

Na verdade, não temos dificuldade em identificar coletivamente as práticas tidas como matérias jurídicas em nossa própria cultura. Temos legislaturas, tribunais, agências e organismos administrativos, e as decisões tomadas por essas instituições são reportadas sob forma de normas. Nos Estados Unidos, temos também a Constituição. Ao aderir ao exercício do direito, cada advogado já encontra essa estrutura estabelecida e compartilha o entendimento de que o conjunto dessas instituições forma nosso sistema jurídico. Seria um erro – outra prolongada influência produzida pelo aguilhão semântico – pensar que identificamos essas instituições por meio de uma definição comum, e satisfatória do ponto de vista intelectual, daquilo que necessariamente configura um sistema jurídico e de quais instituições o constituem necessariamente[1]. Nossa cultura nos apresenta as instituições jurídicas e a ideia de que elas formam um sistema. A questão de quais características próprias as fazem combinar-se para formar um sistema jurídico bem definido faz parte do problema interpretativo. Não é um dado da estrutura pré-interpretativa, mas parte do processo polêmico e incerto de atribuir significado ao que encontramos.

Temos também paradigmas jurídicos, proposições jurídicas como as leis de trânsito, que consideramos verdadeiros; uma interpretação que os negasse seria profundamente suspeita. Esses paradigmas dão forma e utilidade aos debates sobre o direito. Tornam possível uma forma padronizada de argumentação: tentar provar ou dificultar uma interpretação confrontando-a com um paradigma que ela não seja capaz de explicar. Em direito, porém, os paradigmas não são mais verdadeiros "por definição" que na cortesia ou na justiça. Uma pessoa que negar que o código de trânsito faz parte do direito não se contradiz, nem exprime pensamentos que outros não possam entender[2]. Nós a compreendemos muito bem, e não é inconcebível (embora improvável) que ela seja capaz de defender seu ponto de vista por meio de uma reinterpretação radical da atividade jurídica que, ao contrário, se mostre tão atraente a ponto de nos convencer a abandonar aquilo que era antes um paradigma fundamental. Não podemos ter certeza de que seus pontos de vista são realmente os absurdos que supomos, a menos que a deixemos acabar de falar para descobrir se compartilhamos suas convicções. Se permanecermos convencidos de que suas opiniões são não apenas erradas, mas fundamentalmente

---

1. A discussão mais sistemática dos critérios essenciais para a existência de um sistema jurídico é encontrada em Joseph Raz, *The Concept of a Legal System* (2.ª ed., Oxford, 1980).
2. Um clássico da doutrina argumenta que as leis não são direito. J. C. Gray, *The Nature and Sources of the Law* (Boston, 1902).

erradas, que sua interpretação radical falhou em algum ponto fundamental que qualquer interpretação bem-sucedida deve reconhecer, será suficiente afirmar que seus pontos de vista são absurdos. Não precisamos acrescentar a acusação mais dramática, embora equivocada, que o aguilhão semântico estimula: de que seu erro é verbal ou conceitual. Pensaremos que ele está muito equivocado, mas não equivocado em algum sentido diferente das outras pretensões que rejeitamos mas consideramos menos ridículas.

Portanto, um filósofo do direito começa seu trabalho desfrutando de uma identificação pré-interpretativa quase consensual do domínio do direito, e com paradigmas experimentais que dão sustentação a seu argumento e sempre confundem seus concorrentes. Coloca-se, agora, a questão de saber se ele e seus concorrentes também poderiam concordar com aquilo que chamei, ao discutir a cortesia e a justiça, de formulação do conceito central de sua instituição que lhes permitirá identificar seus argumentos como dotados de determinada estrutura, como argumentos sobre concepções rivais do mesmo conceito. Uma formulação conceitual de tal tipo seria útil de várias maneiras. Assim como entendemos melhor a prática da cortesia em uma etapa de seu desenvolvimento quando descobrimos um consenso geral sobre a proposição abstrata de que a cortesia é uma questão de respeito, poderíamos compreender melhor o direito se pudéssemos encontrar uma descrição abstrata semelhante do escopo do direito que a maioria dos teóricos reconhece, de modo que seus argumentos se situem no mesmo patamar em que ele se assenta.

Nem a doutrina nem os argumentos que apresentarei mais adiante dependem da descoberta de uma descrição abstrata desse tipo. A filosofia política floresce, como afirmei, a despeito de nossas dificuldades em encontrar uma formulação apropriada do conceito de justiça. Não obstante, sugeri o que se segue como uma exposição abstrata que organiza novos argumentos sobre a natureza do direito. Os governos têm objetivos: pretendem tornar as nações que governam prósperas, poderosas, religiosas ou importantes; também querem permanecer no poder. Usam a força coletiva que monopolizam para este e outros fins. De modo geral, nossa discussão sobre o direito assume – é o que sugiro – que o escopo mais abstrato e fundamental da aplicação do direito consiste em guiar e restringir o poder do governo da maneira apresentada a seguir. O direito insiste em que a força não deve ser usada ou refreada, não importa quão útil seria isso para os fins em vista, quaisquer que sejam as vantagens ou a nobreza de tais fins, a menos que permitida ou exigida pelos direitos e responsabilidades individuais que decorrem de decisões políticas anteriores, relativas aos momentos em que se justifica o uso da força pública.

Nessa perspectiva, o direito de uma comunidade é o sistema de direitos e responsabilidades que respondem a esse complexo padrão: autorizam a coerção porque decorre de decisões anteriores do tipo adequado. São, portanto, direitos e responsabilidades "jurídicas". Essa caracterização do conceito de direito estabelece, de maneira apropriadamente vaga, aquilo que às vezes é chamado de "regra" do direito. É compatível com um grande número de asserções antagônicas sobre exatamente quais direitos e responsabilidades, além dos paradigmas da época, de fato decorrem de decisões políticas anteriores tomadas da forma correta e que, por esse motivo, realmente autorizam ou exigem a imposição coercitiva. Parece, portanto, suficientemente abstrato e consensual para proporcionar, pelo menos provisoriamente, a estrutura que procuramos. É evidente que existem exceções a essa pretensão, teorias que questionam, em vez de analisar, essa relação presumida entre o direito e a justificativa do uso da força. Mas não são tão numerosas quanto poderiam parecer à primeira vista[3].

---

3. Algumas teorias jurídicas que, à primeira vista, não são afirmações sobre por que o direito justifica a coerção de Estado, ainda assim apoiam-se em tais afirmações ou as pressupõem. No capítulo IV, tento mostrar que as formas habituais do positivismo jurídico se tornam mais interessantes quando compreendidas não como teorias semânticas, mas como interpretações baseadas na afirmação de que a força coletiva só se justifica quando conforme aos entendimentos convencionais. Em outros textos tentei demonstrar que a versão do positivismo de Hart, em particular, provém de sua convicção de que as

As concepções do direito aprimoram a interpretação inicial e consensual que, como sugeri há pouco, proporciona nosso conceito de direito. Cada concepção oferece as respostas relacionadas a três perguntas colocadas pelo conceito. Primeiro,

---

convenções jurídicas especiais, amplamente aceitas pela comunidade, eliminam defeitos na organização da coerção política que seriam inevitáveis sem essas convenções. Cf. "A Reply to Critics", em *Ronald Dworkin and Contemporary Jurisprudence* (Marshall Cohen, org., Nova York e Londres, 1984). Joseph Raz, contudo, desenvolveu recentemente uma versão do positivismo que nega explicitamente qualquer base em convicções políticas de qualquer espécie. (Cf. Raz, "Authority, Law and Morality", em 68 *The Monist* 295 [julho de 1985].) Ele insiste em que qualquer boa descrição dos fundamentos adequados do direito deve explicar como o direito pode servir de *autoridade*, e define a autoridade de tal modo que as pessoas não podem aceitar o direito como autoridade a menos que as provas às quais submetem o direito excluam totalmente os juízos de moral política. Raz acredita que aquilo que chama de tese das "fontes", segundo a qual os fundamentos do direito devem ser exclusivamente factuais, decorre desse pressuposto e definição. Está certo ao afirmar que qualquer interpretação bem-sucedida de nossa prática jurídica deve reconhecer e justificar o pressuposto comum de que o direito pode competir com a moral e a sabedoria e, para os que aceitam a autoridade do direito, primar sobre essas outras virtudes em sua decisão final sobre o que devem fazer. (Não quero dizer que esse pressuposto sobre a autoridade do direito seja inquestionável; o pragmatismo jurídico o nega, como veremos no capítulo V.) Mas essa condição pode ser completada por uma teoria que transforma os juízos de moral e sabedoria em uma *parte* dos fundamentos do direito, e não nos únicos fundamentos dele. Assim, pode ser resolvida mediante concepções de direito que rejeitam a tese das "fontes", concepções como as que descrevi no capítulo I, com relutância, como teorias moderadas de "direito natural". Raz pensa que o direito não pode deter a autoridade a menos que aqueles que o aceitam *nunca* usem suas próprias convicções para terminar o que ele exige, ainda que desse modo parcial. Mas por que o direito deve ser uma autoridade cega, e não o detentor de uma autoridade no sentido mais flexível que outras concepções pressupõem? Alguma explicação se faz necessária, e de nada valerá recorrer às regras linguísticas para dizer que é este exatamente o sentido de "direito" ou "impositivo" que juristas de boa formação e leigos admitem como critério para sua aplicação. Qualquer argumento plausível deve ser um argumento de moral política ou de sabedoria, um argumento que mostre por que se deve fazer uma distinção prática entre as justificativas da coerção que são e as que não são extraídas de fontes exclusivamente factuais e por que somente as primeiras devem ser tratadas como direito. Examino esses argumentos no capítulo IV.

justifica-se o suposto elo entre o direito e a coerção? Faz algum sentido exigir que a força pública seja usada somente em conformidade com os direitos e responsabilidades que "decorrem" de decisões políticas anteriores? Segundo, se tal sentido existe, qual é ele? Terceiro, que leitura de "decorrer" – que noção de coerência com decisões precedentes – é a mais apropriada? A resposta que uma concepção dá a essa terceira pergunta determina os direitos e responsabilidades jurídicos concretos que reconhece.

Nos capítulos seguintes, estudaremos três concepções antagônicas do direito, três interpretações abstratas de nossa prática jurídica que deliberadamente elaborei sobre esse modelo como respostas a esse grupo de perguntas. Essas concepções são novas em um sentido: não pretendem exatamente rivalizar com as "escolas" doutrinárias que descrevi no primeiro capítulo, e talvez nenhum filósofo do direito defendesse qualquer das duas primeiras do modo como as descrevo. Cada uma delas, porém, capta temas e ideias importantes nessa literatura, agora organizados como afirmações interpretativas, não semânticas, e o debate entre elas é, portanto, mais esclarecedor do que as velhas batalhas dos textos. Chamarei essas três concepções de "convencionalismo", "pragmatismo jurídico" e "direito como integridade". Sustentarei que a primeira delas, ainda que a princípio pareça refletir o entendimento que tem do direito o cidadão comum, é a mais vulnerável; que a segunda é mais poderosa, e só pode ser vencida quando nossa esfera de debates se amplie para incluir também a filosofia política; e que a terceira é a melhor interpretação daquilo que fazem – e de grande parte do que dizem – advogados, professores de direito e juízes.

O convencionalismo oferece uma resposta afirmativa à primeira pergunta colocada por nossa descrição "conceitual" do direito. Aceita a ideia do direito e dos direitos jurídicos. Sustenta, em resposta à segunda pergunta, que o sentido da vinculação ao direito, nossa razão para exigir que a força seja usada somente de maneira coerente com decisões políticas anteriores, está esgotado pela previsibilidade e pela equidade processual proporcionadas por essa restrição, embora, como veremos, os convencionalistas se mostrem divididos quanto à relação exata entre o direito e essas virtudes. Em resposta à terceira pergunta, propõe uma exposição nitidamente restrita da forma de coerência que deveríamos exigir a propósito das decisões anteriores: um direito ou responsabilidade só decorre de decisões anteriores se estiver explícito nessas decisões, ou se puder ser explicitado por meio de métodos ou técnicas convencionalmente aceitos pelo conjunto dos profissionais de direito. Segundo o convencionalismo, a moral política não exige respeito pelo passado, de tal modo que, quando a força da convenção se esgota, os juízes devem encontrar, para tomar suas decisões, um fundamento resultante de uma visão prospectiva.

Do ponto de vista da minha sugestão conceitual, o pragmatismo jurídico é uma concepção cética do direito. Responde negativamente à primeira pergunta que coloquei: nega que uma comunidade assegure alguma vantagem real ao exigir que as decisões de um juiz sejam verificadas por qualquer suposto direito dos litigantes à coerência com outras decisões políticas tomadas no passado. Oferece uma interpretação muito diferente de nossa prática jurídica: que os juízes tomam e devem tomar quaisquer decisões que lhes pareçam melhores para o futuro da comunidade, ignorando qualquer forma de coerência com o passado como algo que tenha valor por si mesmo. Assim, estritamente falando, o pragmatismo rejeita a ideia de direito e de pretensões juridicamente protegidas por mim desenvolvida em minha apresentação do conceito de direito[4], ainda que, como veremos, insista em que as razões de estratégia exigem que os juízes às vezes atuem "como se" as pessoas tivessem alguns direitos.

Como o convencionalismo, o direito como integridade aceita sem reservas o direito e as pretensões juridicamente asseguradas. Contudo, responde à segunda pergunta de modo muito diferente. Supõe que a vinculação ao direito beneficia a sociedade

---

4. Ainda que eu estivesse certo, eles aceitam esse conceito como a base correta para o argumento sobre a natureza do direito, e então, a partir dessa base, configuram suas teorias como céticas: para resumir sua concepção, afirmam que o direito não existe.

não apenas por oferecer previsibilidade ou equidade processual, ou em algum outro aspecto instrumental, mas por assegurarem, entre os cidadãos, um tipo de igualdade que torna sua comunidade mais genuína e aperfeiçoa sua justificativa moral para exercer o poder político que exerce. A resposta da integridade à terceira pergunta – sua descrição da natureza da coerência com as decisões políticas do passado, exigida pelo direito – apresenta uma diferença correspondente com a resposta dada pelo convencionalismo. Sustenta que direitos e responsabilidades decorrem de decisões anteriores e, por isso, têm valor legal, não só quando estão explícitos nessas decisões, mas também quando procedem dos princípios de moral pessoal e política que as decisões explícitas pressupõem a título de justificativa. Essas são apenas descrições esquemáticas das três concepções gerais do direito que estudaremos. Não demoraremos a apresentá-las.

O direito e os costumes

A prova principal de minha sugestão, de que os argumentos sobre a teoria jurídica são mais bem compreendidos como argumentos sobre até que ponto e de que modo as decisões políticas anteriores proporcionam uma condição necessária para o uso da coerção pública, será apresentada mais adiante, quando elaborarmos e compararmos as três concepções de direito acima descritas. Por ora, porém, poderíamos observar de que maneira essa sugestão nos ajuda a reformular algumas questões clássicas da doutrina com maior clareza, revelando aspectos fundamentais que os textos clássicos quase sempre obscurecem. Se nossa comunidade realmente aceita a ideia "conceitual" abstrata de que os direitos legais são aqueles que decorrem de decisões políticas do passado, segundo a melhor interpretação do que tal coisa significa, então isso nos ajuda a explicar a complexa relação entre o direito e outros fenômenos sociais. Como o direito de uma comunidade pode ser diferente de sua moral popular ou de seus valores tradicionais? Como ele difere daquilo que a verdadeira justiça exige de qualquer Estado, sejam quais forem suas convicções ou tradições populares? Nossa descrição conceitual oferece uma breve resposta a essas duas perguntas: é diferente de cada uma porque seu conteúdo pode depender da outra. Devo explicar essa afirmação enigmática. Vamos supor que identificamos como a "moral popular" de uma comunidade o conjunto de opiniões sobre a justiça e outras virtudes políticas e pessoais que são vistas como questões de convicção pessoal pela maioria dos membros dessa comunidade, ou, talvez, de alguma elite moral dentro dela. E vamos também supor que identificamos como "tradições morais" sua moral popular ao longo de um período histórico que inclui o presente[5]. Torna-se bastante clara, portanto, a distinção entre essas ideias e o direito da comunidade. Seu direito pertence à comunidade não apenas passivamente, porque seus membros sustentam certas ideias sobre o que é certo ou errado, mas como uma questão de compromisso ativo, porque suas autoridades tomaram decisões que comprometem a comunidade com os direitos e deveres que constituem o direito. Não obstante, uma concepção particular do direito pode fazer com que a pergunta sobre quais direitos e deveres decorrem de decisões políticas anteriores dependa, de algum modo, tanto da moral popular quanto do conteúdo explícito dessas decisões. Ou pode negar a existência de tal relação. Entendido como sugeri, o conceito de direito é em si mesmo neutro – porque mais abstrato – entre essas explicações antagônicas da relação entre as opiniões predominantes em uma comunidade e seus compromissos jurídicos.

---

5. Nem todo sociólogo ou teórico político que fale de moral popular e tradições morais tem em mente essas ideias relativamente simples. Alguns pretendem utilizar a ideia de mente cultural que mencionei no capítulo anterior; outros usam um conceito interpretativo, no sentido por nós atribuído, de tal modo que as tradições morais de uma comunidade não são apenas uma questão de atitudes ou crenças de determinadas pessoas, mas uma questão da melhor interpretação que delas se faça. Mas é a ideia mais simples, mais redutiva, que pretendo agora distinguir do conceito de direito que acabo de descrever.

O direito é também diferente da justiça. A justiça é uma questão que remete à melhor (ou mais correta) teoria do que é justo moral e politicamente, e a concepção de justiça de uma pessoa é a sua teoria, imposta por suas próprias convicções sobre a verdadeira natureza dessa justiça. O direito é uma questão de saber o que do suposto justo permite o uso da força pelo Estado, por estarem incluídos em decisões políticas do passado, ou nelas implícitos. Uma vez mais, porém, essa afirmação da diferença é neutra entre as diferentes teorias sobre o papel que as convicções de uma pessoa sobre a justiça deveria desempenhar na formação de suas convicções sobre o direito. O conceito admite, como concepções igualmente válidas, teorias que insistem em que, quando o conteúdo de uma decisão política é de algum modo obscuro, a justiça desempenha um papel na decisão de quais pretensões juridicamente protegidas na verdade decorrem de tal decisão. O conceito permite, de fato, concepções reminiscentes de algumas das teorias que, no primeiro capítulo, chamei de teorias do direito natural, ainda que, vistas a partir dessa nova perspectiva, não sejam teorias semânticas, mas interpretações gerais da prática jurídica. Também permite concepções opostas que rejeitam essa influência sugerida da justiça sobre o direito, o que nos faz lembrar o positivismo jurídico. E também admite concepções céticas como o pragmatismo jurídico, que insiste em que o direito, concebido como uma questão de pretensões sobre aquilo que exigiria uma justiça voltada para o futuro, não tem conteúdo próprio.

Assim, o pressuposto de que o escopo mais geral do direito, se é que tal coisa existe, é estabelecer uma relação de justificação entre as decisões políticas do passado e a coerção atual, mostra sob uma nova luz o antigo debate sobre o direito e a moral. Nos textos doutrinários, esse debate é apresentado como uma luta entre duas teorias semânticas: o positivismo, que insiste em que o direito e a moral são totalmente diferenciados por regras semânticas que todos aceitam para usar a palavra "direito", e o direito natural que, ao contrário, insiste em que eles são unidos por essas regras semânticas. Na verdade, o antigo debate só faz sentido se for entendido como uma disputa entre teorias políticas diferentes, uma disputa para determinar até que ponto a suposta finalidade do direito exige ou permite que os pontos de vista dos cidadãos e das autoridades sobre a justiça figurem em suas opiniões sobre quais direitos foram criados por decisões políticas tomadas no passado. O argumento não é de modo algum conceitual no sentido que atribuímos ao termo, mas faz parte do debate interpretativo entre concepções antagônicas do direito.

Anatomia de uma concepção

A relação aceita entre direito e coerção é também um guia útil para o exame da estrutura ou anatomia provável das concepções não céticas do direito, tais como o convencionalismo e o direito como integridade. Cada uma dessas concepções vai empregar, como ideia organizadora, alguma descrição de como as práticas jurídicas que definem as decisões políticas passadas contribuem para a justificativa do uso da força de coerção coletiva. Já sabemos que práticas são essas. A legislação – a prática de reconhecer como lei as decisões explícitas de organismos especiais aos quais se atribui esse poder – é uma parte importante de nossa paisagem jurídica, fato que nenhuma concepção pode ignorar. Portanto, toda concepção competente deve incluir uma resposta à questão de por que, como um tópico da moral política, as decisões passadas de instituições legislativas devem ter o poder de justificação que lhes atribui essa concepção. O precedente também ocupa um lugar importante em nossas práticas: as decisões passadas de tribunais contam como fontes de direito. Assim, toda concepção competente deve oferecer alguma resposta à questão de por que uma decisão judicial do passado deve, em si mesma, oferecer uma razão para um uso semelhante do poder de Estado por parte de outras autoridades no futuro.

Nenhuma concepção precisa justificar todas as características das práticas políticas que se propõe interpretar: como qualquer interpretação, pode condenar alguns dados como um erro, como incoerentes com a justificativa que oferece para o resto, e talvez propor que esse erro seja abandonado naquilo que chamei, no segundo capítulo deste livro, de etapa pós-interpretativa. Uma concepção do direito poderia tentar mostrar, por exemplo, que a explicação da legislação que oferece a melhor justificativa dessa instituição exige, contrariamente à prática que prevalece no presente, que as leis antigas e superadas sejam tratadas não mais como parte do direito. Por conseguinte, as concepções do direito serão polêmicas exatamente por diferirem, em suas descrições pós-interpretativas, da prática jurídica, em seus entendimentos sobre a maneira certa de expandir ou ampliar a prática para áreas atualmente controvertidas ou não cultivadas. Essas polêmicas posições pós-interpretativas são a vanguarda de uma concepção do direito, razão pela qual os casos difíceis como os que utilizamos a título de exemplos oferecem o melhor cenário para a exibição de sua eficácia.

Aqui estão algumas das questões, polêmicas em nossa própria prática, que uma concepção desenvolvida do direito deve abordar em sua etapa pós-interpretativa. Dada a interpretação geral, de base, que a concepção propõe a respeito das linhas principais da legislação e do precedente, o que se deve fazer quando o texto de uma lei for obscuro? O que é decisivo: o significado "evidente" ou "literal" das palavras usadas para registrar a decisão, ou as intenções ou propósitos das autoridades que tomaram a decisão? O que é significado "literal"? Que significam, aqui, "intenção" e "propósito"? Que sentido podemos atribuir a um propósito ou intenção coletivos? O conteúdo de uma decisão legislativa ou judicial extrapola as intenções concretas de seus autores, abarcando questões análogas ou, em certo sentido, estreitamente relacionadas? As decisões legislativas ou judiciais podem ser tomadas por extensão, isto é, de acordo com a lógica interna das decisões mais limitadas que essas autoridades tinham, de fato, em mente? Suponhamos que os legisladores decidiram, muito tempo atrás, que as pessoas que dirigem carruagens de modo imprudente devem indenizar os que foram atropelados por elas. Essa decisão já inclui a decisão futura de que pessoas que dirigem automóveis com imprudência são igualmente responsáveis?

Isso depende do tipo de autoridade pública que tomou a decisão em questão, e do contexto? Talvez uma decisão legislativa deva ser entendida em sentido mais estreito, de tal modo que seja necessária uma nova legislação para estender a regra aos automóveis; mas, se um juiz estabeleceu a regra para as carruagens, ela deveria estender-se automaticamente aos automóveis, pelo menos se cada argumento em favor de sua decisão inicial se aplicar também aos automóveis. A razão pela qual as decisões legislativas e judiciais proporcionam autorizações válidas para o uso da coerção pelo Estado se transpõe para diferentes formas de decisão comunitária? As regras ou princípios contidos na moral convencional da comunidade, no sentido sociológico redutivo que descrevi, devem contar como decisões políticas? Se quase todos pensam, como convicção pessoal, que não se deve permitir que os assassinos recebam heranças, segue-se daí que isso também, do mesmo modo que as decisões da legislatura competente e as decisões judiciais tomadas no passado, justifica o fato de Elmer ter sua herança recusada pelo Estado?

Esse é só o começo da longa lista de problemas que uma interpretação fundamental satisfatória de nossa prática jurídica deveria levar em consideração. Cada questão coloca um sem-número de outras, e uma interpretação desse tipo é necessariamente incompleta e passível de ser retomada. Também deve ser internamente complexa e caracterizada por remissões recíprocas. As diferentes perguntas dessa lista, e a enorme variedade de outras perguntas que elas pretendem substituir, devem ser respondidas em conjunto, na forma de uma teoria complexa apesar de incompleta, se se espera que as respostas sejam coerentes ou tenham algum sentido. De certo modo, cada parte dependerá do restante, pois estarão ligadas por uma visão unificadora da relação entre prática jurídica e justificativa política. Portanto, qualquer concepção geral também deve ter relações externas com outras partes ou setores da moral política e, através destes, com convicções ideológicas – e mesmo metafísicas – mais gerais. Não quero dizer que qualquer advogado ou filósofo que adote uma concepção geral do direito já terá desenvolvido um ponto de vista explícito e articulado sobre o sentido do direito, ou sobre as amplas questões de personalidade, vida e comunidade nas quais deve fundamentar-se qualquer ponto de vista. Quero dizer apenas que sua concepção do direito, até o ponto em que a tenha desenvolvido, irá revelar uma atitude a respeito desses vastos temas, dê-se ele conta disso ou não.

Concepções céticas e direito iníquo

Os nazistas tinham direito?

Afirmei que o pragmatismo jurídico é uma concepção cética do direito porque rejeita o pressuposto de que as decisões passadas estabelecem os direitos daquelas ainda por vir. Alguns filósofos do direito, cujas opiniões lembram muito essa concepção, expressam-nas por meio da afirmação niilista de que o direito não existe, que não passa de uma ilusão. Examinaremos essas afirmações mais adiante, no capítulo V, quando estudarmos o pragmatismo jurídico em maior profundidade. De início, porém, devemos examinar uma afirmação diferente, mais precisa, sustentada por alguns filósofos do direito: a de que em alguns países, ou em determinadas circunstâncias, o direito não existe, a despeito da existência de conhecidas instituições jurídicas como as legislaturas e os tribunais, porque as práticas de tais instituições são por demais iníquas para serem dignas desse nome. Teremos pouca dificuldade em entender essa afirmação depois de compreendermos que as teorias do direito são interpretativas. Pois entendemos que ela nos diz que as práticas jurídicas assim condenadas não produzem nenhuma interpretação que possa ter, na esfera de qualquer moralidade pública aceitável, qualquer possibilidade de justificação.

Durante o apogeu das teorias semânticas, os filósofos do direito estavam mais perturbados com a sugestão de que, na verdade, não havia direito nos lugares perversos. As regras semânticas deviam apreender o uso da palavra "direito" em termos gerais e, desse modo, abranger as declarações de um povo não apenas sobre o seu próprio direito, mas também sobre sistemas jurídicos de épocas e países muito diversos. Um argumento comum contra as fortes teorias do "direito natural", segundo as quais um esquema de organização política deve satisfazer certos padrões mínimos de justiça para poder ser considerado um sistema jurídico, era o de que nossa prática linguística não nega a condição de direito a sistemas políticos obviamente imorais. Costuma-se dizer que os nazistas tinham um direito, ainda que tal direito fosse muito mau. Havia uma crença difundida de que esse fato relativo a nossa prática linguística apoiava o positivismo, com seu axioma de que a existência do direito é independente do valor de tal direito, de preferência a qualquer teoria do "direito natural".

No entanto, se as teorias apropriadas para o direito não são teorias semânticas desse tipo mas, ao contrário, teorias interpretativas de uma etapa específica do desenvolvimento histórico de uma prática, então o problema dos sistemas legais imorais tem um caráter diverso. As teorias interpretativas se voltam, por natureza, para uma cultura jurídica em particular, em geral para a cultura à qual pertencem seus autores. A menos que essas teorias sejam profundamente céticas, vão tratar esse sistema legal como um exemplo florescente do direito, que pede atitude interpretativa e a recompensa. As teorias legais muito detalhadas e concretas que os advogados e juízes elaboram para uma jurisdição específica, que se estendem até os detalhes do procedimento judicial, estão certamente muito presas a essa jurisdição. As concepções mais abstratas do direito que os filósofos elaboram não estão. Seria suspeito, inclusive alarmante, se se afirmasse que o convencionalismo, por exemplo, é a mais bem-sucedida interpretação geral do direito de Rhode Island, mas não do direito de Massachusetts ou da Grã-Bretanha na mesma época. Mas não há razão para esperar que mesmo uma concepção muito abstrata possa adequar-se a sistemas jurídicos estrangeiros, desenvolvidos na esfera de ideologias políticas muito diferentes — e que as refletem. Ao contrário. Se uma concepção de direito corroborativa se propõe encontrar, na estrutura geral da prática jurídica de uma comunidade específica, uma justificativa política para a coerção, então não deve ser uma concepção corroborativa, mas de certo modo cética, dos sistemas jurídicos que carecem das características essenciais a tal justificativa.

Contudo, não se segue daí que, se um advogado encontrar a melhor interpretação do direito anglo-americano em alguma característica totalmente ausente do regime nazista, ele deva negar que os nazistas tinham direito. Sua teoria não é uma teoria semântica sobre todos os usos da palavra "direito", mas uma teoria interpretativa sobre as consequências de adotar a atitude interpretativa com relação a seu próprio sistema jurídico. Ele pode, com total propriedade linguística, insistir em que os nazistas tinham, de fato, um direito. Entenderíamos o que ele estaria tentando dizer. Sua alegação seria semelhante à opinião que mencionei antes, de que as diferentes etapas da cortesia continuam sendo etapas da mesma instituição, ou podem ser vistas como tais se assim o desejarmos. Ele estaria querendo dizer que o sistema nazista pode ser reconhecido como um dos fios da corda, uma realização histórica das práticas e instituições gerais a partir das quais se desenvolveu nossa própria cultura jurídica. Dito de outra forma, é direito no sentido que chamamos de "pré-interpretativo".

Assim, uma vez extraído o aguilhão semântico, não precisamos nos preocupar muito com a resposta certa à pergunta sobre se existe ou não direito nos sistemas legais imorais. Na verdade, deveríamos nos preocupar com isso de maneira diferente, mais substantiva. Nossa língua é rica o bastante para permitir um razoável grau de discriminação e escolha das palavras que usamos para dizer o que queremos dizer, e nossa escolha, portanto, vai depender da pergunta a que estamos tentando responder, de nosso público e do contexto no qual falamos. Não precisamos negar que o sistema nazista foi um tipo de direito, seja qual for a interpretação de nosso próprio direito que favorecemos, porque há um sentido válido em que se tratava, claramente, de direito. Mas não temos dificuldade em compreender alguém que diga que a lei nazista não constituía realmente um direito, ou era direito num sentido degenerado, ou era menos que um direito pleno. Pois tal pessoa não estará usando a palavra "direito" nesse sentido; não estará emitindo esse tipo de opinião pré-interpretativa, mas uma opinião interpretativa cética de que o direito nazista carecia das características cruciais ao florescimento de sistemas jurídicos cujas regras e procedimentos justifiquem a coerção. Sua opinião é, agora, um tipo especial de opinião política para a qual sua linguagem, se o contexto deixar isso claro, é totalmente apropriada. Sem dúvida, só compreenderemos plenamente tal pessoa se conhecermos a concepção de sistemas jurídicos florescentes que ela defende. Mas entendemos o que ela quer dizer; sabemos que direção vai tomar sua argumentação, caso com ela prossiga.

A flexibilidade da linguagem jurídica

As teorias semânticas como o positivismo limitam nossa linguagem ao nos negar a oportunidade de usarmos a palavra "direito" desse modo flexível, dependendo do contexto ou do sentido. Elas insistem em que devemos optar, de uma vez por todas, entre um sentido "amplo" ou pré-interpretativo, e um sentido "estrito" ou interpretativo[6]. Desse modo, porém, a correção linguística paga um preço exorbitante. É perfeitamente verdadeiro que o jurista que diz que o direito nazista não era direito poderia ter feito a mesma observação de outro modo, aquele favorecido pelos positivistas. Ele poderia ter dito que os nazistas tinham direito, mas um direito muito ruim, privado das características de um sistema minimamente decente. Isso, porém, nos diria menos do que ele pensa, e nos revelaria menos sobre sua

---

6. Hart afirma que, para facilitar a reflexão moral, é preciso escolher entre dois conceitos de direito: um estreito e outro amplo. Cf. H. L. A. Hart, *The Concept of Law*, 206-7 (1961). Por esse motivo, é melhor recusar-se a fazer tal escolha como uma questão de estipulação linguística. Cf. minhas observações em resposta a Hart em Cohen, acima (n. 3, p. 258-60).

posição geral em termos de doutrina, pois não nos indicaria seu ponto de vista sobre as consequências da ausência de tais características. Por outro lado, em algumas ocasiões essa restrição poderia ser uma vantagem. Para ele, revelar mais poderia ser desnecessário e mesmo diversionista – por produzir um argumento irrelevante a seu objetivo presente. Nesse caso, a formulação alternativa "positivista" de sua opinião seria preferível, e nada justificaria que limitássemos artificialmente nossa linguagem para que se tornassem impossíveis tais opções sensíveis ao contexto.

A sensibilidade ao contexto é ainda mais importante quando a questão em jogo é mais sensível, mais especializada, mais prática do que simplesmente uma questão de classificação ou crítica geral de um sistema legal estrangeiro e muito diferente. Suponhamos que de algum modo se coloque a questão de como um juiz pertencente ao sistema estrangeiro que desaprovamos – vamos chamá-lo de juiz Siegfried – deve decidir um caso difícil que ali se apresente. O enfoque mudou porque essa pergunta requer não apenas uma comparação geral do sistema estrangeiro com o nosso, mas uma interpretação independente e detalhada desse sistema. Devemos, agora, colocar-nos no lugar de Siegfried; se desprezarmos o sistema no qual ele decide, nossa interpretação poderia parecer-lhe totalmente cética. Poderíamos decidir que a atitude interpretativa é completamente inadequada aqui; que a prática, na forma a que chegou, jamais poderá oferecer justificativa alguma, mesmo que fraca, para o exercício da coerção pelo Estado. Depois pensaremos que, em cada caso, Siegfried deveria simplesmente ignorar a legislação e os precedentes, se conseguir fazê-lo, ou, por outro lado, fazer o melhor possível para limitar a injustiça recorrendo a qualquer meio a seu alcance. Uma vez mais poderíamos, mas não necessariamente, expressar na linguagem dramática aquela opinião que nega por completo a existência do direito no país de Siegfried. Seja qual for a linguagem que escolhemos, o importante é o sentido de moralidade política: que nada, no mero fato de que seu país tem direito no sentido pré-interpretativo, dá a nenhum litigante direito de conseguir o que deseja em seus tribunais.

Suponhamos, contudo, que em seguida a uma reflexão mais profunda não seja essa, exatamente, a nossa opinião. Porque encontramos, na história das práticas legais da comunidade de Siegfried, algo que acreditamos justificar certas pretensões juridicamente protegidas feitas por alguns litigantes em casos anteriores aos dele, embora acreditemos que essas práticas, no todo, sejam tão deficientes que inviabilizem qualquer interpretação corroborativa genérica. Suponhamos que o caso em questão seja um caso de contrato comum, que não parece envolver nenhum problema de discriminação política ou racial, ou qualquer outra forma de tirania. Poderíamos pensar que o pleiteante, nesse caso, tem direito a ganhar exatamente porque as leis e os precedentes de sua jurisdição lhe asseguram tal direito, um direito que, de outro modo, ele não teria tido. Em outro caso, nossa opinião poderia ser mais reservada. Suponhamos que o caso implique uma legislação discriminatória ou injusta sob outros aspectos. O acusado é um judeu, por exemplo, e o pleiteante recorreu a uma lei que nega aos judeus a possibilidade de defesa ao alcance dos arianos em processos judiciais sobre matérias contratuais. Poderíamos pensar que os fatos citados justificam um *frágil* direito do pleiteante a ganhar, mesmo que queiramos acrescentar, após um exame aprofundado da questão, que esse frágil direito é anulado por um direito moral do acusado, de tal modo que Siegfried deve fazer tudo que estiver em seu poder – até mesmo mentir sobre a lei, se isso ajudar – para obter a rejeição do pedido.

Compliquemos ainda mais o exemplo. Suponhamos que, do ponto de vista da jurisdição de Siegfried, esses sejam casos difíceis. Ele e os demais juristas divergem sobre qual, exatamente, é a natureza das regras pertinentes aos contratos, no primeiro caso, ou sobre o modo de ler a lei discriminatória no segundo. Agora estamos diante de uma nova dificuldade. Nos casos comuns do sistema jurídico norte-americano, formamos opiniões sobre os casos difíceis perguntando quais sentenças decorrem da melhor interpretação que demos ao processo jurídico como um todo. Em nosso novo exemplo, porém, não podemos fazer isso, pois consideramos o sistema jurídico de Siegfried por demais perverso para ser justificado por qualquer interpretação geral. Nos casos comuns, nossa crença de que as pessoas têm pretensões juridicamente tuteladas decorre e faz parte da mesma interpretação que usamos para decidir que pretensão elas têm. No novo exemplo, esses dois problemas se separam: nossas razões para supor que as pessoas têm pretensões tuteladas pelo direito são muito especiais – apoiam-se na ideia de que elas devem ser protegidas por confiarem e contarem com o direito, mesmo em contextos perversos –, e persistem apesar de nossos juízos interpretativos do sistema como um todo, mais do que deles dependem. Uma analogia será útil para mostrar como esses problemas se separam. Quando uma pessoa faz uma promessa ao mesmo tempo vaga e irrefletida, duas perguntas distintas podem ser feitas: se ela tem alguma obrigação de manter essa promessa e qual é o conteúdo da promessa. A segunda é uma pergunta interpretativa, que podemos tentar responder examinando a promessa do ponto de vista das partes nela envolvidas, ao mesmo tempo que suspendemos todo julgamento sobre o primeiro problema. Nas circunstâncias que envolvem o problema de Siegfried, esta seria uma abordagem sensata a adotar. Poderíamos perguntar qual interpretação dos precedentes do contrato ou da lei discriminatória deve ser considerada a melhor por alguém que, ao contrário de nós, tem afinidades com o sistema e o vê como um bom e feliz exemplo de direito. Poderíamos pressupor que Siegfried tem essa atitude e, em seguida, examinar qual interpretação das práticas jurídicas de seu país as apresentaria naquilo que julgamos ser seu aspecto menos ruim.

Suponhamos, finalmente, que nosso problema prático exige que decidamos não como Siegfried *decidiria* seu caso, mas sim o modo como ele provavelmente *decidirá*. Se imaginarmos que ele tratará o problema como uma questão de interpretação, como faríamos se um problema semelhante surgisse em nosso próprio direito, nossa pergunta continua sendo interpretativa, e não descritiva em qualquer sentido mais simples. Mas as premissas de nossa pergunta interpretativa se modificaram de novo. Agora nos colocamos mais inteiramente no lugar de Siegfried e interpretamos a partir do ponto de vista de todo o conjunto de suas convicções políticas e sociais. Nosso problema também pode modificar-se de muitas outras maneiras. Podemos nos interessar por problemas jurídicos não de algum sistema contemporâneo que consideramos imoral, mas por um sistema jurídico antigo ou primitivo cuja moralidade não nos diz respeito. Então acharíamos mais fácil apresentar nossas conclusões em forma de declarações categóricas e absolutas sobre seu direito. Podemos tentar nos colocar plenamente na posição de autoridades romanas, por exemplo, e então emitir nossa opinião sobre o que era o direito romano, sem a tentação de acrescentar que, como o direito romano apoiava a escravidão, não se tratava de um direito pleno, nem mesmo de direito algum. Omitimos a ressalva porque nada, no contexto de nosso estudo, a torna pertinente.

O contexto se modifica de novo quando achamos que nosso próprio direito é imoral ou injustificável, no conjunto ou em partes pertinentes. Agora, uma das distinções que mencionei adquire maior importância prática. Será que nossas práticas jurídicas, apesar de moralmente discutíveis, ainda assim geram alguns direitos políticos ou morais frágeis naqueles que nelas confiaram, de tal modo que deveriam ser aplicadas, exceto quando algum argumento moral imperioso possa ser invocado contra isso? Ou serão essas práticas tão perversas que deveriam ser consideradas como incapazes de gerar qualquer direito, nem mesmo os mais frágeis? Poderíamos querer usar a linguagem do direito para reforçar esta importante distinção: dizer, no primeiro caso, que o juiz pode ter de ignorar o direito, e, no segundo, que para ele não existe nenhum direito genuíno a ser ignorado. O importante, porém, é a distinção, não a linguagem que escolhemos para reforçá-la, e há outras linguagens possíveis para estabelecer a mesma distinção, se preferirmos[7].

Aqui está, portanto, outro exemplo de uma velha história da doutrina que deve sua sobrevivência, na forma em que tem sido discutida em aulas e tratados de filosofia do direito, a um

---

7. Para um exame mais aprofundado das questões discutidas nos últimos parágrafos, cf. Cohen, acima (n. 3, p. 256-60).

mal-entendido sobre a verdadeira natureza da teoria jurídica. As teorias semânticas do direito consideram que as várias perguntas que identificamos, todas concernentes a exemplos perversos ou por outras razões deficientes do que é o direito no sentido pré-interpretativo, são a mesma pergunta: a pergunta semântica sobre se as regras linguísticas que compartilhamos para aplicar a palavra "direito" incluem ou excluem tais sistemas jurídicos. Trata-se de uma falsa questão, pois não compartilhamos nenhuma regra do tipo que ela pressupõe. Também é uma questão perigosa, pois nos desvia dos problemas relativos à moral política, ao papel e ao poder do direito imperfeito e das autoridades que têm o dever de aplicá-lo, problemas que concentram nosso principal interesse. Ela nos desarma ao anular as distinções sutis e sensíveis ao contexto que nos oferece a rica linguagem do direito. A questão dos sistemas jurídicos perversos não é de modo algum uma questão conceitual no sentido que desenvolvemos como apropriado aos projetos interpretativos. Não constitui uma única, mas muitas perguntas, e todas elas surgem, para a teoria do direito, no nível em que rivalizam as concepções.

Fundamentos e força do direito

Defendo esta sugestão sobre o modo como poderíamos descrever nosso conceito de direito: para nós, o argumento jurídico ocorre em um espaço de consenso aproximado de que se o direito existe, ele provê uma justificativa para o uso do poder coletivo contra cidadãos ou grupos individuais. As concepções gerais do direito, como as três que mencionei, começam por uma ampla tese sobre se e por que as decisões políticas do passado de fato fornecem tal justificativa, e essa tese oferece uma estrutura unificadora à concepção como um todo. Devo agora considerar uma objeção aparentemente poderosa. Nossos juristas e cidadãos reconhecem uma diferença entre a pergunta sobre o que é o direito e a pergunta sobre se os juízes, ou qualquer autoridade ou cidadão, devem fazer cumprir o direito ou obedecê-lo. Para eles, trata-se de perguntas diferentes, não apenas quando têm em mente sistemas legais estrangeiros perversos, nas diversas modalidades que assinalamos, mas, inclusive, ao examinarem o modo como devem comportar-se os cidadãos e as autoridades de nossas próprias comunidades. A opinião de que nossos juízes às vezes devem ignorar o direito e tentar substituí-lo por um direito melhor está longe de ser desconhecida nos cursos de direito e mesmo nos debates políticos. Não é considerada absurda do modo como o seria se as pessoas julgassem a relação entre direito e coerção tão inquestionável que se tornasse conceitual no sentido de que nos ocupamos aqui. Aparentemente, isso ofereceria um argumento esmagador às teorias semântico-positivistas do direito, a despeito dos problemas que venho tentando criar-lhes. Por mais enganosas que suas teorias possam ser em outros aspectos, Austin e Hart pelo menos perceberam, e tentaram explicar, por que as pessoas nem sempre tratam a resposta a uma questão jurídica como uma resposta automática à questão política sobre o que deveriam fazer os juízes. Afirmaram que as proposições jurídicas são factuais em essência e que, portanto, não fazem, por si mesmas, nenhuma afirmação sobre o que realmente deveria fazer qualquer autoridade ou cidadão. Se rejeitarmos essas teorias porque tratamos a doutrina como interpretação, e não como análise linguística, devemos oferecer uma explicação alternativa dessa distinção, e minha descrição do conceito de direito, que associa tão estreitamente o direito à política, poderia parecer um ponto de partida medíocre.

Essa objeção pede um importante esclarecimento. Segundo minha teoria, nosso conceito de direito é constituído por um precário acordo que abarca o campo de uma nova controvérsia: a de que o direito oferece, *em princípio*, uma justificativa para a coerção oficial. Não há nada de absoluto nessa declaração do conceito. Ela pressupõe apenas que num sistema legal apropriado à existência o fato do direito oferece uma condição para o exercício da coerção que deve ser obedecida, a menos que surja algum contra-argumento excepcional. Se mesmo essa posição condicional não puder ser mantida – se a existência do direito não oferecer nenhuma razão geral que só possa ser anulada por uma circunstância especial –, então só será apropriada uma concepção cética desse sistema legal. Na presente hipótese, tudo isso pertence a nosso conceito de direito: a relação entre direito e coerção permanece no nível da abstração. Qualquer teoria plena do direito, contudo, deve ser muito mais concreta. Deve dizer muito mais sobre o tipo de circunstância excepcional que poderia denotar as razões que o direito fornece ao uso da coerção, mesmo em um sistema apropriado; muito mais sobre o momento – se algum existe – em que as autoridades podem apropriadamente ignorar o direito; e mais ainda sobre as obrigações residuais – se alguma existe – que podem surgir quando assim o fazem.

Portanto, uma teoria política do direito completa inclui pelo menos duas partes principais: reporta-se tanto aos *fundamentos* do direito – circunstâncias nas quais proposições jurídicas específicas devem ser aceitas como bem fundadas ou verdadeiras – quanto à *força* do direito – o relativo poder que tem toda e qualquer verdadeira proposição jurídica de justificar a coerção em vários tipos de circunstâncias excepcionais. Essas duas partes devem apoiar-se mutuamente. A atitude assumida por uma teoria integral sobre a questão de até que ponto o direito é dominante, e quando pode ou deve ser posto de lado, deve estar à altura da justificativa geral que o direito oferece para o uso da coerção, que por sua vez provém de seus pontos de vista sobre os polêmicos fundamentos do direito. Portanto, uma teoria geral do direito propõe uma solução a um complexo conjunto de equações simultâneas. Quando comparamos duas teorias, devemos levar em consideração as duas partes de cada uma delas para decidir até que ponto diferem em suas consequências práticas gerais.

Essa complexidade, porém, coloca um difícil problema de natureza prática. Todos nós, mas principalmente os juristas, desenvolvemos atitudes para com o direito junto com o resto de nosso conhecimento social geral, inconscientemente e à medida que vivemos, antes de examiná-las do ponto de vista da doutrina, se alguma vez chegamos a fazê-lo. Então nos parece muito difícil manter o necessário distanciamento de nossas convicções para poder examiná-las sistematicamente, como um todo. Só podemos examinar e rever nossas opiniões estabelecidas do mesmo modo que os marinheiros consertam um barco no mar, uma prancha de cada vez, na feliz imagem de Otto Neurath. Devemos manter invariáveis certos aspectos de nossas atitudes e convicções sobre o direito, não como no presente estudo, para podermos avaliar e aperfeiçoar o resto. É com esse objetivo que usamos a distinção entre fundamentos e força.

A tradição acadêmica aplica uma certa divisão do trabalho ao refletir sobre o direito. Os filósofos políticos examinaram os problemas relativos à força do direito, e os acadêmicos e os doutrinadores se dedicam aos problemas de seus fundamentos. Em consequência, as filosofias do direito são em geral teorias desequilibradas do direito: tratam basicamente dos fundamentos e praticamente silenciam sobre a força do direito. Na verdade, abstraem-se do problema da força para estudarem mais a fundo o problema dos fundamentos. Isso só é possível porque, apesar de rudimentar, o consenso sobre a força é suficiente. Divergimos sobre a força exata do direito em certas circunstâncias especiais, quando estão em jogo fortes considerações antagônicas sobre a justiça. Divergimos, talvez, sobre o que deveriam ter feito os juízes de Massachusetts aos quais se pediu que aplicassem a lei sobre os escravos fugitivos antes da Guerra Civil norte-americana. Mas compartilhamos uma opinião geral sobre a força do direito quando não estão presentes tais considerações especiais sobre a justiça, quando as pessoas divergem sobre a justiça ou a sabedoria da legislação, por exemplo, mas ninguém na verdade chega a pensar que o direito é perverso ou que seus autores são tiranos. Nesses casos, nossas diferentes concepções sobre a força do direito se unem. Pensamos que é preciso obedecer e aplicar o direito, e que não faria muito sentido tratá-lo como um conceito interpretativo se assim não pensássemos. Assim, podemos isolar os fundamentos do direito e nos concentrar neles simulando casos que sejam "normais" nesse sentido. Podemos perguntar: dada a força do direito (sem um consenso absoluto) em circunstâncias normais, como, exatamente, se deveria decidir quando alguma regra ou princípio faz parte de nosso direito? As concepções de direito que estudaremos são respostas a essa pergunta.

Agora podemos responder à objeção que abriu esta discussão. As concepções do direito, que são teorias sobre os fundamentos do direito, não nos comprometem com nenhuma posição específica ou concreta sobre o modo como os cidadãos devem se comportar ou os juízes devem decidir seus casos. Todos são livres para dizer que, embora a lei esteja do lado de Elmer, da sra. McLoughlin ou do *snail darter*, as circunstâncias desses casos são especiais de maneira tal que o juiz não deveria aplicar a lei. Quando, por alguma razão, ficamos ansiosos por nos lembrar dessa característica do nosso conceito de direito, dizemos que a lei é uma coisa, e que outra bem diferente é o que os juízes farão com relação a ela; isso explica, parece-me, a atração imediata que exerce o lema positivista. Mas equivale a um grande exagero insistir, como o fizeram os positivistas, em que as teorias sobre os fundamentos do direito não podem, absolutamente, ser políticas, que devem deixar totalmente sem resposta a questão do modo como os juízes decidem os casos reais. Pois uma teoria sobre os fundamentos que, em si mesma, não assume nenhuma posição relativa à utilização da força do direito deve ainda assim ser política num sentido mais geral e difuso. Não declara o que deveria fazer o juiz em um caso particular; mas, a menos que se trate de uma concepção profundamente cética, ela deve ser entendida como se afirmasse o que os juízes devem fazer em princípio, salvo em casos nos quais as circunstâncias sejam especiais, tal como acabamos de assinalar. Do contrário, não poderíamos tratar a teoria como uma interpretação do direito, como uma concepção de nosso conceito. Seria uma órfã da escolástica, uma teoria cuja única finalidade seria proporcionar testes de memória para estudantes que associam lemas como "o direito é a autoridade do soberano" ao filósofo que tinha tais palavras por divisa. A jurisprudência tem sido assim há tempo demais.

Convém assinalar, por último, como esse processo de abstração, que permite aos filósofos do direito debaterem os fundamentos do direito, abstraindo-se de sua força, também permite que os filósofos políticos discutam, em outro sentido, sobre a força do direito, ainda que, até certo ponto, divirjam entre si sobre seus fundamentos. As teorias da desobediência civil e, de modo mais geral, da natureza e do alcance dos deveres do cidadão de obedecer ao direito, são complementares às teorias clássicas do direito, pois as teorias da desobediência civil dizem respeito sobretudo à força, não aos fundamentos. Colocam a questão que vem complementar a da doutrina: "Dado o tipo de coisa que todos aceitamos como fundamentos do direito – os paradigmas da época –, quando estão os cidadãos moralmente livres para desobedecer àquilo que se considera como direito com base nesses fundamentos?". É claro que esse processo de abstrair-se de um tipo de divergência para concentrar-se em outro não seria bem-sucedido se as partes divergissem excessivamente sobre os fundamentos do direito, se uma delas rejeitasse tudo que a outra tomasse como paradigmático. Seria absurdo discutir até que ponto o direito deve ser obedecido se uma das partes achasse que as leis do Parlamento são a única fonte de direito, enquanto a outra atribuísse tal poder à Bíblia. Mas, se muitos membros de uma comunidade divergissem tanto assim sobre os fundamentos do direito – se não compartilhassem paradigma algum –, a desobediência civil seria o menor de seus problemas.

Capítulo IV
Convencionalismo

Sua estrutura

"O direito é o direito. Não é o que os juízes pensam ser, mas aquilo que realmente é. Sua tarefa é aplicá-lo, não modificá-lo para adequá-lo à sua própria ética ou política." Esse é o ponto de vista da maioria dos leigos e o hino dos conservadores em questões de direito. Lido palavra por palavra, não diz quase nada, e, sem dúvida, nada que seja controverso. Nos casos que aqui usamos como exemplos, todos concordavam que o direito é o direito e deve ser aplicado; a divergência apenas dizia respeito àquilo em que consistia de fato o direito. Mas o lema, apesar de mal formulado, significa algo mais que uma banalidade; representa uma atitude que é importante e aberta ao desafio. Ei-la: a força coletiva só deve ser usada contra o indivíduo quando alguma decisão política do passado assim o autorizou explicitamente, de tal modo que advogados e juízes competentes estarão todos de acordo sobre qual foi a decisão, não importa quais sejam suas divergências em moral e política.

A primeira das três concepções de direito que apresentei no último capítulo, que chamei de convencionalismo, partilha da ambição geral do lema popular, ainda que a interpretação que elabora seja mais sutil, em dois aspectos. Primeiro, o convencionalismo explica de que maneira o conteúdo de decisões políticas do passado pode tornar-se explícito e incontestável. Faz o direito depender de convenções sociais distintas que ele designa de convenções jurídicas; em particular, de convenções sobre quais instituições deveriam ter o poder de elaborar as leis, e como. Toda comunidade política complexa, insiste o convencionalismo, possui tais convenções. Nos Estados Unidos, é determinado por convenção que o direito é constituído pelas leis promulgadas pelo Congresso, ou pelas legislaturas do Estado, segundo o modo prescrito pela Constituição, e, na Inglaterra, que as decisões da Câmara dos Lordes são válidas para os tribunais inferiores. O convencionalismo sustenta que a prática jurídica, bem compreendida, é uma questão de respeitar e aplicar essas convenções, de considerar suas conclusões, e nada mais, como direito. Se Elmer tem direito à herança segundo uma convenção desse tipo – se tem direito a ela segundo convenções sociais sobre quem tem o poder de legislar, como esse poder deve ser exercido e como as dúvidas criadas pela linguagem devem ser esclarecidas –, então tem uma pretensão juridicamente tutelada a ela; do contrário, não.

Segundo, o convencionalismo corrige a opinião popular do leigo, para quem sempre existe um direito a ser aplicado. O direito por convenção nunca é completo, pois constantemente surgem novos problemas que ainda não haviam sido resolvidos de nenhuma maneira pelas instituições que dispõem da autoridade convencional para resolvê-los[1]. Assim, os convencionalistas acrescentam essa condição a sua descrição da prática jurídica. "Os juízes devem decidir esses casos novos da melhor maneira possível, mas por definição nenhuma parte tem nenhum direito a obter ganho de causa em virtude de decisões coletivas

---

1. A versão de convencionalismo que aqui apresento, que mais tarde chamarei de convencionalismo "estrito", pode ser mais complexa do que a forma em que a exponho. Pois uma sociedade pode ter outras convenções jurídicas especificando como os juízes devem julgar um caso quando nenhuma instituição legislativa houver decidido o problema em questão: por exemplo, uma convenção de que os juízes devem decidir de qualquer modo que, em sua opinião, o legislativo o faria se defrontada com o referido problema. Mas a sociedade ficará em falta de novas convenções desse tipo em algum momento, e então o convencionalismo estrito deve conceder aos juízes o poder discricionário descrito no texto.

precedentes – nenhuma parte tem a pretensão juridicamente tutelada de vencer –, pois que os únicos direitos dessa natureza são aqueles estabelecidos por convenção. Portanto, a decisão que um juiz deve tomar nos casos difíceis é discricionária no sentido forte do termo: é deixada em aberto, via correto entendimento de decisões passadas. O juiz deve encontrar algum outro tipo de justificativa além da garantia do direito, além de qualquer exigência de consistência com decisões tomadas no passado, que venha apoiar o que fará em seguida. (Isso poderia pertencer à esfera da justiça abstrata, ou do interesse geral, ou de alguma outra justificativa voltada para o futuro.) É evidente que a convenção pode converter decisões inéditas em pretensões juridicamente tuteladas para o futuro. Nossas próprias convenções sobre o precedente transformam qualquer decisão tomada pelo mais alto tribunal sobre o caso *Elmer*, por exemplo, num direito a ser aplicado a futuros herdeiros assassinos. Dessa maneira, o sistema de regras sancionadas por convenção aumenta regularmente em nossa prática jurídica."

Existem semelhanças óbvias entre o convencionalismo e as teorias semântico-positivistas que discuti no primeiro capítulo[2].

---

2. A ideia de Austin de que o direito está enraizado em um hábito geral de obediência, por exemplo, é facilmente reformulada como uma interpretação ou especificação da ideia de que o direito tem suas raízes na convenção. Esse fato é obscurecido pela conhecida – e equivocada – leitura de que Austin pressupõe que os hábitos de obediência são sempre consequência do medo de uma sanção. Ele tem o cuidado de não adotar nenhuma posição geral sobre as origens psicológicas da obediência; para Austin, um hábito geral de obediência é suficiente para fazer surgir o direito, ainda que tal hábito tenha por base o medo; mas um hábito desenvolvido por amor ou respeito pelo soberano também seria suficiente. O modo como Austin apresenta a convenção, em termos de hábito, não é uma teoria totalmente satisfatória da convenção, como o demonstraram Hart e outros. Mas a teoria de Austin não sofre uma deturpação se tratada como uma teoria da convenção, por mais insatisfatória que a consideremos. A versão do positivismo de Hart é ainda mais nitidamente convencional, pois sua regra de reconhecimento é uma regra que foi aceita por quase todos, ou pelo menos por quase todos os juízes e outros juristas, não importa qual seja o conteúdo de tal regra. Cf. H. L. A. Hart, *The Concept of Law*, 97-107 (Londres, 1961).

Mas há uma importante diferença. As teorias semânticas afirmam que a descrição que acabamos de apresentar se concretiza e se aplica por meio do próprio vocabulário jurídico, de modo que seria uma espécie de autocontradição dizer que o direito confere direitos para além daqueles estabelecidos por mecanismos sancionados por convenção. A concepção convencionalista do direito, ao contrário, é interpretativa: não faz nenhuma afirmação linguística ou lógica dessa natureza. Em vez disso, assume a postura ambivalente de qualquer interpretação, à maneira de Jano. Afirma que essa maneira de descrever a prática jurídica mostra tal prática à sua melhor luz e, portanto, oferece o mais esclarecedor relato daquilo que fazem advogados e juízes. Insiste em que esta é, portanto, a melhor diretriz para o que eles devem fazer, que indica a melhor direção para a continuidade e o desenvolvimento dessa prática. O convencionalismo não nega que muitos advogados têm posições antagônicas sobre a melhor interpretação da prática que compartilham. Afirma que esses advogados estão errados, que lhes falta perspicácia e percepção, que interpretam mal seu próprio comportamento. Mas não nega que querem dizer o que dizem, nem sugere que estão falando absurdos.

O convencionalismo faz duas afirmações pós-interpretativas e diretivas. A primeira é positiva: os juízes devem respeitar as convenções jurídicas em vigor em sua comunidade, a não ser em raras circunstâncias. Insiste, em outras palavras, em que eles devem tratar como direito aquilo que a convenção estipula como tal. Uma vez que a convenção na Grã-Bretanha estabelece que as leis do Parlamento constituem direito, um juiz britânico deve aplicar até mesmo as leis do Parlamento que considera injustas ou insensatas. Esse aspecto positivo do convencionalismo corresponde plenamente ao lema popular de que os juízes devem seguir o direito, e não substituí-lo por um novo direito. A segunda afirmação, que é no mínimo igualmente importante, é negativa. Declara que não existe direito – nenhum direito decorrente de decisões tomadas no passado – a não ser aquele que é extraído de tais decisões por meio de técnicas que são, elas próprias, questões de convenção, e que, portanto, em alguns casos não existe direito algum. Não existe direito sobre danos morais, por exemplo, se nunca se decidiu, por meio de nenhuma lei precedente ou qualquer outro procedimento especificado por convenção, que as pessoas têm, ou não, direito a indenização por danos morais. Não se segue daí que os juízes confrontados com tal problema devam cruzar os braços e mandar as partes para casa sem tomar decisão alguma. Esse é o tipo de caso em que os juízes devem exercer o poder discricionário há pouco descrito, isto é, usar padrões extrajurídicos para fazer o que o convencionalismo considera ser um novo direito. Depois, em casos futuros, a convenção do precedente transformará esse novo direito em direito antigo.

Sua atração

O cerne de qualquer concepção positiva do direito, como o convencionalismo ou o direito como integridade, é sua resposta à questão de por que a política do passado é decisiva para os direitos do presente. Pois as distinções que uma concepção estabelece entre direitos e outras formas de pretensão desprovidas de juridicidade, e entre os argumentos jurídicos e outras formas de argumento, assinalam a natureza e os limites da justificativa que, segundo acredita, as decisões políticas oferecem à coerção de Estado. O convencionalismo oferece uma resposta aparentemente atraente a essa questão. As decisões políticas do passado justificam a coerção porque, e portanto apenas quando, fazem uma advertência justa ao subordinarem as ocasiões de coerção a fatos simples e acessíveis a todos, e não a apreciações recentes da moralidade política, que juízes diferentes poderiam fazer de modo diverso. Esse é o ideal das expectativas asseguradas. A primeira das duas afirmações pós-interpretativas do convencionalismo serve claramente a esse ideal. Insiste em que, uma vez tomada uma decisão clara por um organismo autorizado por convenção, e que o conteúdo de tal decisão foi estabelecido em conformidade com as convenções sobre a melhor maneira de compreender tais decisões, os juízes devem respeitar essa decisão, mesmo achando que uma decisão diferente teria sido mais justa ou sábia.

Não é tão óbvio que a segunda afirmação do convencionalismo, a negativa, também sirva ao ideal das expectativas asseguradas. Mas é possível imaginar, razoavelmente, que seja esse o caso. A afirmação negativa insiste em que um juiz não pode recorrer à garantia do direito para tomar sua decisão quando não puder mostrar que as convenções o forçam a fazer o que faz, porque o ideal é corrompido por qualquer sugestão de que as decisões políticas do passado podem dar lugar a direitos e deveres diferentes daqueles ditados pela convenção. Suponhamos que seja evidente que a convenção não dita uma resposta no caso *McLoughlin*: a convenção exige que se sigam os precedentes, mas somente quando um novo caso for igual ao precedente em seus aspectos relevantes, e nenhum caso passado tenha decidido se se deve indenizar, ou não, danos morais sofridos longe da cena do acidente. Suponhamos que um juiz então afirme, no estilo do direito como integridade, que os precedentes estabelecem o direito à indenização porque essa leitura dos precedentes os torna, em retrospecto, mais bem fundados moralmente. Do ponto de vista da concepção popular, isso é perigoso. Uma vez aceito que os princípios podem fazer parte do direito por razões que não refletem a convenção, mas apenas por serem moralmente atraentes, uma porta terá sido aberta para a ideia mais ameaçadora de que alguns princípios fazem parte do direito em virtude de seu apelo moral, ainda que contrariem aquilo que é endossado pela convenção.

O convencionalismo defende a autoridade da convenção ao insistir em que as práticas convencionais estabelecem tanto o fim quanto o princípio do poder do passado sobre o presente. Insiste em que o passado não concede nenhum direito sustentável diante de um tribunal, salvo quando forem incontestavelmente aquilo que todos sabem e esperam. Se a convenção for omissa, não existe direito, e a força dessa afirmação negativa está exatamente no fato de que os juízes não devem, então, fingir que suas decisões decorrem, de algum modo, daquilo que já foi decidido. Devemos proteger a convenção dessa maneira, segundo o convencionalismo, mesmo achando que às vezes os juízes devem, em circunstâncias extremas, ignorar a convenção. Suponhamos que as convenções da prática norte-americana tornem as decisões passadas da Suprema Corte parte integrante do direito. Essas convenções estabelecem que as decisões da Corte no caso *Plessy vs. Ferguson* sejam seguidas no futuro, até que a Constituição seja emendada. Se um convencionalista pensa que a Corte deveria ter ignorado o caso *Plessy* no caso *Brown*, porque a segregação racial é particularmente imoral, ele insistirá em que a Corte deveria ter esclarecido ao público a natureza excepcional de sua decisão, que deveria ter admitido estar alterando o direito por razões alheias à esfera jurídica. A concepção convencionalista do direito, que proíbe a Corte de reivindicar qualquer direito fora da convenção, a forçaria a fazer exatamente isso.

Também se poderia pensar que a afirmação negativa do convencionalismo serve ao ideal popular de uma outra maneira, ainda que isso dependa do acréscimo de uma série de afirmações sobre o modo como os juízes deveriam decidir os casos difíceis depois de esgotada a convenção. Como afirmei há pouco, o convencionalista sustenta que não existe direito em casos como *McLoughlin*, e que um juiz deve, portanto, exercer seu poder discricionário para criar um novo direito, que ele então aplica retroativamente às partes envolvidas no caso. Nesse modo de apresentar a situação, há muito espaço para se estipular que o juiz deve decidir de um modo que envolva o mínimo possível suas convicções políticas ou morais, e atribua a máxima deferência possível para com instituições convencionalmente habilitadas a criar o direito. Uma vez que se deixe claro que o juiz cria um novo direito sob tais circunstâncias, como insiste o convencionalismo, parece plausível que ele escolha a regra que, segundo acredita, escolheria a legislatura então no poder, ou, não sendo isso possível, a regra que, em sua opinião, melhor representa a vontade do povo como um todo.

Do ponto de vista que examinamos no presente, é claro que isso não é tão bom quanto encontrar uma decisão efetiva que, no passado, tenha sido tomada por um órgão autorizado.

O juiz pode estar enganado em seu julgamento daquilo que a legislatura teria escolhido, e, mesmo que esteja certo, essa hipotética decisão legislativa não foi anunciada com antecedência, razão pela qual o ideal das expectativas asseguradas vê-se assim comprometido. Por hipótese, porém, isso é o mais próximo que o juiz pode chegar de servir ao ideal. Suponhamos, por outro lado, que ele se deixa guiar pelo direito como integridade, que não limita o direito àquilo que a convenção encontra nas decisões passadas, mas que o leva também a considerar como direito aquilo que seria sugerido pela moral como a melhor justificativa dessas decisões do passado. Esse juiz decide o caso *McLoughlin* recorrendo a suas próprias convicções morais, que é exatamente o que o ideal popular abomina. Uma vez convencido de que o direito, do modo como ele o entende, é favorável à sra. McLoughlin, ele se sentirá justificado ao decidir em seu favor, sem se importar com o que pensa a atual legislatura e se tem ou não o consenso da moral popular.

As convenções jurídicas

O convencionalismo é uma concepção – uma interpretação – da prática e da tradição jurídicas; seu destino depende de nossa capacidade de ver, em nossa prática, convenções do tipo que ele considera como fundamentos exclusivos do direito. Se não pudermos encontrar as convenções jurídicas especiais que o convencionalismo requer, ele estará derrotado tanto em suas afirmações interpretativas quanto em suas instruções pós-interpretativas, voltadas para o futuro. Não se ajustará o suficiente à nossa prática para poder valer como uma interpretação qualificada, e seu programa normativo será vazio, pois ele nos pede para seguir convenções que não existem. Portanto, devemos começar nosso exame dessa concepção perguntando até que ponto nossa prática jurídica pode ser entendida como uma mostra do tipo de convenções que se requer. Mesmo que encontremos tais convenções, o atrativo da concepção ainda assim dependerá do ideal político das expectativas asseguradas.

Precisamos perguntar quão atraente esse ideal realmente é, se a concepção o serve bem, e se outras concepções de direito são capazes de servi-lo igualmente bem ou ainda melhor. Começarei, porém, pela pergunta mais imediata: possuímos ou não as convenções das quais o convencionalismo necessita? Isto não quer dizer que todos os juristas e juízes já são convencionalistas. Admite que certas decisões e práticas judiciais são muito diferentes daquelas que um convencionalista adotaria ou aprovaria: a estas, está preparado a ver como erros. Não obstante, insiste em que a prática jurídica como um todo pode parecer organizada ao redor de importantes convenções jurídicas, e essa postura exige que se demonstre que, em termos gerais, o comportamento dos juízes – mesmo dos que não são convencionalistas – é convergente o bastante para permitir que encontremos uma convenção em tal convergência.

À primeira vista, esse projeto parece promissor. Na Inglaterra e nos Estados Unidos, quase todos os que têm alguma familiaridade com o direito acreditam que o Parlamento, o Congresso e as diferentes legislaturas do Estado criam direito, e que as decisões judiciárias do passado devem receber algum crédito nas decisões futuras. De fato, tudo isso parece muito evidente, pois essas proposições estão entre os principais paradigmas jurídicos de nosso tempo. Além disso, para a maioria das pessoas, o direito que essas instituições criam é o direito que tem valor em suas vidas. Todas as normas jurídicas vitais para elas – as que estabelecem os impostos, os gastos com a previdência social, as relações de trabalho, os sistemas de crédito e os aluguéis – nasceram e vivem em leis especiais, e os processos judiciais são, cada vez mais, uma esfera na qual os juízes devem encontrar os artigos pertinentes em alguma lei ou no conjunto dos regulamentos administrativos, decidindo, em seguida, o que eles querem dizer. Sem dúvida, um número muito menor de leigos tem consciência da prática jurídica paralela do precedente. Mas a maioria deles tem uma vaga ideia de que as decisões judiciais do passado devem ser respeitadas no futuro, e a experiência prática com os processos confirmará essa ideia, pois as opiniões dos juízes estão cheias de referências a decisões anteriormente tomadas por outros juízes. Portanto, o pressuposto interpretativo crucial do convencionalismo, de que nossa prática jurídica pode ser estruturada por convenções jurídicas centrais e onipresentes sobre a legislação e o precedente, parece refletir-se na experiência comum. Examinemos agora essa questão mais de perto.

Admitamos, por um momento, que nos Estados Unidos a Constituição, as leis votadas pelo Congresso, as legislaturas de diversos Estados e as decisões judiciais do passado são todas, por convenção, fundamentos do direito. De acordo com o convencionalismo, um juiz norte-americano é obrigado, pela melhor interpretação da prática à qual pertence, a aplicar aquilo que essas convenções declaram como direito em casos específicos, aprove-o ou não. Mas, para fazê-lo, ele deve decidir em cada caso o que essas convenções declaram como direito além de determinar, também, qual é o verdadeiro conteúdo de cada convenção. Ele deve decidir, por exemplo, se realmente decorre da suposta convenção acerca da legislação que Elmer tem direito à sua herança devido à lei sobre testamentos, ou se decorre da convenção putativa dos precedentes que a sra. McLoughlin tem direito à indenização em virtude de decisões judiciais do passado.

Já observamos, porém, que os juízes e os advogados divergem muito frequentemente sobre a resposta correta a perguntas desse tipo. Eles têm teorias diferentes sobre a leitura correta das leis e das decisões tomadas no passado. Os juízes de Nova York que julgaram o caso *Elmer*, por exemplo, estavam todos de acordo quanto a não desobedecer à decisão da legislatura que consta da lei sobre os testamentos. Mas divergiram sobre aquilo que esse requisito realmente exige quando o significado "literal" de uma lei sugere um resultado que lhes parece estranho. Esse tipo de divergência judicial coloca um problema óbvio e imediato ao convencionalismo. Mostra que algo mais deve ser dito sobre a natureza de uma convenção, sobre a extensão e o tipo de concordância que é necessária para que uma proposição jurídica específica possa ser verdadeira em virtude de uma convenção jurídica específica.

Quando os filósofos discutem as convenções, em geral têm em mente convenções muito precisas e limitadas. A mais importante dentre as obras recentes sobre a convenção, por exemplo, discute as convenções sobre qual das partes deve voltar a chamar quando uma chamada telefônica for interrompida[3]. Na sociedade imaginária que esbocei no segundo capítulo, a cortesia começou como um conjunto de convenções desse tipo. As pessoas obedeciam a regras fixas sobre quem deveria tirar o chapéu e em quais circunstâncias. Contudo, quando começaram a assumir uma atitude interpretativa com relação a suas práticas convencionais, a situação tornou-se muito mais complexa. Passaram, então, a divergir sobre o que era "realmente" exigido por suas convenções de cortesia. Em seguida, também entraram em jogo suas convicções morais e políticas, não em comparação com as exigências da convenção, mas simplesmente para decidir quais eram, devidamente entendidas, essas exigências. Se as instituições jurídicas mais importantes, como a legislação e o precedente, são convenções, trata-se de convenções diferentes, de um tipo mais aberto. Os advogados concordam com certas formulações abstratas dessas convenções – concordam que a legislação e o precedente são, em princípio, fontes de direito. Mas adotam a atitude interpretativa com relação a essas proposições abstratas, e suas opiniões sobre os direitos de Elmer exprimem uma interpretação, mais que uma aplicação direta e incontestável da lei. É provável que dois juristas não entrem em acordo quanto à melhor interpretação das práticas da legislação ou do precedente em um caso específico, pois em termos gerais divergem em suas convicções políticas e morais.

Assim a posição distintiva do convencionalismo, de que o direito se restringe àquilo que foi endossado pelas convenções jurídicas, poderia parecer ambígua. Podemos mostrar essa ambiguidade mediante a introdução de algumas distinções técnicas. Definimos a "extensão" de uma convenção abstrata, como

---

3. Cf. David Lewis, *Convention: A Philosophical Study* (Cambridge, Mass., 1969).

a cortesia, a legislação ou o precedente, como o conjunto de opiniões ou decisões que os participantes da convenção estão comprometidos a aceitar. Agora estabeleceremos a distinção entre as extensões "explícitas" e "implícitas" de uma convenção. A extensão explícita é o conjunto de proposições que (quase) todos que se admite fazerem parte da convenção aceitam como parte de sua extensão. A extensão implícita é o conjunto de proposições que decorrem da melhor ou mais bem fundada interpretação da convenção, façam ou não parte da extensão explícita. Suponhamos que em alguma comunidade jurídica exista uma convenção determinando que os juízes devem dar às duas partes a mesma oportunidade de apresentar seu caso. Todos concordam que isso significa que ambas as partes devem ser ouvidas, mas discute-se se também significa que as duas partes devem dispor do mesmo tempo, ainda que os argumentos de uma delas sejam mais complexos ou precisem de mais testemunhas do que os da outra. A extensão explícita da convenção abstrata inclui então a proposta de que as duas partes devem ser ouvidas, mas não inclui nem a proposta de que devem dispor do mesmo tempo, nem a proposta contrária, de que a parte cujo caso é o mais difícil deve dispor de mais tempo. Todos pensam que a extensão implícita inclui uma ou outra destas últimas propostas, mas não sabem qual delas, pois há divergência sobre qual solução interpreta melhor o objetivo abstrato – sobre o qual concordam – da igualdade de oportunidade no tribunal.

Dois tipos de convencionalismo

Podemos agora distinguir o que poderia parecer duas formas ou versões do convencionalismo. A primeira, que poderíamos chamar de convencionalismo "estrito", restringe a lei de uma comunidade à extensão explícita de suas convenções jurídicas, como a legislação e o precedente. A segunda, que vamos aqui chamar de convencionalismo "moderado", insiste em que o direito de uma comunidade inclui tudo que estiver dentro da extensão implícita dessas convenções. (Um grupo de juízes partidários do convencionalismo moderado divergiria sobre o conteúdo exato da lei, pois divergiria sobre o conteúdo dessa extensão implícita.) Faz uma grande diferença qual das duas formas de convencionalismo vamos examinar. O convencionalismo estrito seria para nós uma concepção muito restritiva do direito, pois as extensões explícitas de nossas convenções putativas da legislação e do precedente contêm muito poucos elementos de grande importância prática nos litígios reais. Se tentássemos descrever uma teoria da legislação que fosse incontestável o suficiente para obter consenso universal entre nossos juristas e juízes, ficaríamos limitados a algo assim: se os termos de uma lei admitem um único significado, não importa o contexto em que sejam formulados, e se não tivermos razão para duvidar de que é esse o significado entendido por todos os legisladores que votaram a favor ou contra essa lei, ou que se abstiveram, e a lei assim entendida não obtém nenhum resultado não pretendido por todos os que votaram a favor dela, e seria assim entendida por todos os membros do público ao qual se dirige, e se nenhuma pessoa sensata nela visse uma violação de qualquer imposição substantiva ou processual da Constituição, nem uma ofensa a nenhum ponto de vista sobre a equidade ou a eficiência da legislação, então as proposições contidas nessa lei, assim compreendidas, fazem parte do direito da comunidade.

Essa afirmação parece comicamente frágil. Contudo, o caso *Elmer* e o caso do *snail darter* mostram que não poderíamos oferecer uma extensão explícita muito mais vigorosa à convenção acerca da legislação. Por exemplo, não poderíamos afirmar, como parte da extensão explícita, que se os termos de uma lei são claros em si mesmos, a lei contém esse significado claro. Essa tese é bastante favorecida pelos advogados, e ainda mais entre os leigos, mas nossos exemplos mostram que ela não inspira, entre os juízes norte-americanos, nada que se assemelhe ao consenso universal. Tampouco o faz a tese contrária, de que a lei não contém o significado claro se os legisladores não tiveram essa intenção, e o teriam rejeitado se ele tivesse sido submetido à sua atenção.

Se o convencionalismo é um convencionalismo estrito, então sua declaração positiva não oferece nenhuma ajuda aos juízes que deparam com processos problemáticos. Pois o convencionalismo estrito só dá o conselho negativo de que os juízes não devem fingir que decidem tais casos com fundamento no direito. Isso explica a atração que o convencionalismo moderado vem exercendo sobre uma geração recente de filósofos do direito[4]. A parte positiva do convencionalismo moderado orienta os juízes a decidirem segundo sua própria interpretação das exigências concretas da legislação e do precedente, ainda que isso possa ser controverso, e esse conselho não é irrelevante nos casos difíceis. Além do mais, seria fácil demonstrar que todos os nossos juízes, inclusive aqueles que decidiram os casos que nos serviram de exemplo, na verdade seguiram tal conselho o tempo todo.

Todos esses juízes estiveram de acordo sobre as proposições abstratas de que as leis criam direito e que se deve permitir que as decisões precedentes exerçam alguma influência sobre as decisões posteriores. Eles divergiram sobre a extensão implícita dessas supostas convenções jurídicas. No caso do *snail darter*, a maioria achou que a melhor interpretação da convenção sobre as leis exigia que aplicassem o significado literal da Lei de Proteção ao Meio Ambiente, a menos que se pudesse provar que fossem outras as intenções do Congresso. Pensaram que a extensão implícita da convenção incluía a

---

4. O convencionalismo moderado é sugerido na exposição do positivismo feita por Jules Coleman em "Negative and Positive Positivism", 11 *Journal of Legal Studies* 139 (1982), reeditado em *Ronald Dworkin and Contemporary Jurisprudence* 28 (Marshall Cohen, org., Nova York e Londres, 1984). Cf. também E. Philip Soper, "Legal Theory and the Obligation of a Judge", no mesmo livro, em especial p. 17-20 (o direito pode depender de juízos de moral polêmicos se um corpo soberano declarar que tudo que for justo é lei), e David Lyons, "Principles, Positivism and Legal Theory", 87, *Yale Law Journal* 415, 422 s. (o direito pode depender da interpretação correta, ainda que polêmica, de um documento fundamental redigido em termos morais). Como afirma Coleman, Hart parece rejeitar a interpretação de seus pontos de vista que Soper e Lyons adotam.

proposição de que a barragem da AVT devia ter sua construção interrompida para que se pudesse salvar o *snail darter*. A minoria adotou um ponto de vista diferente, e suas conclusões sobre a extensão implícita foram igualmente diferentes. Pensaram que incluía a tese contrária de que o direito não protegia o peixe. Uma vez que a divergência deu-se apenas sobre a extensão implícita das convenções que todos reconheciam em um nível mais abstrato, poderíamos dizer que eles todos eram convencionalistas moderados.

O convencionalismo estrito deve declarar uma "lacuna" no direito, que requer o exercício de um poder discricionário extralegal por parte do juiz para criar um novo direito sempre que uma lei for vaga, ambígua ou problemática de alguma maneira, e não houver outra convenção sobre o modo de interpretá-la. Ou quando a intenção de uma cadeia de precedentes for incerta, e os juristas não chegarem a um consenso sobre sua força. Contudo, o convencionalista moderado não precisa admitir nenhuma "lacuna" em tais casos. Pode afirmar, de modo plausível, que existe uma maneira correta, ainda que polêmica, de interpretar as convenções abstratas da legislação e do precedente, de tal modo que elas decidam qualquer caso que possa surgir. Ele pode dizer que, segundo a interpretação correta, o *snail darter* é salvo (ou abandonado) pelo direito, ou que a sra. McLoughlin é ou não indenizada. Em seguida, sustenta essas proposições em nome da extensão implícita das convenções jurídicas; isto é, sustenta que são o direito segundo suas concepções, negando, assim, a ideia de qualquer lacuna no direito.

Na verdade, um convencionalista moderado poderia negar a existência das lacunas mesmo que os advogados divergissem sobre essas convenções abstratas, mesmo que muitos juristas se recusassem a admitir que as leis fazem direito, ou que os precedentes exercem alguma influência sobre decisões posteriores. Com um pouco de imaginação, o convencionalista moderado poderia esboçar uma proposição ainda mais abstrata que todos aceitassem, e ele então poderia elaborá-la de modo a validar uma proposição jurídica sobre os *snail darters*. Se existe um consenso de que a Constituição é a lei fundamental, por exemplo, ele poderia afirmar que esse consenso provê uma convenção abstrata cuja extensão implícita inclui a proposição de que as leis devem ser aplicadas porque a melhor interpretação da Constituição assim o exige, ainda que muitos juristas o neguem. Ele então poderia proceder como antes, para extrair dessa proposição intermediária argumentos em favor de uma conclusão concreta sobre os *snail darters*.

Suponhamos que não haja consenso quanto ao fato de a Constituição ser a lei fundamental. O convencionalista moderado poderia buscar um consenso ainda mais abstrato. Imaginemos, por exemplo, que a sugestão que fiz no terceiro capítulo seja bem fundada: que exista um acordo muito difundido, ainda que tácito, de que a finalidade última do direito é autorizar e justificar a coerção do Estado sobre indivíduos e grupos. O convencionalista moderado poderia encontrar, nesse consenso excessivamente abstrato, uma convenção segundo a qual os juízes devem seguir qualquer concepção de direito que melhor justifique a coerção, e poderia então dizer, afirmando determinada concepção como a melhor segundo esse modelo, que essa convenção abstrata na verdade inclui, dentro de sua extensão implícita, a tese de que é preciso seguir os casos de precedente quando não houver nenhuma diferença de princípio moral entre os fatos apresentados nos precedentes e aqueles do caso presente. Ele prossegue, afirmando que a lei assegura a indenização à sra. McLoughlin, não importa o que pensem os outros juristas. Outros juristas e juízes, também convencionalistas moderados, não concordariam. Teriam um ponto de vista diferente sobre qual concepção mais concreta ofereceria a melhor justificativa para a coerção, e desse modo teriam uma opinião diferente sobre a extensão implícita da convenção abstrata em questão.

Espero que agora esteja evidente que o convencionalismo moderado não é, em absoluto, uma forma de convencionalismo no sentido da distinção tríplice entre as concepções que estamos utilizando no momento. Minhas descrições iniciais do convencionalismo, no último capítulo e na primeira parte deste, não se ajustavam bem, como agora podemos ver; só se ajustavam ao convencionalismo estrito. Trata-se, na verdade, de uma forma muito abstrata e subdesenvolvida de direito como integridade. Rejeita o divórcio entre o direito e a política que uma teoria convencionalista pelos motivos que descrevi tenta assegurar. Esse tipo espúrio de convencionalismo não impede que um juiz convencionalista supostamente moderado envolva suas próprias convicções morais e políticas em sua decisão. Pelo contrário, são precisamente essas convicções – sobre as melhores técnicas para ler uma lei, sobre o lugar ideal a ser reservado às leis dentro de uma estrutura constitucional, sobre a relação entre uma constituição e a ideia do direito, sobre a mais bem fundada concepção de justiça – que vão determinar, para ele, qual é a melhor interpretação da convenção abstrata e, portanto, quais são as exigências do direito.

No convencionalismo moderado, nada assegura – nem mesmo promove – o ideal das expectativas asseguradas, segundo o qual as decisões do passado só serão tomadas por base para justificar a força coletiva quando sua autoridade e seus termos forem inquestionáveis sob a perspectiva das convenções amplamente aceitas. Também não protege esse ideal no sentido por mim descrito, ao identificar como especiais aqueles casos em que não existe uma decisão anterior explícita a ser seguida. Do ponto de vista do convencionalismo moderado, os casos que aqui usamos como exemplos são todos regidos pelo direito, e os juízes convencionalistas moderados que os decidissem não teriam motivo algum para acatar suas convicções sobre o que faria a legislatura presente ou qual seria a vontade popular. Pelo contrário, teriam razão para negligenciar qualquer convicção ou alegação a este respeito: o direito é o direito, e deve ser obedecido por mais impopular que possa ser na atmosfera atual da opinião pública.

Portanto, se o convencionalismo deve oferecer uma concepção distinta e vigorosa do direito, inclusive com relações remotas com o conjunto de atitudes populares que o acreditávamos expressar, então deve ser um convencionalismo estrito, e não moderado. Devemos aceitar que a parte positiva do convencionalismo – de que os juízes devem respeitar a extensão explícita das convenções jurídicas – não pode oferecer nenhum conselho útil aos juízes que têm um caso difícil diante de si. Estes serão, inevitavelmente, casos em que a extensão explícita das diversas convenções jurídicas não contém absolutamente nada de decisivo, e o juiz deve, portanto, exercer seu poder discricionário ao recorrer a modelos extrajurídicos. Mas agora se pode dizer que, longe de ser uma conclusão deprimente, isso indica precisamente a importância prática do convencionalismo para a decisão judicial. A esse respeito, a parte positiva dessa concepção é a enorme massa do *iceberg* que se encontra sob a superfície da prática jurídica. Isso explica por que os casos não chegam ao tribunal quando se cumprem as condições de minha frágil e cômica descrição da extensão explícita de nossas convenções jurídicas, o que acontece a maior parte do tempo. Nos casos difíceis, por outro lado, é a parte negativa que domina a cena. Ela diz aos juízes que, quando as leis são objeto de debates e os precedentes têm um impacto incerto, eles devem pôr de lado qualquer ideia de que sua decisão possa fundamentar-se em direitos já estabelecidos por atos políticos anteriores. Eles devem enfrentar de modo franco suas novas responsabilidades legislativas.

Em todo caso, é a versão estrita do convencionalismo que devemos pôr à prova como uma interpretação geral de nossa prática jurídica. O convencionalismo estrito afirma que os juízes são liberados da legislação e do precedente nos casos difíceis porque a extensão explícita dessas convenções jurídicas não é suficientemente densa para decidir tais casos. Precisamos perguntar em que medida essa afirmação interpretativa se ajusta aos casos que usamos como exemplos. Mas pelo menos devemos notar de que modo a nova ênfase no aspecto negativo do convencionalismo esvazia a hipótese que mencionei anteriormente, de que o aspecto negativo sustenta o ideal político das expectativas asseguradas ao selecionar os casos em que esse ideal não pode ser satisfeito. Do mesmo modo que o aspecto positivo do convencionalismo perde sua importância prática no tribunal, pois são muito poucas as ocasiões em que os juízes podem apoiar-se no direito do modo como o convencionalismo o interpreta, essa defesa específica do aspecto negativo torna-se mais fraca, pois as exceções invariavelmente se sobrepõem à regra. Se todos os casos que chamam a atenção, por serem debatidos em importantes tribunais de apelação diante da avaliação da sociedade, são ocasiões nas quais os juízes têm o escrúpulo de negar que estejam servindo ao objetivo das expectativas asseguradas através de suas decisões, isso pode fazer muito pouco para reforçar a confiança pública nesse ideal.

O convencionalismo se ajusta à nossa prática?

Convenção e coerência

Chego, finalmente, à crítica ao convencionalismo. O convencionalismo estrito fracassa como interpretação de nossa prática jurídica mesmo quando – e sobretudo quando – enfatizamos seu aspecto negativo. E fracassa pela seguinte razão paradoxal: nossos juízes, na verdade, dedicam *mais* atenção às chamadas fontes convencionais do direito, como as leis e os precedentes, do que lhes permite o convencionalismo. Um juiz consciente de seu convencionalismo estrito perderia o interesse pela legislação e pelo precedente exatamente quando ficasse claro que a extensão explícita dessas supostas convenções tivesse chegado ao fim. Ele então entenderia que não existe direito, e deixaria de preocupar-se com a coerência com o passado; passaria a elaborar um novo direito, indagando qual lei estabeleceria a legislatura em vigor, qual é a vontade popular ou o que seria melhor para os interesses da comunidade no futuro.

Se os juízes do caso *Elmer* fossem convencionalistas estritos, teriam decidido esse caso em duas etapas. Primeiro, teriam examinado a prática judicial para ver se quase todos os outros juízes estavam de acordo em que se deve atribuir aos termos de uma lei seu sentido "literal", mesmo não tendo sido esta a intenção dos legisladores, ou, ao contrário, que nessas circunstâncias não se deve atribuir aos termos seu sentido literal. Os juízes desse caso não teriam demorado a dar uma resposta negativa, pois obviamente os outros juízes não estariam todos de acordo em nenhum dos dois sentidos. Nem Earl nem Gray poderiam ter pensado que seu ponto de vista fazia parte da extensão explícita da convenção acerca da legislação porque cada qual sabia que muitos juristas consideravam certo o outro ponto de vista. Assim, teriam se voltado imediatamente para a segunda etapa, a legislativa: teriam tentado descobrir qual decisão era mais sensata, justa ou democrática, ou melhor serviria à comunidade. Não teriam insistido no tipo de argumentos que de fato usaram, esquadrinhando a lei, obcecados pela questão de saber se uma decisão era mais coerente com o texto ou o espírito dessa lei, ou pela questão da correta relação entre a decisão e o resto do direito.

Esses últimos argumentos, estabelecidos de maneiras diversas na questão de como ler a lei, só fazem sentido a partir do pressuposto de que o direito que os juízes têm *obrigação* de aplicar depende da leitura "correta" mesmo quando seu entendimento estiver sujeito a controvérsias; é este, exatamente, o pressuposto negado pelo convencionalismo. O caso *Elmer* também não constitui uma exceção ao proporcionar esse tipo de contra exemplo. No caso do *snail darter*, os juízes da Suprema Corte discutiram sobre a melhor forma de interpretar a Lei de Proteção ao Meio Ambiente. Não estavam de acordo quanto à questão de se eram obrigados, pela correta teoria da legislação, a aplicar a leitura mais literal ou mais sensata da lei na ausência de quaisquer evidências sobre as verdadeiras intenções do Congresso. Os juízes que decidiram o caso *McLoughlin* se preocuparam com a descrição mais exata dos princípios subjacentes aos casos de precedentes que lhes foram citados, embora soubessem que, na extensão explícita de qualquer convenção, nada determinava a natureza desses princípios ou o peso que a eles se deveria atribuir. No caso *Brown*, a Suprema Corte debateu o sistema de justiça que pressupunha a estrutura da Constituição, o local ocupado pela cláusula de igual proteção em tal sistema, o verdadeiro impacto dessa cláusula sobre o poder jurídico do estado do Kansas para legislar sobre um sistema escolar, ainda que cada juiz soubesse que nada disso estava estabelecido por convenção.

Não quero dizer que um juiz conscientemente convencionalista ignoraria leis e precedentes uma vez que não fosse consensual a força a ser atribuída a eles. Ele não os trataria como fontes de direito para além desse ponto, mas sua responsabilidade geral quando julga esgotado o direito consiste em criar o melhor direito possível para o futuro, e ele poderia preocupar-se com a doutrina jurídica do passado por razões especiais que dizem respeito a esse problema. Se ele acredita que deveria elaborar o novo direito democraticamente, no espírito da atual legislatura ou da atmosfera atual da opinião pública, pode voltar-se para as decisões passadas como provas daquilo que a legislatura ou o público provavelmente pensam ou desejam, por exemplo. Mas ele então estaria tratando o passado como prova das atitudes e convicções atuais, e não como algo intrinsecamente importante, e perderia o interesse pelo passado à medida que este recuasse no tempo e, por esse motivo, perdesse seu valor.

É muito provável que ele encontrasse melhor prova das atitudes atuais em sua própria experiência política ou na imprensa do que em leis, mesmo relativamente recentes, votadas por uma legislatura cujos membros, em sua maioria, já estariam mortos. Seu interesse probatório também não lhe exigiria que examinasse a doutrina anterior, tentando encontrar-lhe um lugar no direito como um todo, à maneira obsessiva dos juízes. Se se tratar de uma bela e difícil questão saber se a lei das sucessões é mais coerente com os princípios tradicionais do direito se interpretada no sentido de proibir que os assassinos possam herdar, então debater-se com essa questão representa um modo pouco sensato de chegar àquilo que seria a decisão da maioria hoje. Se constitui uma questão de análise jurídica delicada saber o que exigiria a melhor interpretação dos precedentes citados no caso *McLoughlin*, então qualquer resposta oferece provas muito frágeis sobre qual decisão seria mais popular ou mais benéfica no futuro.

Agora, porém, podemos dizer que um juiz conscientemente convencionalista realmente refletiria sobre a doutrina do passado da mesma maneira como o fazem os juízes atuais, não em busca de uma confirmação da opinião popular, mas de maneira mais direta, porque todo aquele que elabora o direito deve ter o cuidado de elaborar um novo direito que seja coerente com o antigo. A esse respeito, a busca da coerência pode explicar por que os juízes se preocupam tanto com o passado, com as diversas leis e os diversos precedentes que se situam nas imediações do novo direito que criaram nos casos difíceis. Há um aspecto importante nessa sugestão, mas só poderemos vê-lo se tivermos o cuidado de estabelecer a distinção entre dois tipos de coerência que um legislador poderia buscar: coerência de estratégia e coerência de princípio. Qualquer um que participe da criação do direito deve preocupar-se com a coerência de estratégia. Ele deve cuidar para que as novas regras que estabelece se ajustem suficientemente bem às regras estabelecidas por outros, ou que venham a ser estabelecidas no futuro, de tal modo que todo o conjunto de regras funcione em conjunto e torne a situação melhor, em vez de tomar a direção contrária e piorar as coisas.

O juiz convencionalista que exerce seu poder discricionário para criar um novo direito deve estar particularmente atento a esse risco, pois seu poder de alterar o direito já existente é bastante limitado. Suponhamos que, antes de procurar nos repertórios jurídicos, ele ache que seria melhor decidir-se favoravelmente pelo réu no caso *McLoughlin*, pois seria menos dispendioso para a comunidade como um todo se as vítimas prováveis fizessem seguro contra danos morais do que se os motoristas os fizessem contra o risco de causá-los. Mas quando, ao passar em revista os precedentes, ele descobre que as mães já dispõem do direito à indenização por danos morais sofridos por presenciar um acidente, e que, portanto, os motoristas já devem assegurar-se contra os riscos de provocar danos morais em tais circunstâncias, a questão dos custos do seguro torna-se mais complexa. Ele deve agora se perguntar se, dado que os motoristas devem assegurar-se de qualquer modo, seria mais ou menos dispendioso forçar as vítimas potenciais a assegurar-se contra danos morais nas circunstâncias muito especiais do caso da sra. McLoughlin, e ele poderia decidir que dividir o risco desse modo específico seria tão ineficaz quanto compensar os ganhos decorrentes da atribuição dessa parte do risco às vítimas. Temos, neste exemplo simples, um caso paradigmático de um julgamento formador de direito novo dominado pela coerência de estratégia.

Mas a coerência de estratégia não exigiria que um juiz esquadrinhasse o passado para descobrir a "melhor" interpretação de uma lei ou da Constituição, quando esta for polêmica, ou a "correta" compreensão de uma decisão judicial anterior quando os advogados não chegarem a um consenso quanto ao modo de interpretá-la. Pois uma lei ou uma decisão anterior só coloca problemas de coerência de estratégia quando atribuiu direitos que, por alguma razão, um juiz que elabora uma nova regra é incapaz de alterar, direitos que não funcionariam bem com os novos direitos que ele pretende criar. O juiz convencionalista que imaginamos, que se preocupa em saber se uma decisão contra a sra. McLoughlin seria eficiente em razão dos precedentes de que as mães podem ser indenizadas por danos morais sofridos na cena do acidente, não precisa procurar um princípio subjacente mais amplo que esteja "embutido" nesses precedentes, nem defender um ponto de vista polêmico sobre o conteúdo desses princípios. Seu interesse nos precedentes se esgota, pelo menos no que diz respeito a esse propósito, desde que ele se convença de que, segundo sua concepção do direito, eles só estabelecem que as mães na cena do acidente têm direito à indenização, e isso, além de ficar imediatamente claro, não repercute sobre os princípios subjacentes mais amplos cuja natureza é objeto de debate.

A coerência de princípio é uma outra questão. Exige que os diversos padrões que regem o uso estatal da coerção contra os cidadãos seja coerente no sentido de expressarem uma visão única e abrangente da justiça. Um juiz que vise à coerência de princípio se preocuparia, de fato, como os juízes de nossos exemplos, com os princípios que seria preciso compreender para justificar leis e precedentes do passado. Se ele se sentisse tentado a decidir contra a sra. McLoughlin, iria perguntar-se se qualquer distinção de princípio poderia ser estabelecida entre o caso dela e o de mães indenizadas por danos morais sofridos no local do acidente. Se tendesse a pronunciar-se contra Elmer, procuraria saber se seu veredito é coerente com a posição que as leis ocupam em nosso sistema geral da doutrina, tal qual ele a compreende.

Mas o convencionalismo difere do direito como integridade exatamente porque o primeiro rejeita a coerência de princípio como uma fonte de direitos. O segundo a aceita: o direito como integridade supõe que as pessoas têm direitos – direitos que decorrem de decisões anteriores de instituições políticas, e que, portanto, autorizam a coerção – que extrapolam a extensão explícita das práticas políticas concebidas como convenções. O direito como completude supõe que as pessoas têm direito a uma extensão coerente, e fundada em princípios, das decisões políticas do passado, mesmo quando os juízes divergem profundamente sobre seu significado. Isso é negado pelo convencionalismo: um juiz convencionalista não tem razões para reconhecer a coerência de princípio como uma virtude judicial, ou para examinar minuciosamente leis ambíguas ou precedentes inexatos para tentar alcançá-la.

Sem dúvida, se o convencionalismo fosse apenas a teoria semântica de que a expressão "direitos" não deveria ser usada para descrever os direitos que as pessoas têm em virtude da coerência de princípio, então um juiz convencionalista poderia se interessar vivamente por essa forma de coerência examinada a partir de um novo ângulo. Ele poderia dizer que quando a convenção explícita termina, as pessoas têm uma pretensão moral àquilo que o direito como integridade afirma serem seus direitos. Ele então decidiria casos difíceis exatamente como fazem seus confrades do direito como integridade. Mas estamos estudando as interpretações essenciais da prática jurídica, não as teorias semânticas, e nosso atual interesse pelo convencionalismo está em sua afirmação negativa de que a convenção esgota o poder normativo intrínseco de decisões passadas. O convencionalismo é uma teoria sobre as pretensões jurídicas das pessoas no sentido que consideramos crucial para a doutrina, e não uma proposta sobre como a palavra "jurídico" deveria ser usada. Quem quer que pense que a coerência de princípio, e não apenas de estratégia, deve situar-se no âmago da jurisdição, terá rejeitado o convencionalismo – tenha ou não consciência disso.

Convenção e consenso

Assim, a característica mesma de nossa prática jurídica que parecia fazer do convencionalismo uma boa interpretação da prática jurídica – a profunda e constante preocupação que juízes e advogados demonstram a propósito da "correta" leitura das leis e dos precedentes nos casos difíceis – é, na verdade, um entrave a essa concepção. Apresenta um argumento quase fatal contra o convencionalismo, mesmo enquanto uma interpretação apropriada de nossa prática. Vou, porém, oferecer outra linha de argumentação contra o convencionalismo, pois a exposição de todas as falhas dessa concepção nos ajuda a encontrar o caminho para uma mais bem-sucedida. O argumento há pouco concluído estudava o raciocínio jurídico em um corte transversal, os detalhes da controvérsia caso a caso. Ainda não contestei o pressuposto a partir do qual o convencionalismo se desenvolve: o de que qualquer consenso alcançado pelos juristas sobre a legislação e o precedente deve ser visto como uma questão de *convenção*. Será mesmo? Essa questão nos exige que mudemos nosso enfoque e consideremos nossa prática jurídica não em um corte transversal, mas sim ao longo de um período de tempo.

Imaginemos que quase todos os juristas e juízes ingleses admitam que, se uma lei for devidamente aprovada pelo Parlamento, com a sanção real, e não houver dúvida alguma sobre a linguagem de tal lei, o direito é aquilo que a lei diz claramente que é. Todos eles pensam que isso "está implícito" e passam a incluí-lo em seus paradigmas do argumento jurídico. Esse suposto consenso tem, contudo, duas explicações possíveis. Talvez os juristas e juízes aceitem essa proposição como verdadeira por convenção, o que quer dizer verdadeira somente porque todos os demais a aceitam, assim como todos os jogadores de xadrez aceitam que o rei só pode mover-se uma casa por vez. Ou, talvez, os juristas e juízes aceitem a proposição como obviamente verdadeira, ainda que não verdadeira por convenção: talvez o consenso seja um consenso de convicção independente, do modo como todos admitimos que é errado torturar bebês ou condenar pessoas que sabemos inocentes. A diferença é a seguinte: se os juristas pensam que uma proposição específica sobre legislação é verdadeira por convenção, não vão achar que precisam de nenhuma razão *substantiva* para aceitá-la. Desse modo, qualquer ataque substantivo contra a proposição estará deslocado no contexto jurisdicional, assim como um ataque contra a sabedoria das regras do xadrez estará deslocado dentro do contexto de um jogo. Mas, se o consenso for de convicção, então a divergência, por mais surpreendente que seja, não estará deslocada da mesma maneira, porque todos reconhecerão que um ataque contra o argumento substantivo da proposição é um ataque contra a própria proposição. O consenso só vai durar enquanto a maioria dos juristas aceite as convicções que o sustentam.

Que explicação oferece a melhor descrição do modo como juízes e juristas tratam as proposições sobre a legislação que "estão implícitas"? É pouco provável que encontremos muitas provas, em um ou outro sentido, apenas mediante a leitura aleatória das decisões judiciais, pois os juízes dificilmente explicam por que acreditam naquilo em que todos acreditam. Precisamos examinar o padrão das decisões judiciais ao longo do tempo. Se compararmos os critérios estabelecidos de interpretação da lei ou as doutrinas acerca do precedente em períodos separados por, digamos, cinquenta anos ou mais, encontraremos mudanças consideráveis e, às vezes, drásticas. As atitudes judiciais, tanto na Inglaterra quanto nos Estados Unidos, mudaram profundamente nos últimos dois séculos quanto à questão comum ao caso *Elmer* e ao caso do *snail darter*: até que ponto, e de que forma, a intenção legislativa é relevante para a interpretação das leis[5]? Como explicar uma mudança tão profunda na teoria dominante acerca da legislação? Os fatos são bastante claros. A prática mudou em resposta a argumentos apresentados no contexto da discussão judicial, como argumentos sobre o que os juízes devem fazer em certos casos, e não em convenções miniconstitucionais específicas. Os argumentos mais bem-sucedidos foram extraídos de movimentos mais gerais da cultura política e social, e desse modo passaram a fazer parte tanto da história intelectual como jurídica. Ainda assim, tiveram uma vida jurídica própria. Apareceram nos cursos de direito e em artigos de revistas jurídicas, ora como argumentos de advogados em casos particulares, ora como argumentos judiciais nos votos divergentes que explicavam por que a opinião majoritária, refletindo a ortodoxia da época, era insatisfatória; ora como o voto da maioria em um número crescente de casos, ora como proposições que deixaram de ser mencionadas porque estavam implícitas. Todos esses argumentos pressupunham, ao longo de suas longas carreiras, que as práticas estabelecidas que eles contestavam eram ortodoxias de convicção comum, não regras fundamentais de convenção. Tais argumentos teriam sido impotentes, e até mesmo tolos, se todos pensassem que as práticas que contestavam não precisavam de outro apoio além da convenção, ou que essas práticas constituíam o direito da mesma maneira que as regras do xadrez constituem esse jogo.

É evidente que as regras dos jogos mudam com o passar do tempo. Mas, quando essas regras foram aceitas como uma questão de convenção, uma nítida distinção terá sido necessa-

---

5. Cf. G. Erdlich, *A Commentary on the Interpretation of Statutes*, seção 4 (1888) (citando tanto casos norte-americanos quanto ingleses); *Sutherland's Statutory Construction*, seção 46.07 (4.ª ed., Wilmette, Illinois, 1985) (o que prevalece é o sentido evidente, a menos que resulte do absurdo); P. Langan, *Maxwell on Interpretation of Statutes* (12.ª ed., Londres, 1969) (idem.). Cf. também John W. Johnson, "The Grudging Reception of Legislative History in U.S. Courts", 1978, *Detroit C.L. Review*, 413. (Devo esta referência a William Nelson.)

riamente estabelecida entre os argumentos sobre as regras e os argumentos dentro das regras. Se um congresso mundial de xadrez se reunisse para reconsiderar as regras para os torneios futuros, os argumentos apresentados em tal congresso estariam claramente deslocados dentro de um jogo de xadrez, e vice-versa. Talvez o xadrez fosse mais estimulante e interessante se as regras fossem mudadas de modo a permitir que o rei avançasse duas casas em cada lance. Mas ninguém que pensasse assim trataria a sugestão como um argumento de que o rei pode agora, como o determinam as regras, avançar duas casas por vez. Por outro lado, mesmo durante o jogo os advogados muitas vezes pedem por mudanças de práticas estabelecidas. Alguns dos mais antigos argumentos que as intenções legislativas levam em conta foram apresentados a juízes no decorrer de processos. Importantes mudanças na doutrina do precedente também foram feitas no decorrer do jogo: juízes foram convencidos, ou se convenceram eles próprios, de que na verdade não estavam presos às decisões que seus predecessores haviam considerado obrigatórias. Ou – o que vem a dar no mesmo – os juízes mudaram de opinião sobre os aspectos ou características de decisões anteriores que eram obrigados a seguir. Uma vez mais, essas mudanças, apesar de drásticas com o passar do tempo, foram mudanças dentro da prática judicial, em resposta a hipóteses vacilantes sobre a questão do precedente e da decisão judicial em termos mais gerais. Não foram o resultado de acordos especiais com a finalidade de chegar a uma nova série de convenções.

Esse argumento não prova que não há absolutamente nada estabelecido entre os juristas norte-americanos ou ingleses em matéria de verdadeira convenção. Talvez nenhum argumento político pudesse persuadir os juízes norte-americanos a rejeitar a proposição de que o Congresso deve ser eleito do modo como prevê a Constituição, com uma emenda de tempos em tempos de acordo com as disposições que ela própria estabelece sobre as emendas. Talvez todos os juízes aceitem a autoridade da Constituição como uma questão de convenção, e não como resultado de uma teoria política bem fundada. Não obstante, podemos seguramente extrair duas conclusões de nossa discussão. Em primeiro lugar, nada *precisa* ser estabelecido como uma questão de convenção para que um sistema jurídico possa não apenas existir, como também florescer. A atitude interpretativa precisa de paradigmas para funcionar efetivamente, mas estes não precisam ser questões de convenção. Será suficiente que o nível de acordo de convicção seja alto o bastante em qualquer momento dado, para permitir que o debate sobre práticas fundamentais como a legislação e o precedente possa prosseguir da maneira como descrevi no segundo capítulo, contestando os diferentes paradigmas um por um, como a reconstrução do barco de Neurath no mar, prancha por prancha. Em segundo lugar, tantas características de nossas próprias práticas institucionais são assim debatidas, uma por vez, que é implausível declarar o convencionalismo como uma boa interpretação do processo através do qual nossa cultura jurídica se transforma e desenvolve com o passar do tempo. O convencionalismo fracassa aqui do mesmo modo como fracassa no corte transversal, ao explicar de que modo os casos particularmente difíceis, como os que nos serviram de exemplos, são debatidos e decididos. Nossos juízes tratam as técnicas que usam para interpretar as leis e avaliar os precedentes – mesmo aqueles que ninguém contesta – não simplesmente como instrumentos legados pela tradição de seu antigo ofício, mas como princípios que, como eles afirmam, podem ser justificados em alguma teoria política mais profunda, e quando, por qualquer razão, colocam isso em dúvida, elaboram teorias que lhes parecem melhores.

O convencionalismo justifica a nossa prática?

Uma concepção do direito é, em geral, uma interpretação sumária da prática jurídica como um todo. Propõe-se mostrar essa prática em sua melhor luz, desenvolver algum argumento que explique por que, em tal concepção, o direito oferece uma justificativa adequada para a coerção. Até aqui, estivemos totalmente preocupados com uma dimensão à luz da qual qualquer interpretação geral desse tipo deve ser testada. Precisa ajustar-se a nossa prática, e encontramos importantes razões para acreditar que o convencionalismo não o faz. E quanto à outra dimensão? Se, contrariando meu argumento, o convencionalismo realmente se ajustasse a nossas práticas jurídicas, seria ele capaz de oferecer uma justificativa correta, ou mesmo adequada, delas? Descrevi, no início deste capítulo, um argumento segundo o qual ele seria. Esse argumento recorria ao que chamei de ideal das expectativas asseguradas, afirmando que a força coletiva só deveria ser usada de acordo com padrões escolhidos e interpretados através de procedimentos que a comunidade como um todo sabe que serão usados para esse fim – procedimentos tão amplamente reconhecidos que são objeto de convenção geral social ou profissional. Devemos agora perguntar se essa ideia é bem fundada, e em que medida ela de fato sustenta o convencionalismo.

Equidade e surpresa

Precisamos esclarecer uma possível fonte de confusão. Poder-se-ia pensar que o ideal da expectativa assegurada é um ideal claramente democrático, pois propõe que a coerção só seja usada quando autorizada por procedimentos aceitos pelo povo[6]. Esse apelo à democracia, porém, confunde dois proble-

---

6. O convencionalismo pode ser claramente proposto como uma interpretação dos sistemas jurídicos em países autocráticos ou de alguma outra maneira não democráticos, pois os dirigentes, e mesmo a população geral de tais países, podem sustentar convenções que conferem poder autocrático a um pequeno grupo ou a um único tirano. Nesse caso, se o convencionalismo fosse aceito como a melhor interpretação, somente os éditos desse grupo ou tirano seriam lei. Mas o convencionalismo exerceria bem menos atração em tal sociedade, pois ofereceria uma explicação menos atraente de por que o direito assim constituído justifica a coerção. Alguma teoria do direito divino ou, em uma comunidade menos teísta, uma explicação estatista ou voltada para os objetivos a ser atingidos pareceria melhor. Assim, não é por acaso que as teorias positivistas, os equivalentes semânticos do convencionalismo, fo-

mas: o povo deve ter a última palavra, através de instituições democraticamente eleitas, sobre o modo como os juízes julgam os casos? Que teoria sobre como os juízes deveriam julgar os casos seria escolhida ou aprovada pelo povo? Tanto nos Estados Unidos quanto na Inglaterra, e em outros países democráticos, o povo tem o poder residual de modificar qualquer prática judicial em vigor. Pode eleger legisladores que têm o poder de impor sua vontade sobre os juízes de um modo ou de outro[7]. Estamos agora pedindo respostas para a segunda pergunta. Podemos encontrar alguma razão pela qual esses legisladores deveriam escolher um sistema de decisão judicial convencionalista?

Alguém poderia dizer: "O sistema convencionalista é melhor porque a equidade requer que o povo seja informado quando do seus planos possam ser interrompidos pela intervenção do poder de Estado, privando-o de liberdade, propriedade ou oportunidade. Intervenções desse tipo só se justificam quando as ocasiões de intervenção tiverem sido anunciadas com antecedência, de tal modo que todos os que ouçam possam saber e entender. Assim, é preciso estabelecer e seguir estritamente as convenções sobre o modo como tais instruções serão dadas e determinar seu conteúdo para que não venha a tornar-se objeto de debate. Sem dúvida, não importa quão explícitos sejam esses procedimentos convencionais, ou quão escrupulosamente venham a ser usados, casos vão surgir, como os que usamos

---

ram inicialmente desenvolvidas e se tornaram muito populares nas democracias. A descrição do direito de Bentham, que Austin popularizou, parece à primeira vista mais conveniente às monarquias ou outras comunidades com um "soberano" imediatamente identificável. Mas Bentham desenvolveu essa teoria quando os ideais democráticos começaram a ser dados por certos, e o atrativo inicial da teoria, pelo menos, era igualitário. Sua teoria sempre foi mais popular na Inglaterra e nos Estados Unidos do que em qualquer outro país.

7. Uma exceção óbvia é a prática da Suprema Corte ao decidir os casos constitucionais nos Estados Unidos. As pessoas só podem alterar fundamentalmente a prática da Corte através de uma emenda à Constituição. Isso coloca problemas especiais à teoria democrática, os quais serão examinados no capítulo X.

em nossos exemplos, nos quais as instruções serão vistas como obscuras ou incompletas. Em tais casos, os juízes vão causar alguma surpresa, seja qual for a decisão a que cheguem, e portanto a ideia de direito, que desaconselha a surpresa, deixará de ser pertinente. O juiz deve fazer o melhor pela comunidade como um todo, franca e honestamente, sem fingir 'descobrir' algum direito por sob a superfície de leis ou precedentes que só ele pode ver. Pois a simulação esconde o fato de que, nesse caso, o enfoque do direito existente não foi utilizado, mas inequivocamente abandonado. Se fingirmos que pode haver direito quando não está claro qual é o direito, perderemos de vista a estreita ligação entre direito e comunicação oportuna, e nossa política será menos justa no futuro. Só um sistema francamente comprometido com o convencionalismo, que não admite direito algum fora da convenção, pode oferecer a proteção de que necessitamos".

Esse argumento pressupõe que a redução da surpresa é um importante e valioso objetivo da moral política. Será isso verdade? A surpresa acontece quando as previsões populares são frustradas, mas em geral isso não é injusto, mesmo quando os prognósticos frustrados são sensatos, isto é, bem sustentados pela avaliação das probabilidades anterior. Não é injusto que meu cavalo perca uma corrida, mesmo que, com boas razões, eu estivesse confiante em sua vitória. A surpresa é injusta, sem dúvida, em uma circunstância especial: quando uma previsão foi especificamente encorajada por aqueles que a frustram de maneira deliberada. Se o convencionalismo fosse tão sinceramente praticado em uma dada jurisdição, e tão frequentemente anunciado e confirmado pelas instituições públicas que as pessoas se sentissem autorizadas a confiar nesse tipo de julgamento, certamente seria injusto que algum juiz de repente o abandonasse. Mas isso não é verdadeiro para nós, como demonstrou a argumentação até aqui desenvolvida. Estamos examinando argumentos que tentam justificar o convencionalismo em bases políticas, argumentos que seriam válidos, por exemplo, para as pessoas que decidissem instituir ou não o convencionalismo a partir do nada. A sugestão de que o convencionalismo reduz a surpresa não deve pressupor, portanto, que a surpresa é injusta, mas que é indesejável por alguma outra razão: que é ineficaz, por exemplo, que impõe riscos desnecessários, que assusta as pessoas ou não é de interesse geral. Mas o convencionalismo não pode ser justificado com base no pressuposto único de que a surpresa é ineficiente ou indesejável nesses moldes, pois o convencionalismo não protege contra a surpresa tão bem quanto o faria uma teoria mais simples e direta da jurisdição. Já vimos em que sentido o convencionalismo é bilateral: insiste em que, se não for possível, num determinado caso, chegar a nenhuma decisão dentro da extensão explícita de uma convenção jurídica, o juiz é obrigado a criar um novo direito, o melhor possível. Nenhuma convenção determina se a sra. McLoughlin tem direito à indenização por danos morais ou se o sr. O'Brian tem o direito de não ser forçado a pagá-la. Assim, ninguém tem o direito de decidir a favor dele ou dela, e o juiz deve julgar o caso de acordo com qualquer regra que lhe pareça a melhor para o futuro, considerando todos os fatores envolvidos. Mas, se sua decisão for favorável à sra. McLoughlin, ele terá intervindo na vida do sr. O'Brian mesmo que este não tenha sido advertido de que isso aconteceria.

O argumento político em favor do convencionalismo que apresentei há pouco pressupõe que esse tipo de situação é inevitável, que nenhuma teoria da jurisdição pode evitá-lo. A defesa do convencionalismo aqui é que ele protege as pessoas da surpresa de todas as maneiras possíveis. Contudo, se fosse esse o único objetivo que tivéssemos em mente, escolheríamos uma outra teoria da jurisdição, que poderíamos chamar de "convencionalismo unilateral" ou apenas de "unilateralismo". *Grosso modo*, o unilateralismo determina que o pleiteante deve ganhar se tiver o direito de ganhar estabelecido na extensão explícita de alguma convenção jurídica, mas que do contrário quem deve ganhar é o réu[8]. Insiste em que o *status quo* seja

---

8. Somente *grosso modo*, pois em alguns casos, por razões processuais, a pessoa ou a instituição nominalmente na posição do réu é realmente o pleiteante "substancial", quer dizer, a pessoa que pede a intervenção do Estado. Desse modo, poderíamos dizer que o unilateralismo estipula que o réu subs-

preservado no tribunal, a menos que alguma regra dentro da extensão explícita de uma convenção jurídica exija o contrário. Assim, o unilateralismo diz que o sr. O'Brian não deve ser forçado a indenizar a sra. McLoughlin pelos danos morais que lhe causou, mesmo que o juiz ache que a regra oposta seria melhor para o futuro[9].

Em uma área, a do direito penal, a prática anglo-americana é muito próxima do unilateralismo[10]. Acreditamos que uma pessoa não deve ser culpada de um crime, a menos que a lei (ou outro tipo de legislação) que estabelece esse crime seja tão clara que a pessoa em questão tivesse conhecimento da natureza criminosa de seu ato, ou pudesse tê-lo, se houvesse feito uma tentativa séria de descobrir isso. Nos Estados Unidos, esse princípio tem o *status* de um princípio constitucional, e em várias ocasiões a Suprema Corte já reverteu condenações criminais porque o suposto crime era definido de maneira demasiado vaga para ser conhecido[11]. Mas nossa prática jurídica não é

---

tancial deve ganhar, a menos que a extensão explícita de alguma convenção jurídica habilite o pleiteante substancial a ganhar. Mesmo nessa forma mais cuidadosa, o unilateralismo não oferece nenhuma recomendação quando a distinção entre pleiteante substancial e réu substancial se rompe, como quando as partes disputam um título de propriedade que ainda não pertence a um ou ao outro, ou que ninguém poderia possuir se os tribunais não interviessem de alguma maneira. Tais casos, porém, são bastante raros; o unilateralismo ofereceria uma decisão na maioria dos casos difíceis.

9. O unilateralismo permitiria, contudo, um tipo diferente de decisão: que o sr. O'Brian deveria ganhar o presente processo porque não há nenhuma regra estabelecida que determine o contrário, mas que o juiz deveria declarar uma nova regra para o futuro, de tal modo que as pessoas na situação da sra. McLoughlin pudessem ser indenizadas em casos posteriores, uma vez que podem apelar a essa nova regra por ter se tornado parte da extensão explícita através da decisão do juiz. Os juízes às vezes decidem desse modo quando não estão simplesmente criando uma nova regra porque nenhuma existia, mas invalidando uma regra do passado na qual a parte vencedora poderia ter se baseado. Essa prática, chamada de invalidação "em perspectiva", será discutida no capítulo V.

10. Cf. a discussão da assimetria do direito civil e criminal em *Taking Rights Seriously*, 100.

11. Cf., por exemplo, *Bowie vs. City of Columbia*, 378 U.S. 347 (1964). Os tribunais ingleses têm sido muito menos solícitos. Cf. *Shaw vs. Director of Public Prosecutions* [1962] A.C. 220.

igualmente unilateralista nos vastos domínios do direito privado que tem sido o objeto principal de nossa discussão neste livro – é muito comum que os juízes decidam a favor do pleiteante, como fizeram no caso *McLoughlin*, quando, segundo o convencionalismo, o pleiteante não tinha pretensão juridicamente protegida que lhe assegurasse a vitória.

Nossa prática seria muito diferente se fosse unilateralista em termos gerais. Haveria um número muito menor de processos judiciais, pois um pleiteante só moveria um processo se tivesse um claro direito a ganhar, caso em que o réu eventual não se defenderia, preferindo pagar. As pessoas poderiam ainda mover processos quando os fatos fossem discutíveis, pois cada parte poderia esperar convencer o juiz ou o júri de que sua visão dos fatos era historicamente correta[12]. Mas ninguém abriria um processo com a esperança de convencer um juiz a "estender" uma regra inquestionável de maneira polêmica, e (o que é ainda mais importante) ninguém jamais ajustaria sua conduta com a expectativa de que um tribunal pudesse estender uma regra se, por alguma razão, seus problemas fossem levados ao mesmo. Assim, o unilateralismo não é nem mesmo uma interpretação remotamente aceitável de nossa conduta e prática jurídicas.

O convencionalismo estrito parece mais aceitável do que o unilateralismo exatamente por ser bilateral. Não estipula que o réu tem direito a ganhar um processo sempre que (e apenas porque) o pleiteante não o tem: insiste em que ambas as partes podem não ter o direito de ganhar. Mas esse fato mesmo exige que um convencionalista encontre uma justificativa política mais complexa do que aquela que descrevi há pouco. Ele deve sustentar não apenas que a surpresa é ineficaz e indesejável, mas que, em certas circunstâncias, deve ser aceita, contudo, devido a outro princípio ou política mais importante. Deve mostrar que a estrutura bilateral do convencionalismo realmente

---

12. O unilateralismo seria ainda mais eficaz, ao proteger as pessoas contra uma intervenção imprevista do Estado, se sempre atribuísse ao pleiteante o ônus da prova nos casos de problemas factuais.

estabelece uma distinção entre diferentes circunstâncias: aquelas nas quais a surpresa deve ser evitada, e aquelas nas quais por essas razões antagônicas, é preciso tolerá-la.

Convenção e coordenação

Alguns filósofos do direito propõem um argumento que tenta atingir exatamente esse objetivo. Tentam explicar por que a surpresa é em geral indesejável, e também quando deve ser aceita apesar de tudo. Apresentarei esse argumento naquilo que me parece ser sua forma mais persuasiva[13]. "O objetivo do convencionalismo não é apenas proteger os litigantes contra a surpresa, mas um objetivo muito mais complexo que inclui este, de conseguir os benefícios sociais da atividade coordenada, tanto privada quanto comercial. As pessoas necessitam de regras para viver e trabalhar juntas com eficiência, e precisam ser protegidas quando confiam em tais regras. Contudo, estimular e recompensar a confiança nem sempre são atitudes de importância decisiva; às vezes é melhor que certas questões permaneçam sem regulamentação por convenção, para permitir o jogo de opiniões independentes, por parte dos juízes e do público quanto àquilo que os juízes poderão vir a decidir. Esse equilíbrio entre confiança e flexibilidade é possibilitado pela estrutura bilateral do convencionalismo. A convenção estabelece certos procedimentos de tal modo que, quando se adotam regras claras segundo esses procedimentos, as pessoas podem confiar na intervenção do Estado em seu próprio interesse; podem também confiar em que o Estado não vai intervir por injunção de outros cidadãos, salvo quando essas regras estipulem, e podem assim planejar e coordenar seus negócios. Contudo, quando esses procedimentos deixaram lacunas, as pessoas sabem que não têm direito de se apoiar em nada, exceto que, se suas ativi-

---

13. Comparar com G. Postema, "Coordination and Convention at the Foundations of Law", 11, *Journal of Legal Studies*, 165 (1982). Comparar com F. Hayek, *Law, Legislation and Liberty* (2 vols., Chicago, 1973, 1976).

dades provocarem um litígio, os juízes decidirão seu destino mediante a elaboração daquilo que, pelo menos na opinião deles, constitui a melhor regra para o futuro." Essa descrição das virtudes do convencionalismo ajusta-se muito bem à diferença que descrevi anteriormente entre acordo por convenção e acordo de convicções, e também com as recentes explicações filosóficas sobre o que é uma convenção[14]. Uma convenção existe quando as pessoas seguem certas regras ou máximas por razões que incluem, essencialmente, suas expectativas de que outros seguirão as mesmas regras ou máximas, e seguirão regras por esse motivo quando acreditarem que, considerados todos os fatores, ter uma regra estabelecida é mais importante do que ter qualquer regra em particular. A convenção de que quando cair uma ligação telefônica a pessoa que fez a chamada voltará a ligar, e a outra aguardará, segue esse modelo ao pé da letra. Assim o fazem as convenções que constituem o código de trânsito. Nossa razão para dirigir à direita nos Estados Unidos e à esquerda na Inglaterra se resume ao fato de esperarmos que os outros façam o mesmo, juntamente com a crença de que é mais importante haver uma regra comum do que uma em lugar da outra. No caso do código de trânsito, não temos razão para pensar que uma regra seja melhor que outra. Mas, mesmo que tivéssemos tal razão – mesmo que considerássemos mais natural que os destros, que constituem a maioria, dirigissem à direita –, nossas razões para querer que todos dirijam do mesmo lado ainda assim seriam muito mais fortes.

Na situação contrária, quando não existe convenção mas apenas acordo de convicções, todos seguem a mesma regra, mas o fazem sobretudo por acreditarem, individualmente, que se trata da melhor regra a seguir. Todos consideramos errado infligir dor gratuitamente, mas nossa razão para obedecer a tal princípio não é que os outros o fazem. Pode ser que, se os outros não seguissem a regra que para nós é a melhor, teríamos

---

14. Cf. Lewis, acima (n. 3).

de fato uma razão para deixarmos também de segui-la. Talvez, se ninguém mais achasse errado matar ou roubar, seria imprudente continuar agindo com base em nossos escrúpulos atuais. Nesse caso, porém, teríamos uma razão antagônica ou inconciliável que entraria em conflito com nossa principal razão positiva para não matar ou roubar. Nas atuais circunstâncias, quando a maioria das pessoas compartilha as nossas mesmas crenças sobre o assassinato, esse fato não constitui a principal razão que nos leva a agir da maneira que achamos que devemos agir.

Nosso novo argumento em favor das virtudes políticas do convencionalismo usa essas distinções para demonstrar por que a linha demarcatória que essa teoria traça entre os casos resolvidos pelo direito e os casos que exigem a criação judicial de direito alcança o equilíbrio correto entre a previsibilidade e a flexibilidade. "Ocorre muitas vezes que o acordo sobre as regras de direito privado é mais importante que a natureza dessas regras, pelo menos no âmbito de limites mais vastos. É desejável dispor de procedimentos convencionais como a legislação e o precedente, de tal modo que as pessoas possam confiar em quaisquer decisões que venham a ser tomadas através desses procedimentos. Poderia ser muito importante, por exemplo, que se estabelecesse – e de forma decisiva – se e quando os motoristas imprudentes são responsáveis pelos danos morais que infligem a outros, além de suas vítimas imediatas. As seguradoras podem então fixar inteligentemente os prêmios, e as pessoas podem tomar decisões inteligentes sobre o tipo de seguro a fazer, o preço a pagar e os riscos a correr. Isso não significa que para o bem-estar social as regras estabelecidas não façam diferença alguma. As regras de responsabilidade não são iguais às regras de trânsito. Poderia ser mais ou menos eficiente, ou mais ou menos justo, atribuir responsabilidade a uma parte ou à outra, e é por isso que é importante que a legislatura ou os tribunais, qualquer que seja o primeiro a estabelecer a regra, tome a decisão substantiva correta. Contudo, uma vez implantado um conjunto de regras, em vez de pensar que são as melhores regras disponíveis, poderíamos considerar mais importante que fossem vistas pelo público como estabelecidas, para que as pessoas pudessem fazer seus planos de acordo com elas; isto oferece uma razão para que os tribunais deixem a regra intacta mesmo quando acharem que foi feita uma escolha errada na primeira instância." Suponhamos, agora, que um unilateralista viesse a objetar nos seguintes termos: uma vez que a coordenação é tão importante nesse domínio, seria necessário permitir que a convenção ocupasse o domínio todo do modo por ela recomendado. Deveríamos considerar estabelecido que os motoristas só são responsáveis pelos danos explicitamente estipulados em leis claras, de tal modo que os motoristas e as vítimas potenciais possam assegurar-se e fazer seus planos com antecedência. O convencionalista agora tem uma defesa convincente de seu bilateralismo contra essa objeção. "Uma vez que importa, até certo ponto (e talvez muito), qual foi a regra escolhida, agiríamos melhor se só usássemos a convenção para proteger decisões que alguma instituição política responsável tenha tomado com base nos méritos, recusando-nos a aceitar decisões por revelia, isto é, decisões que na verdade ninguém tomou. Se foi tomada alguma decisão sobre a responsabilidade por danos morais, e não cabe controvérsia alguma sobre a natureza da decisão, então todos devem ter o direito de que tal decisão seja cumprida, até que, do mesmo modo, ela seja publicamente desautorizada. Mas, se não se tomou decisão alguma, então o tribunal deve ser livre para decidir com base nos méritos, tomando a melhor decisão para o futuro, embora levando em conta, é claro, a coerência estratégica.

Convencionalismo e pragmatismo

A defesa do convencionalismo que até aqui apresentamos tem duas partes: a primeira é que um julgamento sábio consiste em encontrar o exato equilíbrio entre previsibilidade e flexibilidade; a segunda é que o exato equilíbrio é assegurado pelos juízes, sempre respeitando as decisões explícitas tomadas no passado por instituições políticas, mas sem aplicar decisões por revelia, como o faz o unilateralismo. A segunda parte parece mais vulnerável do que a primeira. Por que essa política tão rígida assegura o exato equilíbrio, em vez de uma política mais sofisticada que pudesse ser sensível aos méritos antagônicos da previsibilidade e da flexibilidade, caso por caso? A segunda concepção geral de direito que introduzi no último capítulo, o pragmatismo jurídico, afirma que as pessoas nunca têm direito a nada, a não ser a decisão judicial que, ao final, se revelar a melhor para a comunidade como um todo, sem considerar nenhuma decisão política tomada no passado. Portanto, não têm o direito de que se use o poder coletivo do Estado em seu benefício, nem de que não se use contra elas em razão simplesmente do que uma legislatura ou outro tribunal tenha decidido no passado. Veremos, em poucas palavras, que o pragmatismo é menos radical do que essa descrição pode fazê-lo parecer, pois reconhece razões estratégicas pelas quais as leis devem ser geralmente aplicadas de acordo com seu significado manifesto e pretendido, e pelas quais as decisões judiciais anteriores devem ser normalmente respeitadas nos casos atuais. Do contrário, o governo perderia seu poder de controlar o comportamento das pessoas, o que sem dúvida viria a piorar a comunidade como um todo. Essas, porém, são apenas razões de estratégia, e um pragmático acha que os juízes devem estar sempre prontos a rejeitar tais razões quando acreditam que modificar as regras estabelecidas no passado irá favorecer o interesse geral, a despeito de provocar algum dano à autoridade das instituições políticas.

Uma sociedade abertamente comprometida com o pragmatismo jurídico seria diferente de uma sociedade conscientemente convencionalista. Suponhamos que a sra. McLoughlin tivesse estado na cena do acidente; de acordo com o convencionalismo, ela teria o direito de ser indenizada em virtude de decisões anteriores. Um juiz pragmático poderia talvez decidir, em tal caso, invalidar essas decisões passadas. Ele deve ser sensível a considerações de natureza estratégica, que vão incluir uma preocupação com as vantagens da coordenação. Desse modo, mesmo acreditando que, de um ponto de vista econômico, a melhor decisão seria negar qualquer indenização por danos morais, ainda assim ele indagaria se o papel do direito ao estimular a confiança e a coordenação seria muito prejudicado se ignorasse os precedentes e, nesse caso, se tal perda seria compensada pelos ganhos que a mudança o leva a prever. Mas ele poderia concluir que o prejuízo ao papel desempenhado pelo direito seria pequeno, e o ganho econômico grande, e assim decidir-se a não permitir nenhuma indenização.

A diferença prática entre as duas teorias da jurisdição é, portanto, a seguinte: em um regime convencionalista, os juízes não se considerariam livres para alterar regras adotadas conforme as convenções jurídicas correntes, exatamente porque, após o exame de todos os aspectos da questão, uma regra diferente seria mais justa ou eficiente. Em um regime pragmático, nenhuma convenção desse tipo seria reconhecida, e ainda que os juízes normalmente ordenassem o cumprimento de decisões tomadas por outras instituições políticas no passado, eles não reconheceriam nenhum dever geral de fazê-lo. Em uma sociedade convencionalista, alguém que planejasse seus assuntos poderia basear-se em decisões anteriores endossadas por uma convenção. Em uma sociedade pragmática, porém, ele teria de prever se os juízes considerariam seu caso como um daqueles em que as virtudes da previsibilidade são menos importantes do que a substância da lei e, no caso de considerarem a substância mais importante, se veriam uma decisão favorável a ele como melhor ou pior para a comunidade. O pragmatismo torna um pouco mais difícil prever o modo como vão comportar-se os tribunais nos casos que, do ponto de vista do convencionalismo, são fáceis. Mas o pragmatismo tem vantagens correspondentes. Deixa os juízes livres para mudarem as regras quando do pensam que a mudança seria – ligeiramente ao menos – mais importante que qualquer mal que a mudança pudesse causar. Também estimula a comunidade a esperar tais mudanças, e desse modo obtém uma boa parte do benefício da mudança sem o desgaste do litígio, ou sem o dispendioso, incerto e inconveniente processo de criação de direito.

Qual desses dois diferentes regimes – o convencionalismo ou o pragmatismo – parece capaz de produzir o melhor equilíbrio entre previsibilidade e flexibilidade e, portanto, a estrutura mais eficiente para coordenar as ações dos cidadãos a longo prazo? Não temos razão alguma para pensar que um ou o outro seria o melhor para todas as comunidades em todas as épocas. Muito vai depender de detalhes relativos ao desenvolvimento econômico, modelos de comércio, tecnologia, ideologia, tipos e níveis de conflito social etc. Sem dúvida, essas características de uma sociedade serão, elas próprias, influenciadas por seu estilo dominante de prestação jurisdicional. Mas isso torna ainda mais irracional supor que qualquer argumento *a priori* poderia demonstrar que uma estratégia será sempre a mais certa. Bem aqui nesse fato temos um argumento: se tivéssemos de escolher uma das duas estratégias para um futuro indefinido, seria melhor escolher o pragmatismo, que é muito mais adaptável. Se a estrutura econômica e social de nossa comunidade se desenvolve de tal modo que, retrospectivamente, parece que uma estratégia convencionalista teria sido mais apropriada, então o pragmatismo já terá levado o modelo dominante de jurisdição muito próximo do convencionalismo. Pois, tanto os juízes quanto as pessoas comuns terão percebido que a esfera que deveria ser dominada pela previsibilidade é muito vasta, e os cidadãos farão seus planos pressupondo que os juízes adotam esse ponto de vista e, portanto, não reverterão com freqüência a prática jurídica estabelecida. O contrário, porém, não é verdadeiro. O sistema convencionalista não tem a capacidade de chegar a nada que se assemelhe à flexibilidade do pragmatismo, pois qualquer abrandamento envolveria, inevitavelmente, o fracasso da expectativa publicamente estimulada.

Não quero dizer que endosso o pragmatismo. Seus méritos e defeitos constituem o tema do próximo capítulo. Quero apenas oferecer a seguinte resposta ao argumento da coordenação como um argumento favorável ao convencionalismo. Se formos tentados a optar pelo convencionalismo com base no argumento de que oferece uma estratégia aceitável para chegar ao equilíbrio mais eficaz entre certeza e flexibilidade, devemos

CONVENCIONALISMO 183

então optar pelo pragmatismo, que parece ser uma estratégia muito melhor. Em resumo, na primeira parte deste capítulo afirmei que o convencionalismo se ajusta mal a nossas práticas jurídicas. Indaguei se tal concepção justificaria essas práticas, oferecendo um quadro sedutor da finalidade do direito, caso se ajustasse bem. Vimos agora que não, que não temos razão para forçá-lo a esse ajuste. O insucesso do convencionalismo enquanto interpretação do nosso direito é completo, pois ocorre nas duas dimensões da interpretação.

Capítulo V
Pragmatismo e personificação

Uma concepção cética

Muitos leitores devem ter ficado chocados, e outros, antes, encantados com minha descrição inicial do pragmatismo jurídico no capítulo III. Devo, agora, substituí-la por uma apresentação mais complexa – mas, espero, ainda assim interessante – com o objetivo de mostrar a diferença principal entre pragmatismo e direito como completeza. O pragmático adota uma atitude cética com relação ao pressuposto que acreditamos estar personificado no conceito de direito: nega que as decisões políticas do passado, por si sós, ofereçam qualquer justificativa para o uso ou não do poder coercitivo do Estado. Ele encontra a justificativa necessária à coerção na justiça, na eficiência ou em alguma outra virtude contemporânea da própria decisão coercitiva, como e quando ela é tomada por juízes, e acrescenta que a coerência com qualquer decisão legislativa ou judicial anterior não contribui, em princípio, para a justiça ou a virtude de qualquer decisão atual. Se os juízes se deixarem guiar por esse conselho, acredita ele, então a menos que cometam grandes erros, a coerção que impõem tornará o futuro da comunidade mais promissor, liberado da mão morta do passado e do fetiche da coerência pela coerência.

Os juízes certamente vão divergir sobre qual regra, estabelecida em que circunstâncias, seria de fato melhor para o futuro sem levar em consideração o passado. Em alguns casos, não estarão de acordo sobre as consequências prováveis de uma regra específica, e, em outros, pelo fato de terem concepções diferentes sobre o que é uma boa comunidade. Alguns pensarão que uma boa comunidade nunca estabelece regras coercitivas, a não ser para fazer cumprir os deveres morais, e que, portanto, o sr. O'Brian deve ser obrigado a indenizar a sra. McLoughlin se, e apenas se, tiver o dever moral de fazê-lo. Outros pensarão que o valor de uma comunidade depende em grande parte de sua prosperidade, de modo que o sr. O'Brian deveria ser obrigado a indenizar a sra. McLoughlin se a prática da indenização em tais circunstâncias aumentar a riqueza da comunidade como um todo. Enquanto concepção do direito, o pragmatismo não estipula quais, dentre essas diversas noções de uma boa comunidade, são bem fundadas ou atraentes. Estimula os juízes a decidir e a agir segundo seus próprios pontos de vista. Pressupõe que essa prática servirá melhor à comunidade – aproximando-a daquilo que realmente é uma sociedade imparcial, justa e feliz – do que qualquer outro programa alternativo que exija coerência com decisões já tomadas por outros juízes ou pela legislatura.

Segundo nossa apresentação abstrata, "conceitual", da prática jurídica, uma pessoa tem a pretensão juridicamente protegida de ganhar um processo se esse direito decorrer de decisões políticas anteriores. O convencionalismo oferece uma teoria positiva, não cética, dos direitos que as pessoas possuem: elas têm como pretensões juridicamente asseguradas todos os direitos que as convenções jurídicas extraem de decisões políticas tomadas no passado. O direito como completeza é também uma teoria não cética das pretensões juridicamente protegidas: sustenta que as pessoas têm como pretensões juridicamente protegidas todos os direitos que são patrocinados pelos princípios que proporcionam a melhor justificativa da prática jurídica como um todo. O pragmatismo, ao contrário, nega que as pessoas tenham quaisquer direitos; adota o ponto de vista de que elas nunca terão direito àquilo que seria pior para a comunidade apenas porque alguma legislação assim o estabeleceu, ou porque uma longa fileira de juízes decidiu que outras pessoas tinham tal direito.

Os direitos e os deveres jurídicos constituem uma parte familiar de nossa cena jurídica; o leitor, portanto, poderia surpreender-se com o fato de alguém propor o pragmatismo como interpretação possível de nossa prática atual. Os pragmáticos, contudo, têm uma explicação sobre por que a linguagem dos direitos e deveres figura no discurso jurídico. Afirmam, com fundamentação pragmática, que os juízes devem às vezes agir *como se* as pessoas tivessem direitos, porque a longo prazo esse modo de agir servirá melhor à sociedade. O argumento em favor dessa estratégia do "como se" é bastante direto: a civilização é impossível a menos que as decisões de uma pessoa ou de um grupo bem definido sejam aceitas por todos como instauradoras de normas públicas que, se necessário, serão aplicadas pelo poder de polícia. Só a legislação pode estabelecer taxas de tributação, estruturar mercados, determinar códigos e sistemas de trânsito, estipular taxas de juros aceitáveis ou decidir quais construções em estilo georgiano devem ser preservadas da modernização. Se os juízes fizessem uma seleção na legislação, fazendo cumprir apenas as leis que aprovaram, isso levaria ao fracasso do objetivo pragmático pois, em vez de melhorar as coisas, acabariam por torná-las muito piores. Assim, o pragmatismo pode ser uma interpretação possível de nossas práticas jurídicas se se verificar que nossos juízes declaram que as pessoas têm direitos apenas, ou principalmente quando um juiz conscientemente pragmático pretender que elas os têm. O pragmatismo poderia ser menos radical na prática do que parece sê-lo em teoria.

Os advogados acadêmicos que mencionei no primeiro capítulo, que se autodenominavam "realistas", fizeram o pragmatismo parecer muito radical. Alguns deles encontravam grande satisfação nas declarações provocativas que faziam a respeito de sua posição: o direito não existe, diziam, ou o direito não passa da previsão do que farão os tribunais, ou é apenas uma questão daquilo que os juízes tomaram no café da manhã. Às vezes fazem essas afirmações radicais na forma de teorias semânticas: alguns afirmavam que as proposições jurídicas são sinônimo de predições daquilo que os juízes farão, ou que não passam de expressões da emoção, não sendo portanto, de maneira alguma, proposições de fato. O realismo está hoje fora de moda, em grande parte como consequência dessas tolas afirmações semânticas. É evidente que as proposições jurídicas não são predições disfarçadas ou expressões do desejo. Assim, os professores da doutrina ensinam a seus alunos que o realismo jurídico foi um exagero desnecessário de alguns aspectos da prática jurídica, mais bem descrita de modo menos acalorado. Mas o pragmatismo é uma concepção interpretativa do direito, e não uma teoria semântica. Como tentarei demonstrar agora, trata-se de uma concepção do direito mais poderosa e persuasiva do que o convencionalismo, e um desafio mais forte ao direito como completeza.

O pragmatismo é conveniente?

Direitos "como se"

Deveríamos começar nosso exame do pragmatismo pela questão que há pouco colocamos. Será que os juízes e juristas reconhecem os direitos principalmente em circunstâncias que poderiam ser explicadas em bases pragmáticas? Devemos nos perguntar qual estratégia adotaria um juiz conscientemente pragmático e sofisticado ao fingir que as pessoas têm direitos legais. Ele tentaria encontrar o exato equilíbrio entre a previsibilidade necessária para proteger as valiosas instituições da legislação e do precedente e a flexibilidade necessária a si mesmo, e a outros juízes, para aperfeiçoar o direito através do que fazem no tribunal. Qualquer estratégia geral para chegar a isso seria provisória; um juiz pragmático estaria pronto a rever sua prática ao ampliar ou reduzir o alcance daquilo que considera como direitos, à medida que a experiência aperfeiçoasse os cálculos complicados dos quais dependeria qualquer estratégia desse tipo.

Pelas razões examinadas, ele sem dúvida incluiria em sua lista de direitos "como se" os direitos que uma legislação clara pretende criar. Mas não decidiria necessariamente honrar todos os direitos conferidos por todas as leis. Poderia excluir leis antigas, como as que proíbem a contracepção, por mais claras e precisas que pudessem ser, se fossem apenas relíquias de políticas já há muito abandonadas, se não representassem nenhuma decisão política contemporânea e, portanto, não desempenhassem nenhum papel útil na coordenação atual do comportamento social[1]. Em termos gerais, reconheceria como direitos do tipo "como se" aqueles declarados por outros juízes em decisões anteriores, mas, de novo, não incluiria todas essas decisões. Pensaria que os juízes devem manter o poder de rejeitar decisões judiciais do passado, se estas fossem especialmente irrefletidas, mesmo que suficientemente claras para fornecer uma linha de conduta aos litigantes. Assim, uma bem fundada estratégia "como se" produziria uma doutrina atenuada de respeito às leis e aos precedentes.

Não obstante, um pragmático sofisticado poderia ser tentado, por razões que consideraria totalmente respeitáveis, a disfarçar essas atenuantes. Poderia achar melhor, às vezes, simular a aplicação de uma lei antiga ou obsoleta, ou de um precedente malicioso e tolo, quando na verdade os estaria ignorando. Nesse caso, poderia apresentar sua decisão como uma surpreendente "interpretação" da lei ou do precedente, quando na verdade não se trata disso. Um pragmático consumado consideraria a questão de disfarçar ou não (e em que medida) sua decisão real desse modo, simplesmente como mais uma questão de estratégia. Estará a comunidade tão ansiosa de que seus juízes não se comportem como pragmáticos, que essa "nobre mentira" o ajudará a melhor servir a seus verdadeiros interesses a longo prazo? Ou as pessoas descobrirão a mentira e ficarão menos dispostas a aceitar suas decisões e deixar-se conduzir por elas do que se ele tivesse se mostrado mais franco já desde o início? Ou essa sociedade será pior por ter sido enganada, e somente por essa razão, pois nunca faz parte dos verdadeiros interesses das pessoas que se minta para elas, mesmo

---

1. Cf. Guido Calabresi, *A Common Law for the Age of Statutes* (Cambridge, Mass., 1982).

que nunca descubram a mentira? Não se trata de tomar uma decisão do tipo oito ou oitenta: um pragmático deveria chegar a sua concepção de modo tão abertamente pragmático quanto lhe permita sua ousadia, disfarçando apenas aqueles elementos – sua doutrina da obsolescência, talvez – que a comunidade não está totalmente preparada para aceitar.

Um estudo de caso: regulamentação prospectiva

Assim, um pragmático consciente poderia decidir casos recorrendo a maneiras – e mesmo a palavras – que nos são familiares. Além de qualquer estratégia de mentira nobre, ele terá outras razões para obedecer a certas práticas conhecidas que, num primeiro momento, poderia sentir-se tentado a descartar. Um juiz pragmático imaginativo poderia ser tentado, por exemplo, a dissociar a questão de qual regra deveria estabelecer para o futuro da questão de como deveria decidir o caso que tem diante de si. Suponhamos que ele observe que Elmer provavelmente utilizará a herança de uma forma que beneficiará a comunidade mais do que qualquer uso que a ela pudessem dar Goneril e Regan. Vai aplicá-la enquanto estiver preso e usá-la de maneira benéfica para a sociedade quando for solto, enquanto elas gastarão o dinheiro em artigos de luxo importados. Por que não desferir um golpe voltado para o futuro: evitar novos assassinatos ao declarar que, no futuro, os assassinos não poderão herdar, mas fomentar a prosperidade social permitindo que Elmer ganhe? Essa estratégia sutil dependeria de que outros juízes obedecessem à nova regra quando se vissem diante de assassinos reclamando suas heranças, em vez de decidirem por si mesmos se o assassino gastaria o dinheiro de maneira mais útil que os herdeiros necessários. Mas nosso juiz poderia garantir isso ao deixar clara sua intenção de que a nova regra seja aplicada a todos os casos futuros, e que a exceção de Elmer só se tornou possível pelo fato de nenhum juiz ter estabelecido uma regra semelhante antes de Elmer cometer seu crime.

Contudo, se um juiz pragmático refletir bem sobre o assunto, terminará por descartar essa técnica de regulamentação "exclusivamente prospectiva", a não ser em circunstâncias muito especiais. Ele perceberá que se essa técnica se tornasse popular, as pessoas que poderiam beneficiar-se de novas regras voltadas para o futuro perderiam o incentivo de levar ao tribunal novos casos em que essas regras poderiam ser anunciadas para o futuro. As pessoas só pleiteam esses casos em juízo (o que é ao mesmo tempo arriscado e caro) porque acreditam que, se conseguirem convencer algum juiz de que uma nova regra seria de interesse público, essa nova regra será aplicada retroativamente, em seu favor. Se lhes negarem tal possibilidade não abrirão processo algum, e a comunidade perderá os benefícios que lhes seriam conferidos pelas novas regras.

Por outro lado, se de modo quase invariável um juiz pragmático aplicar suas novas regras retroativamente e incentivar outros juízes a fazer o mesmo, isso resultará em outro benefício muito importante para a sua comunidade. Percebemos esse benefício ao descobrir por que o convencionalismo é pior que o pragmatismo para coordenar o comportamento social. Se as pessoas souberem que uma nova regra será aplicada retroativamente, elas irão comportar-se de acordo com quaisquer regras que, segundo imaginam, os tribunais considerarão de interesse geral, e isso constituirá uma grande parte da vantagem de tais regras, sem a necessidade de elaboração de novas leis ou jurisprudência. Suponhamos que nunca tenha sido estabelecido que as pessoas que aceitam um cheque que acreditam ser falso possam, ainda assim, cobrá-lo. A legislatura nunca teve a oportunidade de manifestar-se sobre o assunto, e o problema jamais chegou aos tribunais. Ainda assim, qualquer um que lide com cheques e reflita sobre a questão tem claro que, em tais circunstâncias, é do interesse público recusar a cobrança. Se uma pessoa a quem se oferece um cheque obviamente falso acreditar que, se a questão for levada a juízo, um tribunal estabelecerá uma regra recusando o ressarcimento futuro e aplicará essa regra contra ela, não aceitará o cheque logo de início, e a sociedade será beneficiada pela melhor regra sem arcar com os custos de um litígio ou incorrer nas desvantagens de práticas comerciais iníquas antes que o caso vá a juízo.

O velho obstáculo

Parece que o pragmatismo adapta-se melhor a nossas práticas jurídicas que o convencionalismo. Pusemos o convencionalismo à prova contra duas perspectivas de nossa prática: em corte transversal, como uma descrição daquilo que certos juízes fazem em casos específicos, e ao longo do tempo, como uma narrativa do desenvolvimento e da evolução da cultura jurídica como um todo. O convencionalismo mostrou-se falho nessa última perspectiva. Sua imagem do direito como uma questão de convenções – um jogo com espaços vazios entre as regras – apresenta uma descrição muito distorcida do modo como as práticas estabelecidas vêm a ser questionadas e modificadas. O pragmatismo oferece uma versão mais promissora. Mostra que as estratégias para perseguir o interesse geral, que parecem óbvias em uma geração, passarão a ser questionadas em outra; portanto, serão naturalmente modificadas no âmbito do processo judicial, e não fora dele. O convencionalismo mostrou-se igualmente falho na primeira perspectiva. Não foi capaz de explicar o traço dominante da deliberação judicial em casos difíceis como os dos nossos exemplos: a constante e incansável preocupação que têm os juízes de explicar a "verdadeira" força de uma lei ou de uma decisão anterior quando essa força é problemática. Será que a estratégia do "como se" do pragmatismo oferece uma explicação melhor? Ou também sucumbe diante desse obstáculo?

Um juiz pragmático não tem nenhuma razão direta para preocupar-se, como os juízes do caso *Elmer*, com as intenções dos legisladores que primeiro adotaram a lei de testamentos de Nova York. Ele pensa que a única razão válida para aplicar leis de cuja sabedoria duvida consiste em proteger a capacidade da legislatura de coordenar o comportamento social. Portanto, não vê motivo para tentar aplicar instruções legais tão pouco claras que qualquer confiança nelas seria especulativa, tão vagas que não podem contribuir de maneira alguma para a coordenação. Em particular, não vê por que tentar descobrir as intenções de legisladores mortos há muito tempo, intenções que, de qualquer modo, devem ser obscuras, polêmicas e inacessíveis ao grande público. Ele acha muito melhor insistir em que, quando uma lei é muito confusa, não pode ser a fonte de nenhum direito do tipo "como se", que a regra correta é aquela que se mostrar melhor para o futuro. Assim, o juiz pragmático só se comportará como Earl no caso *Elmer* se tiver uma razão indireta, uma mentira nobre, que o leve a fazer de conta que as intenções legislativas são relevantes. É muito improvável que ele encontre uma razão desse tipo. Pois a capacidade da legislatura atual de fazer valer sua vontade sai praticamente ilesa se os juízes se recusarem a especular sobre a maneira de interpretar regras nebulosas de um passado remoto, ou sobre quais teriam sido as intenções de pessoas muito diferentes dos legisladores contemporâneos se tivessem refletido sobre um problema que na verdade ignoravam.

Em sua teoria sobre direitos "como se", um juiz pragmático encontrará lugar para uma doutrina do precedente. As pessoas podem planejar seus assuntos com mais confiança se tiverem uma orientação melhor sobre quando e como o Estado vai intervir, e a comunidade, portanto, estará muito melhor se puder racionalmente examinar as decisões judiciais anteriores para prever as próximas. Uma vez mais, porém, essa justificativa para respeitar o precedente não se sustenta quando o alcance de uma decisão anterior é obscuro e polêmico. Assim, um pragmático não tem nenhuma razão direta para empenhar-se em descobrir o "verdadeiro" fundamento dessa decisão tentando ler a mente dos juízes que a tomaram, ou mediante qualquer outro processo de adivinhação. Ele também não se sente obrigado a decidir casos posteriores "por analogia" com casos anteriores, pelo menos quando houver espaço para a divergência sobre a semelhança ou a diferença entre os casos atuais e os do passado.

Imaginemos um juiz pragmático decidindo o caso *McLoughlin*. Ele põe de lado a questão de se há alguma importante diferença de princípio entre o caso da mãe que sofre danos morais ao ver seu filho ser atropelado por um carro e da mãe que passa pelo mesmo tipo de dano ao ver seu filho ensanguentado em um hospital. Insiste na necessidade de separar os dois casos. Há um precedente direto no primeiro caso, e ele sabe que uma estratégia bem fundada poderia exigir-lhe que seguisse esse precedente. Não há nenhum precedente direto no segundo, e ele então se sente livre para decidir como lhe parecer melhor, a partir do nada, haja ou não uma diferença de princípio entre os dois casos. Estabelecer uma relação entre os dois casos não fomenta o planejamento, uma vez que, de qualquer modo, a relação é controversa, e a flexibilidade se vê melhorada pela separação de ambos. Uma vez mais, só podemos defender que o pragmatismo corresponde bem àquilo que os juízes realmente fazem e dizem nos casos difíceis se admitirmos que o pragmático teria as razões da nobre mentira para formular e acatar a interpretação dos casos anteriores como tendo o mesmo fundamento que a presente situação. Uma vez mais, esse pressuposto é muito implausível. O público não se sentirá insultado se lhe disserem que os precedentes ficarão restritos a seus verdadeiros sentidos. O poder geral que têm os precedentes de orientar o comportamento não será muito ameaçado se os juízes se recusarem a segui-los quando os conselhos que oferecem forem muito obscuros.

Assim, o pragmatismo só pode ser resgatado como uma boa explicação de nossa imagem transversal da decisão judicial por meio de um mecanismo procustiano que parece extremamente inadequado. Só pode ser resgatado se não tomarmos as opiniões judiciais em seu significado literal; precisamos tratar todos os juízes que se preocupam com leis e precedentes problemáticos como se praticassem uma forma imotivada de impostura. Devemos vê-los como se inventassem novas regras para o futuro de acordo com suas próprias convicções sobre o que é melhor para a sociedade como um todo, livres de quaisquer pretensos direitos que decorreriam da coerência com a jurisprudência, mas apresentando-as, por razões desconhecidas, com a falsa aparência de regras extraídas do passado.

O pragmatismo precisa de epiciclos para sobreviver como uma interpretação possível de nossa prática, e esses epiciclos só podem ser tolerados se o pragmatismo for tão poderoso na segunda dimensão da interpretação jurídica, tão atraente enquanto justificativa política para a coerção do Estado, que se torne merecedor de um apoio heroico para sua sobrevivência. Será que merece?

O direito sem direitos

O pragmatismo é uma concepção cética do direito porque rejeita a existência de pretensões juridicamente tuteladas genuínas, não estratégicas. Não rejeita a moral, nem mesmo as pretensões morais e políticas. Afirma que, para decidir os casos, os juízes devem seguir qualquer método que produza aquilo que acreditam ser a melhor comunidade futura, e ainda que alguns juristas pragmáticos pudessem pensar que isso significa uma comunidade mais rica, mais feliz ou mais poderosa, outros escolheriam uma comunidade com menos injustiças, com uma melhor tradição cultural e com aquilo que chamamos de alta qualidade de vida. O pragmatismo não exclui nenhuma teoria sobre o que torna uma comunidade melhor. Mas também não leva a sério as pretensões juridicamente tuteladas. Rejeita aquilo que outras concepções do direito aceitam: que as pessoas podem claramente ter direitos, que prevalecem sobre aquilo que, de outra forma, asseguraria o melhor futuro à sociedade. Segundo o pragmatismo, aquilo que chamamos de direitos atribuídos a uma pessoa são apenas os auxiliares do melhor futuro: são instrumentos que construímos para esse fim, e não possuem força ou fundamento independentes.

É possível, porém, passar por alto esse aspecto importante do pragmatismo, e devemos ter o cuidado de não cair na armadilha. Os juristas que acham que os juízes devem adotar uma atitude pragmática com relação às pretensões juridicamente tuteladas, às vezes dizem que a comunidade assim decidiu que deve ser, pelo menos tacitamente. Mais exatamente, a comunidade resolveu delegar aos juízes o poder de julgar os processos da maneira que, a seus olhos, melhor sirva aos interesses da comunidade como um todo, e de inventar, com esse objetivo em mente, teorias úteis do tipo "como se", inclusive teorias sobre a legislação e o precedente. É uma tentativa ousada de unir o pragmatismo e o convencionalismo. Faz do pragmatismo o conteúdo de uma vasta e abrangente convenção segundo a qual os juízes devem decidir seus casos de maneira pragmática. Uma vez que, na melhor das hipóteses, o convencionalismo não é uma concepção de direito mais poderosa do que o pragmatismo, esse casamento dificilmente melhoraria a situação deste último. De qualquer modo, porém, esse casamento é uma farsa.

Não é verdade que norte-americanos e ingleses, por exemplo, concordaram tacitamente em delegar o poder legislativo aos juízes dessa maneira. O pragmático pode dizer: os juízes decidem com bases pragmáticas o tempo todo, e as pessoas não se revoltam nem exigem uma impugnação. Isso coloca dois problemas. Primeiro, pressupõe que o pragmatismo oferece a melhor explicação do modo como os juízes realmente decidem os casos. Já vimos que, assim, fica por explicar um traço dominante da prática judicial – a atitude que os juízes assumem com relação às leis e aos precedentes nos casos difíceis –, a não ser na incômoda hipótese de que essa prática se destina a enganar o público, caso em que o público não terá dado seu consentimento. Em segundo lugar, pressupõe que a comunidade acredita e aceita a explicação pragmática do modo como os juízes decidem os casos, e esse pressuposto parece incorreto. Não existe, sem dúvida, uma convenção que permita aos juízes adaptar seus pontos de vista sobre os direitos das partes a razões puramente estratégicas. Pelo contrário, como observamos no começo deste livro, a maioria das pessoas pensa que os juízes que agem desse modo são usurpadores.

Portanto, se quisermos apoiar o pragmatismo na segunda dimensão, a política, devemos aceitar e em seguida explorar sua característica central, seu ceticismo quanto às pretensões juridicamente tuteladas. O pragmático pensa que os juízes deveriam sempre fazer o melhor possível para o futuro, nas circunstâncias dadas, desobrigados de qualquer necessidade de respeitar ou assegurar a coerência de princípio com aquilo que outras autoridades públicas fizeram ou farão. Essa ideia explica a estimulante retórica do início do movimento "realista", que já mencionei aqui: por que disseram que o direito não existe, que o direito é apenas uma previsão do que farão os juízes. Essas proposições supostamente extremas são muito mais fáceis de entender como declarações provocativas de uma posição política do que como alegações semânticas. Não faço tal afirmação em tom triunfante. O fato de que um verdadeiro pragmático rejeita a ideia de pretensões juridicamente tuteladas não é um argumento decisivo contra essa concepção. Pois não é evidente que a ideia dessa proteção jurídica seja atraente, nem mesmo sensata.

Pelo contrário, é muito fácil fazer com que essa ideia pareça tola. O pragmático dará ao passado toda a atenção exigida por uma boa estratégia. Ele aceita os direitos "como se" com esse espírito, e por razões de estratégia tomará basicamente as mesmas decisões que um convencionalista tomaria quando as leis são claras ou os precedentes bem definidos e decisivos. Rejeitará aquilo que um convencionalista aceita como direito apenas em casos especiais, quando uma lei for velha e ultrapassada, por exemplo, ou quando um conjunto de precedentes for considerado injusto ou ineficiente, e é difícil ver o que então se perde em termos de valor. Ele rejeita, é verdade, a própria ideia de coerência de princípio como algo importante em si mesmo. Nega que a decisão no caso *McLoughlin* deva girar em torno de saber se é possível encontrar qualquer distinção de princípio entre o caso de danos morais sofridos na cena de um acidente, e o mesmo tipo de danos sofridos posteriormente. Mas por que deveria estabelecer uma distinção? Ele sabe que as mães que sofrem danos morais na cena do acidente vão continuar recebendo indenização, a menos e até que a legislatura decida o contrário. Contudo, se acreditar que existe aí um motivo para lamentação, se acreditar que as decisões que estabeleceram esse "direito" eram injustas ou ineficazes, ou as duas coisas, não verá razão alguma para estender o princípio subjacente a essas decisões ainda mais longe do que o fizeram outros juízes. Ele reconhece que, se tomar uma decisão contrária à sra. McLoughlin, o direito dos danos morais será então incoerente em princípio. Isso, porém, não lhe parece ser uma desvantagem; ele nega que isso seja, por si só, uma questão de injustiça. Se acha injusto que se indenize alguém por danos morais, terá tornado o futuro menos injusto da única maneira que conta para ele: menos pessoas sofrerão a injustiça de ter de pagar uma indenização por esse tipo de prejuízo, o que é melhor do que ter um número maior de pessoas sofrendo tal injustiça. Ele pensa, sem dúvida, que do ponto de vista da justiça seria ainda melhor que ninguém tivesse de pagar indenização por danos morais. Mas ele pode não ter o poder de anular os precedentes; de qualquer modo, razões de ordem estratégica vêm opor-se a isso. Assim, ele faz o melhor que pode para limitar os danos do passado, em eficiência ou justiça, ao pronunciar-se contra a sra. McLoughlin; se objetarmos, parecemos ter sucumbido a um fetichismo de elegância doutrinária, como escravos da coerência pela coerência[2].

Não é uma boa objeção a esse argumento afirmar que diferentes juízes pragmáticos tomarão decisões diferentes sobre a melhor maneira de limitar os danos do passado nos casos difíceis. É certo que eles o farão, mas nos casos difíceis os juízes devem emitir opiniões polêmicas sobre moral política, seja qual for sua concepção de direito. Uma parte ou outra quase sempre estará em condições de queixar-se de que o juiz cometeu um erro, que o "direito" era seu, e não da parte contrária.

---

2. Esse argumento em favor do pragmatismo atraiu a atenção de Jonathan Swift. Gulliver informou: "É uma máxima entre esses advogados que tudo que foi feito antes pode ser legalmente feito de novo: e, portanto, eles têm o grande cuidado de registrar todas as decisões anteriormente tomadas contra a justiça comum e as razões gerais da humanidade. Estas, sob o nome de *precedentes*, são vistas como autoridades para justificar as opiniões mais iníquas". *As viagens de Gulliver*, livro 4, cap. 5 (1726). Devo essa referência a William Ewald.

O pragmatismo pretende correr o risco de errar, pelo menos no que diz respeito à questão correta. Se as divisões judiciais e as opiniões polêmicas são, de qualquer modo, inevitáveis, pergunta o pragmático, por que a controvérsia não deveria voltar-se para o que realmente importa, para a decisão que produzirá a prática menos ineficiente ou que reduzirá ao mínimo a ocorrência de injustiças no futuro? Como esse objetivo pode ser, em si, injusto? Como pode a coerência de princípio ser importante por si mesma, particularmente quando é incerto e polêmico qual é, de fato, a exigência da coerência? Devemos responder a essas perguntas se quisermos sustentar a existência de pretensões juridicamente tuteladas contra o desafio pragmático; não se trata, em absoluto, de questões fáceis, nem de um desafio frágil. Se não pudermos fazer face ao problema – sustentar a importância da coerência de princípio contra a acusação de fetichismo –, devemos reconsiderar o desprezo popular pelo pragmatismo como interpretação de nossa prática jurídica. Pois a racionalidade de nossa prática seria então questionada, e uma interpretação pragmática, como todos os seus epiciclos, poderia ser nosso único escudo contra uma terrível acusação.

As exigências da integridade

Os grandes clássicos da filosofia política são utópicos. Estudam a justiça social do ponto de vista de pessoas que não estão comprometidas, de antemão, com nenhum governo ou constituição, livres para criar o Estado ideal a partir de princípios básicos. Assim, imaginam um povo vivendo em um Estado pré-político de "natureza", escrevendo contratos sociais a partir de uma tábula rasa. Mas as pessoas reais na vida política comum atuam dentro de uma estrutura política e também sobre ela. Para nós, a política é mais evolutiva que axiomática; reconhecemos, ao trabalharmos em prol de um Estado perfeitamente justo, que já pertencemos a um Estado diferente.

A política comum compartilha com a teoria política utópica certos ideais políticos, os ideais de uma estrutura política imparcial, uma justa distribuição de recursos e oportunidades e um processo equitativo de fazer vigorar as regras e os regulamentos que os estabelecem. Para ser breve, vou chamá-los de virtudes da equidade, justiça e devido processo legal adjetivo. (Esses nomes são um tanto arbitrários; outros são comumente usados em filosofia política, e às vezes uma das virtudes que distingo é tratada como exemplo de alguma outra. O devido processo legal adjetivo é frequentemente considerado um tipo de equidade ou de justiça, por exemplo. Incluo o devido processo como uma virtude distinta porque não creio que ele se fundamente em nenhuma das outras, do modo como as descrevo, mas meus argumentos neste capítulo e nos seguintes vão dedicar muito mais atenção à equidade e à justiça, praticamente ignorando o devido processo legal adjetivo.)[3] Em política, a eqüidade é uma questão de encontrar os procedimentos políticos – métodos para eleger dirigentes e tornar suas decisões sensíveis ao eleitorado – que distribuem o poder político da maneira adequada. Em termos gerais, isso atualmente remete – ao menos nos Estados Unidos e na Inglaterra – a procedimentos e práticas que atribuem a todos os cidadãos mais ou menos a mesma influência sobre as decisões que os governam. A justiça, pelo contrário, se preocupa com as decisões que as instituições políticas consagradas devem tomar, tenham ou não sido escolhidas com equidade. Se aceitamos a justiça como uma virtude política, queremos que nossos legisladores e outras autoridades distribuam recursos materiais e protejam as liberdades civis de modo a garantir um resultado moralmente justificável. O devido processo legal adjetivo diz respeito a procedimentos corretos para julgar se algum cidadão infringiu as leis estabelecidas pelos procedimentos políticos[4]; se o aceitarmos como virtude, queremos que os tribunais

---

3. Discuti o assunto com alguma profundidade, tentando mostrar sua relação com as outras virtudes, em *A Matter of Principle*, cap. 3.
4. Chamo essa virtude de devido "processo" legal adjetivo para distingui-la da ideia diferente, que também recorre à justiça, que está latente na cláusula de "devido processo" da Décima Quarta Emenda da Constituição dos Es-

e instituições análogas usem procedimentos de prova, de descoberta e de revisão que proporcionem um justo grau de exatidão, e que, por outro lado, tratem as pessoas acusadas de violação como devem ser tratadas as pessoas em tal situação. Essas rápidas distinções são o prólogo de um ponto crucial[5]. A política corrente acrescenta a esses conhecidos ideais um outro ideal que não ocupa um lugar específico na teoria axiomática utópica. Isso é às vezes descrito no clichê de que os casos semelhantes devem ser tratados de forma parecida. Exige que o governo tenha uma só voz e aja de modo coerente e fundamentado em princípios com todos os seus cidadãos, para estender a cada um os padroes fundamentais de justiça e equidade que usa para alguns. Se o governo se basear nos princípios da democracia majoritária para justificar suas decisões sobre quem pode votar, deve respeitar os mesmos princípios ao designar os distritos eleitorais[6]. Se recorrer ao princípio de que as pessoas têm direito a ser indenizadas por aquelas que as prejudicam por negligência, como sua premissa de que os fabricantes são responsáveis por automóveis defeituosos, deve dar pleno efeito a tal princípio ao decidir se os contadores também são responsáveis por seus erros[7]. Se o governo afirma que um veredito unânime é necessário a uma condenação criminal porque uma pessoa injustamente condenada por um crime sofre um dano moral especial, deve então levar esse dano moral

---

tados Unidos, do como tem sido interpretada pela Suprema Corte nas últimas décadas. Cf., de minha autoria, "Reagan's Justice", *New York Review of Books*, 8 de novembro de 1984.

5. O contraste entre equidade e justiça é retomado no capítulo VI.

6. Cf. *Baker vs. Carr*, 369 U.S. 186, 1962; *Reynolds vs. Sims*, 377 U.S. 533 (1964); *WMCA, Inc. vs. Lomenzo*, 377 U.S. 633 (1964); *Maryland Committee for Fair Representation vs. Tawes*, 377 U.S. 656 (1964); *Davis vs. Mann*, 377 U.S. 678 (1964); *Roman vs. Sincock*, 377 U.S. 695 (1964); *Lucas vs. Forty-Fourth General Assembly*, 377 U.S. 713 (1964).

7. Comparar com *Candler vs. Crane, Christmas & Co.*, 1951, 1 All E.R. 426, particularmente a opinião dissidente de Denning, L. J., com *Hedley Byrne & Co., Ltd. vs. Heller & Partners*, Ltd [1964] A.C. 465.9. Cf. discussão no cap. VI.

especial em conta ao considerar, por exemplo, a admissibilidade das confissões em circunstâncias diversas[8].

Essa exigência específica de moralidade política não se encontra, de fato, bem descrita no clichê de que devemos tratar os casos semelhantes da mesma maneira[9]. Dou-lhe um título mais grandioso: é a virtude da integridade política. Escolhi esse nome para mostrar sua ligação com um ideal paralelo de moral pessoal. No trato cotidiano conosco, queremos que nossos vizinhos se comportem do modo que consideramos correto. Mas sabemos que as pessoas até certo ponto divergem quanto aos princípios corretos de comportamento, e assim fazemos uma distinção entre essa exigência e a exigência distinta (e mais frágil) de que ajam com integridade nas questões importantes, isto é, segundo as convicções que permeiam e configuram suas vidas como um todo, e não de modo caprichoso ou excêntrico. É evidente a importância prática desta última exigência entre as pessoas que sabem que divergem sobre a justiça. A integridade torna-se um ideal político quando exigimos o mesmo do Estado ou da comunidade considerados como agentes morais, quando insistimos em que o Estado aja segundo um conjunto único e coerente de princípios mesmo quando seus cidadãos estão divididos quanto à natureza exata dos princípios de justiça e equidade corretos. Tanto no caso individual quanto no político, admitimos a possibilidade de reconhecer que os atos das outras pessoas expressam uma concepção de equidade, justiça ou decência mesmo quando nós próprios não endossamos tal concepção. Essa capacidade é uma parte importante de nossa capacidade mais geral de tratar os outros com respeito, sendo, portanto, um requisito prévio de civilização.

Comecei essa discussão da política comum e de suas ramificações da virtude política à sombra do desafio pragmático à ideia de pretensões juridicamente tuteladas. Se aceitarmos a

---

8. Cf. *A Matter of Principle*, cap. 3.
9. Cf. discussão no cap. VI.

integridade como uma virtude política distinta ao lado da justiça e da equidade, então teremos um argumento geral, não estratégico, para reconhecer tais direitos. A integridade da concepção de equidade de uma comunidade exige que os princípios políticos necessários para justificar a suposta autoridade da legislatura sejam plenamente aplicados ao se decidir o que significa uma lei por ela sancionada. A integridade da concepção de justiça de uma comunidade exige que os princípios morais necessários para justificar a substância das decisões de seu legislativo sejam reconhecidos pelo resto do direito. A integridade de sua concepção de devido processo legal adjetivo insiste em que sejam totalmente obedecidos os procedimentos previstos nos julgamentos e que se consideram alcançar o correto equilíbrio entre exatidão e eficiência na aplicação de algum aspecto do direito, levando-se em conta as diferenças de tipo e grau de danos morais que impõe um falso veredito. Essas diferentes exigências justificam o compromisso com a coerência de princípio valorizada por si mesma. Sugerem aquilo que sustentarei: que a integridade, mais que qualquer superstição de elegância, é a vida do direito tal qual o conhecemos.

Será útil dividir as exigências da integridade em dois outros princípios mais práticos. O primeiro é o princípio da integridade na legislação, que pede aos que criam o direito por legislação que o mantenham coerente quanto aos princípios. O segundo é o princípio de integridade no julgamento: pede aos responsáveis por decidir o que é a lei, que a vejam e façam cumprir como sendo coerente nesse sentido. O segundo princípio explica como e por que se deve atribuir ao passado um poder especial próprio no tribunal, contrariando o que diz o pragmatismo, isto é, que não se deve conferir tal poder. Explica por que os juízes devem conceber o corpo do direito que administram como um todo, e não como uma série de decisões distintas que eles são livres para tomar ou emendar uma por uma, com nada além de um interesse estratégico pelo restante.

A comunidade personificada

O princípio da integridade na prestação jurisdicional nos oferece nossa terceira concepção do direito. Estudaremos o direito como integridade, e vou recomendá-lo, nos capítulos seguintes. Muitos leitores se sentirão perturbados, porém, por um aspecto da integridade política que já podemos discutir com antecedência. A integridade política supõe uma personificação particularmente profunda da comunidade ou do Estado. Pressupõe que a comunidade como um todo pode se engajar nos princípios de equidade, justiça ou devido processo legal adjetivo de algum modo semelhante àquele em que certas pessoas podem engajar-se em convicções, ideais ou projetos, o que a muitos vai parecer uma metafísica ruim.

Personificamos grupos em nossa conversação corrente. Falamos informalmente sobre os interesses ou objetivos da classe trabalhadora, por exemplo. Muitas vezes, porém, essas expressões não passam de convenientes figuras de linguagem, maneiras simbólicas de falar sobre os membros médios ou representativos de uma comunidade. Minha apresentação da integridade política assume a personificação com muito mais seriedade, como se uma comunidade política realmente fosse alguma forma especial de entidade, distinta dos seres reais que são seus cidadãos. Pior ainda, atribui influência e responsabilidade morais a essa entidade distinta. Pois, quando digo que uma comunidade é fiel a seus próprios princípios, não me refiro a sua moral convencional ou popular, às crenças e convicções da maioria dos cidadãos. Quero dizer que a comunidade tem seus próprios princípios que pode honrar ou desonrar, que ela pode agir de boa ou má-fé, com integridade ou de maneira hipócrita, assim como o fazem as pessoas. Posso, de fato, pretender personificar a comunidade de maneira assim vívida? Posso mesmo querer atribuir ao Estado ou à comunidade princípios que não são simplesmente aqueles da maioria de seus membros?

Dois argumentos sobre a responsabilidade de grupo

Sim. Mas devo ser mais claro sobre o tipo de personificação de que se trata. Não pretendo agora ressuscitar a teoria metafísica que, no segundo capítulo, disse que não nos seria útil. Não suponho que o componente mental último do universo seja uma mente espectral, onipresente, mais real do que as pessoas de carne e osso, nem que devamos tratar o Estado ou a comunidade como uma pessoa real, com um interesse ou um ponto de vista distinto, ou mesmo um bem-estar próprio, nem que possamos fazer sobre os princípios de um Estado a série de perguntas – por exemplo, se os aceitou livremente ou foi enganado, ou se os entendeu mal – que podemos fazer sobre aspectos da vida de uma pessoa de verdade. Quero apenas endossar uma forma complexa de raciocínio em duas etapas, sobre as responsabilidades das autoridades e dos cidadãos, que encontra sua expressão natural na personificação da comunidade e não pode ser reproduzida, por uma tradução redutiva, na forma de exigências às autoridades e cidadãos, individualmente.

Suponhamos que um fabricante de automóveis produza carros defeituosos que provoquem terríveis acidentes nos quais morrem centenas de pessoas. Deixem de lado a questão do direito, se a empresa é culpada de um crime ou legalmente responsável pela indenização das vítimas ou de suas famílias. E a questão da eficiência, de se a imposição dessa responsabilidade reduziria os acidentes ou contribuiria para um uso mais eficiente dos recursos. Interessa-nos, agora, a questão da responsabilidade moral. Qual o sentido de afirmar que a companhia tem a responsabilidade moral de indenizar as vítimas com os bens do grupo, com a consequência de que seus acionistas devem arcar com a perda? Poderíamos prosseguir da seguinte maneira. Aplicamos aos vários administradores, empregados, acionistas e outras pessoas ligadas à companhia nossos padrões correntes de responsabilidade pessoal. Perguntamos a cada um se fez alguma coisa que não deveria ter feito, de tal modo que poderia ser culpado pelas mortes que se seguiram, ou se contribuiu para os acidentes de maneira tal que, com ou sem culpa, deveria ser responsabilizado por uma parte do prejuízo ou da perda. Poderíamos encontrar alguém a quem culpar. Talvez algum operário tenha sido negligente em uma inspeção, talvez algum executivo tenha aprovado um projeto cujas falhas deveria ter percebido. Talvez o diretor-executivo ou algum membro da diretoria tivesse motivos para duvidar dos procedimentos adotados para a revisão do projeto e nada fez para aperfeiçoá-los. Mas também é possível que não encontrássemos ninguém a quem culpar. Talvez ninguém tenha agido de um modo que poderíamos julgar errado segundo quaisquer padrões pessoais de conduta. Seria então difícil encontrar um argumento moral irrefutável que nos mostrasse por que um pequeno acionista deveria ser responsabilizado por qualquer parte da perda. Um acionista não faz parte da cadeia causal que leva aos acidentes; não acrescentou capital algum aos recursos da empresa ao comprar suas ações na bolsa. Alguém poderia dizer: é um princípio de moral pessoal que, se alguém compartilha os ganhos da atividade de uma outra pessoa, deve também compartilhar a responsabilidade pelos erros que tal pessoa venha a cometer. Essa sugestão, porém, incorre em petição de princípio, pois ainda não temos razão alguma que nos leve a supor que um erro foi cometido. Isto é, não estamos diante de um problema de responsabilidade indireta, de encontrar alguma razão pela qual um acionista deva compartilhar a responsabilidade direta de outra pessoa ou grupo; não podemos, na verdade, encontrar ninguém que seja diretamente responsável e cuja responsabilidade deva ser compartilhada por esse acionista[10].

Poderíamos, porém, ter usado um método de argumentação diferente. Nesse método diferente, formulamos nossa pergunta em primeiro lugar como uma pergunta sobre a responsabilidade corporativa. Supomos que a companhia deve ser tratada como um agente moral e, em seguida, aplicamos fac-símil-

---

10. Para distinções úteis dentro do tópico geral da responsabilidade coletiva ou de grupo, cf. Joel Feinberg, *Doing and Deserving*, cap. 9 (Princeton, 1970).

les de nossos princípios sobre a falta e a responsabilidade individuais com relação a ele. Poderíamos dizer que qualquer um que tenha pleno controle sobre a fabricação de um produto defeituoso tem a responsabilidade de indenizar os que foram por ele prejudicados. Individualmente considerados, nenhum empregado ou acionista teve tal controle em mãos, mas a companhia sim. Perguntamos então, como uma questão subsidiária, que parte dessa falta ou responsabilidade deve ser atribuída aos diversos membros e agentes da empresa. Contudo, abordamos essa questão independente utilizando um conjunto de princípios diferentes, entre os quais se pode encontrar o princípio há pouco mencionado, de que qualquer membro da empresa com direito a compartilhar seus lucros deve igualmente compartilhar suas responsabilidades. Esse princípio justificaria o pagamento de uma indenização extraída dos bens da companhia e, portanto, da conta dos acionistas, em vez de, por exemplo, deduzi-la dos salários dos empregados que, na verdade, desempenharam um papel causal nessa infeliz história.

Se tomássemos uma decisão com base no primeiro desses dois métodos, que começa pela avaliação moral dos antecedentes de cada indivíduo, um por um, afirmando que cada acionista é, de fato, responsável por uma parte da perda, então poderíamos apresentar nossa conclusão na linguagem da personificação. Poderíamos dizer que a companhia é responsável, querendo com isso apenas sintetizar de maneira conveniente as responsabilidades que atribuímos a cada um dos acionistas. Essa personificação, porém, seria inútil; não desempenhou papel algum em nossa argumentação e serviu somente para ornamentar nossas conclusões. Se, por outro lado, chegarmos à mesma conclusão através do segundo método, que começa por considerar a responsabilidade da instituição como um todo, então a personificação não teria sido inútil, mas proveitosa. Pois nossas conclusões sobre o grupo teriam sido, em todos os casos, anteriores a quaisquer conclusões sobre os indivíduos; teríamos nos baseado em princípios de responsabilidade que derivam seu sentido de uma prática ou maneira de pensar para a qual a personificação é indispensável.

De fato, com o segundo método (mas não com o primeiro) poderíamos chegar a uma decisão sobre as responsabilidades do grupo ou da instituição enquanto ainda em dúvida (ou divergindo entre nós mesmos) sobre os consequentes compromissos ou responsabilidades dos indivíduos em questão. A personificação constitui não apenas um passo necessário no que diz respeito ao julgamento de pessoas em particular, mas também um patamar que podemos ocupar para considerar esses julgamentos. Nada disso significa que no segundo método, quando começamos com o grupo, estejamos interessados na responsabilidade coletiva por si mesma. Não teria sentido desenvolver ou aplicar princípios de responsabilidade coletiva se não admitíssemos uma relação entre estes e os julgamentos sobre o modo como as pessoas reais devem agir no presente. Mas podemos separar esses dois problemas, reservando a questão da responsabilidade individual para um momento posterior à decisão sobre se o grupo como um todo atendeu aos padrões que lhe correspondiam. A personificação é profunda: consiste em considerar seriamente a companhia como um agente moral. Mas será ainda uma personificação, e não uma descoberta, pois reconhecemos que a comunidade não tem uma existência metafísica independente, que ela própria é uma criação das práticas de pensamento e linguagem nas quais se inscreve.

A personificação em atuação

A ideia de integridade política personifica a comunidade no segundo modo, como uma personificação atuante, pois pressupõe que a comunidade pode adotar, expressar e ser fiel ou infiel a princípios próprios, diferentes daqueles de quaisquer de seus dirigentes ou cidadãos enquanto indivíduos. É evidente que precisamos dizer o que isso significa, descrevendo o modo como uma comunidade adota ou trai um princípio, e isso fará parte da elaboração de nossa concepção do direito como integridade. Mas devemos aproveitar essa oportunidade para mostrar como a personificação profunda figura nos modos de pensar correntes, que são muito independentes do direito. Considere-se o fenômeno da responsabilidade eleitoral da comunidade. No auge do escândalo Watergate apareceram adesivos que diziam: "Não me culpem; sou de Massachusetts." Não diziam: "Não me culpem; não votei em Nixon", e a diferença é importante. As pessoas pediam isenção de um erro cometido por um grupo ao qual pertenciam – a nação – não por inocência individual, mas na condição de membros de uma comunidade diferente e mais imediata que tinha agido bem, um estado que não havia votado em um presidente desonesto.

Há exemplos mais importantes de responsabilidade coletiva. Alemães ainda não nascidos na época em que os nazistas governavam o país têm vergonha e um sentimento de obrigação para com os judeus; norte-americanos brancos que não herdaram nada de donos de escravos sentem uma responsabilidade indeterminada para com negros que nunca foram acorrentados. Alguns de nós ficam aturdidos com esse fenômeno, pois parece incompatível com outra ideia que nos é cara: de que as pessoas não devem ser culpadas por atos sobre os quais não tinham controle, nem responsabilizadas por ganhos injustos quando elas próprias nada ganharam. Assim, os filósofos têm se empenhado em reconciliar essas ideias conflitantes, encontrando, por exemplo, maneiras de demonstrar que todos os brancos norte-americanos lucraram com a discriminação contra os negros no passado. Esses argumentos caem no vazio, pois interpretam mal o modo de responsabilidade em questão. Pressupõem que a responsabilidade coletiva só pode ser atribuída através de algo como o primeiro método que assinalamos no exemplo do acidente. De fato, as convicções que esses argumentos tentam explicar são produto da segunda abordagem, de uma profunda personificação da comunidade social e política, e é por isso que não contestam a tese kantiana de que ninguém deve ser culpado por algo que não fez. É evidente que seria absurdo culpar os alemães de hoje pelo que fizeram os nazistas; mas, uma vez que esse julgamento se situa na extremidade de um modo de argumentar diferente e independente, não é absurdo supor que os alemães atuais têm responsabilidades especiais porque os nazistas também eram alemães. Esses são exemplos de responsabilidade coletiva por erros do passado. Encontramos outros exemplos ainda mais importantes de personificação funcional na lógica dos direitos políticos individuais contra o Estado. Discutimos se todos têm ou não direito de receber proteção do Estado contra agressões praticadas por outros cidadãos, ou que o Estado ofereça um nível decente de assistência médica, ou garanta sua segurança contra os ataques de potências estrangeiras. Concordamos ou discordamos antes de formarmos qualquer opinião concreta sobre quais instituições ou autoridades devem agir, e o que devem fazer em decorrência de quaisquer direitos que declaremos que as pessoas têm. Quando afirmamos que os indivíduos têm o direito de ser protegidos contra agressões, não queremos dizer que essa proteção deva ser adquirida por meio de algum sistema específico que já tenhamos em mente, mas apenas que a comunidade como um todo tem o dever de oferecer alguma forma de proteção adequada. Podemos discutir o alcance do dever da comunidade e deixar para uma consideração à parte um problema diferente: o de saber que combinação de deveres oficiais exerceria da melhor maneira a responsabilidade coletiva[11].

Meu próximo e último exemplo remete a nossas convicções mais abstratas e mais amplamente compartilhadas sobre justiça política e equidade. Acreditamos que os dirigentes políticos têm responsabilidades que não poderíamos defender se tivéssemos

---

11. No capítulo VI, discuto as obrigações fraternais, aquelas que os membros de um grupo têm entre si pelo fato de pertencerem ao grupo, e afirmo que, sob certas circunstâncias, as comunidades políticas podem ser vistas como incentivadoras de obrigações fraternais desse tipo. Deveria, portanto, deixar claro que não vejo os princípios de responsabilidade coletiva que temos examinado ao longo desta discussão como aspectos de obrigação fraternal que somente são válidos quando as condições há pouco mencionadas são satisfeitas. Deixo em aberto a questão de até que ponto são válidas, por exemplo, nas comunidades políticas que são insuficientemente igualitárias para serem consideradas como associações fraternais do tipo discutido no capítulo VI.

de estabelecê-las diretamente a partir das exigências comuns da moral pessoal do indivíduo que a maioria de nós aceita para nós mesmos e para os outros na vida não política. Acreditamos que possuem uma responsabilidade especial e complexa de imparcialidade entre os membros da comunidade e de parcialidade para com eles nas relações com estrangeiros. Isso é muito diferente da responsabilidade que cada um de nós aceita enquanto indivíduo. Cada um de nós defende um ponto de vista pessoal, ambições e compromissos próprios que temos liberdade de perseguir, livres das reivindicações dos outros por igual atenção, interesse e recursos. Insistimos em uma esfera de soberania moral individual dentro da qual cada um pode preferir os interesses da família e dos amigos, dedicando-se a projetos egoístas, ainda que grandiosos. Qualquer concepção de justiça no comportamento pessoal, qualquer teoria sobre o modo como a pessoa justa se comporta com relação aos outros, limitará essa esfera de soberania pessoal, mas nenhuma concepção aceitável à maioria de nós será capaz de eliminá-la por inteiro.

Não concedemos às autoridades no exercício de suas funções nenhuma esfera dessa natureza. Dizemos que eles devem tratar todos os membros de sua comunidade como iguais, e o que é para um indivíduo a liberdade normal do uso das preferências individuais, para o administrador público é chamado de corrupção. Não podemos estabelecer essa responsabilidade especial das autoridades simplesmente aplicando nossos parâmetros habituais sobre as responsabilidades individuais às circunstâncias específicas de seus casos. Algumas autoridades têm um grande poder. Mas o mesmo se pode dizer a respeito de muitos indivíduos, e não acreditamos que a esfera de liberdade pessoal de um cidadão necessariamente diminua à medida que aumentam seu poder e sua influência. (Thomas Nagel nos lembra, em seu artigo sobre a responsabilidade das autoridades políticas, que até mesmo os gigantes têm uma vida privada[12]). Aplicamos os mais rigorosos padrões de imparcialidade até

---

12. Thomas Nagel, "Ruthlessness in Public Life", em *Mortal Questions*, 84 (Cambridge, 1979).

mesmo às autoridades cujo poder é relativamente irrisório e substancialmente menor que o de muitos cidadãos privados; não pensamos que o dever de tratar igualmente todos de uma autoridade decline à medida que seu poder diminui. Alguém pode dizer que uma autoridade tem uma responsabilidade especial de imparcialidade porque se sujeitou a essa disposição ao aceitar seu cargo, de tal modo que essas responsabilidades derivam, afinal, da moral corrente, da moral de manter as promessas. Isso, porém, inverte a ordem de argumentação endossada pela maioria de nós: compartilhamos o ponto de vista de que nossas autoridades devem tratar como iguais todos os membros da comunidade que governam porque acreditamos que é assim, e não de outra maneira, que eles devem comportar-se. Portanto, não podemos explicar as responsabilidades especiais da função política se tentarmos extraí-las diretamente de princípios correntes da moralidade privada. Precisamos de uma ideia que não se encontra ali: a de que a comunidade como um todo tem obrigações de imparcialidade para com seus membros, e que as autoridades se comportam como agentes da comunidade ao exercerem essa responsabilidade. Aqui, como no caso da empresa, precisamos tratar a responsabilidade coletiva como logicamente anterior às responsabilidades de cada uma das autoridades.

Esses diferentes exemplos de personificação funcional da comunidade se combinam como elementos de um sistema geral de pensamento. Ao aceitarmos que nossas autoridades agem em nome de uma comunidade da qual somos todos membros, tendo uma responsabilidade que portanto compartilhamos, isso reforça e sustenta o caráter de culpa coletiva, o sentimento de que devemos sentir vergonha e ultraje quando eles agem de modo injusto. Os princípios práticos de integridade que mencionei – integridade na legislação e na decisão judicial – têm seu lugar nesse sistema de ideias. O princípio da jurisdição é de particular interesse para nós porque oferece uma concepção do direito oposta ao pragmatismo. Se esse princípio puder ser mantido, o pragmatismo deve ser rejeitado.

Capítulo VI
Integridade

Programa

Temos dois princípios de integridade política: um princípio legislativo, que pede aos legisladores que tentem tornar o conjunto de leis moralmente coerente, e um princípio jurisdicional, que demanda que a lei, tanto quanto possível, seja vista como coerente nesse sentido. Nosso maior interesse é o princípio jurisdicional, mas não ainda. Neste capítulo, sustento que o princípio legislativo faz parte de nossa prática política a tal ponto que nenhuma interpretação competente dessa prática pode ignorá-lo. Avaliamos essa afirmação segundo as duas dimensões que agora nos são familiares. Perguntamos se o pressuposto de que a integridade é um ideal político distinto se adapta a nossa política, e, em segundo lugar, se honra nossa política. Se o princípio legislativo de integridade é poderoso nessas duas dimensões, então o argumento em favor do princípio jurisdicional e da concepção do direito que defende já terá começado bem.

A integridade se ajusta?

Integridade e conciliação

A integridade não seria necessária como uma virtude política distinta em um Estado utópico. A coerência estaria garantida porque as autoridades fariam sempre o que é perfeitamente justo e imparcial. Na política comum, porém, devemos tratar a integridade como um ideal independente se a admitirmos por inteiro, pois pode entrar em conflito com esses outros ideais. Pode exigir que apoiemos uma legislação que consideraríamos inadequada numa sociedade perfeitamente justa e imparcial, e que reconheçamos direitos que, segundo acreditamos, seus membros não teriam. Vimos um exemplo desse conflito no último capítulo. Um juiz que esteja decidindo o caso *McLoughlin* poderia considerar injusta a exigência de indenização por quaisquer danos morais. Mas se ele aceita a integridade, e sabe que a algumas vítimas de danos morais já foi conferido o direito à indenização, terá não obstante uma razão para se pronunciar favoravelmente à sra. McLoughlin.

Os conflitos entre ideais são comuns em política. Mesmo que rejeitássemos a integridade e fundamentássemos nossa atividade política apenas na equidade, na justiça e no devido processo legal, veríamos que essas duas primeiras virtudes às vezes seguem caminhos opostos. Alguns filósofos negam a possibilidade de qualquer conflito fundamental entre justiça e equidade por acreditarem que, no fim das contas, uma dessas virtudes deriva da outra. Alguns afirmam que, separada da equidade, a justiça não tem sentido, e que em política, como na roleta dos jogos de azar, tudo aquilo que provenha de procedimentos baseados na equidade é justo. Esse é o extremo da ideia denominada justiça como equidade[1]. Outros pensam que, em política, a única maneira de pôr à prova a equidade é o teste do resultado, que nenhum procedimento é justo a menos que tenda a produzir decisões políticas que sejam aprovadas num teste de justiça independente. Esse é o extremo oposto, o da eqüidade como justiça[2]. A maioria dos filósofos políticos – e, creio, a maioria das pessoas – adota o ponto de

---

1. A justiça como equidade (ainda que não dessa forma tosca e extrema) é o tema do clássico de Rawls, *A Theory of Justice* (Cambridge, Mass., 1971). Cf. p. 197-8 e 221-4. Cf. também, de sua autoria, "Kantian Constructivism in Moral Theory", 77 *Journal of Philosophy* 515 (1980).
2. As teorias utilitaristas da democracia adotam essa posição extrema. Cf. James Mill, "Essays on Government", em J. Lively e J. Rees, *Utilitarian Logic and Politics* (Londres, 1978).

vista intermediário de que a equidade e a justiça são, até certo ponto, independentes uma da outra, de tal modo que as instituições imparciais às vezes tomam decisões injustas, e as que não são imparciais às vezes tomam decisões justas. Se assim for, então na política corrente devemos às vezes escolher entre as duas virtudes para decidir quais programas políticos apoiar. Poderíamos pensar que a ascendência da maioria é o melhor procedimento viável para tomar decisões em política, mas sabemos que às vezes, quando não frequentemente, a maioria tomará decisões injustas sobre os direitos individuais[3]. Deveríamos perverter a ascendência da maioria, conferindo uma força especial de voto a um grupo econômico, para além daquilo que seus números justificariam, por temermos que a ascendência contínua da maioria viesse a atribuir-lhe menos do que a parte que por direito lhe corresponde[4]? Deveríamos aceitar restrições constitucionais ao poder democrático para impedir que a maioria restrinja a liberdade de expressão, ou outras liberdades importantes[5]? Essas difíceis questões se colocam porque a equidade e a justiça às vezes entram em conflito. Se acreditarmos que a integridade é um terceiro e independente ideal, pelo menos quando as pessoas divergem sobre um dos dois primeiros, então podemos pensar que, às vezes, a equidade ou a justiça devem ser sacrificadas à integridade.

---

3. Mais adiante neste capítulo, e no capítulo X, aprofundarei o exame da relação entre vontade da maioria e equidade. Se a essência da equidade política é a igualdade de influência política, alguma forma de voto proporcional oferece uma estrutura eleitoral mais equitativa do que o simples voto majoritário, ainda que, como sugeri no texto, o voto proporcional seja frequentemente impraticável. Nas páginas seguintes do texto, discutirei um método especial para assegurar o tipo de influência proporcional que a equidade recomenda dentro do processo eleitoral majoritário normal, um método que chamo de solução conciliatória. Afirmo que, tendo-se em vista que a equidade sustenta as soluções conciliatórias, devemos encontrar algum outro argumento para rejeitá-las se as consideramos erradas.
4. Cf. Alexander M. Bickel, *The Supreme Court and the Idea of Progress*, 109-17, 151-73 (New Haven e Londres, 1978).
5. Cf. *Taking Rights Seriously, passim*, mas em particular os capítulos 6 e 7.

Conciliações internas

Tentarei mostrar que nossas práticas políticas aceitam a integridade como uma virtude distinta, e começarei por algo que, acredito, parecerá ao leitor um enigma. Aqui estão meus pressupostos de base. Todos acreditamos na equidade política: aceitamos que cada pessoa ou grupo da comunidade deve ter um direito de controle mais ou menos igual sobre as decisões tomadas pelo Parlamento ou Congresso, ou pelo legislativo estadual. Sabemos que pessoas diferentes têm opiniões diferentes sobre problemas de moral que consideram da maior importância. Pareceria decorrer de nossas convicções sobre a equidade que a legislação sobre essas questões morais não deveria restringir-se à aplicação da vontade da maioria numérica, como se seus pontos de vista fossem unânimes, mas que deveria ser também uma questão de negociações e acordos que permitissem uma representação proporcional de cada conjunto de opiniões no resultado final. Poderíamos chegar a esse acordo de maneira salomônica. Os habitantes de Dakota do Norte demonstram desacordo quando a justiça exige indenização por defeitos em produtos que os fabricantes não poderiam ter evitado? Então, por que seu legislativo não deveria impor essa responsabilidade "estrita" aos fabricantes de automóveis, mas não aos fabricantes de máquinas de lavar roupas? Os habitantes do Alabama divergem sobre a moralidade da discriminação racial? Por que sua legislatura não deveria proibir a discriminação racial em ônibus, mas permiti-la em restaurantes? Os ingleses estão divididos quanto à moralidade do aborto? Por que o Parlamento não deveria criminalizar o aborto para as grávidas que nasceram em anos pares, mas não para as que nasceram em anos ímpares? Esse modelo salomônico trata a ordem pública de uma coletividade como um tipo de mercadoria a ser distribuída de acordo com a justiça distributiva, um bolo que deve ser equitativamente dividido dando-se a cada grupo a parte que lhe cabe.

Acredito que quase todos nós ficaríamos consternados diante de um direito "conciliatório" que tratasse acidentes similares ou ocasiões de discriminação racial ou aborto diferentemente, em bases arbitrárias⁶. É claro que aceitamos distinções arbitrárias sobre certas questões: o zoneamento, por exemplo. Aceitamos que estabelecimentos comerciais ou fábricas sejam proibidos em certas zonas e não em outras, e que se proíba o estacionamento de um dos dois lados da mesma rua em dias alternados. Mas rejeitamos uma divisão entre as correntes de opinião quando o que está em jogo são questões de princípio. Seguimos um modelo diferente: cada ponto de vista deve ter voz no processo de deliberação, mas a decisão coletiva deve, não obstante, tentar fundamentar-se em algum princípio coerente cuja influência se estenda então aos limites naturais de sua autoridade⁷. Se é preciso chegar a um meio-termo

---

6. "Conciliatório" é um termo às vezes usado para descrever leis que fazem distinções que não são arbitrárias desse modo, mas que reivindicam uma justificativa da política mais bem servida pelas discriminações em questão. Ao usar essa palavra, pretendo apenas descrever leis que mostram incoerência de princípio e que podem ser justificadas – se é que o podem – somente com base numa distribuição equitativa do poder político entre as diferentes facções morais.

7. De certo modo, essa é uma descrição muito simples do modelo que seguimos. Sabemos que os princípios que aceitamos independentemente às vezes entram em conflito, no sentido de que não podemos satisfazer a ambos em certas ocasiões específicas. Poderíamos acreditar, por exemplo, que as pessoas deveriam ser livres para fazer o que desejam com suas propriedades, e também que todos deveriam começar a vida em condições iguais. É então que se coloca a questão de se os ricos devem ser autorizados a deixar suas fortunas a seus filhos, e poderíamos acreditar que nossos dois princípios seguem direções opostas a esse respeito. Nosso modelo exige, como veremos, que a solução desse conflito se fundamente em princípios. Um esquema de tributação das heranças poderia reconhecer ambos os princípios em uma certa relação, estabelecendo alíquotas de impostos que não cheguem a ser confiscatórias. Mas insistimos em que, seja qual for a importância relativa dos dois princípios adotados pela solução, devem ser claramente visíveis ao longo de todo o esquema, e que as outras decisões, em outras questões que envolvem os mesmos dois princípios, também respeitem essa importância. Seja como for, esse tipo de conflito é diferente da contradição contida nas leis de conciliação descritas no texto, pois nelas um princípio de justiça não é deixado de lado nem limitado por outro de alguma maneira que expresse uma hierarquização dos dois. O que está em jogo é apenas um princípio; é afirmado para um grupo e negado para outro, e é isso que nosso sentido de propriedade denuncia.

porque as pessoas estão divididas sobre a justiça, o acordo deve ser externo, não interno; é preciso chegar a um acordo sobre o sistema de justiça a ser adotado, em vez de um sistema de justiça fundado em concessões. É aí, porém, que se encontra o enigma. Por que deveríamos dar as costas às soluções conciliatórias, como fazemos? Por que não adotá-las como estratégia geral para a legislação sempre que a comunidade estiver dividida sobre alguma questão de princípio? Por que essa estratégia não é justa e razoável, reflexo de maturidade política e de um sentido mais apurado da arte política que outras comunidades conseguiram alcançar? Que defeito especial encontramos nas soluções conciliatórias? Não pode ser uma falta de equidade (em nosso sentido de uma distribuição equitativa do poder político), pois o direito conciliatório é, por hipótese, mais equitativo do que qualquer das duas alternativas. Permitir que cada grupo escolha uma parte do direito sobre o aborto, em proporção a seus números, é mais equitativo (no sentido por nós adotado) do que o esquema de "o vencedor leva tudo" que nossos instintos preferem, que nega a muitas pessoas qualquer influência sobre um problema que consideram da mais extrema importância.

Podemos defender esses instintos com base na justiça? A justiça é uma questão de resultados: uma decisão política provoca injustiça, por mais equitativos que sejam os procedimentos que a produziram, quando nega às pessoas algum recurso, liberdade ou oportunidade que as melhores teorias sobre a justiça lhes dão o direito de ter. Podemos nos opor à estratégia conciliatória com base no pressuposto de que ela produziria mais exemplos de injustiça do que os que impediria? É preciso aqui ter o cuidado de não confundir duas questões distintas. É claro que qualquer solução conciliatória para um problema importante produzirá mais exemplos de injustiça do que uma das alternativas, e menos que a outra. A comunidade pode estar de acordo com essa proposta ao mesmo tempo que diverge sobre qual das alternativas seria mais e menos justa. Quem acredita que o aborto é um assassinato pensará que a lei conciliatória sobre o aborto produz mais injustiça que uma proibição cabal, e menos que uma autorização ilimitada; quem acredita que as mulheres têm direito ao aborto vai inverter essas opiniões. Assim, os dois lados têm uma razão de justiça para preferir uma solução que não seja a conciliatória. A questão que aqui se coloca é saber se, coletivamente, temos uma razão de justiça para não concordar, *antes* mesmo de chegar a essas divergências particulares, com a estratégia conciliatória como maneira de resolvê-las. Temos uma razão de equidade, como observamos há pouco, em favor da estratégia da conciliação, e, se não temos nenhuma razão de justiça contra ela, nossa prática corrente precisa de uma justificativa que ainda não fomos capazes de assegurar.

Estamos procurando uma razão de justiça comum a todos para rejeitar antecipadamente a estratégia conciliatória, ainda que, em certas situações, cada um de nós preferisse a solução conciliatória àquela que será imposta se a estratégia for rejeitada. Diremos, apenas, que uma solução conciliatória é injusta por definição porque trata pessoas diferentes de modo diferente sem boas razões para fazê-lo, quando a justiça exige que os casos semelhantes sejam tratados da mesma maneira? Essa sugestão parece estar no caminho certo, pois, se as soluções conciliatórias têm um defeito, este deve estar na característica que as distingue das outras, no fato de tratarem as pessoas diferentemente quando nenhum princípio pode justificar a distinção. Mas não podemos explicar por que isso é sempre criticável, enquanto permanecermos no plano da justiça do modo como a defini. Nas circunstâncias da atividade política corrente, a estratégia conciliatória impedirá casos de injustiça que de outra forma ocorreriam, e não podemos dizer que a justiça nos pede para não eliminar nenhuma injustiça a menos que possamos eliminar todas.

Suponhamos que só nos seja possível salvar alguns prisioneiros da tirania; a justiça dificilmente vai exigir que não salvemos nenhum, mesmo quando apenas a sorte, e não um princípio, venha a decidir quem será salvo e quem continuará sendo torturado. Rejeitar uma solução conciliatória parece igualmente perverso quando a alternativa for o triunfo geral do princípio ao qual nos opomos. O acordo interno teria salvo algumas pessoas, arbitrariamente escolhidas, de uma injustiça que outros continuarão a sofrer, mas a alternativa teria sido não salvar ninguém. A esta altura, alguém poderia dizer: ainda que em certos casos as soluções conciliatórias possam parecer desejáveis por essa razão, seria melhor que rejeitássemos seu uso de antemão, pois temos razões para acreditar que, a longo prazo, novas injustiças distintas serão criadas (e não evitadas) por essas soluções. Mas isso só seria uma predição plausível para os membros de uma maioria de opinião constante e consciente de si mesma, e, se tal maioria existisse, também existiria uma minoria consciente que teria a opinião contrária. Não temos, portanto, nenhuma esperança de encontrar aqui uma razão comum para rejeitar as soluções conciliatórias.

Mas talvez estejamos procurando na direção errada. Talvez nossa razão comum não seja uma predição sobre o número de casos de injustiça que a estratégia conciliatória produziria ou evitaria, mas sim nossa convicção de que ninguém deve engajar-se ativamente na produção daquilo que lhe parece ser uma injustiça. Poderíamos dizer: nenhuma lei conciliatória poderia ser aprovada a menos que a maioria dos legisladores votasse a favor das disposições que considerasse injustas. Essa objeção, porém, incorre em petição de princípio. Se cada membro da legislatura que votar a favor de um acordo conciliatório assim o fizer não por uma falta de princípios, mas porque pretende dar o maior efeito possível aos princípios que julga corretos, como afirmar, então, que alguém se comportou de maneira irresponsável? Mesmo que admitíssemos que nenhum legislador deveria votar favoravelmente à solução conciliatória, isso não explicaria o fato de rejeitarmos a conciliação como um *resultado*. Pois não é difícil imaginar uma estrutura legislativa que produzisse leis conciliatórias mecanicamente, como uma função das diferentes opiniões sobre a responsabilidade estrita, a discriminação racial ou o aborto entre os diferentes legisladores, sem que a nenhum deles se pedisse ou exigisse que votasse em bloco em favor da solução conciliatória. Deveria ficar claro, de antemão, que a proporção de mulheres autorizadas a abortar seria determinada pela relação entre os votos favoráveis ao aborto e o total dos votos. Se ainda objetarmos, nossa objeção não poderá fundamentar-se no princípio de que nenhum indivíduo deve votar contra sua consciência. Parece, portanto, que não temos razão de justiça para rejeitar a estragégia conciliatória de antemão, mas que temos fortes razões de equidade para endossá-la. Ainda assim, nossos instintos a condenam. De fato, muitos de nós, em diferentes graus e situações diferentes, rejeitariam a solução conciliatória não só de maneira geral e de antemão, mas inclusive em casos particulares, se tal possibilidade existisse. Preferiríamos qualquer das outras soluções alternativas ao acordo conciliatório. Mesmo que eu considerasse a responsabilidade estrita pelos acidentes errada em princípio, preferiria que tanto os fabricantes de máquinas de lavar quanto os de automóveis se submetessem a essa norma, e não que apenas um dos dois o fizesse. Colocaria a solução conciliatória não entre as outras duas, mas como uma terceira possibilidade, abaixo de ambas, como o fariam tantas outras pessoas. Em alguns casos, esse instinto poderia ser explicado como o reflexo da inaplicabilidade ou ineficácia de uma solução conciliatória específica. Mas muitas daquelas que podemos imaginar, como a solução do aborto, não são particularmente ineficazes e, de qualquer modo, nosso instinto sugere que esses acordos são errados, e não apenas impraticáveis.

Nem todos condenariam qualquer solução conciliatória. As pessoas que acreditam profundamente que o aborto é sempre um assassinato, por exemplo, podem de fato pensar que a lei conciliatória sobre o aborto é melhor do que uma lei totalmente permissiva. Acham melhor que haja menos do que mais crimes, não importa quão incoerente seja o acordo que diminui sua ocorrência. Se em outras circunstâncias colocarem a solução conciliatória em último lugar, no caso da responsabilidade estrita para os fabricantes, por exemplo, continuarão acreditando que a conciliação interna é um erro, ainda que por razões que não se sustentam quando a questão substantiva é muito grave. Assim, compartilham o instinto que precisa de uma explicação. Esse instinto, além do mais, pode estar presente em outras ponderações mais complexas que possam fazer. Suponha que para você o aborto seja um crime, e que não faz diferença alguma se a gravidez foi consequência de um estupro. Uma lei proibindo o aborto exceto nos casos de estupro não seria melhor, na sua opinião, que uma lei proibindo o aborto mas não para mulheres nascidas em uma década específica de cada século? Pelo menos se não tivesse razão alguma para pensar que, na verdade, nenhuma das duas leis acabaria por permitir mais abortos? Você vê a primeira dessas leis como uma solução que utiliza dois princípios identificáveis de justiça, colocados numa certa ordem, ainda que rejeite um dos princípios[8]. Não consegue tratar a segunda do mesmo modo; trata-se de uma lei que simplesmente afirma para algumas pessoas um princípio que nega a outras. Para muitos de nós, portanto, nossas preferências em casos particulares colocam o mesmo enigma que nossa rejeição mais abrangente da solução conciliatória como uma estratégia geral para resolver diferenças sobre princípios. Não podemos explicar nossa hostilidade para com a conciliação interna recorrendo a princípios de equidade ou de justiça, do modo como definimos essas virtudes.

Os astrônomos postularam a existência de Netuno antes de descobri-lo. Sabiam que só um outro planeta, cuja órbita se encontrasse além daquelas já conhecidas, poderia explicar o comportamento dos planetas mais próximos. Nossos instintos sobre a conciliação interna sugerem outro ideal político ao lado da justiça e da equidade. A integridade é nosso Netuno.

---

8. Cf. n. 7. Podemos imaginar facilmente outros exemplos de acordos que aceitaríamos por não considerá-los violações da integridade, pois refletem princípios de justiça que reconhecemos, ainda que não os sancionemos. As pessoas que se opõem à pena de morte por uma questão de princípio aceitarão uma redução na lista de crimes punidos com a morte, desde que os que forem executados sejam moralmente mais culpáveis, ou de alguma outra forma discerníveis, segundo os padrões habitualmente respeitados no direito criminal; aceitarão isso muito mais facilmente do que, por exemplo, um sistema que permita a alguns criminosos condenados por um crime capital escaparem da morte mediante um processo de tirar a sorte.

A explicação mais natural de por que nos opomos às leis conciliatórias apela a esse ideal: dizemos que um Estado que adota essas conciliações internas age sem observar princípios, ainda que nenhuma autoridade que tenha votado pela conciliação (ou que a aplique) tenha feito alguma coisa que, a julgar seus atos individuais pelos padrões correntes da moral pessoal, não deveria ter feito. O Estado carece de integridade porque deve endossar princípios que justifiquem uma parte dos seus atos, mas rejeitá-los para justificar o restante. Essa explicação distingue a integridade da coerência perversa de alguém que se recusa a resgatar alguns prisioneiros por não poder salvar todos. Se tivesse salvado alguns, escolhidos ao acaso, não teria violado nenhum princípio do qual necessita para justificar outros atos. Mas um Estado age desse modo quando aceita uma solução conciliatória salomônica; o que a integridade condena é a incoerência de princípio entre os atos do Estado personificado.

Integridade e a constituição

As leis conciliatórias são as mais clamorosas violações do ideal de integridade, e não são desconhecidas em nossa história política. Em sua origem, a Constituição dos Estados Unidos continha exemplos odiosos: o problema da escravidão era regido por um acordo conciliatório mediante o qual se contavam três quintos da população de escravos de um estado para determinar sua representação no Congresso e para proibir que este limitasse o poder original dos estados de importar escravos, mas somente antes de 1808[9]. A integridade, porém, é escarne-

---

9. Não podemos explicar esses acordos constitucionais, como explicamos a decisão do imposto sobre heranças que descrevemos na nota 7, argumentando que os acordos dão a devida importância a cada um dos dois princípios independentes e antagônicos. Nenhum argumento de princípio de segunda ordem pode justificar que se proíba o Congresso de restringir a escravidão antes, mas não depois de determinado ano. Madison afirmou que esse acordo era "mais desonroso para o caráter nacional do que não dizer nada a respeito na Constituição". (2 *Farrand's Debates* 415-6). Devo essa referência a

cida não apenas em concessões específicas desse tipo, mas sempre que uma comunidade estabelece e aplica direitos diferentes, cada um dos quais coerente em si mesmo, mas que não podem ser defendidos em conjunto como expressão de uma série coerente de diferentes princípios de justiça, equidade ou devido processo legal. Sabemos que nossa própria estrutura jurídica constantemente viola a integridade dessa maneira menos dramática. Não podemos reunir todas as regras da legislação e do direito consuetudinário que nossos juízes aplicam sob um sistema de princípios único e coerente. (Discuto algumas consequências desse fato no capítulo XI.) Não obstante, aceitamos a integridade como um ideal político. Faz parte de nossa moral política coletiva que tais soluções conciliatórias sejam equívocos, e que a comunidade como um todo, e não apenas as autoridades individualmente consideradas, deva atuar de acordo com princípios.

Nos Estados Unidos, esse ideal é até certo ponto uma questão de direito constitucional, pois se considera que a cláusula de igual proteção da Décima Quarta Emenda veda conciliações internas sobre questões de princípio importantes. A Suprema Corte se fundamenta na linguagem da igual proteção para derrubar a legislação estadual que reconhece direitos fundamentais para alguns e não para outros. A Constituição exige que os estados estendam a todos os cidadãos certos direitos – o direito à livre expressão, por exemplo –, mas deixa-os livres para reconhecer outros direitos não constitucionais, se assim o desejarem. Se um Estado aceita um desses direitos não constitucionais para uma classe de cidadãos, porém, deve fazer o mesmo para todos[10]. A polêmica lei da Suprema Corte sobre o aborto, de 1973, por exemplo, permite que os estados proíbam

---

William Nelson. Para um exemplo de uma decisão da Suprema Corte que parece ofender a integridade, cf. *Maher vs. Roe*, 97 S. Ct. 2376, e Laurence Tribe, *American Constitutional Law* 973, n.77 (Mineola, Nova York, 1978).

10. Cf., em geral, Tribe, acima, n. 9, seções 16-6–16-7. William Nelson, em *The Fourteenth Amendment: From Political Principle to Judicial Doctrine*, caps. 8 e 9 (no prelo), explora o compromisso com a integridade dos fundadores da Décima Quarta Emenda.

totalmente o aborto nos últimos três meses de gravidez[11]. Mas a Corte não permitiria que um estado proibisse um aborto no último trimestre somente para as mulheres nascidas em anos pares.

Essa relação entre a integridade e a retórica da igual proteção é reveladora. Insistimos na integridade porque acreditamos que as conciliações internas negariam o que é frequentemente chamado de "igualdade perante a lei" e, às vezes, de "igualdade formal". Tornou-se moda dizer que esse tipo de igualdade não tem importância, pois oferece pouca proteção contra a tirania. Essa crítica pressupõe, contudo, que a igualdade formal é apenas uma questão de aplicar as regras estabelecidas na legislação, quaisquer que sejam elas, no espírito do convencionalismo. Os processos judiciais nos quais se discutiu a igual proteção mostram a importância de que se reveste a igualdade formal quando se compreende que ela exige integridade, bem como uma coerência lógica elementar, quando requer fidelidade não apenas às regras, mas às teorias de equidade e justiça que essas regras pressupõem como forma de justificativa.

Podemos encontrar outra lição sobre as dimensões da integridade no sistema constitucional dos Estados Unidos, uma lição que vai mostrar-se importante no final deste capítulo. A integridade se mantém dentro das comunidades políticas e não entre elas, de tal modo que qualquer opinião que tenhamos sobre o alcance das exigências de coerência contém suposições sobre o tamanho e a natureza dessas comunidades. A Constituição norte-americana provê um sistema federal: reconhece os estados como comunidades políticas distintas e atribui-lhes soberania sobre muitas questões de princípio. Assim, não há violação da integridade política no fato de que o direito de delitos civis de alguns estados seja diferente do de outros, mesmo quanto às questões de princípio. Cada estado federado fala com uma só voz, ainda que esta não esteja em harmonia com a de outros. Em um sistema federal, porém, a integridade impõe

---

11. *Roe vs. Wade*, 410 U.S. 113.

exigências às decisões de ordem superior, tomadas em nível constitucional, sobre a divisão do poder entre o nível nacional e os níveis locais. Alguns especialistas e políticos que se opuseram à decisão sobre o aborto tomada pela Suprema Corte em 1973 agora argumentam que se deveria entender que a Constituição deixa as decisões sobre o aborto a cargo dos diferentes estados, de tal modo que alguns poderiam permitir o aborto quando necessário, outros poderiam proibi-lo em todas as circunstâncias, e outros, ainda, adotar sistemas intermediários[12].

Essa sugestão não é, em si mesma, uma solução conciliatória: cada Estado conservaria o dever constitucional de que sua própria lei sobre o aborto fosse coerente com os princípios adotados, e a sugestão reconhece as competências independentes, em vez de falar por todos os estados. Permanece, porém, uma questão de integridade: deixar a questão do aborto para que cada estado decida de modo diferente, se assim o quiser, é coerente em princípio com o resto do sistema constitucional norte-americano, que faz com que outros direitos de igual importância sejam nacionais em alcance e aplicação?

A integridade é atraente?

Não apresentarei mais argumentos em favor de meu ponto de vista de que nossa vida política reconhece a integridade como uma virtude política. A hipótese é agora forte o bastante para que o centro do interesse passe para a outra dimensão da interpretação. Fazemos bem em interpretar nossa política dessa maneira? Nossa cultura política é mais atraente se vista como aceitando essa virtude? Já descrevi, no capítulo V, um desafio evidente à integridade. Um pragmático ansioso por rejeitar a integridade atacaria a personificação profunda e funcional que usamos para definir o ideal. Dizemos que o Estado como um

---

12. Cf. Suprema Corte dos Estados Unidos, *Thornburgh vs. American College of Obstetricians*, Memorial para os Estados Unidos como *Amicus Curiae*, julho de 1985.

todo faz mal em aceitar uma conciliação interna porque "ele" então compromete os "seus" princípios. O pragmático insistirá em que o Estado não é uma entidade que possa ter princípios a serem comprometidos. Nem o Estado nem o seu governo são uma pessoa; são grupos de pessoas, e se nenhuma dessas pessoas individualmente agiu em contradição com seus princípios, que sentido pode ter a afirmação de que o Estado que representam assim o fez?

O pragmático que apresenta esse argumento tenta derivar a responsabilidade política de princípios de moralidade comuns, não políticos. Procede segundo nosso primeiro argumento, no capítulo V, sobre a responsabilidade dos acionistas pelos automóveis defeituosos, aplicando princípios comuns sobre a responsabilidade de uma pessoa pelos prejuízos causados a outra. Pergunta o que cada legislador poderia fazer, na posição que ocupa, para reduzir o número total de incidentes injustos ou iníquos de acordo com seus pontos de vista pessoais sobre aquilo que exigem a justiça e a equidade. Se acompanharmos o pragmático em sua linha de argumentação – se começarmos pela responsabilidade individual oficial –, chegaremos à mesma conclusão que ele porque não teremos um modo de explicar adequadamente por que constitui erro votar a favor de uma solução conciliatória, por que uma autoridade em particular deveria ver a conciliação como um resultado pior que aquele que ela considera mais uniformemente injusto. Se, por outro lado, insistirmos em tratar as leis decorrentes de um acordo interno como os atos de um único e distinto agente moral, poderemos então condená-los por sua falta de princípios, e teremos uma razão para argumentar que nenhuma autoridade deveria contribuir para os atos carentes de princípios de seu Estado. Portanto, para defender o princípio legislativo da integridade, devemos defender o estilo geral de argumentação que considera a própria comunidade como um agente moral.

Nosso argumento deve derivar da virtude política, e não, na medida em que se veja aí uma diferença, da metafísica. Não devemos dizer que a integridade é uma virtude especial da política porque o Estado ou a comunidade sejam uma entidade distinta, mas que a comunidade deve ser vista como um agente moral distinto, porque as práticas sociais e intelectuais que tratam a comunidade dessa maneira devem ser protegidas. Agora estamos diante de uma dificuldade óbvia e profunda. Na vida política, nos habituamos a discutir de um certo modo sobre as instituições sociais e políticas: atacando-as ou defendendo-as com base na justiça ou na equidade. Mas não podemos esperar defender a integridade da maneira normal, pois sabemos que às vezes a integridade entrará em conflito com aquilo que recomendam a equidade e a justiça. Se quisermos afirmar a integridade política como um ideal distinto e dotado de autonomia, precisamos aumentar a amplitude do argumento político. Mas como? Aqui está uma sugestão, ainda que não se trate da única possibilidade. A retórica revolucionária francesa reconheceu um ideal político que ainda não examinamos. Deveríamos procurar nossa defesa da integridade nas imediações da fraternidade[13*], ou, para usar seu nome mais difundido, da comunidade.

Mostrarei que uma sociedade política que aceita a integridade como virtude política se transforma, desse modo, em uma forma especial de comunidade, especial num sentido que promove sua autoridade moral para assumir e mobilizar monopólio de força coercitiva. Este não é o único argumento em favor da integridade, ou a única consequência de reconhecê-la que poderia ser valorizada pelos cidadãos. A integridade protege contra a parcialidade, a fraude ou outras formas de corrupção oficial, por exemplo. Existe mais espaço para o favoritismo ou o revanchismo em um sistema que permite que os fabricantes de automóveis e de máquinas de lavar sejam governados por princípios de responsabilidade diferentes e contraditórios. A integridade

---

13. A palavra *fraternity* [usada em inglês também para designar agremiações estudantis masculinas] é infeliz por ser etimologicamente masculina. Também me refiro a *socority* [agremiação estudantil feminina] ou à ideia comum a esses termos latinos.

* No original, *fraternity*. A nota acima perde parte de seu sentido na tradução, uma vez que *fraternidade* é usada corretamente em português na acepção a que o autor se refere. (N. T.)

também contribui para a eficiência do direito no sentido que já assinalamos aqui. Se as pessoas aceitam que são governadas não apenas por regras explícitas, estabelecidas por decisões políticas tomadas no passado, mas por quaisquer outras regras que decorrem dos princípios que essas decisões pressupõem, então o conjunto de normas públicas reconhecidas pode expandir-se e contrair-se organicamente, à medida que as pessoas se tornem mais sofisticadas em perceber e explorar aquilo que esses princípios exigem sob novas circunstâncias, sem a necessidade de um detalhamento da legislação ou da jurisprudência de cada um dos possíveis pontos de conflito. Esse processo é menos eficiente, sem dúvida, quando as pessoas divergem, como é inevitável que às vezes aconteça, sobre quais princípios são de fato assumidos pelas regras explícitas e por outras normas de sua comunidade. Contudo, uma comunidade que aceite a integridade tem um veículo para a transformação orgânica, mesmo que este nem sempre seja totalmente eficaz, que de outra forma sem dúvida não teria.

Essas consequências da integridade são práticas. Outras são de natureza moral e indicativa. Em nossa breve abordagem inicial da integridade, no último capítulo, observamos que muitas de nossas atitudes políticas, reunidas em nosso instinto de responsabilidade coletiva, pressupõem que em certo sentido somos os autores das decisões políticas tomadas por nossos governantes, ou, pelo menos, que temos boas razões para pensar assim. Kant e Rousseau fundamentaram suas concepções de liberdade nesse ideal de autolegislação[14]. Esse ideal, porém, precisa de integridade, pois um cidadão não pode considerar-se o autor de um conjunto de leis incoerentes em princípio, nem pode ver tal conjunto como algo patrocinado por alguma vontade geral rousseauniana.

O ideal de autogoverno tem um aspecto especial que a integridade promove diretamente, e a observação desse aspec-

---

14. Sou grato a Jeremy Waldron por chamar minha atenção para Kant e Rousseau a esse respeito.

to vai nos levar à nossa discussão principal da legitimidade e da obrigação política. A integridade expande e aprofunda o papel que os cidadãos podem desempenhar individualmente para desenvolver as normas públicas de sua comunidade, pois exige que tratem as relações entre si mesmos como se estas fossem regidas de modo característico, e não espasmódico, por essas normas. Se as pessoas entendessem a legislação formal apenas como uma questão de soluções negociadas para problemas específicos, sem nenhum compromisso subjacente com nenhuma concepção pública mais fundamental de justiça, elas estabeleceriam uma nítida distinção entre dois tipos de embate com seus concidadãos: os que pertencem à esfera de alguma decisão política do passado e os que lhe são extrínsecos. A integridade, pelo contrário, insiste em que cada cidadão deve aceitar as exigências que lhe são feitas e pode fazer exigências aos outros, que compartilham e ampliam a dimensão moral de quaisquer decisões políticas explícitas. A integridade, portanto, promove a união da vida moral e política dos cidadãos: pede ao bom cidadão, ao decidir como tratar seu vizinho quando os interesses de ambos entram em conflito, que interprete a organização comum da justiça à qual estão comprometidos em virtude da cidadania[15].

A integridade infunde às circunstâncias públicas e privadas o espírito de uma e de outra, interpenetrando-as para o benefício de ambas. Essa continuidade tem valor prático e indicativo, pois facilita a mudança orgânica que mencionei há pouco como uma vantagem prática. Mas seu valor indicativo não se esgota, como poderia acontecer com seu valor prático, quando os cidadãos divergem sobre qual sistema de justiça está de fato contido nas decisões políticas explícitas da comunidade. O valor expressivo é confirmado quando pessoas de boa-fé tentam tratar umas às outras de maneira apropriada à sua condição de membros de uma comunidade governada pela integridade política e ver que todos tentam fazer o mesmo, mesmo

---

15. Cf. a discussão das pretensões juridicamente protegidas em matéria de negligência e ilícitos civis no capítulo VIII.

quando divergem sobre o que, exatamente, a integridade exige em circunstâncias particulares. A obrigação política deixa de ser, portanto, apenas uma questão de obedecer a cada uma das decisões políticas da comunidade, como em geral a representam os filósofos políticos. Torna-se uma ideia mais impregnada da noção protestante de fidelidade a um sistema de princípios que cada cidadão tem a responsabilidade de identificar, em última instância para si mesmo, como o sistema da comunidade à qual pertence.

O enigma da legitimidade

Voltemo-nos agora para a relação direta entre integridade e autoridade moral do direito, o que remete nosso estudo de volta ao principal argumento do livro. Afirmei que o conceito de direito — o espaço em que o debate entre as concepções se mostra mais útil — associa o direito à justificativa da coerção oficial. Uma concepção do direito deve explicar de que modo aquilo que chama de direito oferece uma justificativa geral para o exercício do poder coercitivo pelo Estado, uma justificativa que só não se sustenta em casos especiais, quando algum argumento antagônico for particularmente forte. O centro organizador de cada concepção é a explicação que apresenta dessa força justificadora. Cada concepção, portanto, se vê diante do mesmo problema inicial. Como pode *alguma coisa* oferecer mesmo essa forma geral de justificativa da coerção na política corrente? O que pode conferir a alguma pessoa o tipo de poder autorizado que a política supõe que os governantes possuam sobre seus governados? Por que o fato de que a maioria elege um regime específico, por exemplo, dá a esse regime poder legítimo sobre os que votaram contra ele?

Esse é o problema clássico da legitimidade do poder de coerção, e traz consigo outro problema clássico: o da obrigação política. Os cidadãos têm obrigações morais genuínas unicamente em virtude do direito? O fato de que um legislativo tenha aprovado alguma exigência oferece aos cidadãos alguma razão ao mesmo tempo moral e prática para obedecer? Essa razão moral é válida mesmo para os cidadãos que desaprovam a legislação ou a consideram errada em princípio? Se os cidadãos não têm obrigações morais dessa natureza, então aquilo que garante ao Estado o poder de coerção está gravemente (ou mesmo fatalmente) abalado. Esses dois problemas – se o Estado é moralmente legítimo, no sentido de que se justifica seu uso da força contra os cidadãos, e se as decisões do Estado impõem obrigações genuínas sobre eles – não são idênticos. Nenhum Estado deve fazer cumprir todas as obrigações de um cidadão. Contudo, ainda que a obrigação não seja uma condição suficiente para o exercício da coerção, está bem próximo de ser uma condição necessária. Um Estado pode ter boas razões, em algumas circunstâncias especiais, para coagir aqueles que não têm o dever de obedecer. Mas nenhuma política geral que tenha por fim manter o direito com mão de ferro poderia justificar-se se o direito não fosse, em termos gerais, uma fonte de obrigações genuínas.

Um Estado é legítimo se sua estrutura e suas práticas constitucionais forem tais que seus cidadãos tenham uma obrigação geral de obedecer às decisões políticas que pretendem impor-lhes deveres. Um argumento em favor da legitimidade só precisa oferecer razões para essa situação geral. Não precisa demonstrar que um governo, legítimo nesse sentido, tem autoridade moral para fazer o que bem entende com seus cidadãos, ou que estes sejam obrigados a obedecer a toda e qualquer decisão que venha a ser tomada. Mostrarei que um Estado que aceita a integridade como ideal político tem um argumento melhor em favor da legitimidade que um Estado que não a aceite. Se assim for, isso nos oferece uma forte razão do tipo que até aqui estivemos procurando, uma razão em nome da qual faríamos bem em considerar que nossas práticas políticas têm por base essa virtude. Oferece-nos, em particular, um forte argumento em favor de uma concepção do direito que considera a integridade fundamental, porque qualquer concepção deve explicar por que motivo o direito é a autoridade capaz de legitimar a coerção. Nossas reivindicações de integridade estão, desse modo, ligadas a nosso projeto principal: o de encontrar uma concepção atraente do direito.

Acordo tácito

Os filósofos têm vários tipos de argumentos sobre a legitimidade das democracias modernas. Um deles utiliza a ideia de contrato social, mas não devemos confundi-lo com os argumentos que recorrem a essa ideia para estabelecer a natureza ou o conteúdo da justiça. John Rawls, por exemplo, propõe um contrato social imaginário como meio de selecionar a melhor concepção de justiça no âmbito de uma teoria política utópica. Ele sustenta que, em condições específicas de incerteza, todos optariam por certos princípios de justiça que pertençam à esfera de seus interesses, e afirma que para nós esses princípios são, portanto, aqueles que consideramos corretos[16]. Seja o que for que pensemos de sua sugestão, ela não tem nenhuma ligação direta com nosso problema atual de legitimidade no âmbito da vida política corrente, em que os princípios de justiça de Rawls estão muito longe de exercer algum domínio. Seria muito diferente, sem dúvida, se cada cidadão fosse parte de um acordo real, histórico, de aceitar e obedecer às decisões políticas tomadas da maneira como as decisões políticas de sua comunidade são realmente tomadas. O fato histórico do acordo então forneceria pelo menos um bom argumento *prima facie* para a coerção, mesmo na política corrente. Portanto, alguns filósofos políticos têm sido tentados a dizer que, de fato, concordamos tacitamente com um contrato social desse tipo, pelo simples fato de não emigrarmos ao atingirmos a maioridade. Mas ninguém pode defender esse ponto de vista a sério por muito tempo. O consentimento não pode ser obrigatório para as pessoas, da maneira exigida por esse argumento, a menos que seja dado com maior liberdade, e com uma possibili-

---

16. Cf. Rawls, *Theory of Justice*, p. 11-22, 118-92.

dade de escolha mais genuína do que pela mera recusa em construir uma vida a partir do nada, numa terra estrangeira. E mesmo que o consentimento fosse genuíno, o argumento não se sustentaria enquanto argumento pela legitimidade, pois uma pessoa deixa um soberano apenas para juntar-se a outro; não lhe é dada a escolha de não ter soberano algum.

O dever de ser justo

Rawls afirma que, na posição original que defende, as pessoas reconheceriam um dever natural de apoiar as instituições que passem nos testes da justiça abstrata, e que elas estenderiam esse dever ao apoio a instituições não totalmente justas, pelo menos quando a justiça esporádica estiver nas decisões tomadas por instituições imparciais e majoritárias[17]. Mesmo os que rejeitam o método geral de Rawls poderiam aceitar o dever de apoiar as instituições justas ou quase justas. Esse dever, porém, não nos dá uma boa explicação da legitimidade, pois não estabelece uma ligação suficientemente estreita entre obrigação política e a comunidade específica à qual pertencem aqueles que têm a obrigação; não mostra por que os ingleses têm o dever especial de apoiar as instituições da Inglaterra. Podemos elaborar um argumento prático e contingente em favor desse dever especial. Os ingleses têm mais oportunidades de ajudar as instituições inglesas do que aquelas dos outros povos cujas instituições eles também consideram justas. Contudo, esse argumento prático não é capaz de apreender a essência do dever especial. Não consegue mostrar como a legitimidade decorre da cidadania e a define. Essa objeção se distancia da justiça, que é conceitualmente universalista, e se volta para a integridade, que já é mais pessoal nas diferentes exigências que impõe a diferentes comunidades, como origem primeira da legitimidade.

---

17. *Ibid.*, 333-62. Cf. também seu "Kantian Constructivism", 569.

Jogo limpo

A defesa mais popular da legitimidade é o argumento do jogo limpo[18]: se alguém recebeu benefícios na esfera de uma organização política estabelecida, tem então a obrigação de arcar também com o ônus dessa organização, inclusive a obrigação de aceitar suas decisões políticas, tenha ou não solicitado esses benefícios ou consentido com o ônus de maneira mais ativa. Esse argumento evita a fantasia do argumento do consentimento e a universalidade e outros defeitos do argumento de um dever natural de justiça, e poderia, portanto, parecer um rival mais forte de minha sugestão de que a legitimidade tem fundamentos mais sólidos na integridade. Contudo, é vulnerável a dois contra-argumentos que têm sido frequentemente observados. Primeiro, o argumento do jogo limpo pressupõe que as pessoas podem incorrer em obrigações simplesmente por receberem o que não buscavam e que rejeitariam se lhes fosse dada a oportunidade de fazê-lo. Isso não parece sensato. Suponhamos que um filósofo transmita uma conferência de extraordinária importância a partir de um carro de som. Todos os que o escutam – inclusive aqueles que apreciam suas palavras e delas tiram proveito – devem-lhe honorários pela conferência?[19]

Em segundo lugar, o argumento do jogo limpo é ambíguo de um ponto de vista crucial. Em que sentido pressupõe que as pessoas se beneficiam da organização política? A resposta mais natural é esta: alguém se beneficia de uma organização política se sua situação geral – seu "bem-estar", como dizem os economistas – for superior, sob essa organização, àquilo que

---

18. Embora esse termo seja muito usado para designar o argumento, Rawls (e Nozick, e outros seguidores) refere-se a ele como princípio de equidade. Não uso este termo; utilizo "equidade" da maneira diferente descrita no capítulo V e neste.

19. Essa é uma adaptação do argumento de Robert Nozick contra o princípio do jogo limpo como base da autoridade política. Cf., desse autor, *Anarchy, State and Utopia*, 93-5 (Nova York, 1974).

seria em outro contexto. Mas tudo, então, gira em torno do ponto de referência a ser usado, do que quer dizer "em outro contexto", e, quando tentamos especificar o ponto de referência, chegamos a um impasse. O princípio é evidentemente demasiado forte – não justifica nada – se nos obriga a mostrar que cada cidadão está em melhor situação sob o sistema político vigente do que estaria sob qualquer outro sistema que pudesse ter-se desenvolvido em seu lugar. Pois isso nunca pode ser demonstrado com respeito a todos os cidadãos que esse princípio deve atacar. E é evidentemente demasiado frágil – por ser muito fácil de satisfazer, justifica coisas de mais – se nos obriga a mostrar que cada cidadão está em melhor situação sob a organização vigente do que estaria se não houvesse nenhuma organização social ou política, ou seja, se vivesse num estado de natureza semelhante ao concebido por Hobbes.

Podemos nos afastar dessa segunda objeção se rejeitarmos a interpretação "natural" que descrevi com relação à ideia crucial de benefício. Suponhamos que entendemos o argumento de maneira diferente: ele pressupõe não que o bem-estar de cada cidadão, julgado com neutralidade do ponto de vista político, tenha melhorado *por* uma organização social ou política específica, mas que cada cidadão tenha recebido os benefícios *de* tal organização. Isto é, que na verdade tenha recebido a parte que lhe cabe de acordo com os padrões de justiça e equidade sobre os quais se assenta a referida organização. Entendido desse modo, o princípio do jogo limpo estabelece pelo menos uma condição necessária à legitimidade. Se uma comunidade não pretende tratar alguém como um igual, mesmo que de acordo com suas próprias regras, sua reivindicação da obrigação política de tal pessoa estará fatalmente comprometida. Mas ainda não fica claro de que modo o fato negativo de a sociedade não ter discriminado ninguém dessa maneira, de acordo com suas próprias regras, poderia oferecer à pessoa em questão alguma razão positiva pela qual ela devesse aceitar seu direito como obrigando-a. De fato, a primeira objeção que descrevi vai tornar-se ainda mais poderosa se dermos essa resposta à segunda. Agora, o argumento do jogo limpo deve ser entendido como se afirmasse não que uma pessoa incorre em uma obrigação quando seu bem-estar aumenta de um modo que ela não procurou, mas que incorre em alguma obrigação por ser tratada de maneira que talvez nem mesmo aumentasse seu bem-estar para além de qualquer ponto de referência apropriado. Pois não há nada, no fato de um indivíduo ter sido tratado com justiça por sua comunidade, segundo suas próprias regras, que possa assegurar-lhe qualquer vantagem material adicional.

As obrigações da comunidade

Circunstâncias e condições

É verdade que ninguém pode ser moralmente atingido ao ser-lhe dado aquilo que não pediu, nem escolheu ter? É assim que pensaremos se apenas levarmos em consideração os casos de benefícios provenientes de estranhos, como os filósofos no carro de som. Nossas convicções são muito diferentes, porém, quando temos em mente obrigações de papéis, mas que chamarei, genericamente, de obrigações associativas ou comunitárias. Refiro-me às responsabilidades especiais que a prática social atribui ao fato de se pertencer a algum grupo biológico ou social, como as responsabilidades de família, amigos ou vizinhos. A maioria das pessoas pensa que tem obrigações associativas apenas por pertencer a grupos definidos pela prática social, o que não é necessariamente uma questão de escolha ou consentimento, mas que também pode perder essas obrigações se um dos membros do grupo não lhe estender os benefícios decorrentes do fato de pertencer ao grupo. Esses pressupostos comuns sobre as responsabilidades associativas sugerem que a obrigação política poderia ser incluída entre eles, caso em que as duas objeções ao argumento do jogo limpo deixariam de ser pertinentes. Em seu conjunto, porém, os filósofos têm ignorado essa possibilidade, e acredito que assim o tenham feito por duas razões. Primeiro, há uma opinião muito difundida de que as obrigações comunitárias dependem de laços emocionais que pressupõem que cada membro do grupo mantenha relações pessoais com todos os outros, o que certamente é falso no caso de grandes comunidades políticas. Segundo, a ideia de responsabilidades comunitárias especiais vigentes numa grande comunidade anônima recende a nacionalismo, ou mesmo a racismo, duas coisas que têm sido fonte de muito sofrimento e muita injustiça.

Devemos, portanto, refletir sobre a natureza das obrigações associativas familiares para ver até que ponto essas objeções aparentes realmente se sustentam. As obrigações associativas são complexas, e muito menos estudadas pelos filósofos do que os tipos de obrigações pessoais nas quais incorremos através de diferentes promessas e de outros atos deliberados. São, contudo, uma parte importante de nossa paisagem moral: para a maioria das pessoas, as responsabilidades com família, amantes, amigos, colegas de trabalho ou de sindicato são as obrigações mais importantes e cruciais de todas. A história da prática social define os grupos comunitários aos quais pertencemos e as obrigações daí resultantes. Define o que é uma família, uma vizinhança ou um colega de trabalho, e o que um membro desses grupos ou o detentor de tais designações deve a um outro. Mas a prática social define grupos e obrigações não por decreto ou ritual, não através da extensão explícita das convenções, mas de maneira mais complexa, introduzida pela atitude interpretativa. Os conceitos que utilizamos para descrever esses grupos e para afirmar ou rejeitar essas obrigações são conceitos interpretativos; pode-se argumentar racionalmente, à maneira interpretativa, sobre a verdadeira natureza da amizade e sobre o que devem os filhos a seus pais quando se tornam adultos. Os dados brutos sobre o modo como os amigos geralmente tratam uns aos outros não são mais conclusivos no caso dos argumentos sobre as obrigações da amizade do que eram conclusivos os dados brutos para os argumentos sobre a cortesia na comunidade que imaginei, ou os argumentos sobre direito para nós.

Vamos supor que tentássemos compor não apenas uma interpretação de uma prática associativa isolada, como família, amizade ou vizinhança, mas sim uma interpretação mais abstrata da prática ainda mais geral da obrigação associativa em si. Não posso, aqui, levar esse projeto muito adiante ou desenvolver um estudo profundo e abrangente dessa prática abstrata. Mas até mesmo um breve exame nos mostra que não podemos explicar a prática geral se aceitarmos o princípio que a muitos filósofos pareceu tão atraente: o de que ninguém pode ter obrigações especiais com determinadas pessoas, a não ser mediante a escolha de aceitá-las. A relação que reconhecemos entre obrigação comunitária e escolha é muito mais complexa, e bem mais uma questão de grau que varia de uma forma de associação comunitária a outra. Mesmo as associações que consideramos fundamentalmente consensuais, como a amizade, não são formadas por um ato de compromisso contratual deliberado, como alguém se torna sócio de um clube, por exemplo; pelo contrário, se desenvolvem através de uma série de escolhas e eventos que nunca são percebidos, individualmente, como portadores de um compromisso desse tipo.

Temos amigos aos quais devemos obrigações em virtude de uma história comum, mas seria perverso descrever isso como uma história de obrigações *taxativas*. Pelo contrário, é uma história de eventos e atos que *atraem* obrigações, e raramente nos damos conta de estar assumindo um *status* especial à medida que a história se desenrola. As pessoas ficam constrangidas quanto às obrigações da amizade, nos casos normais, apenas quando alguma situação exige que honrem tais obrigações, ou quando essa amizade as deixa saturadas ou desconcertadas, e então já é tarde demais para rejeitá-las sem que isso implique uma forma de traição. Outras formas de associação que trazem consigo responsabilidades especiais – nas relações entre professores universitários, por exemplo – são ainda menos ligadas à questão da livre escolha: alguém pode tornar-se meu colega mesmo que eu tenha votado contra sua contratação. E as obrigações que alguns membros da família devem a outros, que muitas pessoas incluem entre as mais fortes obrigações fraternais, são aquelas em que existe a menor possibilidade de escolha[20].

Devemos, portanto, explicar as obrigações associativas – se é que as admitimos – de maneira diferente daquela que sugeri há pouco, ao descrever como a maioria das pessoas pensa sobre elas. Temos o dever de honrar nossas responsabilidades na esfera das práticas sociais que definem grupos e atribuem responsabilidades especiais ao conjunto de seus membros, mas esse dever natural só se sustenta quando certas outras condições são satisfeitas ou mantidas. A reciprocidade tem grande destaque entre essas outras condições. Tenho responsabilidades especiais com meu irmão em virtude de nossa condição de irmãos, mas estas são sensíveis ao grau em que ele aceita tais responsabilidades com relação a mim; minhas responsabilidades para com aqueles que dizem que somos amigos, amantes, vizinhos ou compatriotas dependem igualmente da reciprocidade. Aqui, porém, devemos ser cuidadosos: se os conceitos associativos são interpretativos – se pode permanecer aberta, entre os amigos, a questão de quais são as exigências da amizade –, então a reciprocidade que exigimos não pode ser uma questão de cada um fazer pelo outro aquilo que este último imagina que, concretamente, é exigido pela amizade. A amizade, então, só seria possível entre pessoas que compartilhassem uma concepção detalhada da amizade, e que se tornaria automaticamente mais contratual e deliberada do que é, mais uma questão de as pessoas procurarem saber, de antemão, se suas

---

20. A família mostra que as diferentes relações comunitárias são questões de escolha, não apenas em diferentes graus, como também em diferentes sentidos de escolha. Também mostra que as razões comunitárias podem ser diferentemente misturadas a outros tipos de razões para o reconhecimento de várias formas de obrigação. Os pais escolhem ter filhos mas não escolhem, pelo menos no estado atual da tecnologia, ter os filhos que têm. Os filhos não escolhem seus pais, mas frequentemente têm obrigações para com eles que não têm para com os irmãos, aos quais não escolhem do mesmo modo que não escolhem os pais. É interessante, portanto, que a classe de obrigações que estamos examinando seja nomeada segundo o vínculo entre irmãos, considerado como um paradigma para a classe.

concepções são compatíveis o bastante para permitir que se tornem amigas[21].

A reciprocidade que exigimos para as obrigações associativas deve ser mais abstrata, mais uma questão de aceitar um tipo de responsabilidade que, para ser explicada, precisa das ideias do outro sobre integridade e interpretação. Os amigos têm a responsabilidade de se tratar entre si como amigos; em termos subjetivos, isso significa que cada um deve agir contrariamente a uma concepção de amizade que esteja pronto a reconhecer como vulnerável a uma prova interpretativa, como aberta à objeção de que essa não é uma descrição plausível do que a amizade significa em nossa cultura. Amigos, familiares ou vizinhos não precisam concordar em detalhe com as responsabilidades ligadas a essas formas de organização. As obrigações associativas podem ser mantidas entre pessoas que compartilham uma ideia geral e difusa dos direitos e das responsabilidades especiais que os membros devem pôr em prática entre si, uma ideia do tipo e do nível de sacrifício que suas relações mútuas devem pressupor. Posso pensar que, devidamente compreendida, a amizade exige que eu quebre promessas feitas a outros para ajudar um amigo em dificuldades, e não deixarei de fazer isso por um amigo pela simples razão de que ele não compartilha essa convicção e não faria o mesmo por mim. Mas só vou incluí-lo entre meus amigos e sentir essa obrigação se acreditar que ele tem por mim mais ou menos o mesmo interesse que tenho por ele, e que faria por mim importantes sacrifícios de algum outro tipo.

---

21. Para resolver esse problema do estabelecimento do nível apropriado de concreção para as exigências de reciprocidade, podemos fazer uma separação entre a questão de quando as pessoas são membros de uma comunidade fraternal e a questão do que cada uma deve à outra dentro dessa comunidade? Se a resposta for afirmativa, uma pergunta então diria respeito a quando alguém é meu amigo, e outra, ao modo como devo tratá-lo em virtude de nossa amizade. Se essa separação fosse razoável, poderíamos responder à última pergunta insistindo em que não devo a ele nada mais do que ele pensa que me deve. Mas esta é uma solução incoerente, entre outras dificuldades que apresenta, porque ele não saberia o que me deve enquanto eu não decidisse o que lhe devo, e é isso o que eu já de início ignorava.

Não obstante, em termos gerais, os membros de um grupo devem adotar certas atitudes com relação a suas responsabilidades mútuas caso se pretenda que tais responsabilidades sejam vistas como verdadeiras obrigações fraternais. Primeiro, devem considerar as obrigações do grupo como *especiais*, dotadas de um caráter distintivo no âmbito do grupo, e não como deveres gerais que seus membros devem, igualmente, a pessoas que não pertencem a ele. Segundo, devem admitir que essas responsabilidades são *pessoais*: que vão diretamente de um membro a outro, em vez de percorrerem o grupo todo em um sentido coletivo. Meu irmão ou meu colega pode pensar que tem, perante a reputação da família ou da universidade, responsabilidades das quais ele se desincumbe melhor se concentrar-se em sua própria carreira, negando-me assim ajuda ou companhia quando delas necessito. Pode estar certo quanto à melhor utilização de seu tempo total, do ponto de vista do bem geral dessas comunidades específicas. Mas sua conduta não configura a base necessária para que eu continue a reconhecer obrigações fraternais para com ele.

Terceiro, os membros podem ver essas responsabilidades como decorrentes de uma responsabilidade mais geral, o interesse que cada um deve ter pelo bem-estar de outros membros do grupo; devem tratar as obrigações específicas que surgem apenas em circunstâncias especiais, como a obrigação de ajudar um amigo com graves problemas financeiros, como decorrência e expressão de uma responsabilidade mais geral, que se manifesta de diferentes maneiras através da associação. Nesse sentido, uma parceria comercial ou uma empresa conjunta, concebida como uma associação fraternal, é diferente até mesmo de uma relação contratual há muito existente. A primeira tem uma vida própria: cada sócio se preocupa não apenas em manter acordos explícitos e detalhados, mas em abordar cada problema que surja em sua vida comercial conjunta de um modo que reflita um interesse especial com seu sócio enquanto tal. Diferentes formas de associação pressupõem diferentes tipos de interesse geral que, segundo se imagina, cada membro deve ter para com os outros. O nível de interesse é diferente –

não preciso agir com meu sócio como se considerasse seu bem-estar tão importante quanto o de meu filho –, e também o seu alcance: meu interesse por meu "irmão" do sindicato é geral em toda a extensão da vida econômica e produtiva que compartilhamos, mas não se estende a seu sucesso na vida social, como ocorre no caso de meu interesse por meu irmão biológico. (É evidente que meu colega de sindicato pode ser também meu amigo, caso em que minhas responsabilidades gerais para com ele serão acumulativas e complexas.) Contudo, dentro da forma ou do modo de vida constituído por uma prática comunitária, o interesse deve ser geral e propiciar os fundamentos para responsabilidades mais específicas.

Quarto, os membros devem pressupor que as práticas do grupo mostram não apenas interesse, mas um *igual* interesse por todos os membros. Nesse sentido, as associações fraternais são conceitualmente igualitárias. Podem ser estruturadas, e inclusive hierárquicas, da mesma maneira que se verifica em uma família, mas a estrutura e a hierarquia devem refletir o pressuposto do grupo de que seus papéis e suas regras digam respeito aos interesses de todos, e que a vida de uma pessoa não é mais importante que a de nenhuma outra. Se essa condição for observada, os próprios exércitos podem ser organizações fraternais. Não são fraternais, porém, nem geram responsabilidades comunitárias, os sistemas de castas para os quais alguns membros são intrinsecamente menos dignos que outros.

Assim, devemos ser cuidadosos ao distinguir entre uma comunidade "básica", uma comunidade que satisfaz as condições genéticas, geográficas ou históricas identificadas pela prática social como capazes de constituir uma comunidade fraternal, e uma "verdadeira" comunidade, uma comunidade "básica" cujas práticas de responsabilidade de grupo satisfazem as quatro condições há pouco identificadas. As responsabilidades que uma verdadeira comunidade mobiliza são especiais e individualizadas, e revelam um abrangente interesse mútuo que se ajusta a uma concepção plausível de igual interesse. Estas não são condições psicológicas. Ainda que um grupo raramente as satisfaça ou sustente por muito tempo, a menos que seus membros realmente se sintam unidos por algum laço emocional, as condições em si não o exigem. O interesse que exigem é uma propriedade interpretativa das práticas que permitem ao grupo a afirmação e o reconhecimento das responsabilidades – estas devem ser práticas que seriam adotadas pelas pessoas que tenham o grau exigido de interesse –, e não uma propriedade psicológica de algum número fixo dos verdadeiros membros. Assim, contrariamente ao pressuposto que parecia não admitir assimilação das obrigações políticas às obrigações associativas, as comunidades associativas podem ser maiores e mais anônimas do que poderiam ser se houvesse a condição necessária de que cada membro ame todos os outros, ou mesmo que os conheça ou saiba quem são.

Nas quatro condições também não existe nada que contradiga nossa premissa inicial de que as obrigações de fraternidade não precisam ser totalmente voluntárias. Se as condições forem satisfeitas, as pessoas que pertencem a uma simples comunidade básica têm as verdadeiras obrigações de uma comunidade verdadeira, queiram-nas ou não, ainda que, sem dúvida, as condições não sejam satisfeitas a não ser que a maioria dos membros reconheça e honre essas obrigações. Portanto, é essencial insistir em que as verdadeiras comunidades devem ser também comunidades básicas. As pessoas não podem ser forçadas a se tornar, involuntariamente, membros "honorários" de uma comunidade à qual nem mesmo "basicamente" pertencem somente porque outros membros estão dispostos a tratá-las como tais. Eu não me tornaria um cidadão das ilhas Fiji se, por alguma razão, seus habitantes resolvessem tratar-me como um deles. Nem sou amigo de um estranho que se senta a meu lado num avião apenas porque ele resolveu considerar-se meu amigo.

Conflitos com a justiça

É preciso fazer uma importante ressalva ao argumento até aqui desenvolvido. Mesmo as comunidades autênticas que satisfazem as diversas condições que apresentei podem ser injustas ou promover a injustiça, produzindo desse modo o conflito, para o qual já chamamos a atenção de diferentes maneiras, entre a integridade e a justiça de uma instituição. As verdadeiras obrigações comunitárias podem ser injustas de duas maneiras distintas. Primeiro, podem ser injustas para os membros do grupo: a concepção de interesse equitativo que refletem pode ser deficiente, ainda que sincera. Pode ser uma forte tradição de organização familiar em alguma comunidade, por exemplo, o fato de a mesma preocupação por filhas e filhos exigir que os pais exerçam um tipo de domínio sobre uns, atenuando-o para outros[22]. Segundo, podem ser injustas para as pessoas que não são membros do grupo. A prática social pode definir um grupo racial ou religioso como uma associação, e esse grupo pode exigir que seus membros discriminem – socialmente, no trabalho ou em termos gerais – os que não pertencem a ele. Se as consequências para os estranhos ao grupo forem graves, como serão se o grupo discriminador for grande ou poderoso dentro de uma comunidade mais ampla, isso será injusto[23]. Em muitos casos, a exigência desse tipo de discriminação vai entrar em conflito não apenas com os deveres da justiça abstrata que os membros do grupo devem observar entre si, mas também com as obrigações associativas que eles têm, pois pertencem a comunidades associativas maiores ou diferentes. Se os que não pertencem à minha raça ou religião são meus vizinhos e colegas, ou (e agora antecipo o argumento que virá a seguir) meus concidadãos, coloca-se a questão de saber se não tenho para com eles, em razão dessas associações, responsabilidades que ignoro ao acatar com as responsabilidades exigidas por meu grupo racial ou religioso.

Diante desses diferentes conflitos, não devemos nos esquecer de que as responsabilidades associativas estão sujeitas a

---

22. Devo esse exemplo a Donald Davidson.
23. Essa observação apressada, que não reflete um objeto de meu interesse, coloca questões muito amplas sobre a justiça, inclusive questões sobre até que ponto a justiça se estende para além dos seres humanos, chegando pelo menos a alguns outros animais.

interpretação, e que a justiça vai desempenhar seu papel interpretativo normal ao decidir, para qualquer pessoa, quais são, de fato, suas responsabilidades associativas. Se os fatos simples da prática social forem inconclusivos, meu ponto de vista de que é injusto que os pais exerçam um domínio absoluto sobre seus filhos vai influenciar minhas convicções quanto à instituição de a família realmente ter ou não essa característica, do mesmo modo que os pontos de vista de um cidadão sobre a justiça da hierarquia social influenciam suas crenças sobre a cortesia na comunidade imaginária do capítulo II. Mesmo que a prática do domínio seja estabelecida e inquestionável, a atitude interpretativa pode isolá-la como um erro, pois está condenada por princípios necessários à justificativa do resto da instituição. Não há garantia, porém, de que a atitude interpretativa sempre justificará que dela se exclua alguma característica aparentemente injusta de uma instituição associativa. Talvez tenhamos de admitir que o domínio injusto está na essência das práticas familiares de algumas culturas, ou que a discriminação indefensável está na essência de suas práticas de coesão racial ou religiosa. Então tomaremos consciência de outra possibilidade que já assinalamos aqui, em outros contextos. A melhor interpretação pode ser profundamente cética: nenhum relato competente da instituição pode deixar de mostrá-la como completa e permanentemente injusta, devendo, portanto, ser abandonada. Quem chegar a essa conclusão estará negando que a prática pode impor algum tipo de imposição verdadeira; pensará, ao contrário, que as obrigações que ela pretende impor são totalmente anuladas pelo princípio moral antagônico.

Assim, nosso relato da obrigação associativa tem agora uma estrutura bastante complexa. Combina, da maneira apresentada a seguir, questões de prática social e questões de interpretação crítica. A questão da obrigação comunitária só se coloca nos casos de grupos definidos pela prática como portadores de tais obrigações: as comunidades associativas devem ser, primeiro, comunidades básicas. Mas nem todo grupo estabelecido pela prática social é associativo: uma comunidade básica pode satisfazer as quatro condições de uma verdadeira comunidade antes que as responsabilidades que declara se tornem genuínas. A interpretação é necessária nessa etapa, pois a questão de saber se a prática satisfaz as condições de uma comunidade genuína depende do modo como se compreende a prática, e esta é uma questão interpretativa. Uma vez que a interpretação é, em parte, uma questão de justiça, essa etapa pode mostrar que na verdade as responsabilidades aparentemente injustas não fazem parte da prática, pois são condenadas por princípios necessários à justificativa de outras responsabilidades impostas pela prática. Mas não podemos contar com isso: a melhor interpretação disponível pode mostrar que suas características injustas são compatíveis com o resto de sua estrutura. Desse modo, ainda que as obrigações que impõe sejam genuínas *prima facie*, coloca-se a questão de se a injustiça é tão grave e profunda a ponto de anular essas obrigações. Essa é uma possibilidade, e as práticas de pureza racial e discriminação parecem exemplos plausíveis. Às vezes, porém, a injustiça não será assim tão grave; em tais circunstâncias, surgirão dilemas, pois as obrigações injustas criadas pela prática não serão totalmente extintas.

Posso ilustrar essa estrutura complexa desenvolvendo um exemplo já utilizado. Uma filha tem a obrigação de submeter-se às vontades do pai nas culturas que dão aos pais o poder de escolher um cônjuge para as filhas, mas não para os filhos? Perguntamos, em primeiro lugar, se são observadas as quatro condições que transformam a instituição básica familiar, na forma que assumiu aqui, numa verdadeira comunidade, o que coloca uma série de questões de interpretação nas quais estarão presentes nossas convicções sobre a justiça. A cultura em questão admite, realmente, que as mulheres são tão importantes quanto os homens? Considera que o poder especial conferido aos pais sobre as filhas na verdade se volta para o interesse delas? Se assim não for, se o tratamento discriminatório imposto às filhas tiver por base o pressuposto mais geral de que elas são menos dignas do que os filhos, a associação não é genuína, e dela não decorre nenhuma responsabilidade especificamente associativa. Por outro lado, se tal cultura admite a igualdade dos sexos, a discriminação contra as filhas pode ser tão incoerente com o restante da instituição familiar que se pode vê-la como um erro dentro dela, não configurando, portanto, um verdadeiro requisito mesmo quando a instituição é aceita. Por essa razão, portanto, deixa de existir o conflito.

Suponhamos, porém, que a cultura admite a igualdade dos sexos mas pensa, de boa-fé, que a igualdade de interesse requer uma proteção paternalista às mulheres em todos os aspectos da vida familiar, e que o controle dos pais sobre o casamento de suas filhas é coerente com o restante da instituição. Se essa instituição for, em outros sentidos, muito injusta – se forçar os membros da família a praticarem crimes no interesse da família, por exemplo –, concluiremos que ela não pode ser justificada de nenhuma outra maneira que recomende sua continuidade. Nossa atitude é profundamente cética e, mais uma vez, negamos quaisquer responsabilidades associativas genuínas, negando, portanto, qualquer conflito. Suponhamos, por outro lado, que o paternalismo da instituição seja a única característica que estamos dispostos a considerar injusta. Agora, o conflito é genuíno. As outras responsabilidades dos membros da família adquirem a configuração de responsabilidades genuínas. O mesmo acontece com a responsabilidade de uma filha em submeter-se à vontade dos pais naquilo que diz respeito a seu casamento, mas isso pode ser anulado pelo apelo à liberdade, ou a qualquer outro fundamento de direitos. A diferença é importante: nessa versão da fábula, uma filha que se casa contra a vontade de seu pai tem algo a lamentar. Deve-lhe pelo menos uma explicação, talvez um pedido de desculpas, e deverá, por outras vias, esforçar-se para continuar sendo um membro da comunidade que, por outro lado, ela tem o dever de honrar.

Dediquei uma atenção tão especial à estrutura da obrigação associativa e à natureza e circunstâncias de seus conflitos com outras responsabilidades e direitos, porque meu objetivo é mostrar de que modo a obrigação política pode ser considerada associativa, e isso só será plausível se a estrutura geral das obrigações associativas nos permitir explicar as condições que, em nosso ponto de vista, têm de ser satisfeitas antes que se coloque a questão da obrigação política, e as circunstâncias que, acreditamos, devem invalidá-la ou mostrá-la em conflito com outros tipos de obrigações. A discussão que acabamos de concluir faz eco à nossa primeira discussão, no capítulo III, sobre os tipos de conflito que os cidadãos e os juízes poderiam descobrir entre o direito de sua comunidade e a justiça mais abstrata. Utilizamos ali, em grande parte, a mesma estrutura e muitas das mesmas distinções para desenredar os problemas morais e jurídicos colocados pelo direito nos lugares extremamente injustos. Esse eco reforça nossa hipótese corrente de que a obrigação política – inclusive a obrigação de obedecer ao direito – é uma forma de obrigação associativa. Nosso estudo do conflito na esfera da obrigação associativa é importante também para responder a uma objeção a essa hipótese, para a qual chamei rapidamente a atenção há pouco. A crítica contida nessa objeção é de que ao se tratar a obrigação política como associativa, corroboram-se os aspectos menos atraentes do nacionalismo, inclusive sua veemente aprovação da guerra em nome do interesse nacional. Podemos agora replicar que a melhor interpretação de nossas próprias práticas políticas condena essa característica, que de qualquer modo nem mesmo é explicitamente aprovada pela prática comum. Quando e onde houver tal aprovação, qualquer conflito entre o nacionalismo militante e os padrões de justiça deve ser resolvido em favor destes últimos. Nenhuma dessas alegações ameaça os ideais mais saudáveis da comunidade nacional e as responsabilidades especiais que estes sustentam, que é o que passaremos a examinar a seguir.

Fraternidade e comunidade política

Estamos, finalmente, em condições de examinar nossa hipótese de maneira direta: a melhor defesa da legitimidade política – o direito de uma comunidade política de tratar seus membros como tendo obrigações em virtude de decisões coletivas da comunidade – vai ser encontrada não onde os filósofos esperaram encontrá-la – no árido terreno dos contratos, dos deveres de justiça ou das obrigações de jogo limpo, que poderiam ser válidos entre os estranhos –, mas no campo mais fértil da fraternidade, da comunidade e de suas obrigações concomitantes. Como a família, a amizade e outras formas de associação mais íntimas e locais, a associação política contém a obrigação em seu cerne. O fato de que a maioria das pessoas não escolhe suas comunidades políticas, mas já nasce nela ou é para ela levada ainda na infância não configura uma objeção a essa afirmação. Se dispusermos as comunidades fraternais familiares ao longo de um espectro que vai da plena escolha à ausência de escolha no que diz respeito a ser membro delas, veremos que as comunidades políticas ocupam uma posição mais ou menos intermediária. As obrigações políticas são menos involuntárias do que muitas obrigações familiares, pois as comunidades políticas permitem que as pessoas emigrem, e embora o valor prático de tal escolha seja em geral muito reduzido, a escolha em si é importante, como sabemos ao observar tiranias que a negam. Assim, as pessoas que pertencem a comunidades políticas básicas têm obrigações políticas, desde que sejam atendidas as outras condições necessárias às obrigações de fraternidade – devidamente definidas para uma comunidade política.

Precisamos, portanto, perguntar-nos qual descrição dessas condições é apropriada a uma comunidade política, mas primeiro devemos fazer uma pausa para examinar a seguinte crítica a essa "solução" para o problema da legitimidade. "Não resolve o problema, mas evita-o ao negar a existência de qualquer problema." Essa acusação é até certo ponto justa, mas não o suficiente para ser prejudicial aqui. É verdade que nova abordagem recoloca o problema da legitimidade e, desse modo, espera alterar a natureza do argumento. Pede aos que contestam a própria possibilidade de legitimidade política que ampliem seu ataque e neguem todas as obrigações associativas, ou mostrem por que a obrigação política não pode ser associativa. Pede aos que defendem a legitimidade que ponham à prova suas alegações em um novo e mais vasto campo de argumentação. Convida os filósofos políticos das duas tendências a considerar como deve ser uma comunidade política básica antes que possa declarar-se uma verdadeira comunidade em que vigorarão as obrigações comunitárias.

Não temos dificuldade de encontrar, na prática política, as condições de uma comunidade básica. As pessoas divergem sobre as fronteiras das comunidades políticas, particularmente em condições coloniais, ou quando as divisões existentes entre as nações ignoram importantes identidades históricas, étnicas ou religiosas. Estes, porém, podem ser tratados como problemas de interpretação e, de qualquer modo, não ocorrem nos países dos quais nos ocupamos no presente. A prática define muito claramente as fronteiras da Grã-Bretanha[24] e de vários estados dos Estados Unidos, para que sejam aceitáveis como comunidades políticas básicas. Já observamos isso aqui: vimos que nossas convicções políticas mais difundidas pressupõem que as autoridades dessas comunidades têm responsabilidades especiais no interior de suas comunidades distintas e também para com elas[25]. Também não nos é difícil descrever as obrigações principais associadas às comunidades políticas. A obrigação central é a da fidelidade geral ao direito, a obrigação que a filosofia política considera tão problemática. Assim, nosso principal interesse está nas quatro condições que identificamos. Que forma deveriam assumir em uma comunidade política? Como deve ser a política para que uma sociedade política básica possa tornar-se uma verdadeira forma de associação fraternal?

Três modelos de comunidade

Somos capazes de imaginar a sociedade política como associativa apenas porque nossas atitudes políticas correntes parecem satisfazer a primeira de nossas quatro condições. Imagi-

---
24 Ignoro aqui o problema específico da Irlanda do Norte.
25. Cf. a discussão sobre personificação no capítulo V.

namos que temos interesses especiais por outros membros de nossa própria nação, bem como obrigações para com eles. Os norte-americanos dirigem seus apelos políticos, suas exigências, visões e ideais, em primeiro lugar, a outros norte-americanos; os ingleses a outros ingleses, e assim por diante. Tratamos a comunidade como algo anterior à justiça e à equidade, no sentido de que as questões de justiça e equidade são vistas como questões do que seria equitativo e justo no interior de um grupo político específico. Assim, tratamos as comunidades políticas como verdadeiras comunidades associativas. Que outros pressupostos sobre as obrigações e responsabilidades que decorrem da cidadania poderiam justificar essa atitude ao satisfazer suas outras condições? Não se trata de uma questão de sociologia descritiva, ainda que a disciplina possa ter um papel a desempenhar em tal resposta. Não estamos preocupados, mais exatamente, com a questão empírica de quais atitudes, instituições ou tradições são necessárias para criar e proteger a estabilidade política, mas com a questão interpretativa da natureza do interesse e das responsabilidades mútuas que nossas práticas políticas devem expressar para justificar a pretensão de verdadeira comunidade que parecemos ter.

 As práticas políticas de uma comunidade poderiam ter por objetivo expressar um dos três modelos gerais de associação política. Cada modelo descreve as atitudes que os membros de uma comunidade política tomariam entre si, em plena consciência, se adotassem a concepção de comunidade que o modelo expressa. O primeiro supõe que os membros de uma comunidade tratam sua associação apenas como um acidente *de fato* da história e da geografia, entre outras coisas, e, portanto, como uma comunidade associativa que nada tem de verdadeira. As pessoas que pensam em sua comunidade desse modo não tratarão os outros, necessariamente, apenas como instrumentos para atingirem seus próprios fins. Esta é uma possibilidade: imagine dois estrangeiros, pertencentes a nações que desprezam a moral e a religião uma da outra, lançados numa ilha deserta após uma batalha naval entre os dois países. De início, os dois se veem juntos por uma questão de circunstâncias, e nada mais. Um pode precisar do outro, e por esse motivo não se matam. Podem chegar a uma forma de divisão do trabalho, e cada um vai manter o acordo enquanto achar que este lhe é benéfico, mas nada além desse ponto ou por nenhuma outra razão. Mas existem outras possibilidades para uma associação *de fato*. As pessoas poderiam considerar sua comunidade política como meramente *de fato* não por egoísmo, mas por serem levadas por uma paixão pela justiça no mundo como um todo, sem fazer distinção entre sua comunidade e as outras. Um dirigente político que adote esse ponto de vista pensará em seus eleitores como pessoas que pode ajudar por dispor de meios especiais – os de sua função – para ajudá-los, meios que lamentavelmente não estão disponíveis para que ele possa ajudar outros grupos. Em sua opinião, suas responsabilidades para com sua própria comunidade não são especiais em nenhum outro sentido, não sendo, portanto, mais abrangentes em princípio. Assim, quando ele puder aperfeiçoar a justiça em termos gerais, ao subordinar os interesses de seus próprios eleitores, vai achar correto fazê-lo.

Chamo modelo "das regras" ao segundo modelo de comunidade. Pressupõe que os membros de uma comunidade política aceitam o compromisso geral de obedecer a regras estabelecidas de um certo modo que é específico dessa comunidade. Imaginemos pessoas voltadas para os seus próprios interesses, mas extremamente honestas, que competem em um jogo, ou que constituem as partes de um acordo comercial limitado e provisório. Elas obedecem às regras que aceitaram ou negociaram como uma questão de obrigação, e não de mera estratégia, mas admitem que o conteúdo dessas regras esgota sua obrigação. Não consideram que as regras foram negociadas com base em um compromisso comum com princípios subjacentes que são, eles próprios, uma fonte de novas obrigações; pensam, ao contrário, que essas regras representam um acordo entre interesses ou pontos de vista antagônicos. Se as regras são o produto de uma negociação especial, como no caso do contrato, cada parte tentou ceder o menos possível para obter o máximo possível em retorno, e seria portanto injusto, e não apenas

equivocado, que cada uma delas afirmasse que o acordo abrange tudo que não foi explicitamente acordado.
A concepção convencionalista do direito que examinamos no capítulo IV é o companheiro natural desse modelo de comunidade. O convencionalismo se ajusta às pessoas que tentam promover sua própria concepção de justiça e equidade, através da negociação e do acordo, sujeitas apenas à estipulação superior, geral e única de que, uma vez realizado o acordo da maneira apropriada, as regras que formam seu conteúdo serão respeitadas até que sejam alteradas por um novo acordo. Uma filosofia convencionalista associada a um modelo de comunidade baseado nas regras aceitaria os acordos internos de nossas leis conciliatórias como acordos obtidos por meio de negociações que devem ser respeitadas tanto quanto qualquer outro contrato. Os dois primeiros modelos de comunidade – comunidade como uma questão de circunstância e como uma questão de regras – concordam em rejeitar a única base na qual poderíamos assentar nossa oposição aos acordos conciliatórios, que é a ideia de integridade, de que a comunidade deve respeitar princípios necessários à justificativa de uma parte do direito, bem como do todo.
O terceiro modelo de comunidade é o modelo do princípio. Concorda com o modelo das regras que a comunidade política exige uma compreensão compartilhada, mas assume um ponto de vista mais generoso e abrangente da natureza de tal compreensão. Insiste em que as pessoas são membros de uma comunidade política genuína apenas quando aceitam que seus destinos estão fortemente ligados da seguinte maneira: aceitam que são governadas por princípios comuns, e não apenas por regras criadas por um acordo político. Para tais pessoas, a política tem uma natureza diferente. É uma arena de debates sobre quais princípios a comunidade deve adotar como sistema, que concepção deve ter de justiça, equidade e justo processo legal e não a imagem diferente, apropriada a outros modelos, na qual cada pessoa tenta fazer valer suas convicções no mais vasto território de poder ou de regras possível. Os membros de uma sociedade de princípio admitem que seus direitos

e deveres políticos não se esgotam nas decisões particulares tomadas por suas instituições políticas, mas dependem, em termos mais gerais, do sistema de princípios que essas decisões pressupõem e endossam. Assim, cada membro aceita que os outros têm direitos, e que ele tem deveres que decorrem desse sistema, ainda que estes nunca tenham sido formalmente identificados ou declarados. Também não presume que esses outros direitos e deveres estejam condicionados à sua aprovação integral e sincera de tal sistema; essas obrigações decorrem do fato histórico de sua comunidade ter adotado esse sistema, que é então especial para ela, e não da presunção de que ele o teria escolhido se a opção tivesse sido inteiramente sua. Em resumo, cada um aceita a integridade política como um ideal político distinto, e trata a aceitação geral desse ideal, mesmo entre pessoas que de outra forma estariam em desacordo sobre a moral política, como um dos componentes da comunidade política.

Agora, nosso cenário está preparado para a questão crucial. Cada um desses três modelos de comunidade descreve uma atitude geral que os membros de uma comunidade política adotam com relação aos outros. As práticas políticas que exprimem uma ou outra dessas atitudes satisfariam as condições da verdadeira comunidade associativa que identificamos? Não precisamos nos deter longamente no modelo de circunstância *de fato*, que viola até mesmo a primeira condição: não acrescenta nada, em termos de atitudes especiais de interesse, às circunstâncias que definem uma comunidade política básica. Admite a comunidade entre pessoas que não se interessam umas pelas outras, a não ser como meio de atingir seus objetivos egoístas. Mesmo quando essa forma de comunidade se mantém entre pessoas desinteressadas, que agem apenas para preservar a justiça e a equidade no mundo, do modo como entendem essas virtudes, não têm nenhum interesse especial pela justiça e pela equidade para com os membros de sua própria coletividade. (Na verdade, como sua única preocupação é a justiça abstrata, universalista por natureza, não podem ter base alguma para um interesse especial.)

O modelo de comunidade baseado nas regras poderia parecer mais promissor. Seus membros demonstram uns pelos outros um interesse especial que extrapola o interesse geral de cada um no sentido de que a justiça seja feita segundo seu próprio entendimento, uma preocupação especial de que cada pessoa receba o benefício integral de quaisquer decisões políticas que de fato tenham sido tomadas na esfera dos acordos políticos vigentes. Esse interesse tem a natureza individualizada necessária para satisfazer a segunda condição: manifesta-se em separado, diretamente de uma pessoa a todas as demais. Mas não pode satisfazer a terceira, pois o interesse que demonstra é por demais superficial e atenuado para ser universal, na verdade para ser considerado como um interesse genuíno. Os membros de uma comunidade baseada em regras são livres para agir, em política, de modo quase tão egoísta quanto em uma comunidade de circunstâncias. Cada um pode usar o aparelho político vigente para promover seus próprios interesses ou ideais. Sem dúvida, uma vez que esse aparelho tenha produzido uma decisão isolada, em forma de uma lei ou decisão judicial, as pessoas aceitarão a obrigação especial de assegurar o cumprimento de tal decisão para todos os que possam ser beneficiados por ela. Esse compromisso, porém, é por demais formal e desligado das circunstâncias concretas que vai promover para que possamos considerá-lo expressivo no sentido de um interesse genuíno, e é por isso que parece falso enquanto expressão de fraternidade. Intervém tarde demais no processo político; permite que uma pessoa atue na etapa legislativa crucial sem nenhum senso de responsabilidade ou interesse por aqueles que finge, uma vez asseguradas todas as vantagens possíveis à custa deles, considerar como irmãos. A conhecida versão do argumento do jogo limpo – essas são as regras sob as quais você se beneficiou e é por elas que você deve pautar-se – é particularmente apropriada a uma comunidade baseada em regras, que, como já afirmei, vê a política como uma espécie de jogo. Contudo, essa é a versão do argumento que se mostra mais vulnerável a todas as objeções que de início assinalamos.

O modelo de princípios satisfaz todas as nossas condições, pelo menos tão bem quanto qualquer modelo poderia fazê-lo numa sociedade moralmente pluralista. Torna específicas as responsabilidades da cidadania: cada cidadão respeita os princípios do sentimento de equidade e de justiça da organização política vigentes em sua comunidade particular, que podem ser diferentes daqueles de outras comunidades, considere ele ou não que, de um ponto de vista utópico, são esses os melhores princípios. Faz com que essas responsabilidades sejam inteiramente pessoais: exige que ninguém seja excluído; determina que, na política, estamos todos juntos para o melhor ou o pior; que ninguém pode ser sacrificado, como os feridos em um campo de batalha, na cruzada pela justiça total. O interesse que expressa não é superficial, como o falso interesse que encontramos no modelo das regras, mas verdadeiro e constante. Manifesta-se assim que a política se inicia, e é mantido pela legislação que rege a prestação jurisdicional e sua aplicação. Os atos políticos de todos exprimem sempre, ao se mostrar como devem ser as regras e de que modo se devem aplicá-las, um profundo e constante compromisso que exige sacrifício, não apenas por parte dos perdedores, mas também dos poderosos que teriam a ganhar com o tipo de conluio e soluções conciliatórias que a integridade proíbe. Sua base racional tende para a igualdade no sentido que requer a quarta condição: sua exigência de integridade pressupõe que cada pessoa é tão digna quanto qualquer outra, que cada uma deve ser tratada com o mesmo interesse, de acordo com uma concepção coerente do que isso significa. Uma associação de princípio não é, automaticamente, uma comunidade justa; sua concepção de interesse equitativo pode ser falha ou violar direitos de seus cidadãos ou de cidadãos de outras nações, do mesmo modo que em qualquer comunidade associativa verdadeira, como vimos há pouco. Mas o modelo dos princípios satisfaz as condições da verdadeira comunidade melhor do que qualquer outro modelo de comunidade possível para pessoas que divergem sobre a justiça e a eqüidade a serem adotadas.

Está aqui, portanto, nossa defesa da integridade, a razão para nos empenharmos em ver, até onde seja possível, seus princípios acerca da legislação e da jurisdição nitidamente presentes em nossa vida política. Uma comunidade de princípios aceita a integridade. Condena as leis conciliatórias e as violações menos clamorosas desse ideal como uma violação da natureza associativa de sua profunda organização. Leis resultantes de um compromisso interno não podem ser vistas como decorrentes de um sistema coerente de princípios; pelo contrário, servem ao objetivo incompatível de uma comunidade baseada em regras, que é o de encontrar um meio-termo entre as convicções ao longo das linhas de poder. Contradizem, em vez de confirmar, o engajamento necessário para transformar uma sociedade política ampla e diversa em uma verdadeira, e não em uma simples comunidade: a promessa de que o direito será escolhido, alterado, desenvolvido e interpretado de um modo global, fundado em princípios. Uma comunidade de princípios, fiel a essa promessa, pode reivindicar a autoridade de uma verdadeira comunidade associativa, podendo, portanto, reivindicar a autoridade moral – suas decisões coletivas são questões de obrigação, não apenas de poder – em nome da fraternidade. Essas reivindicações podem ver-se frustradas, pois até mesmo as verdadeiras obrigações associativas podem entrar em conflito com a justiça, devendo às vezes ceder diante dela. Mas qualquer outra forma de comunidade, cujos dirigentes rejeitem esse engajamento, perderia já de início qualquer pretensão à legitimidade sob um ideal de fraternidade.

Os modelos de comunidade usados nesse argumento são ideais em vários sentidos. Não podemos supor que a maioria das pessoas de nossas próprias sociedades políticas aceite, por deliberação própria, as atitudes de qualquer uma delas. Elaborei-os para que pudéssemos decidir quais atitudes que expressam nossas práticas políticas deveríamos tentar interpretar, o que é diferente, e o exercício nos garante a conclusão apresentada a seguir. Se podemos compreender nossas práticas como apropriadas ao modelo de princípios, podemos sustentar a legitimidade de nossas instituições, e as obrigações políticas que elas pressupõem, como uma questão de fraternidade, e deveríamos portanto tentar aperfeiçoar nossas instituições em tal direção. Convém repetir que nada, nesse argumento, sugere que os cidadãos de uma nação, ou mesmo de uma comunidade política menor, sintam ou devam sentir entre si uma emoção que pudéssemos chamar de amor. Algumas teorias acerca da comunidade ideal defendem essa possibilidade até o fim: desejam ansiosamente que cada cidadão sinta pelos outros emoções tão profundas, e com uma fusão equivalente de personalidades, como as dos amantes, dos amigos mais íntimos ou dos membros de uma família unida por laços afetivos extremamente fortes[26]. É certo que não poderíamos interpretar a política de qualquer comunidade política como a expressão desse nível de interesse mútuo, e tampouco é atraente esse ideal. A rendição total da personalidade e da autonomia ali explícita deixaria às pessoas muito pouco espaço para levarem suas vidas em vez de serem levadas com elas; destruiria as próprias emoções que celebra. Nossas vidas são ricas porque são complexas conforme os níveis e a natureza das comunidades em que vivemos. Se sentíssemos por amantes, amigos ou colegas nada além do mais intenso interesse que pudéssemos sentir por todos os nossos concidadãos, isso significaria a extinção, e não a universalidade do amor.

Resumo

É tempo de ligar os fios de um longo argumento. Este capítulo afirma que qualquer interpretação construtiva bem-sucedida de nossas práticas políticas como um todo reconhece a integridade como um ideal político distinto que, às vezes, pede um compromisso com outros ideais. Uma vez que esta é uma afirmação interpretativa, deve ser avaliada em duas dimensões. A integridade como um ideal político se adapta e explica características de nossa estrutura e prática constitucional que, de outro modo, mostram-se enigmáticas. Desse modo, sua

---

26. Esse tipo de preocupação é às vezes chamado de "altruísmo". Cf. Duncan Kennedy, "Form and Substance in Private Law Adjudication", 89 *Harvard Law Review* 1685 (1976).

posição como parte de uma interpretação bem-sucedida dessas práticas depende de saber se interpretá-las desse modo ajuda a mostrá-las em sua melhor luz. Apresentamos várias razões, tanto práticas quanto expressivas, que uma comunidade pode ter para aceitar a integridade como uma virtude política. Enfatizei uma delas ao elaborar e comparar três modelos de comunidade. Sustentei que uma comunidade de princípios, que vê a integridade como parte fundamental de sua política, apresenta uma melhor defesa da legitimidade política do que os outros modelos. Assimila as obrigações políticas à categoria geral das obrigações associativas, e defende-as dessa maneira. Essa defesa é possível em tal comunidade porque um compromisso geral com a integridade expressa o interesse de cada um por tudo que é suficientemente especial, pessoal, abrangente e igualitário para fundamentar as obrigações comunitárias segundo as normas de obrigação comunitária que aceitamos em outros contextos.

Nem esse argumento, nem os outros que assinalamos de passagem, constituem qualquer argumento conclusivo em favor da integridade como primeiro princípio de moral política. Comecei por admitir que a integridade não teria nenhum papel específico a desempenhar numa comunidade que fosse vista por seus membros como perfeitamente justa e equitativa. Defendo, aqui, uma interpretação de nossa própria cultura política, e não uma moral política abstrata e atemporal; afirmo apenas que a defesa da integridade é poderosa na segunda dimensão da interpretação, a política, que reforça suas eloquentes declarações sobre a primeira dimensão da adequação.

Notas desordenadas ao fim de um capítulo

Nos capítulos seguintes estudaremos uma alegação mais estreita e mais voltada para um objetivo específico: a de que a integridade é a chave para a melhor interpretação construtiva de nossas práticas jurídicas distintas e, particularmente, do modo como nossos juízes decidem os casos difíceis nos tribunais. Sustentarei que o direito como integridade oferece uma interpretação melhor da prática jurídica do que as outras duas concepções que consideramos. Primeiro, porém, devo acrescentar algumas novas observações a nossa apresentação geral da integridade, observações que não teria sido conveniente introduzir ao longo da discussão principal. Receio que a melhor maneira de fazê-lo consiste em reunir as observações na forma de uma relação não hierarquizada sob dois títulos gerais.

Legislação e deliberação judicial

Não afirmo, como parte de minha tese interpretativa, que nossas práticas políticas aplicam a integridade de maneira perfeita. Admito que não seria possível reunir, num único e coerente sistema de princípios, todas as normas especiais e outros padrões estabelecidos por nossos legisladores e ainda em vigor. Nosso compromisso com a integridade significa, contudo, que devemos considerar esse fato como um defeito, e não como o resultado desejável de uma justa divisão do poder político entre diferentes conjuntos de opinião, e que devemos nos empenhar em remediar quaisquer incoerências de princípio com as quais venhamos a deparar. Mesmo essa afirmação mais atenuada exige novas ressalvas ou, pelo menos, algum esclarecimento.

Estabeleci uma distinção entre duas formas de integridade ao arrolar dois princípios: a integridade na legislação e a integridade na deliberação judicial. A primeira restringe aquilo que nossos legisladores e outros partícipes de criação do direito podem fazer corretamente ao expandir ou alterar nossas normas públicas. A segunda requer que, até onde seja possível, nossos juízes tratem nosso atual sistema de normas públicas como se este expressasse e respeitasse um conjunto coerente de princípios e, com esse fim, que interpretem essas normas de modo a descobrir normas implícitas entre e sob as normas explícitas. Para nós, a integridade é uma virtude ao lado da justiça, da equidade e do devido processo legal, mas isso não significa que, em alguma das duas formas assinaladas, a integridade seja necessariamente, ou sempre, superior às outras virtudes. O legislativo deveria ser guiado pelo princípio legislativo da integridade, e isso explica por que não deve promulgar leis conciliatórias apenas por uma preocupação com a equidade. Contudo, as leis conciliatórias constituem uma violação flagrante – e fácil de evitar – da integridade; daí não se segue que o legislativo nunca deve, sejam quais forem as circunstâncias, tornar o direito mais incoerente em princípio do que ele já é.

Suponhamos que o legislativo se convença de que o sistema vigente de lei sobre os acidentes, que só permite indenizar pessoas por produtos defeituosos quando o fabricante for negligente, é injusto, e por esse motivo se proponha aprovar um sistema de estrita responsabilidade para todos os outros produtos também. Mas a preparação de uma lei geral adequada a todos os produtos poderia consumir muito do tempo que o legislador necessita para se ocupar de outros assuntos. Ou os fabricantes de alguns produtos poderiam criar um *lobby* poderoso, tornando politicamente impossível a promulgação de uma lei geral. Nesse caso, o legislativo, diante de uma difícil opção, poderia muito bem sancionar apenas a lei sobre indenização por automóveis defeituosos, deixando outros produtos para outra ocasião ou ocasiões. A integridade condena o resultado, mas a justiça prefere isso a nenhuma mudança e, no cômputo final, antes pouco do que nada. O legislativo abandonaria seu compromisso geral com a integridade, e assim se privaria do argumento em favor da legitimidade, por nós examinado, se fizesse essa escolha em todos os casos ou mesmo de maneira característica. Isso, porém, não significa que nunca deve escolher a justiça em detrimento da integridade.

O princípio da integridade na prestação da justiça não é de modo algum superior a propósito do que os juízes devem fazer cotidianamente. Esse princípio é decisivo para aquilo que um juiz reconhece como direito. Reina, por assim dizer, sobre os fundamentos do direito, pois não admite nenhum outro ponto de vista que "decorra" de decisões políticas tomadas no passado. Mas vimos, no capítulo III, que qualquer teoria sobre os fundamentos do direito abstrai-se de questões detalhadas sobre a força do direito. O juiz que aceitar a integridade pensará que o direito que esta define estabelece os direitos genuínos que os litigantes têm a uma decisão dele. Eles têm o direito, em princípio, de ter seus atos e assuntos julgados de acordo com a melhor concepção daquilo que as normas jurídicas da comunidade exigiam ou permitiam na época em que se deram os fatos, e a integridade exige que essas normas sejam consideradas coerentes, como se o Estado tivesse uma única voz. No entanto, ainda que essa exigência honre a virtude política do devido processo legal, que seria violado pelo menos *prima facie* se as pessoas fossem julgadas segundo outras normas que não as normas jurídicas do momento, outros aspectos mais poderosos da moral política poderiam ter mais importância que essa exigência em circunstâncias particulares e excepcionais. Talvez o direito dos Estados Unidos, devidamente interpretado com relação à integridade, incluísse a Lei do Escravo Fugitivo promulgada pelo Congresso antes da Guerra Civil[27]. Se o senso de justiça de um juiz condenasse essa lei por considerá-la profundamente imoral, uma vez que exigia que os cidadãos ajudassem a devolver os escravos fugitivos a seus donos, teria de considerar se devia fazê-la cumprir por exigência de um proprietário de escravos, ou se devia mentir e dizer que, afinal, esse não era o direito, ou, ainda, se não seria o caso de renunciar. O princípio de integridade na deliberação judicial, portanto, não tem necessariamente a última palavra sobre de que modo usar o poder de coerção do Estado. Mas tem a primeira palavra, e normalmente não há nada a acrescentar àquilo que diz.

Integridade e coerência

Será a integridade apenas coerência (decidir casos semelhantes da mesma maneira) sob um nome mais grandioso? Isso depende do que entendemos por coerência ou casos semelhan-

---

27. Isso não é tão óbvio. Cf. Robert M. Cover, *Justice Accused: Antislavery and the Judicial Process* (New Haven, 1975), e minha resenha publicada no *Times Literary Supplement*, 5 de dezembro de 1975.

tes. Se uma instituição política só é coerente quando repete suas próprias decisões anteriores o mais fiel ou precisamente possível, então a integridade não é coerência; é, ao mesmo tempo, mais e menos. A integridade exige que as normas públicas da comunidade sejam criadas e vistas, na medida do possível, de modo a expressar um sistema único e coerente de justiça e equidade na correta proporção. Uma instituição que aceite esse ideal às vezes irá, por esta razão, afastar-se da estreita linha das decisões anteriores, em busca de fidelidade aos princípios concebidos como mais fundamentais a esse sistema como um todo.

Os exemplos mais claros provêm da deliberação judicial, e escolhi um que apenas ilustra uma vitória parcial da integridade até o momento. Durante algum tempo, os juízes ingleses declararam que embora os membros de outras profissões fossem responsáveis por danos causados por sua negligência, os advogados eram imunes a tal responsabilidade. Entendida em sentido estrito, a coerência teria exigido a continuidade dessa exceção, mas a integridade condena o tratamento especial dispensado aos advogados, a menos que este possa ser justificado em princípio – o que parece improvável. A Câmara dos Lordes atualmente reduziu essa isenção: ao fazê-lo, preferiu a integridade à coerência estrita[28]. A integridade, porém, não estará satisfeita enquanto a isenção não for totalmente eliminada.

Esta observação poderia ajudar a afastar uma suspeita estimulada pela discussão que até aqui desenvolvemos. A integridade poderia parecer uma base muito conservadora para uma concepção do direito, sobretudo em comparação com o pragmatismo, seu mais poderoso rival. O juiz que acata a integridade ao tomar uma decisão favorável à sra. McLoughlin, apesar de sua opinião de que seria melhor não indenizar ninguém por danos morais, parece tímido se comparado a seu colega pragmático, que não vê obstáculos para aperfeiçoar a lei pouco a pouco. Contudo, uma vez que entendamos a diferen-

---

28. *Saif Ali vs. Sydney Mitchell & Co.* [1980] A.C. 198.

ça entre integridade e coerência estrita, esse contraste torna-se cada vez mais complexo. A integridade é uma norma mais dinâmica e radical do que parecia de início, pois incentiva um juiz a ser mais abrangente e imaginativo em sua busca de coerência com o princípio fundamental. Em alguns casos, como o *McLoughlin*, de acordo com as premissas que acabamos de assumir, o juiz que tomar a integridade por modelo parecerá, de fato, mais cuidadoso do que o pragmático. Em outros casos, porém, suas decisões parecerão mais radicais. Consideremos, por exemplo, a decisão da Suprema Corte no caso *Brown*. Um juiz pragmático, de inclinação utilitarista de modo geral, teria se perguntado se uma decisão em favor dos escolares pleiteantes, com base na ilegalidade de toda segregação racial nas escolas, era realmente o melhor para o futuro, examinados todos os aspectos. Poderia ter decidido que sim, mas teria de ter considerado fortes argumentos práticos em contrário. Era perfeitamente sensato pensar que uma mudança tão dramática na estrutura social de grande parte do país, ordenada por um tribunal que não é responsável perante eleitorado algum, produziria uma reação que prejudicaria a igualdade racial em vez de fazê-la avançar, e tornaria a educação mais difícil para todos durante uma geração. Também era sensato pensar que a ordem da Corte nunca seria plenamente obedecida, e que seu fracasso comprometeria o poder da corte de proteger as minorias e fazer cumprir os direitos constitucionais no futuro.

Mesmo que um pragmático finalmente se convencesse de que a decisão tomada pela Corte era a melhor, após um exame de todas as circunstâncias pertinentes ao caso, ele poderia ter feito uma pausa antes de estender a decisão da maneira dramática como o fez a Suprema Corte nos anos subsequentes. Os argumentos práticos contra o transporte de crianças negras para escolas brancas, e vice-versa, eram e continuam sendo poderosos, como ainda deixam claro as ameaças e o ódio em várias cidades do Norte. Uma concepção do direito erigida sobre o princípio interpretativo da integridade deixa muito menos espaço para argumentos práticos desse tipo ao estabelecer direitos constitucionais substantivos[29]. Essa concepção é, portanto, muito mais exigente e radical em circunstâncias semelhantes às do caso *Brown*, quando o pleiteante consegue mostrar que uma parte importante daquilo que se acreditava ser a lei é incompatível com princípios mais fundamentais, necessários à justificativa do direito como um todo.

Em um sentido que já assinalamos aqui, a integridade é também mais limitada do que a coerência, embora seja suficientemente importante para que a assinalemos uma vez mais. A integridade diz respeito a princípios, e não exige nenhuma forma simples de coerência em termos políticos[30]. O princípio legislativo da integridade exige que o legislativo se empenhe em proteger, para todos, aquilo que vê como seus direitos morais e políticos, de tal modo que as normas públicas expressem um sistema coerente de justiça e equidade. Mas o legislativo toma muitas decisões que favorecem um grupo particular, não porque a melhor concepção de justiça declara que tal grupo tem direito de obter esse benefício, mas apenas porque o fato de beneficiá-lo acaba por trabalhar pelo interesse geral. Se o legislativo provê subsídios a agricultores que plantam trigo, por exemplo, para assegurar uma boa colheita, ou paga aos que cultivam milho para que não o plantem, pois há um excesso de milho, não reconhece nenhum direito dos agricultores a esses pagamentos. Uma forma cega de coerência exigiria que a legislatura oferecesse subsídios ou pagamentos para não plantar a todos os agricultores, ou pelo menos a todos os agricultores cujas colheitas fossem essenciais, ou que produzissem colheitas que, no momento, representassem uma oferta excessiva. Mas poderia haver sólidas razões de ordem política – talvez de

---

29. Cf., porém, a discussão sobre a execução do caso *Brown* no capítulo X.

30. Em outros textos, tentei descrever e defender a distinção entre princípio e política; cf. *Taking Rights Seriously*, cap. 4 e apêndice; *Ronald Dworkin and Contemporary Jurisprudence*, 263-8 (Marshall Cohen, org., Nova York e Londres, 1984). A distinção é frequentemente empregada em *A Matter of Principle*.

um tipo muito diferente – pelas quais não conviria ao legislador generalizar essas políticas de tal maneira. A integridade não se vê violada pelo mero fato de aceitar essas razões e recusar-se a generalizar a política de subsídios. Conheceremos, no capítulo VIII, um argumento que poderia parecer uma ameaça a essa distinção, pois mostra que a integridade tem força inclusive nessas decisões políticas. Um governo que aceite o que ali chamarei de princípio igualitário abstrato, segundo o qual é preciso tratar igualmente todos os cidadãos, necessita de uma concepção de interesse equitativo, e a integridade exige que o governo se decida por uma única concepção que não venha a rejeitar em nenhuma decisão, inclusive nas decisões de política. Muitos políticos, por exemplo, acham que tratar as pessoas como iguais significa incluir o bem-estar de cada uma em um cálculo utilitarista global; uma instituição que usasse essa concepção de interesse equitativo para justificar algumas leis não poderia usar uma concepção contraditória – a de que o interesse equitativo exige igualdade material entre os cidadãos, por exemplo – para justificar outras leis. Na política corrente, porém, os legisladores devem ter uma visão bastante abrangente dessas exigências. Ficariam imobilizados se tentassem assegurar que cada decisão, uma por uma, destinasse a cada cidadão exatamente aquilo que o cálculo utilitário mais sensível lhe atribuísse, por exemplo. Uma teoria política funcional deve ser mais flexível: exige apenas que o governo persiga estratégias gerais que promovam o bem geral, tal como definido aproximada e estatisticamente, para equivaler àquilo que o interesse equitativo exige de acordo com a concepção em jogo. Assim, um governo comprometido com a concepção utilitária visa a estratégias legislativas que, em conjunto e a longo prazo, aumentem o bem-estar médio mais do que o fariam quaisquer outras estratégias; um governo comprometido com a igualdade material adota programas que tornam segmentos e classes mais iguais em termos de riqueza material enquanto grupos, e assim por diante. As decisões em busca dessas estratégias, julgadas uma por uma, são questões de política e não de princípio; para testá-las, devemos perguntar se fazem avançar o objetivo geral, e não se concedem a cada cidadão aquilo a que tem direito enquanto indivíduo. Os subsídios a um grupo de agricultores podem ser justificados nesse teste, ainda que os subsídios a um grupo diferente, como parte de uma outra estratégia geral, também pudessem ter contribuído para aumentar o bem-estar geral, possivelmente na mesma medida.

Contudo, a maioria das teorias políticas vigentes também reconhece direitos individuais distintos como trunfos capazes de influenciar essas decisões políticas, direitos que o governo é obrigado a respeitar caso por caso, decisão por decisão. Esses direitos políticos podem ser essenciais, como o direito de cada cidadão a ter seu voto considerado igual ao de qualquer outro cidadão, ou a ter garantida sua liberdade de expressão ou de consciência, mesmo quando a violação de tais direitos pudesse contribuir para o bem-estar geral. Ou direitos mais diretamente provenientes da moral pessoal, como o direito a ser indenizado por danos causados pela negligência de outra pessoa. A integridade detém seu olhar sobre essas questões de princípio: o governo deve ter uma só voz ao se manifestar sobre a natureza desses direitos, sem negá-los, portanto, a nenhuma pessoa em momento algum. O efeito da integridade sobre as decisões políticas é mais difuso. Exige, como afirmei, que o governo persiga alguma concepção coerente daquilo que significa tratar as pessoas como iguais, mas esta é, sobretudo, uma questão de estratégias gerais e de testes estatísticos preliminares. Quanto ao mais, não exige uma coerência limitada no âmbito das políticas: não exige que programas específicos tratem todos da mesma maneira[31]. Contudo, o interesse da integridade pelos direitos e princípios às vezes desqualifica um certo tipo específico de incoerência. Uma legislatura norte-americana não poderia decidir que nenhum agricultor católico recebesse subsídios mesmo que, inacreditavelmente, houvesse sólidas razões políticas para tal discriminação.

A distinção entre política e princípio e a relação direta entre integridade e princípio também são importantes fora da

---

31. Esse ponto é desenvolvido no capítulo VIII.

legislação. Consideremos o poder discricionário do promotor público e outras decisões políticas no processo criminal. Poder-se-ia pensar que, do ponto de vista da coerência, se algumas pessoas que cometem um crime específico foram e serão punidas, a punição deve incidir sobre todas essas pessoas, e que os castigos devem ser uniformes sempre que houver o mesmo nível de culpabilidade. A integridade é mais discriminatória. Se a razão para um promotor público não processar alguém for de ordem política – se a ação penal for muito cara, por exemplo, ou por algum motivo não contribuir para a coibição –, a integridade não oferece razão alguma pela qual uma outra pessoa não venha a ser processada quando essas razões de política não existirem ou forem alteradas. Mas, sc as razões que se opõem à ação penal em um caso forem razões de princípio – o código penal não oferece instruções adequadas, por exemplo –, a integridade então exige que essas razões sejam respeitadas para todos os outros. É evidente que a integridade também condenaria as decisões dos promotores que praticassem discriminação, ainda que por óbvias razões políticas, a partir de fundamentos que violam direitos de outro modo reconhecidos, como se nossos promotores economizassem ao processar somente negros por um tipo de crime particularmente predominante nas comunidades de maioria negra[32].

---

32. Essa era talvez a questão subjacente, não explicitada nas opiniões emitidas, em *Gouriet vs. The Union of Post Office Workers* [1977] 1 All E.R. 696 (Tribunal de Apelação), 1978 A.C. 435 (Câmara dos Lordes).

Capítulo VII
Integridade no direito

Uma visão de conjunto

Neste capítulo iremos desenvolver a terceira concepção do direito que apresentei no capítulo III. O direito como integridade nega que as manifestações do direito sejam relatos factuais do convencionalismo, voltados para o passado, ou programas instrumentais do pragmatismo jurídico, voltados para o futuro. Insiste em que as afirmações jurídicas são opiniões interpretativas que, por esse motivo, combinam elementos que se voltam tanto para o passado quanto para o futuro; interpretam a prática jurídica contemporânea como uma política em processo de desenvolvimento. Assim, o direito como integridade rejeita, por considerar inútil, a questão de se os juízes descobrem ou inventam o direito; sugere que só entendemos o raciocínio jurídico tendo em vista que os juízes fazem as duas coisas e nenhuma delas.

Integridade e interpretação

O princípio judiciário de integridade instrui os juízes a identificar direitos e deveres legais, até onde for possível, a partir do pressuposto de que foram todos criados por um único autor – a comunidade personificada –, expressando uma concepção coerente de justiça e equidade. Elaboramos nossa terceira concepção do direito, nossa terceira perspectiva sobre quais são os direitos e deveres que decorrem de decisões políticas anteriores, ao reafirmarmos essa orientação como uma tese sobre os fundamentos do direito. Segundo o direito como integridade, as proposições jurídicas são verdadeiras se constam, ou se derivam, dos princípios de justiça, equidade e devido processo legal que oferecem a melhor interpretação construtiva da prática jurídica da comunidade. Decidir se o direito vai assegurar à sra. McLoughlin uma indenização pelos prejuízos sofridos, por exemplo, equivale a decidir se vemos a prática jurídica sob sua melhor luz a partir do momento em que supomos que a comunidade aceitou o princípio de que as pessoas na situação dela têm direito a ser indenizadas.

O direito como integridade é, portanto, mais inflexivelmente interpretativo do que o convencionalismo ou o pragmatismo. Essas últimas teorias se oferecem *como* interpretações. São concepções de direito que pretendem mostrar nossas práticas jurídicas sob sua melhor luz, e recomendam, em suas conclusões pós-interpretativas, estilos ou programas diferentes de deliberação judicial. Mas os programas que recomendam não são, em si, programas *de* interpretação; não pedem aos juízes encarregados da decisão de casos difíceis que façam novos exames, essencialmente interpretativos, da doutrina jurídica. O convencionalismo exige que os juízes estudem os repertórios jurídicos e os registros parlamentares para descobrir que decisões foram tomadas pelas instituições às quais convencionalmente se atribui poder legislativo. É evidente que vão surgir problemas interpretativos ao longo desse processo: por exemplo, pode ser necessário interpretar um texto para decidir que lei nossas convenções jurídicas constroem a partir dele. Uma vez, porém, que um juiz tenha aceito o convencionalismo como guia, não terá novas ocasiões de interpretar o registro legislativo como um todo, ao tomar decisões sobre casos específicos. O pragmatismo exige que os juízes pensem de modo instrumental sobre as melhores regras para o futuro. Esse exercício pode pedir a interpretação de alguma coisa que extrapola a matéria jurídica: um pragmático utilitarista talvez precise preocupar-se com a melhor maneira de entender a ideia de bem-estar comunitário, por exemplo. Uma vez mais, porém, um juiz que aceite o pragmatismo não mais poderá interpretar a prática jurídica em sua totalidade.

O direito como integridade é diferente: é tanto o produto da interpretação abrangente da prática jurídica quanto sua fonte de inspiração. O programa que apresenta aos juízes que decidem casos difíceis é essencialmente, não apenas contingentemente, interpretativo; o direito como integridade pede-lhes que continuem interpretando o mesmo material que ele próprio afirma ter interpretado com sucesso. Oferece-se como a continuidade – e como origem – das interpretações mais detalhadas que recomenda. Agora, portanto, devemos retomar o estudo geral da interpretação que iniciamos no capítulo II. Devemos dar continuidade à descrição que ali fizemos do que é a interpretação e de quando se pode afirmar que ela foi bem feita, mas com mais detalhes e com o espírito mais voltado para o desafio interpretativo especial que se coloca perante os juízes e as outras pessoas que devem dizer o que é o direito.

Integridade e história

A história é importante no direito como integridade: muito, mas apenas em certo sentido. A integridade não exige coerência de princípio em todas as etapas históricas do direito de uma comunidade; não exige que os juízes tentem entender as leis que aplicam como uma continuidade de princípio com o direito de um século antes, já em desuso, ou mesmo de uma geração anterior. Exige uma coerência de princípio mais horizontal do que vertical ao longo de toda a gama de normas jurídicas que a comunidade agora faz vigorar. Insiste em que o direito – os direitos e deveres que decorrem de decisões coletivas tomadas no passado e que, por esse motivo, permitem ou exigem a coerção – contém não apenas o limitado conteúdo explícito dessas decisões, mas também, num sentido mais vasto, o sistema de princípios necessários a sua justificativa. A história é importante porque esse sistema de princípios deve justificar tanto o *status* quanto o conteúdo dessas decisões anteriores. Nossa justificativa para considerar a Lei das Espécies Ameaçadas como direito, a menos (e até que) seja revogada, inclui o fato crucial de ter sido sancionada pelo Congresso, e qualquer justificativa que apresentemos para tratar esse fato como crucial deve ela própria incluir o modo como tratamos outros eventos de nosso passado político.

O direito como integridade, portanto, começa no presente e só se volta para o passado na medida em que seu enfoque contemporâneo assim o determine. Não pretende recuperar, mesmo para o direito atual, os ideais ou objetivos práticos dos políticos que primeiro o criaram. Pretende, sim, justificar o que eles fizeram (às vezes incluindo, como veremos, o que disseram) em uma história geral digna de ser contada aqui, uma história que traz consigo uma afirmação complexa: a de que a prática atual pode ser organizada e justificada por princípios suficientemente atraentes para oferecer um futuro honrado. O direito como integridade deplora o mecanismo do antigo ponto de vista de que "lei é lei", bem como o cinismo do novo "realismo". Considera esses dois pontos de vista como enraizados na mesma falsa dicotomia entre encontrar e inventar a lei. Quando um juiz declara que um determinado princípio está imbuído no direito, sua opinião não reflete uma afirmação ingênua sobre os motivos dos estadistas do passado, uma afirmação que um bom cínico poderia refutar facilmente, mas sim uma proposta interpretativa: o princípio se ajusta a alguma parte complexa da prática jurídica e a justifica; oferece uma maneira atraente de ver, na estrutura dessa prática, a coerência de princípio que a integridade requer. O otimismo do direito é, nesse sentido, conceitual; as declarações do direito são permanentemente construtivas, em virtude de sua própria natureza. Esse otimismo pode estar deslocado: a prática jurídica pode terminar por não ceder a nada além de uma interpretação profundamente cética. Mas isso não é inevitável somente porque a história de uma comunidade é feita de grandes conflitos e transformações. Uma interpretação imaginativa pode ser elaborada sobre terreno moralmente complicado, ou mesmo ambíguo.

A cadeia do direito

O romance em cadeia

Afirmei, no capítulo II, que a interpretação criativa vai buscar sua estrutura formal na ideia de intenção, não (pelo menos não necessariamente) porque pretenda descobrir os propósitos de qualquer pessoa ou grupo histórico específico, mas porque pretende impor um propósito ao texto, aos dados ou às tradições que está interpretando. Uma vez que toda interpretação criativa compartilha essa característica, e tem, portanto, um aspecto ou componente normativo, podemos tirar proveito de uma comparação entre o direito e outras formas ou circunstâncias de interpretação. Podemos comparar o juiz que decide sobre o que é o direito em alguma questão judicial, não apenas com os cidadãos da comunidade hipotética que analisa a cortesia que decidem o que essa tradição exige, mas com o crítico literário que destrinca as várias dimensões de valor em uma peça ou um poema complexo.

Os juízes, porém, são igualmente autores e críticos. Um juiz que decide o caso *McLoughlin* ou *Brown* introduz acréscimos na tradição que interpreta; os futuros juízes deparam com uma nova tradição que inclui o que foi feito por aquele. É claro que a crítica literária contribui com as tradições artísticas em que trabalham os autores; a natureza e a importância dessa contribuição configuram, em si mesmas, problemas de teoria crítica. Mas a contribuição dos juízes é mais direta, e a distinção entre autor e intérprete é mais uma questão de diferentes aspectos do mesmo processo. Portanto, podemos encontrar uma comparação ainda mais fértil entre literatura e direito ao criarmos um gênero literário artificial que podemos chamar de "romance em cadeia".

Em tal projeto, um grupo de romancistas escreve um romance em série; cada romancista da cadeia interpreta os capítulos que recebeu para escrever um novo capítulo, que é então acrescentado ao que recebe o romancista seguinte, e assim por diante. Cada um deve escrever seu capítulo de modo a criar da melhor maneira possível o romance em elaboração, e a complexidade dessa tarefa reproduz a complexidade de decidir um caso difícil de direito como integridade. O projeto literário fictício é fantástico, mas não irreconhecível. Na verdade, alguns romances foram escritos dessa maneira, ainda que com uma finalidade espúria, e certos jogos de salão para os fins de semana chuvosos nas casas de campo inglesas têm estrutura semelhante. As séries de televisão repetem por décadas os mesmos personagens e um mínimo de relação entre personagens e enredo, ainda que sejam escritas por diferentes grupos de autores e, inclusive, em semanas diferentes. Em nosso exemplo, contudo, espera-se que os romancistas levem mais a sério suas responsabilidades de continuidade; devem criar em conjunto, até onde for possível, um só romance unificado que seja da melhor qualidade possível[1].

Cada romancista pretende criar um só romance a partir do material que recebeu, daquilo que ele próprio lhe acrescentou e (até onde lhe seja possível controlar esse aspecto do projeto) daquilo que seus sucessores vão querer ou ser capazes de acrescentar. Deve tentar criar o melhor romance possível como se fosse obra de um único autor, e não, como na verdade é o caso, como produto de muitas mãos diferentes. Isso exige uma ava-

---

1. Essa pode ser uma tarefa impossível; talvez o projeto esteja condenado a produzir não apenas um romance incrivelmente ruim, mas na verdade a não produzir romance algum, pois a melhor teoria da arte exige um único criador ou, em caso de mais de um, que cada qual exerça algum controle sobre o todo. (Que dizer, porém, de lendas e piadas? E sobre o Antigo Testamento ou, segundo certas teorias, a *Ilíada*?) Não preciso levar a questão muito adiante, pois só estou interessado no fato de que a tarefa tem sentido, que cada um dos romancistas da cadeia pode ter algum domínio daquilo que lhe pediram para fazer, sejam quais forem as suas dúvidas sobre o valor ou a natureza do que será então produzido.

liação geral de sua parte, ou uma série de avaliações gerais à medida que ele escreve e reescreve. Deve adotar um ponto de vista sobre o romance que se vai formando aos poucos, alguma teoria que lhe permita trabalhar elementos como personagens, trama, gênero, tema e objetivo, para decidir o que considerar como continuidade e não como um novo começo. Se for um bom crítico, seu modo de lidar com essas questões será complicado e multifacetado, pois o valor de um bom romance não pode ser apreendido a partir de uma única perspectiva. Vai tentar encontrar níveis e correntes de sentido, em vez de um único e exaustivo tema. Contudo, segundo a maneira que agora nos é peculiar, podemos dar uma estrutura a qualquer interpretação que ele venha a adotar, distinguindo duas dimensões a partir das quais será necessário submetê-la à prova. A primeira é a que até aqui chamamos de dimensão da adequação. Ele não pode adotar nenhuma interpretação, por mais complexa que seja, se acredita que nenhum autor que se põe a escrever um romance com as diferentes leituras de personagem, trama, tema e objetivo que essa interpretação descreve, poderia ter escrito, de maneira substancial, o texto que lhe foi entregue. Isso não significa que sua interpretação deva se ajustar a cada segmento do texto. Este não será desqualificado simplesmente porque ele afirma que algumas linhas ou alguns tropos são acidentais, ou mesmo que alguns elementos da trama são erros, pois atuam contra as ambições literárias que são afirmadas pela interpretação. Ainda assim, a interpretação que adotar deve fluir ao longo de todo o texto; deve possuir um poder explicativo geral, e será mal sucedida se deixar sem explicação algum importante aspecto estrutural do texto, uma trama secundária tratada como se tivesse grande importância dramática, ou uma metáfora dominante ou recorrente. Se não se encontrar nenhuma interpretação que não possua tais falhas, o romancista em cadeia não será capaz de cumprir plenamente sua tarefa; terá de encontrar uma interpretação que apreenda a maior parte do texto, admitindo que este não é plenamente bem-sucedido. Talvez até mesmo esse sucesso parcial seja impossível; talvez cada interpretação que considere não seja compatível com o material que lhe foi entregue. Nesse caso, deve abandonar o projeto, pois a consequência de adotar a atitude interpretativa com relação ao texto em questão será, então, uma peça de ceticismo interno: nada pode ser considerado como continuação do romance: é sempre um novo começo. Ele pode achar não que nenhuma interpretação isolada se ajusta ao conjunto do texto, mas que mais de uma o faz. A segunda dimensão da interpretação vai exigir-lhe então que julgue qual dessas leituras possíveis se ajusta melhor à obra em desenvolvimento, depois de considerados todos os aspectos da questão. A esta altura, entram em jogo seus juízos estéticos mais profundos sobre a importância, o discernimento, o realismo ou a beleza das diferentes ideias que se poderia esperar que o romance expressasse. Mas as considerações formais e estruturais que dominam a primeira dimensão também estão presentes na segunda, pois mesmo quando nenhuma das duas interpretações é desqualificada por explicar muito pouco, pode-se mostrar o texto sob uma melhor luz, pois se ajusta a uma parte maior do texto ou permite uma integração mais interessante de estilo e conteúdo. Assim, a distinção entre as duas dimensões é menos crucial ou profunda do que poderia parecer. É um procedimento analítico útil que nos ajuda a dar estrutura à teoria funcional ou ao estilo de qualquer intérprete. Ele perceberá quando uma interpretação se ajusta tão mal que se torna desnecessário levar em conta seu apelo essencial, pois sabe que isso não poderá superar seus problemas de adequação ao decidir se ela torna o romance melhor do que o fariam as outras interpretações, levando-se tudo em conta. Essa percepção definirá, para ele, a primeira dimensão. Ainda assim, não precisará reduzir sua intuição a nenhuma fórmula precisa; ele raramente se veria na situação de decidir se alguma interpretação sobrevive ou fracassa por pouco, pois um mero sobrevivente, não importa quão ambicioso ou interessante considerasse o texto, quase certamente fracassaria em uma comparação geral com outras interpretações cuja adequação fosse evidente.

 Podemos agora examinar a amplitude dos diversos tipos de opiniões que estão misturadas nessa comparação geral.

As opiniões sobre a coerência e a integridade textuais, refletindo diferentes valores literários formais, estão interligadas a juízos estéticos mais substanciais que, em si mesmos, pressupõem objetivos literários de outra natureza. Contudo, esses vários tipos de juízos de cada categoria geral permanecem distintos o bastante para se anularem mutuamente em uma avaliação global, e é esta possibilidade de disputa, particularmente entre opiniões textuais e substantivas, que distingue a tarefa de um romancista em cadeia de uma produção literária mais criativa e independente. Também não podemos estabelecer uma distinção muito nítida entre a etapa em que um romancista em cadeia interpreta o texto que lhe foi entregue e a etapa em que ele acrescenta seu próprio capítulo, guiado pela interpretação pela qual optou. Ao começar a escrever, ele poderia descobrir naquilo que escreveu uma interpretação diferente, talvez radicalmente diferente. Ou poderia achar impossível escrever de acordo com o tom ou o tema que escolheu da primeira vez, o que o levaria a reconsiderar outras interpretações que num primeiro momento rejeitou. Em ambos os casos, ele volta ao texto para reconsiderar as linhas que esta torna aceitáveis.

Scrooge

Podemos ampliar essa descrição abstrata da opinião do romancista em cadeia através de um exemplo. Suponha que você é um romancista na parte inferior da cadeia. Suponha que Dickens nunca escreveu *Conto de Natal*, e que o texto que lhe dão, apesar de ter sido escrito por várias pessoas, é a primeira parte desse conto. Considere estas duas interpretações do personagem principal: Scrooge é inerente e irrecuperavelmente mau, uma encarnação da maldade consumada da natureza humana livre dos disfarces da convenção que ele rejeita; ou Scrooge é inerentemente bom, mas progressivamente corrompido pelos valores falsos e pelas exigências perversas da sociedade capitalista. É evidente que sua escolha de uma ou outra dessas interpretações fará uma enorme diferença na continuação da história. Se lhe deram só o final de *Conto de Natal* para escrever – Scrooge já teve seus sonhos, arrependeu-se e mandou seu peru –, já é tarde demais para você torná-lo irrecuperavelmente mau, a menos que pense, como o faria a maior parte dos intérpretes, que o texto não suportará essa interpretação sem um enorme esforço. Não quero dizer que nenhum intérprete poderia considerar Scrooge intrinsecamente mau depois de sua suposta redenção. Alguém poderia ver essa pretensa redenção como um ato final de hipocrisia, ainda que para isso não pudesse tomar em sentido literal muitos outros aspectos do texto. Tal interpretação seria medíocre, não porque nela não fosse possível encontrar algum valor, mas porque na verdade, de acordo com todos os critérios que até aqui descrevemos, trata-se de uma interpretação ruim[2].

Mas agora imagine que só lhe deram os primeiros parágrafos de *Conto de Natal*. Você descobre que nenhuma das duas interpretações que está examinando é totalmente excluída pelo texto até o momento; talvez uma delas explicasse melhor alguns incidentes menores da trama, que na outra ficassem desconexos, mas em termos gerais pode-se considerar que cada interpretação flui através do conjunto do texto abreviado. Um romancista competente que tentasse escrever um romance seguindo uma ou outra das linhas sugeridas poderia muito bem ter escrito aquilo que se encontra em suas páginas. Nesse caso, você teria de tomar uma outra decisão. Sua tarefa é fazer do texto o melhor possível, e você então vai escolher a interpretação que, em sua opinião, possa tornar a obra mais significativa ou melhor de alguma outra maneira. É provável (mas não inevitável) que essa decisão dependa daquilo que você pensa sobre as pessoas da vida real que se parecem com Scrooge: se nascem más ou são corrompidas pelo capitalismo. Mas também vai depender de muitas outras coisas, porque suas convicções estéticas não são tão simples a ponto de tornarem apenas esse aspecto do romance relevante para seu sucesso geral. Imagine que você pensa que uma interpretação integra não so-

---

2. Ver o debate citado no capítulo II, n. 16.

mente a trama, mas também as imagens e o cenário; a interpretação social explica, por exemplo, o agudo contraste entre o mobiliário e as divisões individualistas do escritório de Scrooge e a casa de Bob Cratchit, comunitária e sem formas muito definidas. Agora, seu juízo estético – sobre qual interpretação torna a continuidade do romance melhor enquanto tal – é mais complexo, pois deve identificar e permutar as diferentes dimensões de valor em um romance. Imagine que acredita que a interpretação do pecado original é o retrato mais fiel da natureza humana, mas que a interpretação sociorrealista oferece uma estrutura formal mais profunda e interessante para o romance. Você deve então perguntar-se qual interpretação torna a obra de arte melhor como um todo. Talvez você nunca tenha refletido antes sobre esse tipo de problema – talvez a tradição crítica em que se formou dê por certo que uma ou outra dessas dimensões é a mais importante –, mas isso não é motivo para que não o faça agora. Uma vez que se decida, vai acreditar que a correta interpretação do caráter de Scrooge é aquela que torna o romance melhor, segundo sua concepção.

Esse exemplo forjado é complexo o bastante para suscitar a pergunta seguinte, que é aparentemente importante. Sua opinião sobre a melhor maneira de interpretar e dar continuidade aos parágrafos do *Conto de Natal* que recebeu é uma opinião livre ou forçada? Você é livre para pôr em prática suas próprias hipóteses e atitudes sobre a verdadeira natureza dos romances? Ou é obrigado a ignorá-las por ser escravo de um texto no qual não pode introduzir alterações? A resposta é bastante simples: nenhuma dessa duas descrições incipientes – de total liberdade criativa ou coerção mecânica do texto – dá conta de sua situação, pois cada uma deve, em certo sentido, sofrer ressalvas em decorrência da outra. Você sentirá liberdade de criação ao comparar sua tarefa com outra, relativamente mais mecânica, como a tradução direta de um texto em língua estrangeira. Mas vai sentir-se reprimido ao compará-la a uma tarefa relativamente menos dirigida, como começar a escrever um romance.

É importante não apenas assinalar esse contraste entre elementos de liberdade artística e coerção textual, como também não interpretar mal sua natureza. *Não* se trata de um contraste entre os aspectos da interpretação que dependem das convicções estéticas do intérprete e aqueles que independem. E não é um contraste entre os aspectos que podem ser polêmicos e aqueles que não podem ser. As restrições que você percebe como limites a sua liberdade de ler o *Conto de Natal* de modo a tornar Scrooge irrecuperavelmente mau são, ao mesmo tempo, questões de opinião e convicção, sobre as quais os romancistas em cadeia poderiam divergir, e convicções e atitudes às quais recorre ao decidir se o romance teria sido melhor se Scrooge fosse irrecuperavelmente mau. Se essas últimas convicções são "subjetivas" (utilizo com relutância a linguagem do ceticismo externo, pois alguns leitores a acharão útil aqui), o mesmo se pode dizer das primeiras. Os dois tipos principais de convicções que estão ao alcance de todo intérprete – sobre a interpretação que se adapta melhor ou pior a um texto, e sobre qual das duas torna o romance substancialmente melhor – são inerentes a seu sistema geral de crenças e atitudes; nenhum tipo é independente desse sistema de alguma maneira que o outro não o seja.

Essa observação convida à seguinte objeção: "Se um intérprete deve, finalmente, basear-se naquilo que lhe parece certo, tanto ao decidir se alguma interpretação é apropriada quanto ao decidir se ela torna o romance mais atraente, na verdade não está sujeito a nenhuma coerção, pois nenhuma opinião pode ser constrangida, a não ser por fatos externos e irredutíveis com os quais todos devem estar de acordo". A objeção não é bem fundada, pois repousa sobre uma base dogmática. Constitui uma parte conhecida de nossa experiência cognitiva o fato de algumas de nossas crenças e convicções operarem como elementos de comprovação ao decidirmos até que ponto podemos ou devemos aceitar ou produzir outras, e a comprovação é efetiva mesmo quando as crenças e atitudes coercitivas são polêmicas. Se um cientista admite, mais que outro, normas mais rigorosas para os procedimentos de pesquisas, ele acreditará menos do que gostaria de acreditar. Se um político tem escrúpulos que outro político rejeita de boa-fé, o primeiro vai encontrar repressão em contextos nos quais o outro não a encontrará. Repetindo, não há nada de mal em utilizar a linguagem da subjetividade que o ceticismo exterior favorece. Poderíamos dizer que nesses exemplos a coerção é "interior" ou "subjetiva". Ainda assim, é verdadeira do ponto de vista fenomenológico, razão pela qual é importante aqui. Estamos tentando ver o que é a interpretação do ponto de vista do intérprete, e, desse ponto de vista, a coerção que ele sente é tão genuína como se fosse incontroversa, como se todos a sentissem com a mesma força que ele. Imagine que alguém insiste que, de um ponto de vista "objetivo", não existe coerção real, que a coerção é *meramente* subjetiva. Se tratarmos essa nova acusação como a queixa habitual do cético exterior, ela então será inútil e enganosa, exatamente como mostramos no capítulo II. Não oferece ao romancista em cadeia nenhuma razão para duvidar das conclusões a que chega (ou para abandoná-las) a propósito de quais interpretações se ajustam ao texto suficientemente bem para terem importância, ou tão mal que devam ser rejeitadas se houver outras interpretações disponíveis, ainda que menos atraentes.

Contudo, a objeção cética pode tornar-se mais interessante se a atenuarmos da seguinte maneira. Ela enfatiza, agora, que uma coerção percebida pode às vezes ser ilusória, não pela razão dogmática do cético exterior, para o qual uma coerção genuína deve ser inquestionável e independente de outras crenças e atitudes, mas porque ela pode não ser suficientemente desarticulada, dentro do sistema das convicções artísticas mais verdadeiras do intérprete, para confrontá-las ou obstruí-las na prática, inclusive de seu ponto de vista[3]. Trata-se de uma possibilidade bem real, e precisamos nos prevenir contra ela ao criticarmos nossos argumentos interpretativos ou os de outras pessoas. Apresentei algumas hipóteses sobre a estrutura de suas opiniões estéticas quando imaginei sua opinião geral sobre o *Conto de Natal*. Presumi que os diferentes tipos de avaliação que você combina em sua opinião geral são suficientemente

---

3. Cf. *A Matter of Principle*, cap. 7.

independentes uns dos outros, no âmbito de seu sistema de ideias, para permitir que alguns reprimam outros. Você se recusa a interpretar a suposta redenção de Scrooge como hipócrita por razões "formais" de coerência e integração da trama, de dicção e personagens. Um bom romance (assim pensa você) não faria de uma redenção hipócrita o desfecho de um acontecimento tão dramático e esmagador como a terrível noite de Scrooge. Essas convicções formais são independentes de suas opiniões mais profundas sobre o valor antagônico de diferentes objetivos literários: mesmo que um romance sobre o pecado original lhe parecesse mais estimulante, isso não transformaria sua convicção formal numa interpretação mais favorável do pecado original. Imagine, porém, que eu esteja errado em minhas suposições sobre sua maneira de pensar. Imagine que descobrimos, no processo de argumentação, que na verdade suas convicções formais estão ligadas a outras, mais profundas, e são por elas dirigidas. Sempre que você preferir a interpretação de um texto por razões mais sólidas, suas convicções formais se ajustarão automaticamente, para endossá-la como uma boa leitura desse texto. É claro que você poderia estar apenas fingindo ser assim, caso em que estaria agindo de má-fé. Mas o ajuste pode ser inconsciente; nesse caso, você acha que está reprimido, mas, no sentido que nos interessa aqui, na verdade não o está. A possibilidade de as convicções de um intérprete exercerem um controle recíproco, como deve ser o caso se ele estiver realmente interpretando, vai depender da complexidade e da estrutura do conjunto de suas opiniões sobre o assunto em questão.

Nosso exemplo de romance em cadeia foi até aqui deformado pelo pressuposto irreal de que, milagrosamente, o texto que lhe foi entregue possuía a unidade de alguma coisa escrita por um só autor. Ainda que cada um dos romancistas anteriores da cadeia assumisse suas responsabilidades de maneira bastante séria, o texto deveria mostrar as marcas de sua história, e você teria de adaptar seu estilo de interpretação a essa circunstância. Poderia não encontrar uma interpretação que fluísse ao longo do texto, que se adequasse a tudo aquilo que o material que lhe deram considera importante. Você deve diminuir suas pretensões (como talvez o façam os escritores conscienciosos que participam da equipe de autores de uma novela interminável) ao tentar elaborar uma interpretação que se ajuste ao conjunto do que você considera, no texto, como mais fundamental do ponto de vista artístico. Mais de uma interpretação pode sobreviver a essa prova mais branda. Para escolher entre elas, você deve se voltar para suas convicções estéticas de base, inclusive para aquelas que considera formais. É possível que nenhuma interpretação sobreviva, mesmo a essa prova mais atenuada. Esta é a possibilidade cética que mencionei há pouco: você terminará, então, por abandonar o projeto, rejeitando sua tarefa por considerá-la impossível. Mas não pode saber de antemão que vai chegar a esse resultado cético. Primeiro, é preciso tentar. A fantasia do romance em cadeia será útil de diversas maneiras nesse último argumento, mas essa é a lição mais importante que tem a ensinar. A sábia opinião de que nenhuma interpretação poderia ser melhor deve ser conquistada e defendida como qualquer outro argumento interpretativo.

Uma objeção enganosa

Um romancista em cadeia tem, portanto, muitas decisões difíceis a tomar, e pode-se esperar que diferentes romancistas em cadeia tomem decisões diferentes. Mas suas decisões não incluem (nem estão devidamente resumidas como) a decisão de se deve ou não considerar um eventual afastamento do romance-em-execução que lhe foi entregue, e até que ponto fazê-lo. Afinal, ele não tem nada de que *possa* afastar-se (ou a que se apegar) enquanto não elaborar um romance-em-execução a partir do texto, e as diversas decisões que discutimos são decisões que deve tomar exatamente para poder fazê-lo. Imagine que decidiu que uma interpretação sociorrealista dos primeiros parágrafos do *Conto de Natal* faz desse texto a melhor possibilidade de criação de um romance até o momento, e você então continua a escrevê-lo como uma exploração das relações uniformemente degradantes entre patrões e empregados no sistema capitalista, e não como um estudo do pecado original. Agora suponha que alguém o acuse de reescrever o romance "verdadeiro" para produzir um outro romance, mais a seu gosto. Se com isso se quer dizer que o romance "verdadeiro" pode ser descoberto de outra maneira que não mediante um processo de interpretação do tipo que você elaborou até aqui, seu acusador interpretou erradamente não apenas a iniciativa do romance em cadeia, mas também a natureza da literatura e da crítica. Sem dúvida, ele pode estar apenas querendo dizer que não está de acordo com as convicções estéticas e interpretativas nas quais você se fundamentou. Nesse caso, divergência entre ambos não significa que seu acusador acha que você deve respeitar o texto, enquanto você se considera livre para ignorá-lo. A divergência aqui é mais interessante: vocês divergem sobre o que significa respeitar o texto.

Direito: a questão dos danos morais

O direito como integridade, num caso de direito consuetudinário como o *McLoughlin*, pede ao juiz que se considere como um autor na cadeia do direito consuetudinário. Ele sabe que outros juízes decidiram casos que, apesar de não exatamente iguais ao seu, tratam de problemas afins; deve considerar as decisões deles como parte de uma longa história que ele tem de interpretar e continuar, de acordo com suas opiniões sobre o melhor andamento a ser dado à história em questão. (Sem dúvida, para ele a melhor história será a melhor do ponto de vista da moral política, e não da estética.) Uma vez mais, podemos estabelecer uma distinção rudimentar entre duas dimensões principais desse juízo interpretativo. O veredito do juiz – suas conclusões pós-interpretativas – deve ser extraído de uma interpretação que ao mesmo tempo se adapte aos fatos anteriores e os justifique, até onde isso seja possível. No direito, porém, a exemplo do que ocorre na literatura, a interação entre adequação e justificação é complexa. Assim como, num romance em cadeia, a interpretação representa para cada intérprete um delicado equilíbrio entre diferentes tipos de atitudes literárias e artísticas, em direito é um delicado equilíbrio entre convicções políticas de diversos tipos; tanto no direito quanto na literatura, estas devem ser suficientemente afins, ainda que distintas, para permitirem um juízo geral que troque o sucesso de uma interpretação sobre um tipo de critério por seu fracasso sobre outro. Devo tentar expor essa complexa estrutura da interpretação jurídica, e para tanto utilizarei um juiz imaginário, de capacidade e paciência sobre-humanas, que aceita o direito como integridade.

Vamos chamá-lo de Hércules[4]. Neste capítulo, e nos seguintes, acompanharemos sua carreira, observando os tipos de juízo que deve emitir e as tensões com as quais deve lidar ao decidir um grande número de casos. Antes disso, porém, farei uma advertência. Não devemos supor que suas respostas às várias questões que se lhe apresentam *definem* o direito como integridade como uma concepção geral do direito. São as respostas que, no momento, me parecem as melhores. Mas o direito como integridade consiste numa abordagem, em perguntas mais que em respostas, e outros juristas e juízes que o aceitam dariam respostas diferentes das dele às perguntas colocadas por essa concepção de direito. Você poderia achar que outras respostas seriam melhores. (Eu também, depois de alguma reflexão.) Você poderia, por exemplo, rejeitar os pontos de vista de Hércules sobre até que ponto os direitos das pessoas dependem das razões que juízes anteriores apresentaram para seus veredictos, tendo em vista o cumprimento desses direitos, ou poderia não compartilhar seu respeito por aquilo que chamarei de "prioridade local" nas decisões relativas à aplicação do "common law". Se você rejeitar esses pontos de vista distintos por considerá-los pobres enquanto interpretações construtivas da prática jurídica, não terá rejeitado o direito como integridade: pelo contrário, ter-se-á unido a sua causa.

---

4. Hércules desempenhou um papel importante em *Taking Rights Seriously*, cap. 4.

Seis interpretações

Hércules deve decidir o caso *McLoughlin*. As duas partes desse caso citaram precedentes; cada uma argumentou que uma decisão em seu favor equivaleria a prosseguir como antes, a dar continuidade ao desenvolvimento do direito iniciado pelos juízes que decidiram os casos precedentes. Hércules deve formar sua própria opinião sobre esse problema. Assim como um romancista em cadeia deve encontrar, se puder, alguma maneira coerente de ver um personagem e um tema, tal que um autor hipotético com o mesmo ponto de vista pudesse ter escrito pelo menos a parte principal do romance até o momento em que este lhe foi entregue, Hércules deve encontrar, se puder, alguma teoria coerente sobre os direitos legais à indenização por danos morais, tal que um dirigente político com a mesma teoria pudesse ter chegado à maioria dos resultados que os precedentes relatam.

Ele é um juiz criterioso e metódico. Começa por selecionar diversas hipóteses para corresponderem à melhor interpretação dos casos precedentes, mesmo antes de tê-los lido. Suponhamos que ele faça a seguinte lista: (1) Ninguém tem direito à indenização, a não ser nos casos de lesão corporal; (2) As pessoas têm direito à indenização por danos morais sofridos na cena de um acidente, por parte de alguém cuja imprudência provocou o acidente, mas não têm direito à indenização por danos morais sofridos posteriormente; (3) As pessoas deveriam ser indenizadas por danos morais quando a prática de exigir indenização nessas circunstâncias reduzisse os custos gerais dos acidentes ou, de outro modo, tornasse a comunidade mais rica a longo prazo; (4) As pessoas têm direito à indenização por qualquer dano, moral ou físico, que seja consequência direta de uma conduta imprudente, por mais que seja improvável ou imprevisível que tal conduta viesse a resultar em tal dano; (5) As pessoas têm direito moral à indenização por danos morais ou físicos que sejam consequência de uma conduta imprudente, mas apenas quando esse dano for razoavelmente previsível por parte da pessoa que agiu com imprudência; (6)

As pessoas têm direito moral à indenização por danos razoavelmente previsíveis, mas não em circunstâncias nas quais o reconhecimento de tal direito possa impor encargos financeiros pesados e destrutivos àqueles cuja imprudência seja desproporcional a sua falta.

Essas são afirmações relativamente concretas sobre os direitos e, admitindo-se uma complexidade em (3), que exploraremos a seguir, elas se contradizem entre si. Não mais de uma pode figurar numa única interpretação dos casos de danos morais. (Deixo para mais tarde o caso mais complexo em que Hércules elabora uma interpretação com base em princípios competitivos mas contraditórios, ou seja, a partir de princípios que podem conviver em uma teoria moral ou política geral ainda que às vezes possam tomar rumos diferentes.[5]) Mesmo assim, essa é apenas uma lista parcial das interpretações contraditórias que alguém poderia querer examinar; Hércules a escolhe como sua pequena lista inicial porque sabe que os princípios intrínsecos a essas interpretações já foram discutidos na literatura jurídica. É evidente que fará uma grande diferença saber qual desses princípios, em sua opinião, oferece a melhor interpretação dos precedentes e, desse modo, da parte central de sua avaliação pós-interpretativa. Se sua escolha for (1) ou (2), deve-se pronunciar favoravelmente ao sr. O'Brian; se for (4), deverá favorecer a sra. McLoughlin. Todas as outras exigem uma reflexão mais profunda, mas a linha de raciocínio que cada uma sugere é diferente. (3) convida a um cálculo econômico. O custo dos acidentes seria reduzido se a responsabilidade fosse estendida aos danos morais longe do local onde ocorreu o acidente? Ou há alguma razão para pensar que a linha mais eficiente é aquela traçada exatamente entre danos morais no local do acidente e aqueles sofridos longe da cena? (5) exige uma avaliação sobre a previsibilidade dos danos, o que parece ser muito diferente, e (6) pede uma avaliação tanto sobre a previsibilidade quanto sobre o risco cumulativo da responsa-

---

5. Cf., mais adiante neste capítulo, a discussão sobre os estudos jurídicos críticos.

bilidade financeira se certos danos fora da cena do acidente forem incluídos.

Hércules começa a verificar cada hipótese dessa breve lista perguntando-se se uma pessoa poderia ter dado os vereditos dos casos precedentes se estivesse, coerente e conscientemente, aplicando os princípios subjacentes a cada interpretação. Vai, portanto, descartar a interpretação (1) de imediato. Ninguém que acreditasse que as pessoas nunca têm direitos à indenização por danos morais poderia ter chegado aos resultados daquelas decisões anteriores, citadas no caso *McLoughlin*, que permitiram a indenização. Hércules também descartará a interpretação (2), ainda que por outro motivo. Ao contrário de (1), (2) se ajusta às decisões do passado; alguém que aceitasse (2) como norma teria chegado a essas decisões, porque todas permitiam a indenização por danos morais na cena do acidente, e nenhuma a permitia fora dela. Contudo, (2) fracassa enquanto interpretação do tipo exigido, pois não enuncia nenhum princípio de justiça. Traça uma linha que permanece arbitrária e sem relação com nenhuma consideração moral ou política mais geral.

Que dizer de (3)? Poderia ajustar-se às decisões precedentes, mas apenas da seguinte maneira. Através de uma análise econômica, Hércules poderia descobrir que alguém que aceitasse a teoria econômica expressa por (3) e desejasse reduzir os custos dos acidentes para a comunidade teria tomado exatamente essas decisões. Mas está longe de ser óbvio que (3) enuncie qualquer princípio de justiça ou equidade. Lembrem-se da distinção entre princípios e políticas que discutimos no final do último capítulo. (3) pressupõe que é desejável reduzir todos os custos dos acidentes. Por quê? Duas explicações são possíveis. A primeira insiste em que as pessoas têm direito à indenização sempre que uma norma que concede a indenização produza, para a comunidade como um todo, mais riqueza do que uma regra que a negue. Isso tem, pelo menos, a forma de um princípio, pois descreve um direito geral que se supõe que todos tenham. Não pedirei a Hércules que considere (3) entendida dessa maneira agora, pois ele vai estudá-la muito criteriosamente no capítulo VIII. A segunda explicação, muito diferente, sugere que às vezes, ou mesmo sempre, é do interesse geral da comunidade promover assim a riqueza geral, mas não pressupõe que alguém tenha nenhum direito a que o bem-estar comum seja sempre aumentado. Estabelece, portanto, uma política que o governo poderia ou não decidir-se a perseguir em circunstâncias específicas. Não afirma um princípio de justiça, e portanto não pode figurar numa interpretação do tipo que Hércules está agora à procura[6].

O direito como integridade pede que os juízes admitam, na medida do possível, que o direito é estruturado por um conjunto coerente de princípios sobre a justiça, a equidade e o devido processo legal adjetivo, e pede-lhes que os apliquem nos novos casos que se lhes apresentem, de tal modo que a situação de cada pessoa seja justa e equitativa segundo as mesmas normas. Esse estilo de deliberação judicial respeita a ambição que a integridade assume, a ambição de ser uma comunidade de princípios. Mas, como vimos no final do capítulo VI, a integridade não recomenda o que seria perverso, que deveríamos todos ser governados pelos mesmos objetivos e estratégias políticas em todas as ocasiões. Não insiste em que um legislativo que hoje promulga um conjunto de regras sobre a indenização, para tornar mais rica a comunidade, comprometa-se de alguma maneira com esse mesmo objetivo político amanhã. Poderia, então, ter outros objetivos a alcançar, não necessariamente em lugar da riqueza, mas ao lado dela, e a integridade não desaprova essa diversidade. Nossa análise da interpretação, e a consequente eliminação da interpretação (3), entendida como um simples apelo à política, reflete uma discriminação já latente na própria ideia da integridade.

---

6. A divergência entre os lordes Edmund Davies e Scarman no caso *McLoughlin*, descrita no capítulo I, talvez dissesse respeito a essa afirmação. As sugestões de Edmund Davies sobre os argumentos que poderiam justificar uma distinção entre danos morais indenizáveis ou não indenizáveis pareciam se referir a argumentos políticos cuja pertinência Scarman se recusava a admitir.

Chegamos à mesma conclusão no contexto do caso *McLoughlin*, embora por outras vias, mediante uma reflexão mais profunda sobre aquilo que aprendemos sobre a interpretação. Uma interpretação tem por finalidade mostrar o que é interpretado em sua melhor luz possível, e uma interpretação de qualquer parte de nosso direito deve, portanto, levar em consideração não somente a substância das decisões tomadas por autoridades anteriores, mas também o modo como essas decisões foram tomadas: por quais autoridades e em que circunstâncias. Um legislativo não precisa de razões de princípio para justificar as regras que aprova sobre o ato de dirigir carros, aí incluídas as regras sobre indenização por acidentes, ainda que essas regras venham a criar direitos e deveres para o futuro que serão então impostos pela ameaça coercitiva. Uma legislatura pode justificar suas decisões de criar novos direitos para o futuro ao mostrar de que modo estes vão contribuir, como boa política, para o bem-estar do conjunto da comunidade. Há limites para esse tipo de justificativa, como observamos no capítulo VI. O bem-estar geral não pode ser usado para justificar a pena de morte para quem dirige com imprudência. Mas o legislativo não precisa mostrar que os cidadãos já têm um direito moral à indenização por danos em circunstâncias específicas, para justificar uma lei que contemple a indenização por danos em tais circunstâncias.

O direito como integridade pressupõe, contudo, que os juízes se encontram em situação muito diversa daquela dos legisladores. Não se adapta à natureza de uma comunidade de princípio o fato de que um juiz tenha autoridade para responsabilizar por danos as pessoas que agem de modo que, como ele próprio admite, nenhum dever legal as proíbe de agir. Assim, quando os juízes elaboram regras de responsabilidade não reconhecidas anteriormente, não têm a liberdade que há pouco afirmei ser uma prerrogativa dos legisladores. Os juízes devem tomar suas decisões sobre o *common law* com base em princípios, não em política: devem apresentar argumentos que digam por que as partes realmente teriam direitos e deveres legais "novos" que eles aplicaram na época em que essas partes agiram, ou em algum outro momento pertinente do passado[7]. Um jurista pragmático rejeitaria essa proposição. Hércules, porém, rejeita o pragmatismo. Ele é partidário do direito como integridade e, portanto, quer uma interpretação do que fizeram os juízes, nos casos anteriores de danos morais, que os mostre agindo da maneira que ele aprova, não da maneira que, em sua opinião, os juízes devem recusar-se a agir. Não se segue daí que ele deva descartar a interpretação (3), entendida do modo como pela primeira vez a descrevi, como se supusesse que os juízes do passado agiram de modo a proteger um direito geral à indenização quando isso pudesse tornar a comunidade mais rica. Pois, se as pessoas realmente têm tal direito, outras têm um dever correspondente, e os juízes não agem injustamente ao ordenar que a polícia os faça cumprir. O argumento desqualifica a interpretação (3) somente quando esta é lida de modo a negar qualquer dever geral desse tipo, e quando se admite que seus únicos fundamentos são de natureza política.

Ampliando o alcance

As interpretações (4), (5) e (6), porém, parecem passar muito bem por essas provas iniciais. Os princípios de cada uma se ajustam às decisões sobre danos morais tomadas no passado, pelo menos à primeira vista, ainda que somente porque nenhum desses precedentes tenha apresentado fatos que pudessem estabelecer distinções entre eles. Agora Hércules deve perguntar-se, como etapa seguinte de sua investigação, se alguma das três deve ser excluída por incompatibilidade com a totalidade da prática jurídica de um ponto de vista mais geral. Deve confrontar cada interpretação com outras decisões judiciais do passado, para além daquelas que envolvem danos morais, que aparentemente poderiam colocá-las em pauta. Suponhamos que ele descubra, por exemplo, que as decisões precedentes só concedem indenização por danos físicos causados

---

7. Cf. *Taking Rights Seriously*, cap. 4.

por motoristas imprudentes quando o dano tiver sido razoavelmente previsível. Isso excluiria a interpretação (4), a menos que ele possa encontrar alguma distinção de princípio entre danos físicos e danos morais que explique por que as condições para a indenização devem ser mais restritivas para os primeiros do que para os segundos, o que parece extremamente improvável.

O direito como integridade, então, exige que um juiz ponha à prova sua interpretação de qualquer parte da vasta rede de estruturas e decisões políticas de sua comunidade, perguntando-se se ela poderia fazer parte de uma teoria coerente que justificasse essa rede como um todo. Nenhum juiz real poderia impor nada que, de uma só vez, se aproxime de uma interpretação plena de todo o direito que rege sua comunidade. É por isso que imaginamos um juiz hercúleo, dotado de talentos sobre-humanos e com um tempo infinito a seu dispor. Um juiz verdadeiro, porém, só pode imitar Hércules até certo ponto. Pode permitir que o alcance de sua interpretação se estenda desde os casos imediatamente relevantes até os casos pertencentes ao mesmo campo ou departamento geral do direito, e em seguida desdobrar-se ainda mais, até onde as perspectivas lhe pareçam mais promissoras. Na prática, mesmo esse processo limitado será em grande parte inconsciente: um juiz experiente terá um conhecimento suficiente do terreno em que se move seu problema para saber, instintivamente, qual interpretação de um pequeno conjunto de casos sobreviveria se os limites aos quais deve ajustar-se fossem ampliados. Às vezes, porém, a expansão será deliberada e polêmica. Os advogados elogiam dúzias de decisões dessa natureza, várias das quais, inclusive, serviram de base para a elaboração do direito moderno sobre a negligência[8]. O universo acadêmico oferece outros exemplos importantes[9].

Imaginemos que uma modesta expansão do alcance da investigação de Hércules mostre que os pleiteantes não recebem

---
8. Cf. *Thomas vs. Winchester*, 6 N.Y. 397, e *MacPherson vs. Buick Motor Co.*, 217 N.Y. 382, 111 N.E. 1050.
9. C. Haar e D. Fessler, *The Wrong Side of the Tracks* (Nova York, 1986), é um exemplo recente de integridade em um vasto campo de atuação.

indenização se o dano físico que sofreram não fosse razoavelmente previsível na época em que a negligência do réu o provocou, excluindo, assim, a interpretação (4). Isso, porém, não exclui nem a (5) nem a (6). Ele deve ampliar sua investigação mais ainda. Deve também considerar os casos que envolvem prejuízos econômicos, e não físicos ou morais, nos quais os danos são potencialmente muito grandes: por exemplo, deve examinar os casos em que consultores profissionais, como fiscais ou contadores, são processados por perdas que outros sofreram em razão de sua negligência. A interpretação (5) sugere que essa responsabilidade seja ilimitada em quantidade, por mais prejudicial que seja no total, desde que o dano seja previsível, e a (6) sugere, pelo contrário, que a responsabilidade é limitada exatamente devido às altíssimas somas que, do contrário, poderia alcançar. Se uma interpretação é uniformemente contestada por julgados desse tipo, e não encontra apoio em nenhuma outra área da doutrina que Hércules poderia examinar mais tarde, e se a outra é confirmada pela expansão, ele vai considerar a primeira inaceitável, e somente a última terá sobrevivido. Mas suponhamos que ele encontra, ao ampliar assim seu estudo, um padrão misto. As decisões do passado permitem a extensão da responsabilidade aos membros de algumas profissões, mas não para os de outras, e esse padrão misto é válido para outras áreas da doutrina que, no exercício de sua capacidade de imaginação, Hércules considera pertinentes.

Apesar de genuína, a contradição que descobriu não é em si tão profunda ou abrangente para justificar uma interpretação cética da prática jurídica como um todo, pois o problema dos danos ilimitados, ainda que importante, não é tão fundamental que sua contradição interna destrua a integridade do sistema em sentido mais amplo. Assim, Hércules se volta para a segunda dimensão principal; mas aqui, como no exemplo do romance em cadeia, as questões de adequação voltam a surgir, pois uma interpretação é mais satisfatória se mostrar um menor dano à integridade que sua rival. Ele vai, assim, considerar se a interpretação (5) se ajusta à ampliação do registro jurídico melhor que a (6). Mas esta não pode ser uma decisão exclusivamente mecânica; ele não pode simplesmente contar o número de decisões anteriores que podem ser vistas como "erros" de cada interpretação, pois esses números talvez só reflitam acidentes, como o número de casos que chegaram ao tribunal e não foram conciliados antes do veredito. Ele deve levar em consideração não apenas o número de decisões que são importantes para cada interpretação, mas se as decisões que exprimem um princípio parecem mais importantes, fundamentais ou de maior alcance que as decisões que exprimem o outro. Suponhamos que a interpretação (6) só se adapte àquelas decisões judiciais anteriores que envolvem acusações de negligência contra uma profissão específica – os advogados, por exemplo –, e que a interpretação (5) justifique todos os outros casos, envolvendo todas as outras profissões, e também se adapte a outros tipos de casos de prejuízo econômico. Em termos gerais, então, a interpretação (5) se adapta ao repertório jurídico, mesmo que o número de casos envolvendo advogados seja, por alguma razão, numericamente maior, a menos que o argumento volte a se modificar, como bem poderia ser o caso, quando o campo de estudo se expandir ainda mais.

Suponhamos, agora, uma outra possibilidade: embora a responsabilidade tenha sido limitada, em muitos casos diferentes, a uma quantidade menor do que permitiria a interpretação (5), as opiniões sobre esses casos não fizeram menção ao princípio de interpretação (6), que na verdade nunca antes foi reconhecido na retórica jurídica oficial. Isso mostra que a interpretação (5) se ajusta muito melhor ao repertório, ou que a interpretação (6) é, afinal, inaceitável? Os juízes estão, de fato, divididos sobre essa questão da adequação. Alguns não examinariam seriamente a interpretação (6) se nenhuma sentença ou declaração legislativa do passado nunca houvesse mencionado explicitamente esse princípio. Outros rejeitam essa restrição e admitem que a melhor interpretação de certos tipos de casos pode estar num princípio que nunca foi explicitamente reconhecido, mas que ainda assim oferece uma brilhante descrição das decisões verdadeiras, mostrando-as em sua melhor luz como jamais antes foram mostradas[10]. Hércules vai enfrentar esse problema como uma questão especial de moral política. A história política da comunidade será portanto uma história melhor, imagina ele, se mostrar os juízes indicando a seu público, através de suas opiniões, o caminho que tomarão os futuros juízes guiados pela integridade, e se mostrar os juízes tomando decisões que darão voz e efeito prático a convicções sobre moral amplamente difundidas na comunidade. Além disso, as opiniões judiciais formalmente anunciadas nos repertórios jurídicos são, em si mesmas, atos da comunidade personificada que, sobretudo quando recentes, devem ser incluídos na esfera da integridade[11]. Essas são algumas das razões pelas quais ele de certo modo prefere uma interpretação que não seja muito recente, nem muito divorciada daquilo que os juízes e outras autoridades do passado disseram e fizeram. Mas ele deve comparar essas razões com suas mais sólidas convicções políticas sobre o valor moral relativo das duas interpretações, e, se acreditar que a interpretação (6) é muito superior a partir de tal perspectiva, acreditará estar aperfeiçoando o direito ao optar por ela, mesmo à custa das considerações mais processuais. Adequar-se ao que os juízes fizeram é mais importante que adequar-se ao que eles disseram.

Imaginemos, agora, uma situação ainda mais fortuita. Hércules acha que a responsabilidade ilimitada foi aplicada contra um certo número de profissões, mas deixou de sê-lo no caso de um número mais ou menos igual de outras, que nenhum princípio pode explicar essa distinção, que a retórica judicial é tão dividida quanto as decisões reais, e que essa divisão se estende a outros tipos de ações por prejuízos econômicos. Poderia expandir ainda mais o campo de sua pesquisa, e o quadro se

---

10. Cf., por exemplo, a decisão de Benjamin Cardozo em *Hynes vs. New York Central R.R. Co.*, 231 N.Y. 229.
11. Esses diferentes argumentos que explicam por que uma interpretação bem-sucedida deve harmonizar-se, até certo ponto, com as opiniões judiciais do passado, bem como com as decisões em si, são discutidos no capítulo IX, no contexto de declarações legislativas do passado.

modificaria se assim o fizesse. Mas imaginemos que ele se dê por satisfeito por não fazê-lo. Decidirá, então, que o problema da adequação não desempenha nenhum papel útil em suas deliberações, mesmo na segunda dimensão. Ele deve agora enfatizar os aspectos mais nitidamente essenciais dessa dimensão: deve decidir qual é a interpretação que mostra o histórico jurídico como o melhor possível do ponto de vista da moral política substantiva. Vai compor e comparar duas análises. A primeira pressupõe que a comunidade personificada adotou e está fazendo cumprir o princípio de previsibilidade como sua prova de responsabilidade moral por danos causados por negligência, que as diferentes decisões às quais ela chegou têm por objetivo dar efeito a esse princípio, ainda que muitas vezes tenha se desviado e tomado decisões que a previsibilidade condenaria. A segunda pressupõe, por sua vez, que a comunidade adotou e está fazendo cumprir o princípio de previsibilidade limitado por um teto máximo imposto à responsabilidade, ainda que se tenha desviado muitas vezes desse princípio. Tudo considerado, que análise mostra a comunidade sob uma luz melhor, a partir do ponto de vista da moral política?

A resposta de Hércules vai depender de suas convicções sobre as duas virtudes que constituem a moral política que aqui consideramos: a justiça e a equidade[12]. Vai depender, mais exatamente, não apenas de suas crenças sobre qual desses princípios é superior em matéria de justiça abstrata, mas também sobre qual deve ser seguido, em matéria de equidade política, por uma comunidade cujos membros têm as mesmas convicções morais de seus concidadãos. Em alguns casos, os dois tipos de juízo – o juízo da justiça e o da equidade – caminharão juntos. Se Hércules e o público compartilham o ponto de vista de que as pessoas têm direito a ser plenamente indenizadas sempre que forem prejudicadas pela negligência de outros, sem importar o quanto essa exigência possa mostrar-se difícil, ele então vai achar que a interpretação (5) é simplesmente a

---

12. Tenho em mente a distinção e o sentido especial de equidade descritos no capítulo VI.

melhor das duas em jogo. Às vezes, porém, os dois juízos tomarão rumos diferentes. Ele pode pensar que a interpretação (6) é melhor por razões de justiça abstrata, mas saber que esse é um ponto de vista radical, não compartilhado por nenhum segmento substancial do público e desconhecido pela retórica política e moral da época. Poderia, então, decidir que a interpretação em que o Estado insiste no ponto de vista que ele considera correto, mas vai contra os desejos do povo como um todo, é a mais pobre em termos gerais. Em tais circunstâncias, estaria preferindo a equidade à justiça, e essa preferência refletiria um nível superior de suas próprias convicções políticas, a saber, suas convicções sobre como um governo decente, comprometido tanto com a equidade quanto com a justiça, deveria decidir entre as duas nesse tipo de caso.

Os juízes terão ideias diferentes sobre a equidade, sobre o papel que, em termos ideais, as opiniões de cada cidadão deveriam desempenhar nas decisões do Estado sobre quais princípios de justiça aplicar por meio de seu poder policial central. Terão opiniões diferentes, sobre a melhor solução dos conflitos entre esses dois ideais políticos. É improvável que algum juiz se arrisque a defender a teoria simplista de que a equidade deve ser automaticamente preferida à justiça, ou vice-versa. A maioria dos juízes pensará que o equilíbrio entre as opiniões da comunidade e as exigências da justiça abstrata deve ser obtido de maneira diferente em diferentes tipos de casos. Talvez em casos comuns de direito comercial ou privado, como o caso *McLoughlin*, uma interpretação apoiada pela moral popular seja considerada superior a outra que não o seja, desde que não se a considere muito inferior em matéria de justiça abstrata. Ainda assim, muitos juízes vão considerar a força interpretativa da moral popular muito mais frágil em casos constitucionais, como o caso *Brown*, pois pensarão que o objetivo da Constituição é, em parte, proteger os indivíduos contra aquilo que a maioria considera correto[13].

---

13. Cf., porém, a discussão sobre "passivismo" como uma teoria de jurisdição constitucional no capítulo X.

Prioridade local

Devo enfatizar particularmente uma característica da prática de Hércules que, até o momento, não se mostrou com bastante clareza. Suas opiniões sobre a adequação se irradiam a partir do caso que tem diante de si em uma série de círculos concêntricos. Ele pergunta quais interpretações de sua lista inicial se ajustam aos casos de danos morais do passado, depois quais se ajustam aos casos de dano acidental à pessoa em termos mais gerais, e, em seguida, quais se ajustam aos prejuízos a interesses econômicos, e assim por diante, até entrar em áreas cada vez mais distantes do caso *McLoughlin* original. Esse procedimento confere uma espécie de prioridade local àquilo que poderíamos chamar de "áreas" do direito. Se Hércules achar que nenhum dos dois princípios se mostra em contradição frontal com os casos de danos causados por acidentes em sua jurisdição, expandirá seu estudo de modo a incluir, digamos, os casos contratuais, para ver qual desses princípios se ajusta melhor às decisões de contrato, se é que algum deles o faz. Do ponto de vista de Hércules, porém, se um princípio *não* se ajusta de modo algum ao direito sobre acidentes – se for contestado por quase todas as decisões na área que poderia tê-lo confirmado –, isso o desqualifica seriamente enquanto interpretação aceitável dessa área do direito, mesmo quando se ajusta perfeitamente a outras esferas legais. Contudo, ele não tratará essa prioridade local como absoluta; como veremos, estará disposto a ignorá-la em determinadas circunstâncias.

A divisão do direito em partes distintas é um traço dominante da prática jurídica. As escolas de direito dividem os cursos, e suas bibliotecas dividem os tratados para distinguir os danos morais dos econômicos ou físicos, os delitos civis intencionais dos premeditados, os delitos civis dos crimes, os contratos de outras partes do direito consuetudinário, o direito privado do direito público, e o direito constitucional de outras partes do direito público. Os argumentos jurídicos e judiciais respeitam essas divisões tradicionais. As opiniões judiciais normalmente começam por reportar o caso que têm em mãos a alguma área do direito, e os precedentes e as leis consideradas são extraídos, em geral exclusivamente, dessa mesma área. Quase sempre, a classificação inicial é ao mesmo tempo polêmica e crucial. A compartimentalização convém tanto ao convencionalismo quanto ao pragmatismo, ainda que por razões diferentes. As divisões do direito baseiam-se na tradição, que parece favorecer o convencionalismo, e fornecem uma estratégia que um pragmático pode manipular para dizer suas nobres mentiras: pode explicar que, em princípio, sua nova doutrina não precisa ser coerente com as decisões do passado porque estas, bem entendidas, pertencem a outro ramo do direito. O direito como integridade tem uma atitude mais complexa com relação aos ramos do direito. Seu espírito geral os condena, pois o princípio adjudicativo de integridade pede que os juízes tornem a lei coerente como um todo, até onde lhes seja possível fazê-lo, e isso poderia ser mais bem-sucedido se ignorassem os limites acadêmicos e submetessem alguns segmentos do direito a uma reforma radical, tornando-os mais compatíveis em princípio com outros[14]. Contudo, o direito como integridade é interpretativo, e a compartimentalização é uma característica da prática jurídica que nenhuma interpretação competente pode ignorar.

 Hércules responde a esses impulsos antagônicos procurando uma interpretação construtiva da compartimentalização. Tenta encontrar uma explicação da prática de dividir o direito em ramos diversos que mostre essa prática em sua melhor luz. Os limites entre os diversos ramos e institutos geralmente correspondem à opinião pública; muitas pessoas pensam que um dano intencional é mais censurável que o dano cometido por imprudência, que, para declarar uma pessoa culpada de um crime, o Estado precisa de um tipo de justificativa muito diferente daquela de que necessita para pagar indenização pelo dano por ela causado, que as promessas e outras formas de acordo ou consentimento explícito constituem um tipo especial de razão para a coerção de Estado, e assim por diante. Dividir o

---

14. Cf. a discussão dos diferentes níveis de integridade no capítulo XI.

direito para corresponder a esse tipo de opinião equivale a promover a previsibilidade e a proteger-se contra as inesperadas reinterpretações oficiais que alteram radicalmente vastas áreas do direito, e o faz de um modo que fomenta um objetivo mais profundo do direito como integridade. Se as divisões do direito fazem sentido para as pessoas em geral, elas estimulam a atitude de protesto que a integridade favorece, pois permitem que tanto as pessoas comuns quanto os juízes sob grande pressão interpretem o direito dentro de limites práticos que parecem naturais e intuitivos.

Hércules admite essa maneira de explicar a questão da divisão do direito, e elabora sua doutrina da prioridade local de acordo com ela. Concede à doutrina sua maior força no momento em que os limites entre as áreas tradicionais do direito refletem princípios morais amplamente aceitos que diferenciam tipos diferentes de falta ou de responsabilidade, e o conteúdo de cada área reflete esses princípios morais. A distinção entre direito civil e direito penal passa bem por essa prova. Suponhamos que Hércules pensa, ao contrário da opinião da maioria das pessoas, que o fato de alguém ser obrigado a pagar indenização é tão mau quanto ser obrigado a pagar uma multa, e que, portanto, a distinção entre direito penal e civil é frágil quanto aos princípios. Ainda assim, ele vai acatar a prioridade local. Não afirmará que o direito penal e civil deve ser tratado como um único ramo do direito; não afirmará que a culpa de um indiciado precisa apenas ser estabelecida como provável, em vez de razoavelmente provada, porque a norma provável corresponde ao ramo consagrado tão bem quanto a qualquer outra.

Hércules, porém, não se mostrará tão disposto a acatar a prioridade local quando o resultado de sua prova não for bem-sucedido, quando os limites tradicionais entre as áreas do direito se tornarem mecânicos e arbitrários, ou porque a moral popular passou por uma modificação ou porque o conteúdo das divisões não mais reflete a opinião pública[15]. As divisões do

---

15. A divergência entre os lordes Diplock e Edmund Davies, por um lado, e o lorde Dilthorne, por outro, no célebre caso de blasfêmia *R. vs. Lemon*

direito às vezes se tornam arbitrárias e isoladas da convicção popular, particularmente quando as regras centrais de uma área foram elaboradas em períodos distintos. Suponhamos que, durante décadas, a tradição jurídica de uma comunidade tenha feito uma separação entre a lei sobre o mau uso da propriedade, que diz respeito ao incômodo provocado pela interferência que as atividades de uma pessoa causam aos vizinhos, e a lei sobre a negligência, que diz respeito aos, em terreno de sua propriedade, danos físicos, econômicos ou morais que a negligência de uma pessoa inflige a outras. Suponhamos que os juízes que julgam os casos cruciais de mau uso da propriedade tenham desdenhado qualquer prova econômica que possa caracterizar o mau uso da propriedade; afirmaram que uma atividade é considerada como mau uso da propriedade, e deve portanto ser interrompida, quando não se tratar de um uso "natural" ou tradicional da terra, de tal modo que quem abre uma fábrica em terra tradicionalmente usada para a agricultura é culpado de mau uso da propriedade ainda que a fábrica configure uma atividade economicamente mais eficiente. Suponhamos, porém, que nos últimos anos os juízes tenham começado a tornar o custo econômico crucial para os casos de negligência. Afirmam que quem não toma as devidas precauções para não prejudicar os outros é negligente, sendo portanto responsável pelos danos resultantes se a precaução tivesse sido "razoável" em tais circunstâncias, e que o custo econômico da precaução conta para decidir se, de fato, era razoável.

A distinção entre o direito sobre negligência e sobre o mau uso da propriedade não mais responde ao teste de Hércules, se é que alguma vez o fez. Faz algum sentido distinguir entre negligência e mau uso da terra se admitimos que esta última é intencional, enquanto aquela não; então a distinção reconhece o

---

[1979] 1 All E.R. 898, ilustra a importância de não ignorar essa relação entre as mudanças na moral pública – que insistia em que a lei sobre blasfêmia fosse interpretada de modo a refletir desdobramentos em outras partes do direito penal – e os limites da prioridade local – que insistia em que, por alguma razão inexplicada, a blasfêmia fosse vista como um domínio isolado e independente.

princípio popular de que é pior prejudicar alguém premeditadamente do que fazê-lo inconscientemente. Mas os desenvolvimentos do direito sobre negligência que há pouco descrevi não são coerentes com essa distinção, porque o fato de não se precaver contra um acidente não é necessariamente involuntário no sentido citado. Assim, Hércules estaria disposto a ignorar o limite tradicional entre esses dois institutos do direito. Se considerasse tola a avaliação do "uso natural", e visse como muito mais justa a do custo econômico, argumentaria que os precedentes sobre negligência e mau uso da terra devem ser vistos como uma unidade jurídica, e que a prova do custo econômico é uma interpretação superior daquele conjunto unificado. Sua argumentação seria certamente facilitada por outros desenvolvimentos jurídicos já ocorridos. O clima intelectual que produziu as últimas decisões teria começado a corroer o pressuposto dos casos anteriores de mau uso da terra, segundo o qual novos empreendimentos que perturbam as pessoas são necessariamente injurídicos. Talvez o legislador tivesse adotado leis especiais reajustando a responsabilidade por algumas novas formas de inconvenientes – como o barulho dos aeroportos – que a teoria "natural" tenha decidido ou decidiria de modo aparentemente errado, por exemplo. Ou talvez os juízes tivessem decidido os casos de aeroportos distorcendo o significado histórico de "natural" para chegar a decisões que parecessem sensatas tendo-se em vista o desenvolvimento tecnológico. Hércules citaria essas mudanças para sustentar seu argumento interpretativo que reúne em um único instituto mau uso da terra e a negligência. Se convence a profissão sobre o seu ponto de vista, o mau uso da terra e a negligência não mais serão dois institutos distintos do direito, mas um novo instituto que em breve terá um novo nome ligado a novos cursos de direito e a novos tratados. Na verdade, esse processo está em andamento no direito anglo-americano, assim como – ainda que mais incerta – uma nova unificação do direito privado que torna indistinto até mesmo o limite entre contrato e delito civil, há muito estabelecido e outrora muito mais sólido.

Resumo provisório

Nos três capítulos seguintes, continuaremos a elaborar a teoria funcional de Hércules sobre o direito como integridade, explorando mais detalhadamente questões que se colocaram nas três áreas da deliberação judicial: casos em que aplicam a *common law*, casos que versam sobre legislação, e casos de dimensão constitucional. Primeiro, porém, faremos um levantamento, ainda que isso implique alguma repetição, e em seguida examinaremos certas objeções à argumentação até aqui apresentada. Os juízes que aceitam o ideal interpretativo da integridade decidem casos difíceis tentando encontrar, em algum conjunto coerente de princípios sobre os direitos e deveres das pessoas, a melhor interpretação da estrutura política e da doutrina jurídica de sua comunidade. Tentam fazer o melhor possível essa estrutura e esse repositório complexos. Do ponto de vista analítico, é útil distinguir os diferentes aspectos ou dimensões de qualquer teoria funcional. Isto incluirá convicções sobre adequação e justificação. As convicções sobre a adequação vão estabelecer a exigência de um limiar aproximado a que a interpretação de alguma parte do direito deve atender para tornar-se aceitável. Qualquer teoria plausível desqualificaria uma interpretação de nosso próprio direito que negasse abertamente a competência ou a supremacia legislativa, ou que proclamasse um princípio geral de direito privado que exigisse que os ricos compartilhassem sua riqueza com os pobres. Esse limiar eliminará as interpretações que, de outro modo, alguns juízes prefeririam, de tal modo que os fatos brutos da história jurídica limitarão o papel que podem desempenhar, em suas decisões, as convicções pessoais de um juiz em questões de justiça. Diferentes juízes vão estabelecer esse limiar de maneira diversa. Mas quem quer que aceite o direito como integridade deve admitir que a verdadeira história política de sua comunidade irá às vezes restringir suas convicções políticas em seu juízo interpretativo geral. Se não o fizer – se seu limiar de adequação derivar totalmente de suas concepções de justiça e a elas for ajustável, de tal modo que essas concepções ofereçam automaticamente uma interpretação aceitável –, não poderá dizer de boa-fé que está interpretando a prática jurídica. Como o romancista em cadeia, cujos juízos sobre a adequação se ajustavam automaticamente a suas opiniões literárias mais profundas, estará agindo de má-fé ou enganando a si próprio.

Os casos difíceis se apresentam, para qualquer juiz, quando sua análise preliminar não fizer prevalecer uma entre duas ou mais interpretações de uma lei ou de um julgado. Ele então deve fazer uma escolha entre as interpretações aceitáveis, perguntando-se qual delas apresenta em sua melhor luz, do ponto de vista da moral política, a estrutura das instituições e decisões da comunidade – suas normas públicas como um todo. Suas próprias convicções morais e políticas estão agora diretamente engajadas. Mas o julgamento político que ele deve fazer é em si mesmo complexo e, às vezes, vai opor uma parte de sua moral política a outra: sua decisão vai refletir não apenas suas opiniões sobre a justiça e a equidade, mas suas convicções de ordem superior sobre a possibilidade de acordo entre esses ideais quando competem entre si. As questões de adequação também surgem nessa etapa da interpretação, pois mesmo quando uma interpretação sobrevive à exigência preliminar, qualquer inadequação irá voltar-se contra ela, como já assinalamos aqui, no equilíbrio geral das virtudes políticas. Diferentes juízes vão divergir sobre cada uma dessas questões e, consequentemente, adotarão pontos de vista diferentes sobre aquilo que realmente é, devidamente compreendido, o direito de sua comunidade.

Qualquer juiz desenvolverá, ao longo de sua formação e experiência, uma concepção funcional bastante individualizada do direito, na qual ele se baseará, talvez inconscientemente, para chegar a essas diferentes decisões e avaliações, e estas então serão, para ele, uma questão de sentimento ou instinto, e não de análise. Mesmo assim, enquanto críticos podemos impor uma estrutura a sua teoria funcional, ao isolar seu método empírico sobre a adequação – sobre a importância relativa da coerência com a retórica do passado e a opinião pública, por exemplo – e suas opiniões ou tendências sobre a justiça e a equidade. A maioria dos juízes será semelhante às outras pessoas de sua comunidade, e desse modo, para eles, a equidade e a justiça não entrarão frequentemente em processo de competição. Mas os juízes cujas opiniões políticas são mais excêntricas ou radicais vão achar que os dois ideais entram em conflito em alguns casos específicos, e terão de decidir qual solução desse conflito mostraria a comunidade em sua melhor luz. Consequentemente, suas concepções funcionais vão incluir princípios de uma ordem mais elevada que se mostraram necessários a essa decisão posterior. Um juiz em particular pode pensar ou pressupor, por exemplo, que as decisões políticas devem respeitar sobretudo a opinião da maioria, e ainda assim acreditar que essa exigência se torna menos rígida, e inclusive desaparece, quando estão em jogo sérios direitos constitucionais.

Devemos agora recordar duas observações gerais que fizemos ao elaborar o modelo do romance em cadeia, pois se aplicam aqui também. Primeiro, os diferentes aspectos ou dimensões da abordagem de trabalho de um juiz – as dimensões de adequação e conteúdo, bem como dos diferentes aspectos do conteúdo – são, em última análise, sensíveis a seu juízo político. Suas convicções sobre a adequação, tal como aparecem em suas exigências preliminares ou, mais tarde, de maneira analítica, em competição com o conteúdo, são políticas e não mecânicas. Expressam seu compromisso com a integridade: ele acredita que uma interpretação que esteja abaixo de seu limiar de adequação mostra o histórico da comunidade sob uma luz irredimivelmente má, pois propor essa interpretação sugere que a comunidade tem por característica desonrar seus próprios princípios. Quando uma interpretação satisfaz esse limiar, as falhas de adequação restantes podem ser compensadas, em seu juízo geral, se os princípios dessa interpretação forem particularmente atraentes, pois ele então vai comparar os lapsos eventuais da comunidade, no que diz respeito à obediência a esses princípios, com a virtude por ela demonstrada na observação geral deles. A restrição que a adequação impõe à substância, em qualquer teoria válida, é portanto a restrição de um tipo de convicção política a outro, na avaliação geral sobre qual interpretação torna uma manifestação de atividade política a melhor possível em termos gerais, considerados todos os aspectos. Em segundo lugar, o modo dessa restrição é aquele que identificamos no romance em cadeia. Não é a restrição da rigidez exterior dos fatos ou do consenso interpessoal. Trata-se, pelo contrário, da restrição estrutural de diferentes tipos de princípios dentro de um sistema de princípios, que não deixa de ser mais autêntico por esse motivo.

Nenhum juiz mortal pode ou deve tentar articular suas hipóteses até esse ponto, ou torná-las tão concretas e detalhadas que novas reflexões se tornem desnecessárias em cada caso. Deve considerar provisórios quaisquer princípios ou métodos empíricos gerais que tenha seguido no passado, mostrando-se disposto a abandoná-los em favor de uma análise mais sofisticada e profunda quando a ocasião assim o exigir. Serão momentos especialmente difíceis para qualquer juiz, exigindo novos juízos políticos aos quais pode ser difícil chegar. Seria absurdo imaginar que ele sempre terá à mão as convicções de moral política necessárias a tais ocasiões. Os casos muito difíceis vão forçá-lo a desenvolver, lado a lado, sua concepção do direito e sua moral política, de tal modo que ambas se deem sustentação mútua. Não obstante, é possível que um juiz enfrente problemas novos e desafiadores como uma questão de princípio, e é isso que dele exige o direito como integridade. Deve admitir que, ao preferir finalmente uma interpretação a outra de uma série de precedentes muito contestada, talvez depois de uma reflexão que o leve a mudar de opinião, ele está desenvolvendo sua concepção aplicável do direito em uma direção, e não em outra. Esta deve parecer-lhe a direção certa em matéria de princípios políticos, e não uma atração passageira, por proporcionar uma decisão atraente no caso presente. Essa recomendação comporta bastante espaço para a decepção, inclusive a autodecepção. Na maioria das ocasiões, porém, os juízes terão condições de reconhecer quando submeteram um problema à disciplina que a recomendação descreve. E também de reconhecer quando algum juiz deixou de fazê-lo.

Algumas objeções conhecidas

Hércules faz o jogo político

Hércules concluiu seus trabalhos no caso *McLoughlin*. Declara que, após um minucioso exame de todos os aspectos da questão, a melhor interpretação dos casos de danos morais é a (5): o direito permite indenização por qualquer dano moral diretamente causado por um motorista negligente, que poderia ter previsto o acidente se fosse razoavelmente sensato. Mas admite que, para chegar a tal conclusão, baseou-se em sua própria opinião de que esse princípio é melhor – mais equitativo e mais justo – do que qualquer outro que seja aceitável segundo o que ele considera ser o critério de adequação apropriado. Também admite que sua opinião é polêmica: não é compartilhada por todos os juízes, para alguns dos quais, portanto, existe uma interpretação superior: a (6), por exemplo. Que críticas seus argumentos podem atrair? A primeira da lista que me proponho examinar acusa Hércules de ignorar o verdadeiro direito dos danos morais e de substituir suas próprias concepções ao verdadeiro conteúdo do direito.

Como entenderemos essa objeção? Poderíamos interpretá-la de duas maneiras diferentes. Poderia significar que Hércules estava errado ao tentar justificar sua interpretação recorrendo à justiça e à equidade, pois ela nem mesmo sobrevive ao exame preliminar de adequação. Não podemos pressupor, sem retomar os casos estudados por Hércules, que sua argumentação esteja errada. Pode ser que dessa vez Hércules tenha se descuidado um pouco; talvez, se tivesse ampliado o alcance de seu estudo dos precedentes, tivesse descoberto que somente uma interpretação foi capaz de subsistir, e essa descoberta ter-lhe-ia então mostrado o direito, sem envolver suas opiniões sobre a justiça de exigir indenização por acidentes. Mas, como é bastante improvável que mesmo o mais rigoroso teste preliminar de adequação sempre permita uma única interpretação, a objeção assim entendida não seria uma objeção geral aos métodos de julgamento de Hércules, mas somente uma crítica por ele ter aplicado mal seus próprios métodos nesse caso específico. Devemos, portanto, examinar a segunda (e mais interessante) interpretação da objeção: ela afirma que um juiz nunca deve confiar em suas convicções pessoais sobre equidade ou justiça do modo como Hércules o fez nesse caso. Suponhamos que o crítico diga: "A correta interpretação de uma série de decisões anteriores sempre pode ser descoberta por meios moralmente neutros, pois a correta interpretação é apenas uma questão de descobrir quais princípios os juízes que tomaram essas decisões pretendiam estabelecer, e isso não passa de uma questão de fato histórico". Hércules dirá que esse crítico precisa de uma razão política para afirmar que as interpretações devem corresponder às intenções dos juízes do passado. Essa é uma forma extrema da posição que já examinamos, segundo a qual uma interpretação é melhor se adequar-se ao que os juízes do passado disseram e fizeram, e mesmo essa frágil crítica depende dos argumentos de moral política que descrevi. O crítico supõe que essas razões especiais são não apenas fortes, mas imperiosas; que são tão poderosas que um juiz sempre erra ao considerar uma interpretação que não corresponde às normas que eles estabelecem, por mais que essa interpretação relacione, explique e justifique as decisões tomadas no passado.

Assim, afinal de contas, o crítico de Hércules – se é que sua argumentação tem alguma força – não confia nas convicções interpretativas politicamente neutras. Ele também empenhou suas próprias convicções de moral política. Pensa que os valores políticos que sustentam seu estilo interpretativo são tão fundamentais a ponto de eliminar por inteiro a concorrência de outras exigências da justiça. Essa posição pode ser plausível, mas é bastante polêmica e nada tem de neutra. A diferença entre o crítico e Hércules não diz respeito, como aquele sugeriu de início, a se a moral política é relevante para decidir sobre o que é o direito, mas sim a quais princípios de moral são bem fundados e, portanto, decisivos para esse problema. Assim, a primeira objeção incipiente, de que Hércules substituiu a interpretação correta do direito anterior, politicamente neutra, por suas próprias convicções políticas, é um emaranhado de confusões.

Hércules é um impostor

A segunda objeção é mais sofisticada. Agora, o crítico diz: "É absurdo admitir que exista uma única interpretação correta dos casos de danos morais. Uma vez que descobrimos duas interpretações desses casos, nenhuma das quais pode ser preferida à outra em bases 'neutras' de adequação, nenhum juiz seria forçado pelo princípio de integridade concernente à jurisdição a aceitar nenhuma delas. Hércules escolheu uma, e o fez por razões claramente políticas; sua escolha reflete apenas sua própria moral política. Nessas circunstâncias, sua única opção consiste em criar um direito novo em consonância com sua escolha. Não obstante, é fraudulento que ele afirme que descobriu, através de sua escolha política, qual é o conteúdo do *direito*. Está apenas oferecendo sua opinião sobre o que este deveria ser".

Essa objeção parecerá poderosa a muitos leitores, e devemos ter o cuidado de não a enfraquecer fazendo com que pareça afirmar mais do que na verdade o faz. Não tenta restabelecer a ideia do convencionalismo segundo a qual, quando a convenção se esgota, um juiz é livre para aperfeiçoar a lei de acordo com os padrões legislativos corretos; menos ainda a ideia do pragmatismo de que ele sempre tem a liberdade de fazer isso, impedido apenas por considerações de estratégia. A objeção reconhece que os juízes devem escolher entre as interpretações que satisfazem ao teste de adequação. Insiste apenas em que não pode haver nenhuma interpretação melhor quando mais de uma suporta esse teste. É uma objeção, como a estruturei, que vem do interior da ideia geral do direito como integridade; tenta proteger essa ideia contra a corrupção por fraude.

A objeção é bem fundada? Por que é fraudulento, ou mesmo confuso, o fato de Hércules apresentar seu juízo como um juízo do direito? De novo, há duas respostas um tanto diferentes – duas maneiras de elaborar a objeção –, e não podemos dar crédito à objeção sem estabelecer uma distinção entre elas e examinar cada uma delas em separado. A primeira forma é esta: "A afirmação de Hércules é fraudulenta porque sugere que pode haver uma resposta certa à questão de se a interpretação (5) ou (6) é mais equitativa ou mais justa; uma vez que a moral política é subjetiva, não pode haver uma única resposta certa à pergunta, mas somente respostas". Esse é o desafio do ceticismo moral cuja discussão aprofundei no capítulo II. Não posso deixar de dizer alguma coisa mais sobre o assunto agora, mas, para fazê-lo, vou usar um novo crítico, com uma seção própria. A segunda forma não tem por base o ceticismo: "Hércules será um impostor ainda que a moral seja objetiva, e ainda que esteja certo ao afirmar que o princípio da previsibilidade que instituiu seja objetivamente mais equitativo e mais justo. Ele é uma fraude porque pretende ter descoberto o que é o direito, mas só descobriu o que este deveria ser". Essa é a forma de objeção que examinarei a seguir.

A uma concepção de direito pedimos que nos ofereça uma descrição dos fundamentos do direito – das circunstâncias nas quais as afirmações sobre o que é o direito deveriam ser aceitas como verdadeiras ou bem fundadas – que nos mostre por que o direito autoriza a coerção. O direito como integridade responde que os fundamentos do direito estão na integridade, na melhor interpretação construtiva das decisões jurídicas do passado, e que o direito é, portanto, sensível à justiça no sentido reconhecido por Hércules. Desse modo, não há nenhuma maneira pela qual Hércules *possa* reportar sua conclusão sobre o caso da sra. McLoughlin, a não ser afirmando que, do modo como ele o compreende, o direito a favorece. Se dissesse o que o crítico recomenda, que ela não tem nenhum direito legal de ganhar, mas tem uma pretensão moral que ele se propõe honrar, estaria fazendo uma afirmação *equivocada* de seu ponto de vista sobre a questão. Veria, aí, um relato verdadeiro de algumas situações – se considerasse a lei muito imoral para ser aplicada, por exemplo –, mas não desta situação. Um crítico

INTEGRIDADE NO DIREITO 313

poderia discordar de Hércules em muitos níveis. Poderia rejeitar o direito como integridade em favor do convencionalismo, do pragmatismo ou de alguma outra concepção do direito. Ou poderia aceitá-lo, mas chegar a conclusões diferentes das de Hércules, porque tem ideias diferentes sobre as exigências necessárias de adequação, ou convicções diferentes sobre equidade, justiça ou a relação entre ambas. Mas só poderá considerar fraudulento (ou gramaticalmente incorreto) o uso que Hércules faz de "direito" se padecer do aguilhão semântico, somente se admitir que as afirmações jurídicas ficam, de algum modo, deslocadas quando não são diretamente extraídas de um conjunto de critérios factuais para o direito aceitos por todos os juristas competentes.

Um aspecto da presente objeção, contudo, poderia ser considerado imune a meus argumentos contra o restante. Mesmo admitindo que as conclusões de Hércules sobre a sra. McLoughlin estão corretamente apresentadas como conclusões de direito, poderia parecer extravagante afirmar que, de algum modo, essas conclusões decorrem da integridade compreendida como um ideal político distinto. Não seria mais exato dizer que a integridade está em operação nos cálculos de Hércules exatamente até o ponto em que ele rejeitou todas as interpretações mal sucedidas no teste liminar de adequação, mas que a integridade não desempenha papel algum na seleção das interpretações que sobrevivem a esse teste? Não deveríamos dizer que essa concepção de direito consiste, na verdade, em duas concepções: o direito como integridade complementado, quando a integridade se esgota, por alguma versão da teoria do direito natural? Essa não é uma objeção muito importante; apenas sugere uma forma diferente de apresentar as conclusões que não mais desafia. Não obstante, a observação que a sugere é muito rudimentar. Pois é um erro pensar que a ideia de integridade é irrelevante para a decisão de Hércules a partir do momento em que tal decisão não é mais uma questão de convicções sobre a adequação, instigando também seu senso de equidade ou de justiça.

O espírito de integridade, que situamos na fraternidade, seria violado se Hércules tomasse sua decisão de outro modo que não fosse a escolha da interpretação que lhe parece a melhor do ponto de vista da moral política como um todo. Aceitamos a integridade como um ideal político porque queremos tratar nossa comunidade política como uma comunidade de princípios, e os cidadãos de uma comunidade de princípios não têm por único objetivo princípios comuns, como se a uniformidade fosse tudo que desejassem, mas os melhores princípios comuns que a política seja capaz de encontrar. A integridade é diferente da justiça e da equidade, mas está ligada a elas da seguinte maneira: a integridade só faz sentido entre pessoas que querem também justiça e equidade. Assim, a escolha final de Hércules da interpretação que ele considera mais bem fundada em sua totalidade – mais equitativa e mais justa na correta relação – decorre de seu compromisso inicial com a integridade. Ele faz essa opção no momento e da maneira que a integridade tanto o permite quanto o exige, e portanto é totalmente enganoso dizer que ele abandonou o modelo da integridade exatamente nesse ponto.

Hércules é arrogante, mas ainda assim um mito

Examinarei agora, muito brevemente, dois críticos que, apesar de menos importantes, não podem deixar de ser ouvidos. Tenho descrito os métodos de Hércules de maneira que alguns chamarão de subjetiva, ao descrever as perguntas que deve responder e os juízos que deve formar para si próprio. Outros juízes dariam respostas diferentes, e o leitor pode concordar com um deles, e não com Hércules. Veremos, dentro em breve, se alguma coisa disso tudo significa que nem Hércules nem qualquer outro juiz ou crítico podem estar "realmente" certos sobre o verdadeiro conteúdo do direito. Mas a opinião de Hércules será polêmica a despeito da resposta que dermos a essa pergunta filosófica, e seu novo crítico apega-se exatamente ao fato da controvérsia, incontaminada por qualquer apelo ao ceticismo interior ou exterior. "Haja ou não respostas certas às perguntas interpretativas das quais os juízes de Hércules dependem, não é justo que a resposta de um juiz (ou de uma maioria de juízes) seja aceita como definitiva quando não se tem como provar, contra aqueles que discordam, que sua opinião é melhor que a deles."

Em busca de uma resposta, devemos voltar a nosso tema mais geral do direito como integridade. Queremos que nossas autoridades nos tratem como reunidos e vinculados numa associação de princípios, e queremos isso por razões que independem de qualquer identidade de convicção entre essas autoridades, tanto a respeito da adequação quanto dos princípios mais substantivos que uma interpretação põe em jogo. Nossas razões persistem quando os juízes divergem, pelo menos em detalhe, a propósito da melhor interpretação da ordem política da comunidade, pois cada juiz ainda confirma e reforça a natureza de princípio de nossa associação ao se esforçar, a despeito da divergência, por chegar a sua própria opinião em vez de voltar-se para a tarefa geralmente mais simples de elaborar um direito novo. Mas ainda que assim não fosse, a presente objeção não poderia ser considerada uma objeção ao direito como integridade, pois se aplicaria, com plena força, ao pragmatismo ou ao convencionalismo, que se torna pragmatismo em qualquer caso difícil o bastante para ser levado diante de um tribunal de recursos. Como pode ser mais equitativo, para os juízes, fazer valer suas próprias concepções sobre o melhor futuro, sem as restrições de qualquer exigência de coerência com o passado, do que fazer valer os juízos mais complexos, mas não menos polêmicos, que o direito como integridade exige?

Eis que surge outro crítico menor. Sua crítica é de outra natureza. "Hércules", diz ele, "é um mito. Nenhum juiz de verdade tem seus poderes, e é absurdo apresentá-lo aos outros como um modelo a ser seguido. Os verdadeiros juízes decidem os casos difíceis muito mais instintivamente. Não elaboram e testam diversas interpretações opostas contra uma complexa matriz de princípios políticos e morais que se entrecruzam. Seu ofício os ensina a perceber, de imediato, a estrutura dos fatos e das doutrinas; eis o que significa, de fato, pensar como um advogado. Se decidissem imitar Hércules, tentando, em cada caso, defender uma teoria geral do direito, iriam ver-se paralisados enquanto sua pauta de causas pendentes ficaria sobrecarregada." Esse crítico entende mal nosso exercício. Hércules nos é útil exatamente porque é mais reflexivo e autoconsciente do que qualquer juiz verdadeiro precisa ou, dada a urgência do trabalho, precisaria ser. Sabemos que os juízes reais decidem a maioria dos casos de maneira bem menos metódica; mas Hércules nos mostra a estrutura oculta de suas sentenças, deixando-as assim abertas ao estudo e à crítica. Além do mais, precisamos ter o cuidado de estabelecer uma distinção entre os dois sentidos nos quais se poderia dizer que ele tem mais poderes do que qualquer juiz verdadeiro. Ele trabalha tão mais rapidamente (e seu tempo disponível é tão maior) que pode explorar caminhos e ideias que os outros não podem; pode seguir não apenas uma ou duas direções evidentes ao ampliar o alcance dos casos que estuda, mas todas as linhas existentes. Esse é o sentido em que seus objetivos podem ser muito mais altos que os dos outros: ele pode aspirar a testar hipóteses mais abrangentes, enquanto os testes das hipóteses pelos outros devem ser parciais. Mas ele não tem acesso a mistérios transcendentais que são obscuros para eles. Seus juízos sobre adequação e moral política são feitos da mesma matéria e têm a mesma natureza que os deles. Ele faz o que eles fariam se tivessem toda uma carreira a dedicar a uma única decisão; precisam não de uma concepção do direito diferente da dele, mas de algo que ele nunca precisou cultivar: eficiência e capacidade de administrar com prudência.

Agora, esse crítico dá novo rumo a seus pensamentos. "Seja como for, Hércules tem teoria demais para casos simples. Os bons juízes sabem que o significado evidente de uma lei clara, ou de uma regra bem definida que sempre se aplica e jamais foi contestada nos precedentes, é o direito, e que nada há a acrescentar. Seria ridículo, e não apenas uma perda de tempo, submeter essas verdades incontestáveis a provas de interpretação em cada ocasião. Desse modo, o direito como integridade, com sua estrutura elaborada e instável, é, na melhor das hipóteses, uma concepção apenas para os casos difíceis. Alguma coisa mais próxima do convencionalismo é uma interpretação melhor daquilo que os juízes fazem nos casos simples." A distinção entre casos fáceis e difíceis no direito não é tão clara nem tão importante como pretende esse crítico, como veremos no capítulo IX, mas Hércules não precisa dessa distinção agora. O direito como integridade explica e justifica tanto os casos fáceis quanto os difíceis; também mostra por que são fáceis. É evidente que o limite de velocidade na Califórnia é de 90 quilômetros por hora, pois é obvio que qualquer interpretação competente do código de trânsito desse Estado leva a essa conclusão. Assim, para o direito como integridade os casos fáceis são apenas casos especiais de casos difíceis, e a reclamação do crítico é apenas aquilo que o próprio Hércules se daria por satisfeito em reconhecer: que não precisamos fazer perguntas quando já conhecemos as respostas.

O ceticismo no direito

O desafio do ceticismo interior

Nenhum aspecto do direito como integridade tem sido tão mal compreendido quanto sua recusa em aceitar a opinião popular de que não existem respostas exclusivamente certas nos casos difíceis do direito. Eis uma afirmação representativa do ponto de vista que Hércules rejeita: "Os casos difíceis são difíceis porque diferentes grupos de princípios se ajustam suficientemente bem a decisões do passado para serem considerados como interpretações aceitáveis deles. Advogados e juízes vão divergir sobre qual deles é mais equitativo ou mais justo, mas nenhuma das partes pode estar 'realmente' certa, pois não existem padrões objetivos de equidade e justiça que um observador neutro pudesse utilizar para decidir-se por um deles. Assim, o direito como integridade chega à conclusão de que não há, na verdade, direito algum em casos difíceis como o *McLoughlin*. Hércules é um impostor porque finge que suas opiniões subjetivas são, em certo sentido, melhores do que as opiniões dos que não concordam com ele. Seria mais honesto, de sua parte, admitir que, além de suas preferências pessoais, não tem fundamentos nos quais apoiar sua decisão".

No capítulo II, estabelecemos uma distinção entre o que chamei de ceticismo exterior e interior. Ainda que o ceticismo exterior seja bem fundado enquanto posição filosófica, não constitui ameaça à nossa defesa do direito como integridade ou aos métodos de deliberação judicial de Hércules. Como afirmei, tive o cuidado de descrever o direito como integridade de um modo impecável aos olhos do cético exterior. Descrevi as perguntas que, de acordo com essa concepção do direito, os juízes devem fazer a si próprios e responder segundo suas próprias concepções. O ceticismo exterior não nega que essas perguntas tenham sentido; o cético exterior terá suas próprias respostas para elas, as quais preferirá às respostas dos outros, e poderá fazer o papel de Hércules tão bem quanto qualquer de seus adversários filosóficos. Ele apenas se opõe àquilo que acredita ser uma má descrição do processo – que este procura descobrir verdades interpretativas ou morais "mais além", ou "encerradas na estrutura do universo". Essas metáforas, porém, são representações enganosas daquilo que alguém quer dizer quando afirma, por exemplo, que os princípios da interpretação (5) são realmente melhores que os da interpretação (6); essa afirmação é um esclarecimento de sua opinião interpretativa, não uma classificação filosófica dela. Assim, Hércules poderia decidir-se a jamais utilizar termos quase redundantes, como "objetivo" ou "realmente", para ornamentar os juízos que emite, que para ele têm o mesmo significado sem esses termos, e os céticos exteriores já não teriam novas queixas ou novos argumentos contra sua maneira de decidir o caso *McLoughlin*.

Admiti, contudo, que o ceticismo interior coloca um desafio muito mais poderoso a nosso projeto, e usarei um novo crítico para desenvolver e afirmar essa sugestão. Que formas esse ceticismo interior poderia assumir? Existem várias possibilidades. Ele poderia concordar, por exemplo, que as interpretações (5) e (6) são aprovadas no teste liminar de adequação apropriada, mas poderia não admitir que uma fosse superior à outra em termos de moral política, pois ambas são moralmente erradas ou irrelevantes de algum modo fundamental. Esse argumento, porém, parece implausível. Talvez ele rejeite totalmente a própria ideia da responsabilidade na negligência; acha que ninguém age mal, a não ser por premeditação. Isso, porém, não justificaria o ceticismo sobre as interpretações (5) e (6); aprova a (6) por considerá-la superior à (5), apesar de duvidosa em si mesma. Portanto, devemos imaginá-lo pensando que é totalmente inadequado perguntar se as pessoas têm o dever de pagar indenização por sua negligência; é o tipo de pergunta equivocada, assim como perguntar com qual mão a cortesia nos pede para tirar o chapéu. Nem isso, contudo, justificaria o ceticismo sobre a decisão que deveria ser tomada por Hércules. Se a moral nada tem a ver com a negligência, então o Estado não pode ter garantia alguma para intervir e forçar o pagamento de uma indenização, e mais uma vez esse argumento favorece a interpretação (6), colocando-a pelo menos como preferível à (5), pois a (6) permite que o Estado interfira menos nos casos que não lhe dizem respeito.

Assim, é improvável que nosso crítico cético nos convença com esse tipo de argumentação. Mas ele poderia defender o ceticismo interior de um modo diferente, tentando mostrar que a prática jurídica é por demais contraditória para oferecer qualquer interpretação coerente. Hércules sabe que, em termos de princípios, o direito está longe de ter uma coerência perfeita. Sabe que a supremacia legislativa dá força a algumas leis que, em princípio, são incompatíveis com outras, e que a compartimentalização do "common law", juntamente com a prioridade local, favorece a incoerência inclusive ali. Mas ele pressupõe que essas contradições não são tão abrangentes e intratáveis dentro de cada ramo ou instituto do direito que sua tarefa se torne impossível. Admite, na verdade, que é possível encontrar um conjunto de princípios razoavelmente plausíveis, para cada segmento do direito que deva fazer vigorar, que se ajuste suficientemente bem para poder ser uma interpretação aceitável. Esse é o pressuposto que o crítico agora contesta. Ele insiste em que o direito sobre acidentes, por exemplo, está tão cheio de contradições que nenhuma interpretação pode ajustar-se a mais do que a uma parte arbitrária e limitada dele.

Essa é uma contestação muito mais poderosa, pois ataca a viabilidade da integridade em sua raiz. Força-nos a considerar um aspecto da exigência de adequação que deixei para mais tarde, a distinção fundamental entre competição e contradição entre princípios. Suponhamos que Hércules descubra, como há pouco mencionei, que tanto a interpretação (5) quanto a (6) se ajustam a uma parte substancial dos precedentes relevantes, e que nenhuma delas se ajusta ao conjunto deles. Ele reage expandindo seu campo de pesquisa e buscando uma interpretação mais geral do direito sobre acidentes que isole e limite essa contradição. Propõe a seguinte análise: "Nosso direito como um todo reconhece a pertinência de dois princípios quanto às perdas que se deve permitir que as pessoas sofram no caso de acidentes. O primeiro é um princípio de solidariedade coletiva. Afirma que o Estado deve tentar proteger as pessoas, evitando que sejam arruinadas por acidentes mesmo quando o acidente for provocado por elas mesmas. Esse princípio é mais evidente nos diferentes tipos de programas de regulamentação de seguros, nas leis sobre indenização a trabalhadores e nos planos de seguros subvencionados pelo Estado, para os riscos à propriedade e à pessoa que não são devidamente cobertos pelas instituições de seguro privado. O segundo é um princípio que divide os custos de um acidente entre os agentes privados do acidente que o produziu. Sustenta que o culpado deve arcar com a perda acidental, e não a vítima inocente. Esse princípio se evidencia mais claramente no direito sobre a negligência, inclusive na legislação complementar ao *common law* em matéria de negligência.

"Esses são princípios independentes, e considerá-los contraditórios seria um grave mal-entendido da lógica dos princípios. Não é incoerente reconhecê-los como princípios; pelo contrário, qualquer ponto de vista moral seria falho se negasse um dos dois impulsos. Em alguns casos, porém, vão entrar em conflito, e a coerência então exige um sistema não arbitrário de prioridade, avaliação ou acomodação entre eles, um sistema que reflita suas fontes respectivas em um nível mais profundo de moral política. Um acidente no qual o protagonista negligente se arruinaria se fosse responsável por todos os prejuízos causados é um exemplo de tal conflito. O primeiro princípio exorta o Estado a protegê-lo de uma perda catastrófica, pois sua responsabilidade então seria um acidente para ele também, ainda que o culpado tivesse sido ele, como um acidente de trabalho que fosse culpa de sua vítima. O segundo princípio declara, contudo, que se um dos dois protagonistas do drama deve sofrer, o sofrimento deve incidir sobre o que cometeu a falta. Esse princípio exorta o Estado a obrigá-lo a indenizar plenamente todas as suas vítimas. Uma acomodação desejável dos dois princípios ocorreria se o Estado exigisse que o indiciado indenizasse algumas vítimas, ou algumas vítimas até certo ponto, e em seguida usasse o tesouro público para indenizar as outras vítimas pelo restante das perdas. Contudo, na ausência de alguma lei que assim o determine, ou de qualquer tradição no *common law* que contemple a indenização por parte do Estado, esta não é uma possibilidade interpretativa. Os precedentes e as leis que encontro me limitam à decisão de que um desses dois princípios deverá ceder em tais circunstâncias. Se o primeiro prevalecer, é decisivo para o indiciado que a perda seria muito maior para ele, caso se imponha a responsabilidade plena, do que para qualquer pleiteante potencial se não houver tal imposição. Se o segundo prevalecer, a falta do indiciado é que será decisiva contra ele, a despeito da magnitude do total de sua perda potencial.

"É preciso admitir [continuamos pensando no pior dos casos] que até o momento o Estado não se manifestou com unanimidade sobre tais casos. Algumas decisões judiciais têm permitido que o segundo princípio prevaleça sobre o primeiro, o que é a solução pleiteada pela interpretação (5), e outras têm permitido que o primeiro prevaleça sobre o segundo, conforme o recomenda a interpretação (6). Minha situação como intérprete é, portanto, a seguinte: as restrições de adequação exigem que eu encontre um lugar, em qualquer interpretação geral de nossa prática jurídica, para os dois princípios abstratos de solidariedade e responsabilidade. Nenhuma interpretação geral que negasse qualquer um deles seria plausível; a integridade não poderia ser atendida se um deles fosse totalmente desautorizado. Mas a integridade exige alguma forma de solução para o impacto desse conflito sobre os casos de acidente em que a responsabilidade ilimitada fosse desastrosa, uma escolha que nossa prática não fez mas que deve decorrer, como um juízo pós-interpretativo, de minha análise. A integridade exige isso porque exige que eu continue com a série de julgados, na qual os dois princípios ocupam um lugar definido, da melhor maneira possível e após o exame de todos os aspectos da questão. Em minha opinião, a melhor maneira de fazer isso consiste em subordinar o primeiro princípio ao segundo, pelo menos nos casos de acidentes de automóveis em que o seguro de responsabilidade seja possível de obter, junto à iniciativa privada, em termos razoáveis. Faço essa escolha porque acredito que, embora cada um dos dois princípios seja atraente, o segundo é mais poderoso em tais circunstâncias. Isso exige que eu declare como equívocos um certo número de decisões judiciais do passado. Mas o número de decisões que devo considerar como equívocos não é nem tão grande nem de importância tão fundamental, visto a partir da perspectiva da prática jurídica como um todo, que o fato de negligenciá-lo não me deixe com uma base sólida para a interpretação mais geral que acabo de descrever."

Estudos jurídicos críticos

O cético interior não precisa aceitar esse argumento, mas deve defrontar com ele. Hércules admitiu que os dois princípios abstratos que identificou poderiam conviver confortavelmente dentro da mesma interpretação geral de nossa prática jurídica, ainda que às vezes possam entrar em conflito. O cético poderia contestar essa afirmação e afirmar que os princípios são mais profundamente antagônicos do que Hércules imagina, que provêm de dois pontos de vista incompatíveis da ação ou da responsabilidade humana, não podendo, portanto, conviver em nenhum sistema coerente de governo. A partir dessa perspectiva, o conflito entre eles não é um problema prático eventual, mas um sintoma de profunda esquizofrenia doutrinária. Alguns professores de direito, sobretudo (mas não exclusivamente) norte-americanos, parecem ter começado a assumir essa postura profundamente crítica com relação às práticas jurídicas de suas respectivas comunidades[16]. Onde Hércules espera mostrar um sistema, só veem contradição filosófica.

"Estudos jurídicos críticos", que é o nome de seu movimento, se define até o momento por subscrições: seus acólitos se reúnem em congressos cujos objetivos incluem a definição da natureza do movimento[17]. Compartilham atitudes importantes sobre o ensino do direito; esperam "desmistificar" o direito para os estudantes de direito ao chamar-lhes a atenção para aquilo que, há muitas décadas, a jurisprudência norte-americana vem enfatizando: o fato de que a convicção política desempenha um importante papel na decisão judicial, e que, em qualquer época, a forma do direito reflete ideologia, poder e aquilo que é erroneamente chamado de "lógica". Também pretendem tornar os estudantes de direito mais receptivos a outras disciplinas, particularmente a linguística francesa e a metafísica hegeliana. Suas atitudes políticas situam-nos, enquanto grupo, à esquerda do espectro político norte-americano (eles têm sido particularmente ativos em diferentes aspectos da política das escolas de direito), e grande parte de suas publicações se opõe ao que consideram desenvolvimentos conservadores da teoria jurídica. Em particular, opõem-se ao outro grande movimento acadêmico na história recente do ensino jurídico nos Estados Unidos, às vezes chamado de abordagem econômica do direito, que estudaremos no capítulo VIII.

---

16. Cf. D. Kennedy e K. Klare, "A Bibliography of Critical Legal Studies", 94 *Yale Law Journal*, 461 (1984).
17. Cf. o simpósio sobre estudos jurídicos críticos em 36 *Stanford Law Review* I (1984).

Em tudo isso, salvo em sua postura conscientemente esquerdista e na escolha particular de outras disciplinas a cultivar, os estudos jurídicos críticos se assemelham ao antigo movimento do realismo jurídico norte-americano, e ainda é muito cedo para saber se é mais que uma tentativa anacrônica de fazer com que esse movimento volte a florescer. Grande parte de sua retórica, como a do realismo jurídico, provém do ceticismo exterior: seus membros gostam de fazer breves denúncias do "objetivismo", da "metafísica do direito natural" ou da ideia de valores "mais além" no universo. No que tem de melhor e mais promissor, contudo, foge aos limites do realismo jurídico ao se voltar para a forma global e ameaçadora do ceticismo interior que descrevi há pouco. Argumenta que nossa cultura jurídica, longe de possuir qualquer forma receptiva a uma justificativa de princípio uniforme e coerente, só pode ser apreendida pela métrica estéril da contradição. Rejeitaria, como afirmei que um cético interior poderia fazê-lo, a última descrição feita por Hércules dos princípios independentes, ainda que às vezes antagônicos, a propósito da perda individual nos acidentes. Os estudos jurídicos críticos fariam uma análise muito diferente: a de duas ideologias profundamente antagônicas em guerra no interior do direito; uma delas, talvez, proveniente de impulsos comunitários de altruísmo e interesse mútuo, e a outra derivada de ideias contraditórias de egoísmo, autossuficiência e moralismo de julgamento.

Infelizmente, grande parte da literatura dos estudos jurídicos críticos anuncia mais do que defende essas teses, como se fossem evidentes por si mesmas. Isso pode refletir um grave mal-entendido do tipo de argumento necessário ao estabelecimento de uma posição cética: o argumento deve ser interpretativo, não histórico. Os historiadores crítico-jurídicos descrevem o direito geneticamente, remontando diferentes partes da doutrina jurídica aos interesses e ideologias que originalmente consagravam juridicamente cada uma, ou as adaptavam ou mantinham dentro do direito. Tomam por alvos outros historiadores que apresentam teorias causais que pretendem explicar o desenvolvimento histórico do direito como o desdobramento de algum sistema funcionalista geral; não lhes é difícil defender, ante essas análises causais, uma abordagem menos estruturada da explicação causal em direito, uma abordagem mais permissiva da contingência e do acidente[18]. Seu trabalho é útil para Hércules, que o rejeitaria por sua própria conta e risco, pois o faz lembrar-se de que, do modo como seu direito foi produzido, nada lhe assegura que será bemsucedido na tentativa de encontrar uma interpretação coerente dele. Mas a história também não garantirá seu fracasso, pois suas ambições são interpretativas no sentido apropriado aos fundamentos filosóficos do direito como integridade. Ele tenta impor ordem à doutrina, em vez de descobrir a ordem nas forças que a criaram. Esforça-se por chegar a um conjunto de princípios que possa oferecer à integridade um sistema para transformar os diferentes laços da corrente do direito numa visão de governo dotada de uma só voz, mesmo que muito diferente das vozes dos líderes do passado. Poderia fracassar – temos mostrado de que modo isso poderia acontecer –, mas seu fracasso não é assegurado por nada que ensina a história, inclusive a história mais criteriosa e sensível.

Existe, contudo, uma segunda corrente, mais filosófica, na literatura dos estudos jurídicos críticos, uma corrente mais diretamente ilustrativa porque suas afirmações são mais facilmente entendidas como interpretativas. Pretende mostrar não apenas que diferentes ideologias produziram partes diferentes do direito, mas que qualquer justificativa contemporânea competente dessas diferentes partes exporia, necessariamente, contradições fundamentais de princípio, e que Hércules deve fracassar ao impor uma estrutura coerente ao império do direito em sua totalidade. Essa postura cético--interpretativa só será poderosa e pertinente, contudo, se

---

18. Exemplos excelentes de escritos históricos desse gênero incluem Robert Gordon, "Historicism in Legal Scholarship", 90 *Yale Law Journal* 1017 (1981), e "Critical Legal Histories", 36 *Stanford Law Review* 57 (1984). Cf. também a obra histórica citada em Kennedy e Klare, acima (n. 16).

começar por onde Hércules começa: deve afirmar que procurou uma interpretação menos cética e fracassou. Nada é mais fácil ou mais inútil do que demonstrar que uma descrição falha e contraditória é tão adequada quanto outra, mais uniforme e atraente. O cético interior deve demonstrar que a descrição falha e contraditória é a única disponível.

Liberalismo e contradição

Há um caminho rápido que leve a essa ambiciosa afirmação negativa? Os estudos jurídicos críticos pretendem encontrá-lo naquilo que veem como os erros filosóficos da teoria política liberal. Esse argumento tem duas etapas. Afirma, primeiro, que a estrutura constitucional e as principais linhas doutrinárias das modernas democracias ocidentais só podem ser justificadas como a elaboração de uma concepção essencialmente liberal da personalidade e da comunidade. Insiste em que a distinção entre jurisdição e legislação, que é de grande importância nessa estrutura, reflete uma concepção liberal da liberdade; chama a atenção para as características do direito privado dos contratos, dos delitos civis e da propriedade, por exemplo, que inculcam ideias liberais de responsabilidade individual. Afirma, em segundo lugar, que o liberalismo, enquanto sistema filosófico que combina ideias metafísicas e éticas, é profundamente autocontraditório, e que, portanto, as contradições do liberalismo garantem o caos e a contradição de qualquer interpretação disponível de nosso direito, a condenação do projeto de Hércules. Trata-se de um argumento estimulante, e os que se sentem atraídos pelo liberalismo vão considerar irresistível essa primeira etapa. Até o momento, porém, os argumentos em favor da segunda etapa, sobre a incoerência do liberalismo, não têm sido mais que fracassos espetaculares, e mesmo constrangedores. Começam e terminam por uma descrição equivocada da natureza do liberalismo, uma descrição que não é apoiada por nenhuma

interpretação plausível dos filósofos que consideram liberais[19].
Além do mais, parecem ignorar totalmente a distinção que há pouco consideramos crucial a qualquer argumento inte-

---

[19]. A recente descrição do liberalismo de Mark Tushnet é representativa de todas as exposições dessa teoria política das quais tenho conhecimento na literatura dos estudos jurídicos críticos. Ele admite que "qualquer descrição sumária do ponto de vista liberal clássico – o liberalismo de Hobbes, Locke e Mill, bem como o de Dworkin e Rawls – deve ser uma caricatura". Em seguida, porém, oferece esta descrição que mais parece uma falsificação: "A psicologia do liberalismo pressupõe um mundo de indivíduos autônomos, cada qual guiado por seus próprios valores e objetivos idiossincráticos, nenhum dos quais pode ser julgado mais ou menos legítimo do que aqueles defendidos pelos demais. Em tal mundo, as pessoas existem como ilhas isoladas de individualidade que optam por estabelecer relações que, metaforicamente, podem ser caracterizadas como relações exteriores (...) Em um mundo de individualismo liberal (...) se os valores de uma pessoa a levarem, por exemplo, a apoderar-se da propriedade de uma outra, a vítima não pode apelar a algum princípio superveniente com o qual o agressor deve estar comprometido". (Cf. Tushnet, "Following the Rules Laid Down: A Critique of Interpretivism and Neutral Principles", 96 *Harvard Law Review* 781, 783 s., [1983].) Aqui existem vários erros importantes. Primeiro, a maior parte dos liberais de Tushnet admite explicitamente que as pessoas normalmente demonstram interesse pelos destinos das outras. Nenhum de seus argumentos depende do pressuposto ridículo de que as pessoas não podem compartilhar valores suficientes para se manterem uma linguagem comum e outras instituições sociais, e John Rawls, por exemplo, teve o cuidado de negar tal pressuposto. Cf., de sua autoria, "Kantian Constructivism in Moral Theory", 77 *Journal of Philosophy* 515 (1980), e "Justice as Fairness: Political Not Metaphysical", 14 *Philosophy and Public Affairs* 223 (1985). (Alguns leitores de *A Theory of Justice*, de Rawls [Cambridge, Mass., 1977], cometem o erro de pensar que os membros mutuamente desinteressados da "posição original" que ele construiu como um procedimento analítico tinham por finalidade expressar sua teoria sobre a natureza humana. Essa interpretação equivocada não foi encorajada pelo texto, e é desautorizada nos últimos artigos citados.) Segundo, nenhum desses "liberais", exceto Hobbes (por que se deveria ver Hobbes como um liberal?), adotou nenhuma forma de ceticismo sobre a possibilidade de que um modo de levar a própria vida seja melhor ou mais valioso do que outro. É notório, por exemplo, que Mill rejeitou o ceticismo sobre os valores pessoais. A imagem do liberalismo feita pelos estudos jurídicos críticos confunde essa forma de ceticismo, que a maioria dos liberais rejeita,

riormente cético, a distinção entre competição e contradição de princípios. Essa falha é também muito evidente nos exercícios mais detalhados e doutrinários dos estudos jurídicos críticos, aí incluídos alguns que pretendem ser uma crítica categórica do direito como integridade. Cito e discuto em maiores detalhes um exemplo recente em uma nota, pois trata exatamente da parte do direito que estivemos usando como ilustra-

com o princípio totalmente diferente que aceitam: o de que as afirmações sobre o valor relativo dos objetivos pessoais não oferece justificativas competentes para as decisões políticas reguladoras. Terceiro, essa imagem do liberalismo confunde *esse* princípio, sobre a neutralidade do governo com relação às concepções do bem, com uma suposta neutralidade sobre os princípios de justiça que o liberalismo, por ser uma teoria de justiça, deve certamente rejeitar. É absurdo afirmar que um liberal não pode recorrer a um princípio de justiça para explicar por que aqueles cujos "valores" os impelem a assaltar outros devam ser impedidos de fazê-lo. Tushnet não deveria ter cometido esses erros sobre aquilo que pensam seus "liberais clássicos". Ele cita um de meus artigos como autoridade favorável ao seu ponto de vista sobre aquilo que eu e outros liberais acreditamos. Nesse artigo, afirmo que a moral constitutiva do liberalismo "é uma teoria de igualdade que exige neutralidade oficial entre as teorias sobre o que tem valor na vida. Esse argumento provocará inúmeras objeções. Poderíamos dizer que o liberalismo assim concebido se baseia no ceticismo sobre as teorias do bem, ou em uma concepção mesquinha da natureza humana segundo a qual os seres humanos são átomos que podem existir e encontrar satisfação pessoal à margem da comunidade política... [Mas] o liberalismo não pode basear-se no ceticismo. Sua moral constitutiva determina que os seres humanos devem ser tratados como iguais pelo governo, não porque não exista certo e errado em moral política, mas porque é assim que está certo. O liberalismo não se baseia em nenhuma teoria especial da personalidade, nem nega que a maioria dos seres humanos pensará que o que é bom para eles é que participem ativamente da sociedade. O liberalismo não é autocontraditório: a concepção liberal de igualdade é um princípio de organização política exigido pela justiça, não um modelo de vida para os indivíduos. Cf. *A Matter of Principle*, p. 203.
20. "Há dois princípios que disputam nossa atenção [na lei de indenização por acidentes]. O princípio atualmente aceito é francamente individualista. A responsabilidade do autor de um delito civil deve ser limitada de modo a poder existir uma relação aproximada entre o grau do delito e a extensão da responsabilidade. Por consequência, em razão da noção central de delito, o acusado só é responsável por danos razoavelmente previsíveis (...). Contudo, apoiar-se exclusivamente em tal princípio poderia privar da indenização vítimas totalmente inocentes e merecedoras. Consequentemente, existe um con-

ção básica ao longo de todo este capítulo[20]. Os estudos jurídicos críticos deveriam ser resgatados desses equívocos, pois suas ambições céticas gerais, entendidas à maneira do ceticismo interior, são importantes. Temos muito a aprender com os exercícios críticos que propõem, com seus fracassos e suces-

traprincípio antagônico e menos dominante, porém estabelecido, estipulando que os autores de delitos são responsáveis por quaisquer consequências diretas de seus atos, mesmo que não pudessem ser razoavelmente previsíveis. Embora esse princípio tenha florescido e vigorado por algum tempo, o alcance de sua aplicação é hoje mais limitado nos casos em que as vítimas, como os hemofílicos, são particularmente suscetíveis a danos: 'O autor de um delito civil deve tomar sua vítima do modo como a encontra' (...). Cada princípio provém de duas concepções totalmente diferentes de uma sociedade democrática justa, e delas recebe sua força. Uma se baseia em um individualismo que representa um mundo formado por pessoas independentes e autossuficientes, traçando seus projetos de vida com confiança e tratando energicamente de implementá-los. Valores e preferências são relativos e subjetivos (...). A outra concepção decorre de um coletivismo que percebe o mundo como constituído por pessoas interdependentes, que colaboram entre si. Ao reconhecer a vulnerabilidade dos indivíduos, encoraja-os a ter mais solidariedade e altruísmo (...). Cada concepção representa apenas uma imagem parcial e incompleta da vida social e de suas possibilidades (...). Qualquer princípio [que uma pessoa] escolha será simplesmente sua preferência (...) [ela] nada tem a dizer para persuadir quem quer que discorde dela." Allan Hutchinson, "Of Kings and Dirty Rascals: The Struggle for Democracy", 1985 *Queen's Law Journal* 273, 281-3.

Muitos dos lemas populares na esfera dos estudos crítico-jurídicos florescem nesse argumento. Aqui, por exemplo, encontra-se a mesma caracterização equivocada do "individualismo" liberal associado ao atomismo social e à subjetividade dos "valores" que assinalamos na nota 19. Aqui temos a conhecida confusão entre ceticismo exterior e interior, resultando na conhecida queixa de que os liberais não percebem que as convicções morais são "simplesmente" preferências, de tal modo que as pessoas "nada têm a dizer" em seu apoio. (Não importa que os liberais tenham sido acusados dessa forma de subjetivismo.) Nosso interesse atual está no diagnóstico da contradição: diz-se que a lei sobre acidentes é não apenas complexa, pois há dois princípios diferentes atuando nela, mas também contraditória, porque estes não podem conviver, nem mesmo como princípios. Tal afirmação, porém, tem por base um grosseiro erro de lógica: argumenta na direção errada. Talvez seja verdade que uma pessoa que sustentasse o ponto de vista bizarro e quase incompreensível de que as pessoas são totalmente "independentes e autossuficientes" acabaria por ser levada ao teste de responsabilidade da previsibilidade. (Afirma-se que os liberais defendem esse ponto de vista bizarro, e talvez se encontre algum sos. Isso pressupõe, porém, que seus objetivos são aqueles do direito como integridade, que trabalham para descobrir se, e até que ponto, os juízes têm, diante de si, caminhos abertos para aperfeiçoar o direito ao mesmo tempo que respeitam as virtu-

que realmente o faça. Mas não se pode dizer que seja o caso de Mill ou Rawls, ou de qualquer um dos outros filósofos influentes na tradição liberal.) Não é necessariamente verdadeiro, pois tal pessoa poderia pensar que os hemofílicos também precisam que seus planos "independentes" sejam protegidos, e que os praticantes de atos ilícitos "energicamente" autossuficientes deveriam fazer seguros contra responsabilidade estrita e assumir as consequências se não o fizerem. Seja como for, porém, não é essa a questão. Trata-se, antes, de saber se *somente* alguém que sustentasse essa estranha posição poderia ser levado a tal teste. Por que uma pessoa mais sensata, que percebe que "o mundo é constituído por pessoas interdependentes, que colaboram entre si", e que se comove diante de apelos de "solidariedade e altruísmo", não deveria sentir-se solidária com o motorista negligente que teve a má sorte de atropelar um hemofílico, e também com o próprio hemofílico?

Desse modo, a confiante atribuição dos dois princípios a duas "visões" contraditórias de sociedade é procustiana e infundada. Esses princípios são aspectos inevitáveis de qualquer resposta decente à complexidade do mundo. Só diferem na distribuição do risco de perda entre dois protagonistas, um dos quais deve perder por causa dos atos ou da situação do outro, e é implausível supor que alguém que faz essa escolha de modo diferente, em diferentes tipos de circunstâncias, imputando a perda ao protagonista em algumas delas e à vítima em outras, seja por esse motivo moralmente esquizofrênico. O problema para Hércules, diante do conjunto de decisões que esse crítico descreve, não é na verdade mais desalentador do que aquele com o qual ele deparou há pouco, no texto, e poderia ser mais prosaico. Ele elabora dois princípios: as pessoas não devem ser responsabilizadas por causar danos razoavelmente imprevisíveis, e as pessoas não devem estar em desvantagem, no nível da proteção que a lei lhes assegura, em virtude de incapacidades físicas além de seu controle. Hércules não tem nenhuma dificuldade em reconhecer esses dois princípios em atuação na lei dos delitos civis e, de modo mais geral, em aceitar ambos no nível de princípio abstrato. Esses princípios são às vezes concorrentes, mas não contraditórios. Ele pergunta se decisões anteriores, em casos nos quais realmente entram em conflito, foram capazes de resolvê-los de modo coerente. Talvez sim, embora qualquer descrição que aceite de tal resolução provavelmente irá exigir que ele trate como erros algumas decisões anteriores, aquelas que se desviam de uma certa linha de atuação. Talvez não: talvez um sistema jurídico coerente deva tratar todos os casos desse tipo de conflito da mesma maneira. Então ele deve perguntar, do modo que agora já se tornou familiar, se uma das opções que o sistema poderia fazer entre os des da fraternidade que a integridade serve. São esses, de fato, os objetivos de pelo menos alguns membros do movimento[21]. Outros, porém, podem ter um objetivo diferente e oposto. Talvez queiram mostrar o direito em sua pior, e não em sua melhor luz, apontando para caminhos fechados que, na verdade, estão abertos, avançando para uma nova mistificação a serviço de objetivos políticos não revelados.

---

princípios é excluída por questões de adequação; se assim não for, ele deve decidir qual é superior em termos de moral pessoal e política, e ainda que outros pudessem tomar uma decisão diferente, isso em si não se coloca como uma objeção a sua escolha.

21. Cf., acima (n. 17), o simpósio sobre estudos jurídicos críticos.

Capítulo VIII
O common law

A interpretação econômica

No capítulo anterior, servimo-nos de Hércules para analisar apenas um aspecto do direito sobre acidentes. Neste capítulo, deixaremos que ele descanse e se revigore para novos trabalhos que ainda o aguardam; estudaremos a lei sobre acidentes como um todo, de forma mais abstrata e acadêmica, tentando encontrar uma justificativa mais profunda, geral e filosófica para o princípio de "previsão razoável" que Hércules tomou por base. Há pouco tempo, um vigoroso postulado interpretativo impressionou os advogados norte-americanos e também se fez notar na Inglaterra: a chamada teoria "econômica" do direito por danos involuntários. Essa teoria oferece uma interpretação geral das decisões que nossos juízes tomaram sobre acidentes, ilícitos civis e danos não intencionais[1]. A chave para essas decisões é encontrada no princípio "econômico" de que é preciso agir sempre de um modo que seja financeiramente menos dispendioso para o conjunto da comunidade. Suponhamos que eu possa evitar ferir uma pessoa instalando um dispositivo de segurança em meu carro. Segundo esse princípio, se eu não

---

1. Alguns juristas têm sido atraídos pela notável afirmação de que esse único princípio proporciona tudo aquilo de que mesmo Hércules necessita para elaborar uma interpretação abrangente de todas as partes do direito, desde a estrutura constitucional até os detalhes de regras de evidência e pro-

instalar tal dispositivo e ferir alguém, devo indenizar a vítima pelas perdas sofridas se o referido dispositivo me tivesse custado menos que o custo "deduzido" do acidente, isto é, o custo deduzido pela possibilidade de que o acidente poderia não ocorrer, mesmo sem o dispositivo de segurança. Mas eu não precisaria indenizar a pessoa em questão se o custo de instalar o dispositivo tivesse sido superior ao custo deduzido do acidente[2].

Riqueza da comunidade e o teorema de Coase

A teoria econômica sugere que a melhor interpretação dos casos de acidentes é oferecida pelo princípio econômico. Portanto, precisamos estudar esse princípio, perguntando-nos que decisões tomaria um governante que aceitasse esse princípio como determinante para indicar quem deveria pagar os custos dos acidentes. Ele precisaria, de início, de uma definição da riqueza da comunidade para decidir quais decisões custam menos à comunidade. A esse respeito, a teoria econômica oferece uma definição bastante especial (e nem sempre intuitiva): a riqueza de uma comunidade é o valor de todos os seus bens e serviços, e o valor de alguma coisa é a quantidade máxima em dinheiro, ou o valor em dinheiro, que alguém está disposto a pagar caso tenha condições de fazê-lo. Se existe um preço de mercado para alguma coisa, considera-se que seu valor é o de tal preço; se não existe um mercado adequado, seu valor é aquilo que as pessoas estariam dispostas e aptas a pagar se houvesse tal mercado. Segue-se que as transações comerciais aumentam a riqueza da comunidade. Segue-se também que, quando as transações comerciais são impossíveis, a riqueza será aumentada se as pessoas "simularem" mercados, comportando-se como

---
cedimento. Cf., de modo geral, Richard A. Posner, *The Economic Analysis of Law* (2.ª ed., Boston, 1977). Essa afirmação imperial irá sem dúvida fracassar, caso também fracasse a afirmação mais limitada que examinaremos: a de que fornece a melhor interpretação da lei sobre os danos involuntários.
2. Cf. a formulação desse princípio pelo juiz Learned Hand em *United States vs. Carroll Towing Co.*, 159 F.2d 164, 173 (2.ª Cir. 1947).

se tivessem os direitos e deveres que teriam se a negociação fosse possível e estivesse sendo utilizada[3].

Agora podemos perguntar de que modo um governante que aceitasse o princípio econômico e essa definição de riqueza da comunidade determinaria as regras de direito que estabelecem a responsabilidade por acidentes. Examinemos um tipo de acidente que costumava ocupar os tribunais. Um trem que passa por dentro de uma fazenda lança faíscas que incendeiam e destroem as plantações nas proximidades da linha do trem. O agricultor deve arcar com os prejuízos? Ou deve ser indenizado pela empresa ferroviária? Que regra estabeleceria um legislador bem informado, ansioso por aumentar a riqueza total da comunidade? Imaginemos que os fatos econômicos são os seguintes (daremos a esses fatos a designação geral de Caso 1). Se a empresa reduzir a velocidade do trem ao ponto em que este não solte faíscas, seus lucros serão reduzidos em mil dólares. Se o trem correr à velocidade mais lucrativa para a empresa, o agricultor perderá colheitas que lhe renderiam mil e cem dólares. Nessas circunstâncias, a comunidade será mais rica (segundo a definição estipulada de riqueza da comunidade) se a velocidade do trem for reduzida. Suponhamos agora (Caso 2) que os fatos econômicos sejam invertidos. Se o trem reduzir sua velocidade, a empresa perderá mil e cem dólares, e, se não houver redução da velocidade, o agricultor perderá apenas mil dólares. Agora, a comunidade será mais rica em seu conjunto se o trem correr mais e as colheitas forem queimadas. Parece, portanto, que uma pessoa desejosa de aumentar a riqueza da comunidade estabeleceria diferentes regras de responsabilidade para os dois casos. Tornaria a empresa ferroviária responsável pelo prejuízo no primeiro caso, o que obrigaria o trem a reduzir sua marcha, e, no segundo caso, obrigaria o agricultor a arcar com a perda para que o trem pudesse manter sua velocidade.

Contudo, a partir de uma outra suposição sobre os fatos econômicos, teríamos a surpresa de constatar que a regra escolhida pelo legislador para qualquer um dos casos não faria di-

---

3. Cf. Posner, acima (n. 1, p. 10-12).

ferença alguma para a riqueza da comunidade[4]. Esse é o pressuposto de que (na linguagem dos economistas) os custos de uma transação entre a empresa ferroviária e o agricultor são nulos, ou seja, que não custaria nada a nenhuma das partes negociar um acordo privado que alterasse os resultados de qualquer regra que houvesse sido estabelecida pelo legislador. Se os custos da transação forem nulos, e se a empresa for responsável pelo prejuízo no Caso 2, o trem continuará acelerando e produzirá, para a comunidade, toda a riqueza que teria produzido se não tivesse sido responsável. Continuará acelerando porque a empresa oferecerá ao agricultor uma certa quantia entre mil e mil e cem dólares para não plantar perto dos trilhos (ou para não processar por perdas caso o faça), e o agricultor aceitará tal oferta. Fazem esse pacto porque ambas as partes se vêem beneficiadas: a empresa economiza a diferença entre o que oferece e os mil e cem dólares que perderia se diminuísse a velocidade do trem, e o agricultor ganha a diferença entre essa soma e os mil dólares que ganharia se plantasse seu milho. Do mesmo modo, no Caso 1, se o legislador deixar a perda com o agricultor em vez de responsabilizar a companhia ferroviária, a plantação continuará a ser feita e a comunidade será tão rica quanto seria se ele tomasse a decisão oposta. Pois agora o agricultor oferecerá à empresa uma soma entre mil e mil e cem dólares para reduzir a velocidade do trem, e a empresa aceitará a oferta, pois lucrará a diferença entre a oferta e os mil dólares que perde se reduzir a velocidade do trem.

Assim, de acordo com essa suposição de transação-custo--zero, a regra pela qual o legislador optar não fará diferença alguma para a riqueza da comunidade como um todo, mas, sem dúvida, fará uma diferença considerável para a companhia

---

4. Cf., de modo geral, Guido Calabresi, *The Cost of Accidents* (New Haven, 1970); Calabresi, "Transaction Costs, Resource Allocation and Liability Rules – A Comment", 11 *Journal of Law and Economics* 67 (1968); Ronald Coase, "The Problem of Social Cost", 3 *Journal of Law and Economics* 1 (1960). Cf. também Guido Calabresi e A. Douglas Melamed, "Property Rules, Liability Rules, and Inalienability: One View of the Cathedral", 85 *Harvard Law Review* 1089 (1972).

ferroviária e para o agricultor. Se responsabilizar a empresa em qualquer dos casos, esta se tornará mais pobre e o agricultor mais rico do que se ele não a responsabilizasse. Mas isto é, em si, indiferente para o teste da riqueza. Esse teste diz respeito à riqueza total da comunidade, que não é afetada pelas transferências de um grupo a outro a menos que, por alguma razão especial, estas aumentem ou diminuam o total. O leitor poderá perguntar-se, ainda assim, sobre a importância prática do fato de que a regra escolhida não faz diferença alguma para a riqueza da comunidade quando os custos da transação são nulos, pois isso nunca acontece. Ainda que o agricultor tenha lido livros de direito em seu tempo livre, e portanto não precise contratar um advogado que negocie por ele, poderia estar lendo catálogos de sementes em vez de ficar refletindo sobre o que seria melhor, oferecer mil e cinquenta ou mil e setenta e cinco dólares. Se os custos da transação forem suficientemente altos, impedirão uma negociação que aumentaria a riqueza da comunidade. Suponhamos que o legislador determinasse que os trens indenizassem os agricultores em circunstâncias como as do Caso 2, e que as duas partes precisassem gastar mais de cem dólares para negociar um acordo segundo o qual o agricultor não faria plantações perto dos trilhos. Esse acordo, então, não seria feito – os custos da transação acabariam com o ganho antecipado de pelo menos uma das partes –, de modo que a velocidade do trem não seria aumentada e, em decorrência disso, a comunidade ficaria mais pobre em termos gerais.

Contudo, o exercício teórico de imaginar que os custos da transação são nulos continua sendo importante, segundo a interpretação econômica, pois identifica o papel crucial que esses custos desempenham, e dá o conselho prático seguinte sobre o modo como deve decidir um legislador que aceite o princípio econômico, admitindo-se que deva escolher entre uma regra categórica que responsabilize os trens por todas as colheitas queimadas e uma regra categórica que negue qualquer responsabilidade desse tipo. Ele deve escolher a regra que, em sua opinião, chegue o mais próximo possível de um modelo geral de atividade econômica – trens mais lentos ou plantações retiradas – ao qual as diferentes empresas ferroviárias e os agricultores chegariam, mediante um contrato, se os custos da transação fossem nulos. Mas ele também teria de levar em conta os prováveis custos da transação para facilitar os acordos nessas situações distintas e especiais em que os fatores econômicos contrariam sua previsão geral[5]. Se achar, por exemplo, que para a empresa ferroviária seria mais econômico iniciar e conduzir a negociação quando os fatos ocorrem como no Caso 2, do que o seria para o agricultor quando ocorrem como no Caso 1, isso então se coloca em favor de impor a responsabilidade, em termos gerais, às empresas ferroviárias, em vez de permitir que os agricultores arquem com o prejuízo. Desse modo, um legislador aumenta ao máximo a riqueza da comunidade ao tentar avaliar o que teria produzido uma negociação verdadeira se tivesse sido possível fazê-la.

Complexidades

O homem razoável

Um legislador nem sempre precisa escolher entre regras gerais categóricas como essas. Uma análise econômica mais sofisticada poderia mostrar que uma regra mais complexa, mais sensível ao equilíbrio dos fatos econômicos nos casos particulares, produziria mais riqueza para a comunidade. Suponhamos que o Vulcan Express, percorrendo seu trajeto na máxima velocidade possível, destruirá mil e cem dólares em plantações nas proximidades dos trilhos; se correr a uma velocidade menor, que não provoque faíscas, a empresa perderá mil dólares. Contudo, se correr à velocidade intermediária de, digamos, cento e dez quilômetros por hora, a empresa perderá quinhentos dólares, e a reduzida quantidade de faíscas só destruirá o equivalente a quatrocentos dólares em grãos. A riqueza da comunidade será maior, nesse caso, do que em qualquer dos dois

---

5. Cf., acima, Calabresi e Melamed (n. 4, p. 1089,1096-7).

anteriores, e então, pelo teste da riqueza, seria melhor que o legislador escolhesse uma regra que somente responsabilizasse o trem pelos prejuízos se este corresse a mais de cento e dez quilômetros por hora. Mas ele poderia optar por uma velocidade ainda melhor. E, mesmo que dispusesse de todos os fatos necessários para escolher a velocidade mais favorável para o Vulcan Express em seu trajeto, essa velocidade talvez fosse uma escolha ruim para o Thor Flyer, que corre por terreno bem diferente. Talvez um legislador hercúleo, que tivesse em mãos um horário adequado, pudesse determinar a velocidade ideal para cada trem em separado. Mas quaisquer regras que estabelecesse dessa maneira logo iriam tornar-se obsoletas. Pois a velocidade ideal depende da tecnologia, que evolui, da economia extremamente complexa do transporte de passageiros e de carga e do preço dos grãos, entre outros dados variáveis. Além disso, o problema de trens que correm perto de plantações que podem ser queimadas por faíscas é apenas um exemplo do tipo de conflito que estamos agora examinando. São incontáveis os outros tipos de circunstâncias nas quais uma pessoa, que desempenha uma atividade legal sob outros aspectos, pode causar danos involuntários a outra. Um músico toca *rock* enquanto seu vizinho estuda álgebra. Um poeta acelera sua Maserati numa estrada rural por onde passeiam pessoas. Um construtor começa a fazer escavações em seu próprio terreno e, sem querer, corta a linha de força subterrânea que alimenta uma fábrica a alguma distância dali. Um governante em cuja opinião a lei que rege essas diferentes formas de dano involuntário deve aumentar a riqueza da comunidade precisa de uma regra geral do seguinte tipo: todo aquele cuja atividade causar danos involuntários a uma pessoa ou aos seus bens será responsável por esses danos se, nas circunstâncias dadas, sua atividade for desarrazoada, e uma atividade é desarrazoada quando o custo marginal para aquele que deixa de praticá-la for inferior ao custo dos danos que ela ameaça causar aos outros.

Essa regra geral e abstrata força as pessoas que dirigem as empresas ferroviárias a calcular a proporção do custo social ao decidir, por exemplo, a velocidade com que deve correr cada um de seus trens, e a recalcular essa proporção de tempos em tempos, à medida que evoluem a tecnologia e os diversos componentes que fazem flutuar a oferta e demanda. Mas há um perigo latente nessa regra. Nosso legislador não quer que as pessoas gastem muito tempo ou dinheiro tentando calcular todas as conseqüências econômicas de alguma atividade, pois isso em si reduziria a riqueza da comunidade. Ele determina, portanto, que os cálculos dos custos relativos devem refletir fatos e opiniões que conheceria ou teria uma pessoa "razoável", que dedicasse uma quantidade "razoável" de tempo e de gastos a tais cálculos. Uma vez mais, o teste de razoabilidade consistiria em saber se a comunidade seria mais rica, em termos gerais, se as pessoas dedicassem todo esse tempo e gasto em tais circunstâncias. A riqueza da comunidade é maximizada incentivando-se atividades que, ao longo do curso normal das coisas e com base em informações prontamente disponíveis, aumentam a riqueza da comunidade, e não forçando-se as pessoas a examinar todas as consequências de cada ato individual em toda e qualquer circunstância.

Assim, um teste efetivo de razoabilidade afastaria a responsabilidade de algumas pessoas mesmo que os danos por elas causados ultrapassassem em muito aquilo que lhes teria custado evitar a atividade que provocou os danos. Suponhamos que uma empresa ferroviária tenha calculado, com base em informações prontamente disponíveis, que o custo da redução da velocidade dos trens seria superior ao valor do trigo e de outras colheitas que poderiam ser destruídas. Mas um agricultor guardou sua coleção particular de pinturas renascentistas perto dos trilhos, sob uma profunda camada de palha, e todos os quadros se queimaram. Tendo em vista esse fato, teria sido muito mais econômico para a comunidade que esse trem houvesse reduzido sua velocidade. Contudo, se a empresa fosse responsável por tal prejuízo, teria de fazer cálculos estatísticos sobre o montante das perdas que os acidentes desse tipo poderiam causar a bens desconhecidos e valiosos que em geral não costumam ser encontrados em fazendas. Isso seria mais caro e menos preciso que a soma das pesquisas que cada agricultor faria sobre os custos relativos de guardar seus bens valiosos e incomuns em outro lugar ou fazer novos seguros se tivesse de arcar com o risco de tal prejuízo[6].

Negligência culposa

Examinemos agora uma outra possibilidade. Talvez a riqueza da comunidade aumentasse se os trens só fossem considerados responsáveis por alguns dos danos causados por suas faíscas, ainda que não fosse razoável correr àquela velocidade. Suponhamos que um trem corra a duzentos e quarenta quilômetros por hora, o que não é razoável pelo fato de colocar em risco colheitas que valem mais que os lucros marginais obtidos quando se corre a essa velocidade; as faíscas realmente queimam as plantações, mas, como se vem a descobrir, isso só acontece porque o agricultor espalhou um líquido inflamável naquela área. Nosso legislador poderia considerar três regras para situações desse tipo. Primeiro, que, poderia dizer que, admitindo-se que a atividade do trem não era razoável, este teria de ser responsabilizado por todos os danos resultantes de tal atividade, inclusive aqueles que não teriam sido causados se o agricultor também não tivesse tido um comportamento imprudente. Em segundo lugar, admitindo-se que a negligência do agricultor foi uma parte essencial da cadeia causal, ele é que deveria arcar com todos os prejuízos, por ter sido culpado por negligência. Ou, tendo em vista que tanto a empresa quanto o agricultor agiram desarrazoadamente, poderia decidir que a empresa deve indenizá-lo por parte dos prejuizos, mas nao por todos. Nesse caso, o legislador teria optado por aquilo que às vezes se chama de doutrina da negligência "comparativa". Essa doutrina imputa a perda a todas as partes que se comporta-

---

6. Observe como, a partir do princípio econômico, esse argumento oferece apoio ao teste de "previsibilidade" usado na interpretação (5) e, com ressalvas, na (6), no capítulo VII.

ram de modo desarrazoado em uma situação específica, levando em conta em que medida o grau de desvio do comportamento de cada um contribuiu para o acidente. Uma pergunta complexa e interessante de economia diz respeito a qual dessas diversas regras sobre indenização contribuiria mais para a riqueza da comunidade quando mais de uma parte se comporta de maneira dezarrazoada.

A questão da adequação

Os defensores da teoria econômica tentam mostrar (com muito mais detalhes e muito mais sutileza, apontando ressalvas e dificuldades que ignorei) aquilo que minha argumentação começou agora a sugerir. As regras e os procedimentos distintos que descrevi – aqueles que um legislador exclusivamente interessado em aumentar a riqueza total da comunidade levaria em consideração ao formular um direito sobre acidentes – são, em grande parte, regras elaboradas e discutidas por juízes anglo-norte-americanos nos períodos de formação do moderno direito sobre negligência, e essas regras ainda constituem ou fundamentam as decisões sobre acidentes na maioria das jurisdições. Se é verdade que um legislador dedicado ao princípio econômico teria estabelecido os padrões conhecidos de nossa própria prática jurídica, como a regra do "homem razoável", e as regras sobre causa imediata, previsibilidade, negligência culposa, negligência comparativa e alcance dos danos, então a interpretação econômica passou num teste importante. Satisfez razoáveis exigências liminares de adequação. Quase ninguém reivindicaria uma adequação perfeita, pois essas regras variam, pelo menos em detalhe, de uma jurisdição a outra. Muitos juristas importantes no meio acadêmico reivindicam uma adequação substancial, e essa reivindicação é objeto de acalorados debates. Os críticos da interpretação econômica argumentam que, após um exame mais cuidadoso, as regras que os tribunais desenvolveram sobre negligência e outras questões não aumentam a riqueza da comunidade, e que um legislador conscientemente dedicado ao aumento de tal riqueza teria optado por regras diferentes[7]. A discussão levou a teoria econômica, e a pelo menos aparente proficiência na análise econômica formal, às páginas das revistas de direito e, inclusive, às fundamentações de algumas decisões judiciais[8].

Suponhamos, em nome de nosso projeto geral, que a interpretação econômica se adapta bem o bastante à lei sobre acidentes para ser vista como uma interpretação bem-sucedida nesse aspecto. Isso não significa que os juízes do passado, de fato, tenham tido em mente o aumento da riqueza da comunidade. Por exemplo, se a regra da negligência culposa aumenta ou não a riqueza é algo que depende de análises matemáticas extremamente sutis, que muito poucos desses juízes teriam condições de compreender. Uma interpretação, porém, não precisa ser coerente com atitudes ou opiniões judiciais do passado, com o modo como os juízes do passado viam o que estavam fazendo, para aparecer como uma interpretação aceitável daquilo que na verdade fizeram. Alguns juristas pensam, como observamos no capítulo VII, que uma interpretação só é aceitável se for coerente com a retórica e a opinião judiciais do passado, bem como com as decisões concretas. Mas parece mais razoável ver esse tipo de adequação como um desejo que poderia ser sobrepujado por outros ao se decidir se uma interpretação é ou não suficientemente adequada. Portanto, não podemos rejeitar a interpretação econômica pela única razão de que teria deixado perplexos os juízes cujas decisões ela se propõe interpretar.

---

7. Cf., por exemplo, o debate sobre as consequências econômicas de escolher como base da responsabilidade a negligência ou a responsabilidade estrita. Posner, acima (n. 1, p. 137-42; Polinsky, "Strict Liability vs. Negligence in a Market Setting", 70 *American Economic Review: Papers and Proceedings* 363 (1980); S. Shavell, "Strict Liability versus Negligence", 9 *Journal of Legal Studies* 1 (1980). Cf., de modo mais geral, "Symposium: Efficiency as a Legal Concern", 8 *Hofstra Law Review* 485-770 (1980).

8. Cf., por exemplo, *Union Oil Co. vs. Oppen*, 501 F.2d 558 (9ª Cir. 1974).

A questão da justiça

Teoria acadêmica e prática

Uma interpretação bem-sucedida não deve apenas adequar-se à prática que interpreta; deve, também, justificá-la. As decisões judiciais que temos descrito obrigam algumas pessoas a indenizar outras por perdas sofridas, pois suas atividades, de outros pontos de vista inteiramente conformes com o direito, entravam em conflito; como essas decisões são tomadas após o fato, só se justificam se for razoável supor que as pessoas obrigadas a indenizar deveriam ter agido de algum outro modo, ou deveriam ter aceito a responsabilidade pelos danos que provocaram. Portanto, as decisões só podem ser justificadas desenvolvendo-se algum sistema geral de responsabilidade moral que se pudesse considerar como um atributo dos membros de uma comunidade, no sentido de não prejudicar os outros ou de assumir a responsabilidade financeira por seus atos. Podemos encontrar um sistema de responsabilidade plausível, uma descrição plausível do modo como as pessoas deveriam comportar-se, que sugerisse que se fizesse a responsabilidade depender do teste de simulação de mercado?

Precisamos, ainda, de mais uma distinção: entre o que poderíamos chamar de elaboração acadêmica e elaboração prática de uma teoria moral. As pessoas que se baseiam conscientemente num sistema de responsabilidade pessoal pelos acidentes, guiadas por uma teoria moral abstrata, não tentariam definir regras muito concretas para captar exatamente o que a teoria abstrata exigiria em cada circunstância, se fosse elaborada por um filósofo moral acadêmico capaz de levar em conta todas as nuances dos fatos. Se o fizessem, produziriam um excesso de regras que dificultaria seu entendimento e domínio. Teriam duas opções que poderiam combinar. Poderiam estabelecer regras utilizando palavras, como "razoável sob as circunstâncias", que exigem cálculos mais específicos em circunstâncias particulares, ou elaborar regras cruas, claras em si mesmas, que ignoram as sutilezas. Estamos, portanto, em busca de uma teoria moral cuja elaboração prática – e não acadêmica – exija regras de direito que simulem o mercado. Não obstante, ao examinar qualquer teoria desse tipo para ver se é tão bem fundada *quanto* uma teoria moral, precisamos estudar seu desenvolvimento acadêmico, pois então estaremos preocupados não com os ajustes práticos exigidos para tornar essa teoria utilizável e eficiente na política e na vida cotidiana, mas com a questão muito diferente de saber se, em primeiro lugar, podemos aceitar essa teoria. Se não pudermos aceitar sua apresentação acadêmica porque alguma parte dela não nos parece moralmente correta, a teoria não será resgatada porque sua aplicação prática seria diferente. Na verdade, é a análise acadêmica que revela a verdadeira natureza ou o verdadeiro caráter de uma teoria moral. Veremos a importância dessa distinção ao considerarmos, do ponto de vista moral, a defesa mais natural – porque a mais simples – das regras de simulação de mercado.

Temos o dever de aumentar a riqueza?

Essa tese tem por base um argumento de dois passos. (1) As pessoas têm o dever moral de promover o bem-estar da comunidade como um todo em tudo que fazem, e o correspondente direito moral de que os outros sempre ajam da mesma maneira. (2) O bem-estar da comunidade como um todo encontra-se em sua riqueza geral, segundo a definição que descrevi há pouco; uma comunidade será sempre melhor quando for rica nesse sentido. O segundo passo desse argumento é absurdo, como constatamos ao examinar o desenvolvimento acadêmico da afirmação de que uma sociedade mais rica é necessariamente uma sociedade melhor[9]. Suponhamos que um homem pobre e doente precise de um remédio, e portanto esteja disposto a vender seu livro favorito, sua única fonte de prazer, por cinco dólares, que é o preço do remédio. Seu vizinho está disposto a pagar dez dólares pelo livro, se necessário, pois é o famoso

---

9. Para uma versão anterior dessa questão, e novos argumentos sobre a interpretação econômica, cf. *A Matter of Principle*, caps. 12 e 13.

(e rico) neto do autor, e se autografar o livro poderá vendê-lo por onze dólares. Segundo a definição econômica de riqueza da comunidade, esta se tornará mais rica se a polícia toma o livro do homem pobre e doente e dá-lo a seu rico vizinho, deixando o pobre sem livro e sem remédio. A comunidade ficará mais rica porque o livro vale onze dólares nas mãos do homem rico, e apenas cinco nas do pobre. A riqueza global da comunidade aumentará se o livro for tirado do homem pobre, e ela se tornará, inclusive, ainda mais rica do que se tornaria se os dois chegassem a um acordo, pois uma transferência forçada vai economizar os custos de transação de tal negociação.

Essa solução não faria parte da aplicação *prática* da tese de que as pessoas sempre têm o dever de fazer tudo o que concorra para o enriquecimento da comunidade. Um governante ansioso por oferecer princípios gerais de direito que reflitam esse dever evitaria qualquer regra que permitisse as transferências forçadas, mesmo em tais circunstâncias. Admiti sabermos que o homem pobre venderia o livro por cinco dólares, e que o homem rico pagaria dez dólares. Mas a melhor maneira de descobrir que valor as pessoas atribuem às coisas consiste em solicitar-lhes que concluam de fato as transações. De outro modo, não temos meios de verificar se realmente fariam o que afirmam. Sem dúvida, custa mais à comunidade permitir que os vizinhos regateiem o preço exato do livro do que custaria tirar o livro do homem pobre sem perder tempo com barganhas. A longo prazo, porém, ganhamos mais em precisão ao insistir em que as pessoas negociem, para nos assegurarmos de que a riqueza seja realmente aumentada por uma transferência. Assim, o governante que pensasse que as pessoas sempre têm o dever de aumentar a riqueza da comunidade insistiria em que o direito se recusa a permitir transferências forçadas sempre que a negociação for possível. Não obstante, nosso argumento simples contra o dever de aumentar a riqueza se sustenta, pois pretende demonstrar não que o dever produziria resultados horríveis na prática, mas que aquilo que se recomenda, se fosse viável, é profundamente errado em princípio. Mesmo que estivéssemos *certos* de que o homem rico pagaria mais do que o pobre lhe cobraria, de modo que a riqueza social na verdade aumentaria se tirássemos o livro do pobre para dá-lo a seu rico vizinho, não consideraríamos a situação mais justa de modo algum, nem a comunidade nos pareceria melhor, em nenhum aspecto, depois que uma transferência desse tipo fosse feita. Portanto, aumentar a riqueza social não faz com que a comunidade se torne necessariamente melhor.

O dever utilitarista

Um argumento utilitarista

Portanto, se existe um bom argumento moral para a abordagem da responsabilidade pessoal em termos do aumento da riqueza e da simulação de mercado, este deve ser mais complicado do que o argumento simples que acabamos de rejeitar. Em seguida, devemos examinar se seria possível encontrar um argumento na teoria moral popular do utilitarismo, para a qual as decisões políticas devem ter por objetivo a melhora da felicidade média (ou do bem-estar médio segundo outras concepções) da comunidade como um todo. O argumento utilitarista que examinamos reconhece o ponto que enfatizei de início, segundo o qual qualquer interpretação bem-sucedida das decisões sobre acidentes e outros danos involuntários devem ter por ponto de partida alguma teoria sobre a responsabilidade individual por atos e riscos[10]. Esse argumento tem três passos:

---

10. Quero dizer que o argumento agora descrito é uma forma de argumento utilitarista, e não que qualquer argumento utilitarista deva assumir essa forma. Alguns filósofos que se consideram utilitaristas insistem em que a riqueza ou o bem-estar que procuram aumentar está muito longe de ser apenas uma questão de felicidade. Contudo, como é muito implausível que um sistema jurídico que aumente a riqueza ao máximo possa aumentar o bem-estar com base em alguma concepção mais sensível do que a felicidade a outros componentes do desenvolvimento humano, para o presente argumento examino apenas a forma de utilitarismo historicamente mais familiar, que atribui à felicidade um papel quase exclusivo na determinação do bem-estar.

(1) Todos têm o dever moral geral de agir, em cada decisão que tomam, inclusive naquelas sobre o uso de seus próprios bens, como se os interesses de todas as outras pessoas fossem tão importantes quanto os seus próprios interesses e os das pessoas que lhes são mais próximas, como os familiares e os amigos; (2) As pessoas agem desse modo quando tomam decisões que aumentam a felicidade média da comunidade como um todo, trocando aquilo que alguns perdem em termos de felicidade por aquilo que outros ganham; (3) A melhor explicação prática do dever que decorre desses dois primeiros passos, o dever de aumentar a felicidade média, assume a forma de regras de simulação de mercado da responsabilidade pessoal, isto é, regras que exigem que as pessoas ajam como se tivessem feito barganhas em negociações sem custos como as que imaginei entre as empresas ferroviárias e os agricultores. As pessoas deveriam simular mercados e tornar a comunidade mais rica desse modo, não porque uma comunidade mais rica seja em média mais feliz, mas porque ela geralmente o é, e porque não se pode esperar que qualquer outro modelo de responsabilidade seja melhor para a felicidade média. O argumento utilitarista admite que as pessoas não têm o dever elementar ou fundamental de aumentar a riqueza da comunidade; propõe que a melhor realização prática do dever que elas têm, o dever de aumentar ao máximo a felicidade, será alcançada ao agirem como se tivessem o dever de aumentar ao máximo a riqueza.

Devemos estudar esse argumento por etapas, começando pelo terceiro passo. Este declara que, se os cidadãos aceitam e seguem as regras de simulação de mercado – e, portanto, de aumento da riqueza – ao decidir quais riscos podem correr de prejudicar os outros e quando devem assumir a responsabilidade financeira pelos prejuízos que causam, tal prática vai aumentar, a longo prazo, a felicidade média dos cidadãos. Não se trata de uma afirmação sobre as consequências imediatas de atos específicos, considerados um a um. É provável que algumas decisões de simulação de mercado, em si mesmas e por si mesmas, diminuam a felicidade geral. Segundo esse ponto de vista, porém, a felicidade geral será aumentada a longo prazo se todos seguirem tais regras nos casos que estamos examinando. A história não nos oferece nenhum indício útil para essa suposição. Não confirma que a melhor maneira de tornar uma comunidade mais feliz em termos médios consiste em torná-la mais rica em sua totalidade, sem nenhuma condição direta relativa à distribuição; essa tese continua sendo um artigo de fé mais popular entre os ricos do que entre os pobres. É evidente que, em média, as pessoas vivem melhor nos países ricos que nos países pobres, pelo menos de acordo com as concepções convencionais daquilo que torna uma vida melhor. Mas a questão presente é de outra natureza. Temos alguma razão para pensar que, em termos gerais, a felicidade média é aumentada nos países ricos por uma prosperidade ainda maior, medida pelas somas que, coletivamente, os seus cidadãos desejam e podem pagar pelos bens que produzem e comercializam? Ou não seria essa felicidade ainda mais aumentada se os cidadãos aceitassem outros padrões de responsabilidade pessoal, padrões que às vezes ignorassem a prosperidade em nome de outros valores? Creio que não; essas afirmações podem ser verdadeiras, mas não temos indícios convincentes de que o sejam.

Poderíamos, no entanto, querer admitir que são verdadeiras apenas por causa do argumento utilitarista que estamos examinando. Devemos, então, voltar para o segundo passo da argumentação e perguntar se é correta a tese de que tratar as pessoas com o mesmo interesse significa agir de modo a aumentar a felicidade média. Os críticos do utilitarismo inventam hipóteses – às vezes muito fantasiosas – que parecem lançar dúvidas sobre essa tese. Suponhamos que os extremistas raciais sejam tão numerosos e sádicos que a tortura de um negro inocente melhorasse o nível geral de felicidade da comunidade como um todo. Isso justificaria a tortura? Os filósofos utilitaristas têm uma resposta clássica a esses horríveis exemplos daquilo que o utilitarismo poderia exigir[11]. Afirmam que o bom raciocínio moral procede em dois níveis. No primeiro, o nível teórico,

---

11. Cf., por exemplo, R. M. Hare, *Moral Thinking: Its Levels, Methods, and Points* (Londres, 1981).

teríamos de tentar descobrir as regras ou princípios de moral que, como máximas de conduta, tendem a proporcionar, a longo prazo, a maior felicidade média possível dentro da comunidade. No segundo, o nível prático, deveríamos aplicar as máximas assim escolhidas a casos concretos. Deveríamos decidir o que fazer em ocasiões específicas, não ao nos perguntar qual decisão particular parece capaz de produzir mais felicidade por sua própria conta, mas ao perguntar o que as regras que escolhemos no primeiro nível exigiriam que fizéssemos. É óbvio que deveríamos escolher, no primeiro nível da teoria, as regras que condenam a tortura e o preconceito racial. Isso explica e justifica nossa "intuição" de que seria errado condescender com o sadismo ou o preconceito, inclusive em circunstâncias particulares, quando achássemos que um cálculo utilitarista direto, aplicado apenas aos fatos imediatos, exigiria que assim o fizéssemos.

Contudo, essa defesa clássica do utilitarismo foge à pergunta mais difícil. Uma vez mais, confunde uma crítica poderosa de sua elaboração acadêmica com uma afirmação equivocada sobre sua aplicação prática, sobre as intuições morais que ela estimularia governantes e filósofos a cultivarem nas pessoas comuns. Não é tão difícil imaginar mudanças no contexto econômico, social ou psicológico que fariam de nossas intuições conhecidas não o melhor que um utilitarista pudesse inculcar. Os sádicos radicais *poderiam* tornar-se tão numerosos entre nós, sua capacidade de prazer tão profunda, e seus gostos tão irredutíveis que, mesmo no primeiro nível – quando examinamos as regras que poderiam aumentar a felicidade a longo prazo –, seríamos forçados a fazer exceções a nossas regras gerais e permitir somente a tortura dos negros. Não é uma boa resposta dizer que, felizmente, não existe nenhuma possibilidade verdadeira de que tal situação venha a verificar-se. Na verdade, uma vez mais o objetivo dessas hipóteses terríveis não é fazer uma advertência prática – a de que, se nos deixarmos seduzir pelo utilitarismo, poderemos nos flagrar defendendo a tortura –, mas sim expor os defeitos do tratamento acadêmico da teoria ao chamar a atenção para as convicções morais que continuam poderosas, ainda que de forma hipotética. Se acreditamos que seria injusto torturar negros mesmo nas circunstâncias (extremamente improváveis) em que tal procedimento pudesse aumentar a felicidade geral, se achamos que essa prática não trataria as pessoas como iguais, devemos então rejeitar o segundo passo do argumento utilitarista.

Duas estratégias

Mas suponhamos uma vez mais, em nome da argumentação, que o segundo passo é bem fundado, que tratar as pessoas com igual interesse significa aumentar ao máximo a felicidade média da comunidade. Voltemos, agora, ao primeiro passo. Agora nos perguntamos se, ainda que aceitássemos os dois primeiros passos, seria razoável supor que todos têm o dever moral de agir sempre de modo a simular mercados quando, por alguma razão, a verdadeira negociação não for viável. Já é tempo de chamar a atenção para uma relação intuitiva entre o aumento máximo da riqueza e a igualdade que poderia fazer com que essa ideia parecesse razoável. As doutrinas jurídicas sobre a negligência e os danos que descrevi fazem soar uma nota moral. Parece plausível que, quando os acidentes são previsíveis, as pessoas devem preocupar-se com os interesses dos outros do mesmo modo (e com a mesma intensidade) com que se preocupam com os próprios. Poderíamos tentar explicar essa convicção de duas maneiras. Poderíamos admitir, primeiro, que as pessoas sempre têm essa responsabilidade igualitária, que devem sempre, em tudo que fazem, considerar os interesses dos outros tão importantes quanto os seus próprios, ou os de seus familiares e amigos. Desse modo, a responsabilidade igualitária que a lei sobre acidentes aplica é apenas um caso especial de responsabilidade moral mais abrangente. Em segundo lugar, poderíamos tentar demonstrar que, embora as pessoas geralmente não tenham essa pesada responsabilidade, elas a têm nos casos de negligência ou delitos civis, por uma razão que devemos agora apresentar.

O presente argumento utilitarista, agora o percebemos, adota a primeira dessas estratégias. Admite que sempre, em todos os nossos atos, devemos atribuir aos interesses dos outros a mesma importância que atribuímos aos nossos. Oferece uma explicação discutível do que isso significa na prática, mas estamos aceitando-a, em nome do argumento, ao admitirmos o segundo e o terceiro passos da argumentação. Estamos agora estudando o primeiro passo, que supõe que cada um de nós tem sempre a responsabilidade moral geral de demonstrar um igual interesse pelas outras pessoas. A maioria de nós não aceita essa responsabilidade geral. Pensamos que somos normalmente livres, tanto moral quanto juridicamente, para preferir nossos próprios interesses e projetos, e os de um pequeno número de outras pessoas às quais nos sentimos unidos por laços e responsabilidades associativos especiais, nas decisões que tomamos todos os dias ao fazer uso de nossos bens. Admitimos que às vezes *não* devemos favorecer a nós mesmos e aos que nos são mais próximos dessa maneira, e, em particular, admitimos que não devemos fazê-lo mediante negligência ou ilícitos civis, mas que devemos, pelo contrário, atribuir a um dano causado a outra pessoa a mesma importância que atribuímos a um dano causado a nós mesmos. Sentimos, porém, que essas circunstâncias são especiais por alguma razão. Para explicá-las, recorremos à segunda estratégia.

Além disso, achamos que as circunstâncias da negligência e dos ilícitos civis são especiais, de um modo particular que torna nossas responsabilidades morais dependentes de nossas responsabilidades jurídicas e, portanto, sensíveis a elas. Terei de explicar essa relação de maneira detalhada e em linguagem apropriada mais adiante, ainda neste mesmo capítulo, quando examinar uma explicação não utilitarista da lei sobre acidentes e ilícitos civis, cuja superioridade defenderei. Mas a relação pode ser informalmente descrita da seguinte maneira: nossa prática jurídica reconhece aquilo que muitas vezes se chama de direitos *prima facie* em questões de propriedade, mas que aqui chamarei de direitos abstratos. Tenho o direito abstrato de fazer circular meus trens pela via férrea que possuo, assim como você tem o direito de plantar milho nas terras que ficam nas imediações. Tenho o direito abstrato de usar meu apartamento como quiser, e, portanto, de tocar trompete nele, assim como você, que tem o mesmo direito, pode sentir-se à vontade para estudar sua álgebra em paz. Chamamos esses direitos de *prima facie* ou abstratos porque sabemos que podem entrar em conflito: o exercício de meu direito pode invadir ou restringir o seu, caso em que se coloca a questão de saber qual de nós tem o direito real ou concreto de fazer o que quiser. É nessas circunstâncias – concernentes ao direito sobre ilícitos civis, negligência e outras formas de danos involuntários – que acreditamos ver surgir a responsabilidade igualitária. Devo decidir sobre meus direitos concretos – posso acelerar meu trem ou tocar meu trompete aqui e agora? – de algum modo que respeite os seus e os meus interesses, não porque eu deva agir sempre assim, mas porque devo fazê-lo sempre que nossos direitos abstratos entrem em conflito. Quando isso não acontece, não tenho essa responsabilidade. Tomo a maior parte das decisões mais importantes de minha vida com base no pressuposto de que sou moralmente livre para dar um pouco mais de atenção à minha vida do que à vida dos outros, ainda que, sem dúvida, isso não signifique que sou livre para ignorar totalmente os outros.

 Esse é um enfoque equitativo das atitudes morais habituais, que devem ser enfrentadas por quem adote o argumento utilitarista que estamos pondo à prova. Ele poderia dizer que essas atitudes são erradas porque exibem um egoísmo indefensável. Poderia insistir em que, por mais radical que isto possa parecer, devemos sempre, em tudo que fazemos, avaliar nossa conduta ao nos perguntarmos se conferimos aos interesses dos outros a mesma importância que atribuímos aos nossos. Mas essa é uma afirmação muito implausível, pelo menos quando se junta à teoria da simulação de mercado daquilo que seria exigido na prática. Quase todas as decisões que tomamos podem ser vistas como o objeto de alguma negociação hipotética, e portanto devemos considerar constantemente se, para não fazermos algo, os outros pagariam mais do que pagaríamos ou poderíamos pagar pelo privilégio de fazê-lo, e, se pagassem, teríamos de nos abster de agir (ainda que, sem dúvida, não nos pagassem para isso). Sei, por exemplo, que muitos professores de direito conscienciosos sentem a responsabilidade de ler tudo que se publica em filosofia do direito, e que por isso gostariam que se escrevesse muito menos sobre o tema. Parece razoável pensar que, se tal negociação fosse possível e nada custasse, a comunidade acadêmica como um todo me pagaria mais para não publicar este livro do que eu poderia pagar pelo direito de publicá-lo, pois os rendimentos de meus direitos autorais não seriam suficientes para fazer frente à oferta deles, mesmo que eu desejasse fazê-lo. Se eu tivesse a responsabilidade moral de não publicar apenas por essa razão, minha vida, nesse aspecto e em inúmeros outros, se restringiria apenas às atividades que eu quisesse e pudesse pagar mais que os outros pelo privilégio de desempenhar. A autonomia pessoal praticamente desapareceria numa sociedade cujos membros aceitassem o dever da simulação de mercado, pois tal dever nunca estaria inativo.

O simulador de mercado utilitarista poderia, portanto, querer examinar uma nova estratégia. Talvez quisesse voltar à distinção que descrevi entre dois níveis de argumentação utilitarista; talvez quisesse demonstrar que as pessoas contribuirão mais para a felicidade total, a longo prazo, se não aceitarem sua rigorosa exigência de sempre considerar os interesses dos outros como tão importantes quanto os seus próprios, mas, em vez disso, agirem de maneira mais descontraída, tal como o fazem no presente. Um argumento desse tipo jamais foi apresentado, e precisamos esperar pelo surgimento de um para podermos avaliar as possibilidades de sucesso do utilitarista. Qualquer tentativa, porém, parecerá *ad hoc*. Pois o argumento em dois níveis deve demonstrar não apenas que se produziria mais utilidade atenuando-se o rigor da exigência na prática, mas que se produz mais utilidade atenuando-se essa exigência de um modo particular: insistindo-se nela quando, e somente quando, os direitos legais abstratos sobre a propriedade entrarem em conflito. Talvez isso possa ser demonstrado, mas há poucas evidências, e quem quer que tente corre um grande risco de estar, na verdade, argumentando de trás para a frente – partindo do fato de que nossas práticas morais fazem essas discriminações para a conclusão não garantida de que, a longo prazo, devem promover a utilidade melhor do que outros sistemas de responsabilidade exequíveis.

A interpretação igualitária

Responsabilidade privada e pública

Deveríamos, portanto, buscar um sistema de responsabilidade diferente, que também recomende o comportamento de simulação de mercado quando os direitos abstratos entrarem em conflito, mas que não pressuponha nenhum dever pessoal de agir sempre de algum modo que torne a comunidade mais feliz como um todo. Até aqui admitimos que, como o comportamento de simulação de mercado minimiza os prejuízos financeiros entre as pessoas afetadas por alguma conduta, aumentando assim a riqueza da comunidade como um todo, é preciso exigir que seja posto em prática em tais circunstâncias. Deveríamos explorar outra possibilidade: embora o comportamento de simulação de mercado em geral aumente a riqueza da comunidade, deve-se exigi-lo por outra razão. Nosso argumento já sugeriu o caráter geral de uma outra razão. Aquele que se abstém de agir sob o pretexto de que seus atos representariam mais custos a seu vizinho do que benefícios a si próprio, leva em consideração o bem-estar de seu vizinho nos mesmos termos em que o faz com relação a seu próprio bem-estar; poder-se-ia pensar que o dever de agir assim repousa sobre alguma base igualitária.

O argumento utilitarista que acabo de apresentar explorava essa ideia de uma maneira. Pressupunha que cada pessoa tem o dever geral de sempre tratar os interesses dos outros como se fossem tão importantes quanto os próprios, e extraía desse dever geral o dever de sempre agir de modo a tornar mais rica a comunidade como um todo. Achamos a derivação duvidosa, mas a aceitamos, para argumentar, examinar o dever geral, que então consideramos implausível. Podemos explorar a base igualitária do direito sobre acidentes de maneira mais bem-sucedida se rejeitarmos o dever geral e adotarmos a segunda estratégia que distingui, que se ajusta melhor às intuições morais correntes? Podemos mostrar que o dever de considerar os interesses dos outros igualmente importantes só é válido às vezes, inclusive nas ocasiões em que os direitos abstratos entram em conflito? Como afirmei, a maioria de nós acredita que não temos o dever geral de tratar todos os outros membros de nossa comunidade com igual preocupação e interesse em tudo o que fazemos. Mas acreditamos que nosso governo, a comunidade personificada, *tem* esse dever, e nessa responsabilidade pública geral poderíamos esperar encontrar alguma explicação de por que, enquanto indivíduos, também temos às vezes esse dever. O governo toma decisões relativas à produção, à distribuição, à posse de bens e ao uso que as pessoas estão autorizadas a fazer de seus bens. Em conjunto, essas decisões constituem um sistema de propriedade, e a responsabilidade do governo de tratar as pessoas como iguais em todas as suas decisões rege o sistema de propriedade que cria e faz cumprir. Isto coloca o seguinte problema sobre a atitude permissiva que adotamos enquanto indivíduos, a atitude que nos permite favorecer a nós próprios e às pessoas que nos são mais próximas no uso que damos aos bens que tal sistema nos atribui. Por que o governo não deveria revogar essa atitude permissiva, adotando princípios gerais de direito que a proibissem? Por que, no exercício de suas responsabilidades igualitárias, não deveria adotar exatamente o princípio imperativo que, como afirmei, rejeitamos – aquele de que nunca deveríamos usar nossos bens, a não ser de um modo que reconhecesse, para todos, o igual interesse que guiou o governo na elaboração de seu sistema?

Precisamos refletir mais profundamente sobre o alcance e a natureza desse dever público. O governo tem a responsabilidade abstrata de tratar o destino de cada cidadão com a mesma importância[12]. As diversas concepções ou teorias igualitárias são respostas antagônicas à questão de qual sistema de propriedade estaria à altura dessa norma. Devemos começar pelo exame do modo

---

12. Cf. meu "In Defense of Equality", 1 *Social Philosophy and Policy* 24 (1983).

O COMMON LAW 357

como essas concepções da igualdade diferem entre si, limitando nossa atenção àquelas que pertencem ao debate político contemporâneo.

Concepções de igualdade

As concepções libertárias da igualdade pressupõem que as pessoas têm direitos "naturais" sobre qualquer propriedade que tenham adquirido de modo canônico, e que o governo trata as pessoas como iguais quando protege sua posse e fruição de tal propriedade. Por outro lado, as concepções que têm por base o bem-estar negam qualquer direito natural à propriedade, e insistem, pelo contrário, em que o governo deve produzir, distribuir e regular a propriedade para obter resultados definidos por alguma função específica da felicidade ou do bem-estar dos indivíduos. Do modo como o discutimos há pouco, o utilitarismo é uma concepção de igualdade baseada no bem-estar: sustenta que o governo trata as pessoas como iguais em seu sistema de propriedade quando suas regras asseguram, *grosso modo*, o máximo bem-estar geral possível, considerando a felicidade ou o sucesso de cada pessoa da mesma maneira. A igualdade de bem-estar é uma teoria diferente dessa mesma classe: exige que o governo designe e distribua a propriedade de modo a tornar, na medida do possível, o bem-estar de cada cidadão mais ou menos igual.

Um terceiro grupo de teorias exige que o governo tenha por objetivo a obtenção de resultados definidos no vocabulário não do bem-estar, mas dos bens, das oportunidades e de outros recursos. Semelhante teoria – da igualdade material – exige que o governo torne a riqueza material de seus cidadãos, ao longo de suas vidas, o mais igual possível. Outra teoria, que chamarei de igualdade de recursos, exige que o governo atribua a cada cidadão a mesma quantidade de recursos, para que cada qual os consuma ou invista como achar melhor. Ao contrário da igualdade material, a igualdade de recursos admite que a riqueza das pessoas deve diferir, uma vez que elas fazem opções diferentes em questões de investimento e consumo. Pressupõe que, se as pessoas começarem com a mesma riqueza e outros recursos, a igualdade será preservada através de transações de mercado entre elas, ainda que essas transações tornem algumas mais ricas e mais felizes que outras. A igualdade de recursos reconhece, porém, que as diferenças de talento são diferenças de recursos, e por essa razão procura algum modo de atribuir aos menos dotados compensações que vão além daquilo que o mercado lhes concede[13].

Precisamos agora fazer uma nova distinção entre essas conhecidas concepções de igualdade. Como mostraremos em seguida, algumas rivalizam com as ambições particulares que as pessoas podem perseguir no uso de sua propriedade. Imaginemos que o governo conseguiu elaborar o melhor sistema de propriedade disponível com relação a cada uma dessas concepções, e em seguida deixa cada cidadão livre para usar ou trocar os bens que lhe foram atribuídos dentro de tal sistema, da maneira que achar melhor e livre de qualquer responsabilidade de mostrar uma igual preocupação pelos interesses de todos. No caso de algumas das concepções que arrolamos, mas não em todas, o resultado tenderá a destruir a forma de igualdade que o sistema garantia originariamente. Isso é inevitavelmente verdadeiro tanto no caso de igualdade de bem-estar quanto no de igualdade material. Alguns cidadãos vão conquistar um maior bem-estar que outros, ou aumentar mais sua riqueza através de suas decisões e seus negócios, de tal modo que a igualdade inicial em riquezas ou bem-estar será destruída. É provável (mas não inevitável) que a concepção utilitarista de igualdade também viesse a ser destruída. Um governo de capacidade e sabedoria extraordinárias poderia conceber um sistema tal que as escolhas realmente feitas pelas pessoas, livres para favorecerem a si mesmas, na verdade contribuam para aumentar ao máximo a utilidade média. Mas, quando mudarem os gostos e as ligações pessoais, suas escolhas não mais

---

13. Cf. meu "What Is Equality? Part 1: Equality of Welfare", 10 *Philosophy and Public Affairs* 185 (1981) e "Part 2: Equality of Resources", 10 *Philosophy and Public Affairs* 283 (1981).

terão esse resultado, e alterações do sistema, através de uma nova redistribuição ou de uma regulamentação diferente, serão necessárias para restabelecer os resultados utilitaristas inicialmente obtidos. Nesse sentido, essas três teorias – igualdade de bem-estar, igualdade material e utilitarismo – fazem a escolha privada conflitar com a responsabilidade pública, de tal modo que seus partidários têm dificuldade para responder à questão que coloquei: por que o governo não deveria aplicar um princípio jurídico geral exigindo que as pessoas evitem as decisões privadas que possam perturbar a distribuição vigente do bem-estar ou da riqueza. Elas só podem resolver esse problema mediante a demonstração de algo que parece implausível: que a forma de igualdade que favorecem pode ser alcançada mais constante e seguramente sem tal princípio do que com ele[14].

As duas concepções restantes de nossa lista – o libertarismo e a igualdade de recursos – não se opõem à ambição privada; ao contrário, são perfeitamente compatíveis com ela. Se as pessoas têm direitos naturais de propriedade, e o governo identifica esses direitos com precisão e protege seu exercício, então a escolha que elas fazem quanto ao uso dessa propriedade vai reforçar, em vez de ameaçar, o que foi feito pelo governo. O mesmo se pode dizer da igualdade de recursos gerais. Se o governo consegue assegurar a cada cidadão uma parcela verdadeiramente igual de recursos que serão usados como ele o desejar, de modo a tornar sua vida melhor, na exata medida de sua própria capacidade, uma vez mais as opções feitas vão reforçar, em vez de destruir o que foi feito pelo governo. Embora essas duas teorias sejam diferentes entre si, nenhuma condena a atitude permissiva que, de início, julgamos problemática numa comunidade politicamente comprometida com a igualdade de interesse

---

14. Robert Nozick percebeu que, segundo algumas concepções, a igualdade seria inevitavelmente corrompida por transações de mercado de praticamente todo tipo – é essa a força de seu famoso exemplo Wilt Chamberlin (cf., de sua autoria, *Anarchy, State, and Utopia* 160-64 [Nova York, 1974]). Contudo, ele tinha a igualdade material em mente, e seria um erro supor, como argumento no texto, que toda concepção de igualdade que não a concepção libertária viesse a ter essa consequência.

Pelo contrário, consideram que a igualdade consiste no estabelecimento de condições apropriadas a essa atitude, que não podem ser ameaçadas ou destruídas, uma vez estabelecidas, por aqueles que agem da maneira consentânea por essa atitude. Chegamos a essa conclusão preliminar. Nossas convicções habituais, que exigem que o governo trate as pessoas como iguais no sistema de propriedade que cria, mas não exigem que as pessoas tratem os outros como iguais ao utilizarem o que quer que o sistema lhes abribua, apontam uma distinção entre responsabilidade pública e privada. Elas pressupõem que, em política, temos um dever que não se pode adiar como ocorre com qualquer dever geral da vida privada. Precisamos de uma concepção de dever público que dê coerência a essa distinção de responsabilidades, que explique por que o dever imperativo numa esfera é muito menos exigente na outra. Se acharmos que a distinção de responsabilidades é importante e fundamental, isso favorece uma concepção de igualdade compatível, e não competitiva, quanto à definição de responsabilidade pública, pois as concepções compatíveis explicam a divisão de modo natural e sistemático, enquanto as teorias competitivas só podem explicá-la, na melhor das hipóteses, de modo artificial e improvável[15].

---

15. Estou ignorando uma questão importante, a de saber se e quando nós, enquanto indivíduos, temos o direito de adotar uma atitude permissiva, em termos gerais, com relação ao uso que fazemos de nossa propriedade quando acreditamos que o sistema público não é defensável em nenhuma concepção plausível de igualdade. Muitos argumentos poderiam ser propostos para justificar uma atitude permissiva mesmo nessas circunstâncias. Talvez, por exemplo, a divisão da responsabilidade discutida no texto seja a melhor estratégia para chegar a um nível decente de igualdade, segundo uma concepção apropriada, mesmo quando a igualdade ainda não foi alcançada, nem mesmo imperfeitamente. Ou talvez qualquer outra estratégia, que imponha responsabilidades morais mais rigorosas aos indivíduos, levasse à "vitimização", isto é, a responsabilidades morais de tal porte que qualquer indivíduo que as aceitasse seria obrigado a assumir uma posição econômica pior do que aquela que ocuparia em um sistema verdadeiramente igualitarista. Ou talvez a maioria das decisões que os indivíduos tomam sobre sua propriedade tenham consequências tão diversas e imprevisíveis que ninguém poderia, com sensatez, tentar tomar suas próprias decisões de modo a melhorar a igualdade geral. Cf. meu "What Is Equality? Part 2", acima (n. 13).

Em termos gerais, essa é uma importante conclusão para qualquer interpretação abrangente de nossas práticas políticas e morais, mas tem uma importância especial neste capítulo. Recomenda a segunda estratégia para explicar por que temos o dever de tratar os outros com igual interesse em situações de ilícitos civis e negligência – a estratégia que admite não termos o dever geral de tratar os outros desse modo – e tenta explicar por que temos esse dever quando os direitos abstratos entram em conflito. A distinção entre responsabilidade pública e privada em questões de propriedade estabelece uma distinção crucial entre as responsabilidades de cada cidadão em dois tipos de ocasiões: primeiro, quando decidem como usar aquilo que lhes foi claramente atribuído pelo sistema público de propriedade, e, segundo, quando devem decidir *o que* este lhes atribuiu, seja porque suas regras explícitas são obscuras ou incompletas, seja porque os direitos abstratos que mobiliza são de algum modo conflitantes. No primeiro tipo de ocasião, um cidadão pode imaginar-se habilitado a agir por si mesmo, ou por outras pessoas que venha a escolher, como membro de uma comunidade de princípios cujo sistema assegura, segundo a última convenção social, aquilo que aparece como uma atitude permissiva e egoísta. No segundo tipo de ocasião, porém, ele não pode permitir-se essa liberdade, pois é necessário saber em que consiste o sistema de propriedade, perguntar de que modo suas condições podem ser mais precisamente definidas. Cada cidadão deve responder a essa pergunta interpretativa por si próprio, apurando e aplicando a concepção compatível de igualdade que, em sua opinião, oferece a melhor interpretação da estrutura principal do sistema estabelecido.

Nessas últimas ocasiões, suas atitudes devem ser igualitárias, não permissivas. Essa é a base de que precisamos para uma melhor justificativa igualitária da abordagem de simulação de mercado em alguns casos difíceis do direito. Ela nos permite apresentar essa justificativa desta maneira preliminar e incipiente. As regras de simulação de mercado oferecem pelo menos parte da melhor explicação prática da melhor concepção compatível de igualdade. Portanto, essas regras devem guiar os cidadãos quando estiverem devidamente comprometidos com elas, não apenas na utilização, como também na elaboração do sistema público de propriedade de sua comunidade, como acontece quando seus direitos abstratos entram em conflito. Vou ampliar e defender essas afirmações no restante do capítulo, mas devemos observar que, inclusive até o momento, o argumento nos oferece outro exemplo de como o direito como integridade estimula uma interação recíproca entre o direito e a moral na vida prática corrente, mesmo quando não haja nenhum processo em perspectiva, e cada cidadão atue como juiz para e de si mesmo.

Igualdade e custo comparativo

O exercício

As duas concepções compatíveis de igualdade que mencionei diferem de maneira fundamental. A aplicação prática da igualdade de recursos, por exemplo, exige uma compensação pela herança desigual de riqueza, saúde e talento através da redistribuição, mas a concepção libertária rejeita a redistribuição como roubo em princípio. Faria alguma diferença – e, em alguns casos, uma considerável diferença – saber a qual dessas concepções um cidadão recorreu quando os direitos abstratos entraram em conflito, qual delas utilizou para decidir quem tem um direito concreto e quem deve ceder. Como meu objetivo principal é mostrar a relação entre uma concepção de igualdade e o direito sobre acidentes, não demonstrarei, mas apenas admitirei que a igualdade de recursos é superior à concepção libertária: ajusta-se da mesma maneira a nossas práticas jurídicas e morais e é melhor em teoria moral abstrata[16].

Também não tentarei melhorar a incipiente afirmação sobre a igualdade de recursos que apresentei há pouco; confio em outros argumentos para dar-lhe mais forma e, espero, mais atrativos[17]. Só precisamos dessa descrição sumária para continuar com

---

16. Argumentos provisórios em favor desse ponto são encontrados em "In Defense of Equality".
17. Cf. "What Is Equality? Part 2".

nossa elaboração da justificativa igualitária das decisões judiciais com base na simulação de mercado. Tentarei mostrar que se alguma pessoa aceita que a igualdade de recursos constitui uma interpretação melhor do sistema de propriedade de sua comunidade que outras concepções de igualdade, ela deve então adotar uma concepção de suas responsabilidades privadas que produza opções de simulação de mercado na maioria das ocasiões em que os direitos abstratos entrem em conflito. Minha argumentação não é dedutiva. Não demonstra que, uma vez aceita a ideia básica da igualdade de recursos, a pessoa deve, automática e inevitavelmente, ser levada às conclusões que descrevo. Afirmo apenas que ela deverá fazer uma série de opções que aprimorem essa concepção nos casos que estamos examinando, e que as opções plausíveis a levariam, então, à simulação de mercado na maioria dos casos comuns. Minha argumentação, porém, não recomenda o princípio econômico em todos os casos nos quais os partidários da interpretação econômica a considerassem apropriada, pois a justificativa igualitária condena, em vez de aprovar, grande parte daquilo que eles afirmam.

A linha principal

Suponhamos que você e eu temos, *grosso modo*, a mesma riqueza, e que nenhum de nós é incapacitado ou tem necessidades ou exigências especiais. Descobrimos que as atividades que planejamos individualmente, cada um no gozo de direitos gerais assegurados pela atribuição de bens, entram em conflito. Certa noite, quero aprender uma peça para trompete, e você deseja estudar álgebra no apartamento ao lado. Ou quero dirigir meu carro a toda velocidade numa rua por onde você gostaria de caminhar tranquilamente. Ou pretendo que meus trens circulem perto de um campo onde você fez uma plantação de grãos. Meus projetos entram em conflito com os seus e, antes de prosseguir, tenho de decidir até que ponto devo adaptar meus planos de modo a levar em conta os seus interesses, e em que medida devo assumir responsabilidade por qualquer dano que lhe possa causar. Intuitivamente, parece correto que isto seja, pelo menos em parte, uma questão dos custos relativos, para cada um de nós, das decisões que eu poderia tomar. Se não me custasse muito abrir mão de meus projetos, mas lhe custasse muito se eu não o fizesse, parece que aí estaria uma boa razão para que eu desistisse ou lhe pagasse uma indenização caso resolvesse prosseguir. A teoria da responsabilidade privada que estamos pondo à prova explica por que o custo relativo figura nessas decisões morais. De acordo com essa teoria, devemos agir como se os direitos concretos que não podemos exercitar ainda não tivessem sido distribuídos entre nós, e que somos nós, portanto, que devemos distribuí-los da melhor maneira possível, do modo como o recomenda a igualdade de recursos. Se dispuséssemos de tempo, ocasião e boa vontade suficiente para pôr em prática alguma solução conciliatória – se chegássemos a um acordo, por exemplo, sobre o número de horas em que eu poderia tocar trompete –, a igualdade poderia, desse modo, estar protegida. Contudo, se as circunstâncias não permitirem a solução conciliatória, cada um de nós deverá agir de modo a minimizar a desigualdade da distribuição a que chegamos, o que significa que o perdedor deve perder menos. Esse princípio de dano comparativo, porém, pede uma elaboração urgente. Como avaliaremos os custos relativos de pegar ou largar alguma oportunidade? Nosso pressuposto básico, o de que estamos levando adiante um sistema de igualdade de recursos, e não de igualdade utilitária, ou qualquer outra concepção fundada no bem-estar, exclui algumas maneiras de avaliar. Não devemos avaliar o custo comparativo em termos de felicidade, satisfação ou alguma outra dimensão do bem-estar. Assim, é preciso calcular quem perderia menos, nessas circunstâncias, ao calcular os custos financeiros, não porque o dinheiro seja mais importante do que qualquer outra coisa, mas porque é o padrão mais abstrato – e, portanto, o melhor – que podemos usar para decidir quem de nós perderá mais, em recursos, em cada uma das decisões que poderíamos vir a tomar.

Isso coloca um problema sempre que as perdas em questão não forem óbvia ou imediatamente financeiras. Talvez nenhum de nós tenha rendas em litígio no momento em que quero praticar meu instrumento e você deseja estudar álgebra. Como devo decidir se o princípio do custo comparativo me dá o direito de tocar trompete? Deveria perguntar não se terei mais prazer ao tocar do que você terá ao preparar-se para sua prova, mas se o dano a meus projetos gerais será maior do que o dano aos seus. Como ambos temos fundos mais ou menos iguais à nossa disposição, parece sensato avaliar o dano potencial da maneira sugerida pela simulação de mercado: perguntando se você me pagaria mais para parar com minha música, se tivesse de fazê-lo, do que eu lhe pagaria pela oportunidade de poder tocar. Reduzir as alegrias da arte e do conhecimento a uma questão de dinheiro parece insensível, mas é uma forma perfeitamente plausível de tentar avaliar, mais ou menos, o que queremos descobrir: a importância relativa das duas atividades para cada um de nós para o sistema geral daquilo que queremos fazer com nossas vidas. Sendo esse o objetivo, trata-se de um teste melhor do que o seria qualquer comparação do prazer ou da alegria que cada um de nós ganharia ou perderia, ou da relativa importância das atividades do ponto de vista da vida regida pela ética.

Imaginemos, porém, que o que pretendo fazer afete não somente você, mas muitas outras pessoas também. Se meu trem corre a uma grande velocidade e solta faíscas, isso aumentará o preço que as pessoas normalmente pagam pelo pão; se a velocidade for reduzida e salvar-se a colheita, isso aumentará o preço do transporte de passageiros e cargas do trem. Por ser este um caso comercial, porém, o impacto sobre as outras pessoas está adequadamente representado pela comparação entre o que minha empresa ferroviária e a sua fazenda podem perder de acordo com cada decisão. Mas o caso do trompete e da álgebra é diferente. Os efeitos de minha decisão sobre os outros, se é que se deve levá-los em conta, teriam de ser representados em separado. Talvez o ato de tocar o trompete seja mais importante para mim, avaliado pelo que eu gastaria por esse privilégio, se necessário, do que meu silêncio para você ou qualquer outro vizinho, mas menos importante do que o meu silêncio representa para todos os vizinhos coletivamente considerados, como um grupo.

Que comparação deveria ser decisiva para o princípio do dano comparativo? A questão é difícil, e as duas respostas são plausíveis em um primeiro momento. Mas a segunda resposta parece melhor. Se podemos admitir que a igualdade de recursos é válida não apenas entre nós, mas em toda a comunidade daqueles que serão afetados por minha música, então devo avaliar o custo de alguma oportunidade que eu poderia aproveitar para mim mesmo avaliando qual seria, em termos gerais, sua importância para os outros; para estes, o verdadeiro custo de meu ato de tocar trompete é aquilo que, em conjunto, eles estariam dispostos a gastar para que eu deixasse de fazê-lo.

Ressalvas

Agora temos as linhas gerais de uma teoria parcial da responsabilidade pessoal. Não aplicaremos essa teoria – pelo menos não de maneira tão simples – todas as vezes em que os usos da propriedade privada entrarem em conflito de maneira não regida por decisões políticas explícitas do passado. Quando deveríamos rejeitá-la? Admiti, ao considerar o conflito entre meu trompete e sua álgebra, que a distribuição explícita da propriedade entre nós era igual, julgada a partir do ponto de vista da igualdade de recursos. Isso não significa necessariamente (ainda que, na verdade, eu o tenha admitido) que nenhum de nós é mais rico do que o outro, pois você poderia ser mais rico do que eu por motivos perfeitamente compatíveis com a igualdade de recursos entre nós. Eu poderia ter gasto mais dinheiro que você no passado, ou optado por um trabalho não muito bem remunerado. Não obstante, eu poderia saber alguma coisa sobre você que tornasse implausível a hipótese da igualdade de recursos entre nós: poderia saber que você tem uma grave deficiência, por exemplo, e que não recebeu nenhum recurso do serviço social. Nesse caso, o princípio do dano financeiro comparativo, que leva os direitos concretos a depender da questão de saber qual de nós pagaria mais pela oportunidade, poderia não ser apropriado porque talvez não assegurasse, entre nós, a distribuição que a igualdade de recursos recomenda em tais circunstâncias[18]. Mas, quando meus atos afetam não uma pessoa ou um grupo conhecidos, sobre os quais posso obter informações desse tipo, mas sim desconhecidos sobre os quais não posso obter tais informações, devo supor que o custo comparativo oferece a verificação certa. Ainda que eu acredite que os recursos foram distribuídos de modo desigual, em geral não tenho razões para presumir nada sobre a direção da desigualdade com relação às pessoas específicas que serão afetadas por meus atos.

Também admiti, implicitamente, que era conveniente considerar minha decisão de tipo "tudo ou nada" a partir do ponto de vista de aproveitar ou não uma oportunidade, na ausência de uma oportunidade real de negociação, como uma questão isolada. Se somos realmente vizinhos, esse pressuposto seria um erro: eu deveria tratar uma decisão particular como parte de uma série contínua de decisões interligadas que cada um de nós toma. Para mim, poderia ser menos importante tocar o meu trompete do que o seria, para você, preocupar-se com o silêncio; menos importante queimar minhas folhas do que, para você, evitar a fumaça, e assim por diante. Contudo, se eu apenas me submeter à sua vontade em todas as ocasiões, o equilíbrio será gradualmente comprometido. Se eu desperdiçar uma oportunidade em um caso, porque para você a perda relativa seria maior, isso ficaria a meu crédito como reserva para a próxima decisão que devesse ser tomada por mim (ou por

---

18. A ressalva aqui discutida é sensível a uma questão que mais atrás deixei em aberto, ao discutir aquilo que chamei de primeiro problema da hipótese permissiva (cf. n. 15). O que justifica nosso modo de agir como indivíduos, dia após dia, como se a distribuição da propriedade tivesse realmente chegado à igualdade de recursos entre nós? Suponho agora que, de algum modo, nossa resposta se fundamenta em juízos de estratégia, ou em apelos à falta de informação, de tal forma que a permissão não é válida em certas circunstâncias específicas, quando uma pessoa sabe que seu comportamento vai ter um impacto imediato e previsível sobre a igualdade de recursos, que uma decisão que ela pode tomar vai aumentar a igualdade sem vitimizá-la, e uma outra vai aumentar ainda mais a desigualdade de recursos.

você). Em geral, porém, essa reserva só será possível entre pessoas, como os vizinhos, que mantêm um relacionamento contínuo e consciente. Não existe uma forma sensata ou tolerável de manter esse tipo de reserva para as decisões que cada um de nós toma, e que afetam os outros em termos gerais, ou afetam um estranho somente uma vez. Precisamos ter por base a hipótese de que, se todos tratarem tais decisões como casos isolados, a longo prazo isso funcionará de modo bastante justo para todos. Estamos nos encaminhando para essa conclusão. Eu deveria seguir o princípio do dano financeiro comparativo quando sei que o fato de exercer algum direito concreto entrará em conflito com o exercício dos direitos abstratos de outras pessoas com as quais não mantenho um relacionamento contínuo, e sobre as quais não disponho de informações especiais que possa considerar relevantes. Minha ignorância pode tornar muito mais difícil a aplicação do princípio. Como, então, decidir se aqueles que podem ser afetados pagariam mais do que eu, tanto individual quanto coletivamente, pela oportunidade? Em um contexto comercial, como no exemplo do trem e do agricultor, meus parcos conhecimentos do mercado podem fornecer informações suficientes. Se eu dirigir uma empresa ferroviária e souber que os agricultores ao longo da estrada de ferro vão sofrer, em conjunto, mais do que uma certa soma correspondente ao valor de mercado dos grãos perdidos, posso supor que pagariam essa soma pela oportunidade de se verem livres dessa perda. Em contextos não comerciais, como nos exemplos de poluição sonora, talvez tenha de recorrer à ideia de pessoa "razoável" ou "representativa" na vizinhança afetada, para saber quanto a maioria das pessoas antipatizam ou ficariam aborrecidas com o prejuízo que eu lhes infligiria. Porém, temos bastante desse tipo de conhecimento geral, para tornar o princípio do dano financeiro comparativo viável na maioria de tais casos.

Ainda assim, precisamos atenuar esse princípio de uma maneira diferente e muito mais importante. Ocorre que em algumas circunstâncias seria obviamente injusto avaliar a importância de alguma perda ou dano perguntando-se apenas se, para evitar essa perda, a vítima pagaria e poderia pagar mais do que outros pagariam coletivamente para fazer aquilo que ameaça provocá-la. Para saber o porquê, devemos afirmar algo mais sobre o sistema geral de igualdade de recursos. Afirmei que este pressupõe que a igualdade é preservada e protegida mediante transações de mercado, mas que isso está sujeito a ressalvas. Também disse que a suposição deve ser atenuada de modo a poder levar em consideração as diferenças de talento. Afirmei, igualmente, que deve ser atenuada para levar em conta os direitos individuais. Sob a igualdade de recursos, temos direitos que protegem interesses fundamentais, inclusive aqueles que as pessoas racionais assegurariam contra os danos se o seguro fosse acessível a todos em termos equitativos e economicamente eficazes. Elas também têm direitos que asseguram a independência de cada uma contra os preconceitos e os desafetos das outras, os quais, se pudessem influenciar as transações de mercado, anulariam, em vez de fazer avançar, o objetivo de tornar a distribuição sensível aos verdadeiros custos das opções feitas pelas pessoas. Aprofundei o debate sobre esses dois tipos de direito em outro livro[19], mas mesmo esta breve discussão mostra por que o reconhecimento desses direitos deslocaria o modelo de simulação de mercado em certos casos extremos. Suponhamos, por exemplo, que a vida de meu filho depende de uma ambulância barulhenta que perturba um grande número de pessoas, as quais, para não serem perturbadas, pagariam coletivamente uma soma superior a todos os recursos de que disponho. Ou imaginemos que sou negro e que, em conjunto, meus vizinhos pagariam mais para que eu não queimasse folhas em meu quintal do que eu poderia pagar ou pagaria para queimá-las, simplesmente porque não suportam ver-me. Esses não são, certamente, os únicos tipos de ocasiões em que o teste do dano financeiro comparativo pareceria ser um método injusto de julgar direitos concretos de cada um; cito-os apenas para de-

---

19. Cf. "What Is Equality? Part 2", e *A Matter of Principle*, cap. 17.

monstrar que o teste teria de ser submetido a ressalvas de várias outras maneiras além daquelas que até aqui foram objeto de nosso exame.

A elaboração prática

Se nos concentrarmos nessas exceções e ressalvas, nossa teoria da responsabilidade pessoal se tornará mais complexa. Mas nada do que até aqui descobrimos sugere que essa teoria justificaria menos componentes do conjunto do direito sobre acidentes que nossos juízes desenvolveram do que o faria o argumento utilitarista. Mesmo que a análise acadêmica da igualdade de recursos deva ser sensível, como vimos, às informações sobre a justiça da distribuição de riquezas existente entre um protagonista e alguém que ele sabe que suas atividades vão prejudicar ou pôr em risco, a aplicação prática seria muito menos sensível, caso a caso, a informações desse tipo, e então seria plausível incluir as diferentes doutrinas sobre a razoabilidade, a negligência culposa e os outros elementos do direito referente aos danos que já apresentamos aqui. Um legislador que aplicasse o modelo da igualdade de recursos da responsabilidade pessoal teria boas razões, por exemplo, para não incentivar as pessoas a indagarem se aqueles aos quais podem vir a causar danos têm maior ou menor riqueza do que a igualdade de recursos justificaria que tivessem. Ele pensaria que, em termos gerais, a justiça estaria mais protegida se a redistribuição ficasse a cargo de esquemas legislativos menos caprichosos em seu impacto. Também teria outras razões para chegar a essa conclusão: parece injusto que a indenização a uma vítima deva depender da riqueza relativa de quem a prejudicou, ainda que apenas pela dificuldade que isso colocaria a alguém ansioso por assegurar-se contra os danos em termos razoáveis. Assim, seria melhor se o legislador permitisse que as pessoas fundamentassem suas decisões sobre riscos e responsabilidades na informação geral sobre os gostos e as preferências de pessoas "médias", em vez de exigir que busquem as informações especiais que uma completa elaboração acadêmica da igualdade de recursos tornaria pertinentes em casos específicos. Ainda assim, mesmo que essa aplicação prática se valesse de padrões "objetivos", também estaria atenta a circunstâncias especiais em que o princípio do dano financeiro comparativo tenderia a ignorar direitos ou, de outra forma, se mostraria injusto. Insistiria em que a responsabilidade por certos tipos de danos – ameaças à vida, por exemplo, e danos decorrentes de preconceito racial – não estivesse sujeita às provas financeiras explícitas desse princípio.

Pessoas privadas e órgãos públicos

Temos então boas razões, provenientes das ambições do direito como integridade, para preferir a justificativa igualitária da lei sobre acidentes à justificativa utilitarista. É muito mais bem-sucedida nas dimensões substantivas da interpretação. Uma interpretação do direito sobre acidentes deve mobilizar um sistema de responsabilidade pessoal, e descobrimos que o argumento utilitarista não tem tal sistema a nos oferecer. Não é o caso do argumento igualitário; este oferece um sistema de responsabilidade que, além de atraente em si mesmo, reconhece a interação dinâmica entre o direito, a virtude pública e a responsabilidade privada, que é uma das características mais fascinantes da comunidade de princípios.

O argumento igualitário tem outra característica importante para o conjunto de nossa argumentação: limita o alcance da simulação de mercado, não apenas nas diferentes maneiras para as quais já chamamos a atenção aqui, mas também institucionalmente. O argumento utilitarista oferece um ideal que, uma vez aceito, deve dirigir a legislação e a decisão judicial. Se uma comunidade for mais justa sempre que for mais feliz, e se as normas jurídicas que regem a responsabilidade por acidentes ou ilícitos civis contribuírem ao máximo para a felicidade geral quando tornarem a comunidade mais rica como um todo mediante a imitação de mercados hipotéticos, então sempre que se pedir ao Parlamento que regule a velocidade em que podem correr os trens quando suas faíscas representarem uma ameaça às plantações, ou sempre que o governo da cidade de Nova York tiver de decidir quando um instrumento musical pode ser tocado em prédios de apartamentos ou em vizinhanças muito populosas, o objetivo deveria ser exatamente a criação dos direitos que teriam estabelecido as transações de mercado, fossem elas viáveis. O argumento igualitário não tem essa consequência, pois o legislativo, ao contrário dos cidadãos privados, tem ao mesmo tempo obrigações e oportunidades de melhorar a distribuição até então criada pelo direito; tem responsabilidades que eles não têm, e dispõe de meios e estratégias aos quais eles não têm acesso.

Na verdade, nosso argumento em favor da interpretação igualitária começou exatamente nessa distinção. Admitimos que o governo tem um dever geral e abrangente que os cidadãos não possuem enquanto indivíduos. O governo deve examinar e alterar constantemente suas regras de propriedade, usando de radicalismo se necessário, para aproximá-las mais do ideal de tratar as pessoas como iguais segundo a melhor concepção. A simulação de mercado, que supõe a adequação do sistema já vigente, seria um instrumento grotescamente redundante e frágil para esse propósito. Assim, nossa explicação, que começou por uma distinção entre tipos de responsabilidade, nega que o princípio econômico constitua critério exclusivo para a legislação que trata das principais estruturas do sistema econômico ou de suas regulamentações mais detalhadas.

Precisamos concluir este estudo da igualdade e da propriedade, e para tanto voltaremos uma vez mais à distinção entre política e princípio, porque acrescenta outra dimensão ao contraste entre responsabilidade pública e privada que até aqui exploramos. Nosso principal argumento pressupõe que os cidadãos privados devem tratar as situações de conflito entre os direitos abstratos como se colocassem questões de princípio sobre os direitos concretos de que cada parte dispõe. Daí não se segue, porém, que o legislador deva tratar cada decisão que toma ao regular e distribuir a propriedade, ou mesmo suas leis sobre ilícitos civis e negligência, como questões de princípio, e não de política. Insistimos em que o governo conceba seu sistema de propriedade para tratar as pessoas como iguais segundo uma concepção apropriada; esta é a base de nossa argumentação em favor da interpretação igualitária desses institutos do direito. Mas, como vimos no capítulo VI, o governo deve tratar essa exigência sobretudo como uma questão de política, como se recomendasse um objetivo coletivo geral que respeite a igualdade de interesses tanto em termos gerais quanto estatísticos, em vez de supor que cada lei ou regra individual, julgada por seus próprios méritos, deva conceder a cada cidadão algo que ele tem direito a ter. Toda decisão legislativa sobre a propriedade deve, sem dúvida, respeitar certos direitos políticos individuais. (Teremos de examinar, no capítulo X, até que ponto esses direitos políticos são transformados em pretensões juridicamente protegidas segundo a melhor interpretação da Constituição dos Estados Unidos.) Mas uma legislatura pode, sob outros aspectos, buscar o interesse geral coletivo mediante uma grande variedade de diferentes avaliações e técnicas, cada uma das quais chega a uma distribuição um tanto diferente para cada pessoa. Nenhum cidadão tem o direito de que se selecione um desses programas, e não outro, apenas porque o escolhido irá beneficiá-lo mais. A escolha é uma questão de política, não de princípio.

Em geral, um legislador não tem a necessidade de fazer escolhas políticas que produzam a distribuição de direitos e oportunidades que teriam sido negociadas pelas partes especialmente afetadas. Um legislador pode pensar, por exemplo, que a melhor solução para o problema da velocidade dos trens e das colheitas queimadas deve ser sensível às políticas nacionais de transporte e agricultura, ou mesmo à defesa nacional, à balança de pagamentos ou ao câmbio exterior. Ele pode tratar suas decisões sobre a poluição sonora como um aspecto de políticas mais gerais sobre o uso da terra e o planejamento urbano, ou mesmo sobre o apoio à música ou às artes. Suas decisões não precisam ser do tipo "tudo ou nada", do modo como certas circunstâncias práticas impõem decisões "tudo ou nada" a cidadãos que agem por si próprios. A legislação oferece a oportunidade de desenvolver um complexo sistema de regulamentação que dependa, em termos de sua eficácia, de uma estratégia geral. Pode regulamentar a velocidade dos trens de maneira diferente em diferentes partes do país, em resposta a milhares de variações complexas quanto ao uso e necessidade do transporte e da produção agrícola, por exemplo, ou pode dividir as cidades em zonas nas quais o barulho seja tratado de diferentes maneiras, desde que as divisões não sejam arbitrárias e não mascarem discriminações ilegítimas que violariam os direitos individuais.

Uma vez porém que o legislador tenha feito sua escolha, os indivíduos têm direitos àquilo que lhes foi atribuído, e do ponto de vista do direito como integridade esses direitos se estendem não apenas às atribuições explícitas, mas à extensão a outras atribuições fundada nos princípios subjacentes à lei, em casos que ainda não foram expressamente solucionados. Neste capítulo, estudamos o fundamento adequado dessa extensão baseada em princípios em certos casos. Posso agora reformular minha tese da maneira que apresento a seguir. Quando os cidadãos privados deparam com conflitos entre seus direitos abstratos nas normas do *common law* sobre a propriedade (distintos de seus direitos resultantes de leis específicas que incorporam políticas distintas, como as que há pouco imaginei), devem resolver esses conflitos voltando-se para o princípio básico que o sistema geral precisa respeitar: o princípio de que devem ser tratados como iguais. Devem perguntar-se que concepção de igual interesse se considera como a melhor expressão do sistema como um todo, e adotar a extensão de direitos concretos que, dentre as opções que lhes cabem nas circunstâncias, melhor sirva a essa concepção. Para ilustrar a natureza e a complexidade desse problema interpretativo, venho admitindo que a igualdade de recursos oferece a concepção ideal para esse propósito, e afirmo que as linhas básicas do direito norte-americano e inglês sobre ilícitos civis e negligência favorecem uma solução plausível do problema interpretativo a propósito dessa suposição. Esse processo não é apropriado, contudo, quando surgem conflitos relativos a certas leis reguladoras com políticas bem definidas, pois os direitos que as pessoas têm sob tal lei dependem muito dessas políticas especiais para autorizar qualquer alteração decorrente de uma concepção de igualdade. As responsabilidades dos cidadãos, portanto, dependem de um conjunto diferente de problemas, e estes vão constituir nosso próximo objeto de estudo.

Capítulo IX
As leis

A intenção legislativa

Certo dia o caso do *snail darter* chega ao tribunal de Hércules. Ele precisa decidir se a Lei das Espécies Ameaçadas concede ao ministro do Interior o poder de barrar um grande (e quase concluído) projeto federal para preservar um peixe pequeno e, do ponto de vista ecológico, nada interessante, de modo que, em primeiro lugar, precisa decidir como interpretar leis cujo sentido não é muito claro. Meu argumento é complexo, e devo dizer-lhes de antemão como termina. Para ler as leis, Hércules irá usar, em grande parte, as mesmas técnicas de interpretação que utiliza para decidir casos de *common law*, as mesmas técnicas que estudamos nos dois últimos capítulos. Tratará o Congresso como um autor anterior a ele na cadeia do direito, embora um autor com poderes e responsabilidades diferentes dos seus e, fundamentalmente, vai encarar seu próprio papel como o papel criativo de um colaborador que continua a desenvolver, do modo que acredita ser o melhor, o sistema legal iniciado pelo Congresso. Ele irá se perguntar qual interpretação da lei – permitir ou não ao ministro interromper projetos quase terminados – mostra mais claramente o desenvolvimento político que inclui e envolve essa lei. Seu ponto de vista sobre como a lei deve ser lida dependerá em parte daquilo que certos congressistas disseram ao debatê-la. Mas dependerá, por outro lado, da melhor resposta a dar a determinadas questões políticas: até que ponto o Congresso deve submeter-se à opinião pública em questões desse tipo, por exemplo, e se seria absurdo, em termos políticos, proteger uma espécie tão insignificante à custa de tanto capital[1]. Ele precisa apoiar-se em seu próprio julgamento ao responder a tais questões, sem dúvida, não por pensar que suas opiniões sejam automaticamente corretas, mas porque ninguém pode responder de modo conveniente a nenhuma questão a menos que confie, no nível mais profundo, naquilo em que acredita.

Contudo, antes de desenvolver essa descrição geral sobre o modo como os juízes deveriam interpretar as leis sob o regime do direito como integridade, preciso considerar uma importante objeção, e a discussão que tal objeção suscita irá ocupar-nos por muitas páginas. "O método de Hércules não leva em conta o importante princípio, firmemente enraizado em nossa prática jurídica, de que as leis devem ser interpretadas não de acordo com o que os juízes acreditam que iria torná-las melhores mas de acordo com o que pretendiam os legisladores que realmente as adotaram. Suponhamos que Hércules decida, depois de ter levado em conta tudo que seu método interpretativo recomenda, que a lei é melhor se entendida que não concede ao ministro o poder de interromper projetos muito dispendiosos e quase concluídos. Os congressistas que a promulgaram podem ter pretendido dar ao ministro exatamente aquele poder. Em tais circunstâncias, nossa prática jurídica, baseada em princípios democráticos, insiste em que Hércules se submeta à intenção deles, e não a seu ponto de vista diferente."

É verdade que na prática jurídica norte-americana, os juízes referem-se constantemente às múltiplas declarações feitas pelos membros do Congresso e por outros legisladores, nos relatórios das comissões ou nos debates formais, a respeito da finalidade de uma lei. Os juízes afirmam que essas afirmações

---

1. Como a decisão política que Hércules está agora interpretando é uma lei, e não uma série de decisões judiciais do passado, as questões de política são pertinentes a sua decisão sobre quais direitos se devem considerar terem sido criados pela lei.

vistas em conjunto formam a "história legislativa" da lei, às quais devem respeitar. Podemos, contudo, adotar dois pontos de vista muito diferentes sobre essa prática de submeter-se à "história legislativa". Um deles é o de Hércules. Ele aborda as múltiplas declarações feitas pelos legisladores no processo de elaboração da lei como atos políticos aos quais sua interpretação da lei deve ajustar-se e poder explicar, assim como precisa ajustar-se ao próprio texto da lei e explicá-lo. O outro é o ponto de vista pressuposto pela objeção que acabei de descrever. Trata essas declarações não como eventos importantes em si, mas como evidência do estado mental dos legisladores particulares que as fizeram, e que se presume ser representativas do estado de espírito da maioria dos legisladores cujos votos criaram a lei.

É a isso que chamarei de ponto de vista da intenção do locutor pois supõe que a legislação é uma ocasião ou um exemplo de comunicação, e que os juízes se voltam para a história legislativa quando uma lei não é clara, para descobrir qual era o estado de espírito que os legisladores tentaram comunicar através de seus votos. Pressupõe, em resumo, que a interpretação correta de uma lei deve ser aquilo que chamei, no capítulo II, de interpretação conversacional, e não de interpretação construtiva. O modelo condutor dessa teoria é o conhecido modelo da conversação habitual. Quando um amigo diz algo, podemos perguntar: "O que ele quis dizer com isso?", e pensar que nossa resposta a essa pergunta descreve algo a respeito de seu estado de espírito quando ele falou, alguma ideia que queria nos comunicar ao falar do modo como o fez. Wittgenstein e outros filósofos alertam-nos contra a má interpretação grosseira dessa imagem. Ter um pensamento e escolher palavras para representá-lo não são duas atividades distintas. Tampouco as pessoas são livres para expressar o que querem através das palavras que utilizam, de modo que a pergunta "O que ele quis dizer com isso?" não indaga somente o que ele tinha em mente quando falou. Mas a imagem serve bastante bem como uma descrição tosca de como concebemos o problema de entender alguém que se expressou de maneira ambígua, e a teoria da intenção do locutor propõe que utilizemos a mesma imagem para a legislação ambígua ou obscura.

Se uma pessoa aceitar o ponto de vista da intenção do locutor, sua teoria sobre a leitura das leis terá uma estrutura particular. Apresentará suas conclusões como afirmações sobre a intenção da própria lei. A finalidade ou a intenção da Lei das Espécies Ameaçadas será dotar o ministro de um determinado poder? Mas ele considera a intenção da lei como uma construção teórica, uma declaração concisa das diferentes intenções de pessoas particulares reais, já que apenas estas podem realmente ter intenções de conversação do tipo que ele tem em mente. Assim, sua teoria sobre as leis deve responder ao seguinte conjunto de questões. Quais personagens históricos podem ser considerados legisladores? Como devemos agir para descobrir suas intenções? Quando essas intenções de algum modo diferem umas das outras, como devem ser combinadas na intenção institucional compósita? Suas respostas devem, além disso, estabelecer o momento exato em que a lei foi pronunciada, ou em que adquiriu todo o significado permanente que tem.

O ponto de vista de Hércules não exige tal estrutura. Ele entende a ideia do propósito ou da intenção de uma lei não como uma combinação dos propósitos ou intenções de legisladores particulares, mas como o resultado da integridade, de adotar uma atitude interpretativa com relação aos eventos políticos que incluem a aprovação da lei. Ele anota as declarações que os legisladores fizeram no processo de aprová-la, mas trata-as como eventos políticos importantes em si próprios, não como evidência de qualquer estado de espírito por detrás delas. Assim, não tem nenhuma necessidade de precisar pontos de vista sobre o estado de espírito dos legisladores, ou que estados de espírito são esses, ou como ele fundiria todos em algum superestado de espírito da própria lei. Tampouco supõe um momento canônico de discurso para o qual sua pesquisa histórica se dirige; a história que ele interpreta começa antes que a lei seja aprovada e continua até o momento em que deve decidir o que ela agora declara.

Os métodos de Hércules oferecem uma interpretação melhor da verdadeira prática judicial que a teoria da intenção do locutor. Os defeitos desta última só podem ser sanados se a transformarmos, pouco a pouco, no método de Hércules. As três questões cruciais que acabei de mencionar precisam ser respondidas para que se possa pôr em prática a teoria da intenção do locutor; e não podem ser respondidas apenas sondando-se o modelo fundamental de comunicação ou explorando-se as relações internas entre intenção e legislação concebidas como uma forma de discurso. Devem ser respondidas na teoria política, adotando-se, para tanto, pontos de vista particulares sobre questões controversas de moral política. Desse modo, a teoria da intenção do locutor não pode justificar suas supostas alegações de neutralidade política, sua ambição de separar as convicções pessoais de um juiz do modo como ele interpreta uma lei. Além do mais, as respostas mais plausíveis às questões cruciais afastam-nos invariavelmente da teoria da intenção do locutor, tal como esta é habitualmente entendida, em direção a um ponto de vista diferente, e que almeja colocar em prática as convicções políticas mais gerais e abstratas a partir das quais agem os legisladores, em vez das esperanças ou expectativas, ou das opiniões políticas mais detalhadas que possam ter em mente ao votar. Contudo, essa ideia diferente nada mais é que uma formulação frágil e uma forma instável do próprio método de Hércules, no qual ela então naufraga.

A intenção do locutor

Hermes

Discutirei essas afirmações mais abrangentes de modo bastante detalhado, não apenas porque a teoria da intenção do locutor na legislação seja tão popular, mas porque a argumentação que expõe seus defeitos fornece distinções de que teremos necessidade quando considerarmos o próprio método de Hércules de modo mais direto. Vou agora imaginar um novo juiz, Hermes, que é quase tão arguto quanto Hércules e igualmente tão paciente, e também aceita o direito como integridade assim como aceita a teoria da intenção do locutor na legislação. Acredita que a legislação é comunicação, que deve aplicar as leis descobrindo a vontade comunicativa dos legisladores, aquilo que eles estavam tentando dizer quando votaram a favor da Lei das Espécies Ameaçadas, por exemplo. Já que Hermes é autoconsciente em tudo que faz, irá dar-se tempo para refletir sobre cada uma das escolhas que terá de fazer para colocar em prática a teoria da intenção do locutor.

Desde o início, está consciente de uma dificuldade nessa teoria. É bastante difícil descobrir as intenções de amigos e colegas, de adversários e amantes. De que modo ele pode ter esperanças de descobrir as intenções de estranhos pertencentes a uma outra época, que podem estar todos mortos? Como pode ter certeza de que havia quaisquer intenções proveitosas a serem descobertas? Os governantes de Nova York que adotaram a lei sobre testamentos talvez nunca tenham previsto o caso de um herdeiro assassino; é bem possível que muitos senadores e congressistas nunca tenham pensado no problema de pequenos peixes e barragens quase terminadas. Mas Hermes começa por adotar uma atitude prática com relação a essas dificuldades evidentes. Admite que deve empenhar-se mais em descobrir as atitudes mentais subjacentes à legislação do que os estados de espírito de pessoas que ele encontra em bares; que às vezes deve decidir por julgamentos de probabilidade especulativa, não de certeza prática; e que em alguns casos deve admitir não possuir nenhum indício útil de qualquer estado de espírito pertinente e então estar preparado para decidir esse caso particular de algum outro modo. Não insistirei nessa dificuldade probatória. É o menor dos problemas de Hermes.

Quem são os autores de uma lei?

Antes de buscar a comprovação de ideias passadas, ele deve decidir que ideias eram essas. O estado de espírito de quais pessoas serviu para fixar a intenção que subjaz à Lei das Espécies Ameaçadas? Seria o dos membros do Congresso que a promulgaram, inclusive daqueles que votaram contra? Seriam as idéias de alguns – por exemplo, daqueles que falaram, ou falaram com mais frequência nos debates – mais importantes que as ideias de outros? Que dizer dos funcionários e auxiliares administrativos que prepararam os projetos iniciais? E o que dizer do presidente que assinou o projeto e o transformou em lei? Será que suas intenções não têm mais valor que a de qualquer senador em particular? E o que dizer dos simples cidadãos que escreveram cartas a seus congressistas, prometeram ou ameaçaram votar a favor ou contra eles, fazer ou negar-se a fazer contribuições de campanha, dependendo do modo como eles votassem? E quanto aos vários *lobbies* e grupos de ação que desempenharam seu papel, atualmente considerado normal? Qualquer visão realista do processo legislativo inclui a influência desses grupos; se eles contribuíram para a elaboração da lei, será que Hermes tem alguma boa razão para não levar em conta suas intenções ao determinar que lei eles criaram?

Há uma complicação adicional. Uma lei deve sua existência não apenas à decisão de algumas pessoas para promulgá-la, mas igualmente à decisão de outras pessoas, posteriormente, no sentido de não a emendar ou revogar. É claro que o termo "decisão" pode ser muito forte para descrever as atitudes negativas que permitem a permanência da maioria das leis, algumas vezes muito tempo depois de terem sido úteis. Elas sobrevivem por desatenção e omissão, mais do que por qualquer decisão coletiva inconsciente. Contudo, mesmo a desatenção pode refletir um certo entendimento comum sobre o interesse e as consequências detalhadas de uma lei, que é diferente do entendimento que tinham os legisladores que primeiramente a aprovaram; em casos mais extremos, quando as pessoas fizeram campanha para emendá-la ou rejeitá-la, a decisão de deixá-la em vigor pode ser mais ativa e explícita. Será que Hermes deveria levar em consideração as intenções dos vários legisladores que poderiam ter revogado a lei no decurso de anos e décadas, mas não o fizeram?

Essas não são questões acadêmicas. Hermes precisa responder-las antes de poder colocar em prática a teoria da intenção do locutor. Ele não pode encontrar respostas perguntando de que modo aqueles cujas intenções são pertinentes responderiam a elas, uma vez que está tentando descobrir quais intenções são importantes. Não tem escolha a não ser confrontar essas questões no estado de espírito que se segue. Ele tem opiniões sobre a influência que as atitudes, crenças e ambições de grupos particulares de autoridades e cidadãos deveriam ter no processo de legislação. Verá que um conjunto de escolhas que poderia fazer sobre qual intenção deveria valer ao calcular a intenção legislativa iria, se os juízes o aceitassem de modo geral, levar esse processo mais próximo de seu ideal, e que outro conjunto de escolhas empurrá-lo-ia para mais longe. Uma vez que a teoria da intenção do locutor por si só não decide quais as intenções que valem, Hermes seria perverso se escolhesse quaisquer respostas do segundo conjunto, em detrimento do primeiro[2].

Assim, seus juízos sobre as ideias que contam serão sensíveis a seus pontos de vista sobre a antiga questão de se os legisladores representativos devem ser guiados por suas próprias opiniões e convicções, responsáveis apenas perante suas próprias consciências, e sobre uma questão mais recente, a de se os *lobbies*, os conluios e os comitês de ação política representam uma corrupção do processo democrático ou expedientes positivos para tornar o processo mais eficiente e eficaz. Seus juízos também serão sensíveis a suas convicções sobre a importância relativa da equidade, do modo como ele a concebe, e à certeza quanto à legislação. Ele poderia ser levado a preferir um número menor daqueles cuja intenção deve ser levada em conta – eliminando, por exemplo, tanto os lobistas

---

2. Tampouco ele encontraria respostas independentes de suas próprias convicções ao tentar ver o que fizeram seus colegas juízes, pois a prática difere entre eles. Precisaria interpretar a prática dos demais juízes da maneira descrita nos dois últimos capítulos, e fazer essencialmente os mesmos juízos sobre a equidade política ao decidir qual interpretação mostrou a prática judicial sob uma perspectiva melhor em termos gerais.

contemporâneos quanto os legisladores que posteriormente poderiam ter revogado a lei, mas não o fizeram –, não porque acredite que seja mais justo o processo legislativo que ignore a pressão pública, ou seja insensível à mudança, mas porque um número maior tornaria a ideia da intenção legislativa demasiado vaga ou informe para ter algum uso prático em esclarecer uma legislação ambígua.

Como se combinam?

Suponhamos que Hermes decida, no final, que somente devem valer as intenções dos congressistas que votaram pela lei quando esta foi adotada, e que as intenções de todos eles devem ter o mesmo peso. Suponhamos agora que ele descubra que as intenções pertinentes diferiam inclusive dentro desse grupo seleto. Alguns congressistas pretendiam que o ministro tivesse o poder de barrar qualquer projeto que quisesse; outros, que ele tivesse o poder de barrar um projeto se tal decisão não fosse claramente irracional; e outros, ainda, que não tivesse poder algum sobre nenhum projeto iniciado antes de ele ter apontado uma espécie ameaçada por tal projeto. A teoria da intenção do locutor exige que Hermes combine essas múltiplas opiniões em alguma intenção grupal mista. Será que ele deve usar uma abordagem de "intenção da maioria", de modo que a intenção institucional seja a de um grupo qualquer, se é que tal grupo existe, que fosse grande o bastante para aprovar a lei, mesmo que fosse o único grupo a votar em favor dela[3]? Ou um esquema de "pluralidade" intencional, de modo que a opinião do maior dos três grupos valesse como a opinião da legislatura mesmo que os outros dois grupos, somados, fossem muito maiores? Ou alguma abordagem de "intenção representativa", que pressupõe o mito de um legislador médio ou representati-

---

3. Comparar com a teoria de "intenção de voto" desenvolvida por P. Brest em "The Misconceived Quest for the Original Understanding", 60 *Boston University Law Review* 204, 212-15 (1980).

vo cuja opinião seja mais próxima daquelas da maioria dos legisladores, embora não idêntica à de nenhum deles? Neste caso, como seria construído o mito desse legislador médio? Existem vários outros caminhos possíveis para combinar intenções individuais numa intenção grupal ou institucional. De que modo Hermes deveria decidir-se por alguma delas? Mais uma vez, ele deve confiar em seu próprio julgamento político. Suponhamos que, devido a sólidos princípios de teoria democrática, ele pense que não se devem fazer mudanças no *status quo* dos direitos das pessoas, a menos que a maioria dos legisladores pretendesse essas mudanças. Essa opinião o faria inclinar-se para a teoria da intenção da maioria. Suponhamos porém que, de modo contrário, ele pense que os direitos das pessoas devam aproximar-se, tanto quanto possível, daqueles que a maioria dos legisladores considera adequados. Neste caso, ele seria atraído pelo ponto de vista da intenção representativa, pelo menos enquanto oposto ao ponto de vista da intenção da maioria, pois iria preferir que as pessoas estivessem na posição contemplada pela intenção representativa – mesmo que, quanto aos detalhes, se tratasse da intenção de menos da maioria – a que permanecessem no *status quo* que ninguém planejou.

Qual estado de espírito? Esperanças e expectativas

Suponhamos, contudo, que o problema da combinação de intenções se resolva deste modo. De alguma forma, Hermes sabe que cada membro da maioria que votou em favor da Lei das Espécies Ameaçadas tinha exatamente as mesmas opiniões, de modo que se descobrir a intenção de um deles (a da senadora Smith, por exemplo), terá descoberto a intenção de todos. Suponhamos igualmente que Smith nunca tenha emitido suas opiniões de maneira formal, nos relatórios das comissões ou nos debates legislativos, por exemplo, mas que Hermes tenha algum outro modo de descobrir quais eram suas opiniões. Agora, ele precisa confrontar-se com a questão mais difícil. A vida mental de Smith é complexa; quais de suas crenças, atitudes ou outros estados de espírito constituem sua "intenção"? Já exploramos a questão da intenção no capítulo II; afirmei que, em alguns contextos, as intenções não estão limitadas a estados de espírito conscientes. Contudo, a teoria da intenção do locutor liga a intenção à imagem de legisladores pretendendo comunicar alguma coisa em particular e, assim, almeja descobrir o que se poderia pensar que um legislador realmente tinha em mente quando se exprimiu através de seu voto.

Em certo sentido, porém, o legislador comum, aquele do último escalão, não está absolutamente na posição de um interlocutor comum. As pessoas que conversam entre si da maneira habitual podem escolher suas palavras e, portanto, escolher as palavras que esperam ter o efeito que desejam. Têm a expectativa de serem entendidas do modo como esperam ser. Mas certas pessoas não são donas de suas palavras: um refém que telefona sob a ameaça de um revólver pode ter muita esperança de não ser entendido do modo como prevê. Ou alguém que assine uma carta coletiva que não pode reescrever pelo grupo, ou o autor dessa carta, que a redige para atrair o maior número possível de assinaturas. Os legisladores encontram-se frequentemente nessa posição. Um congressista que votou a favor da Lei das Espécies Ameaçadas pode ter lamentado que ela não contivesse nenhuma cláusula declarando que o ministro não poderia interromper projetos custosos uma vez começados, embora ele não tivesse tido poder ou tempo para inserir tal cláusula. Nesse caso, seria lícito para ele prever que a lei será interpretada de modo a concretizar seus piores temores, mas espera que tal não ocorra. Portanto, ele não é como alguém que opta por comunicar uma ideia, um pensamento ou desejo. Ocupa uma posição intermediária entre o locutor e o ouvinte. Precisa decidir qual pensamento espera-se que exprimam as palavras que estão no papel diante dele, e então decidir se deseja que a mensagem seja enviada ao público e às autoridades, inclusive juízes, tendo como única alternativa realista a de não enviar mensagem alguma. Essa mudança de papel é importante, pois ele trata o documento, e não a si próprio ou a alguma outra pessoa, como o autor da mensagem que concorda em enviar.

Hermes pensa que precisa decidir se a intenção pertinente de um congressista diz respeito às esperanças deste ou a suas expectativas quando estas se separam. Suponhamos que Smith tenha compreendido que a Lei das Espécies Ameaçadas, do modo como foi redigida, poderia ser interpretada de forma a atribuir ao ministro o poder de barrar projetos já quase concluídos; ela espera que assim não seja, mas sua expectativa é de que será. (Ela não sugeriu nenhuma emenda, vamos supor, porque não sabia quantos outros compartilhavam suas esperanças, ou porque temia outras emendas se ela o fizesse, ou porque achava que o problema não justificava um atraso.) Hermes poderia ser tentado, por um momento, pela ideia de que, nessas circunstâncias, as intenções de Smith têm mais afinidades com suas esperanças do que com suas expectativas. Afinal de contas, ele poderia pensar, a legislação deveria expressar a vontade da maioria dos legisladores, e a vontade é mais uma questão de esperança que de previsão. Mas ele sabe que as esperanças dos congressistas frequentemente não aumentaram sua reputação. Smith pode ter votado a favor da Lei das Espécies Ameaçadas por temer a oposição do *lobby* conservacionista na eleição seguinte, ou talvez porque soubesse que seus eleitores queriam que ela votasse assim. Se foram essas as suas razões, pode ter esperado que a lei fosse interpretada da maneira mais restritiva possível, porque a achava tola ou porque a lei representava más notícias para as corporações controladas por seus amigos. Desse modo, Hermes poderia inclinar-se para o ponto de vista aparentemente oposto, de que as intenções de Smith têm a ver com a maneira como ela prevê que a lei será entendida. Afinal, se ela votou a favor de uma lei que, segundo prevê, terá consequências particulares, então concordou com essas consequências, ainda que as tenha lamentado, como parte de um acordo inclusivo geral que ela prefere àquilo que, como acredita, seria a alternativa. Assim, uma teoria da intenção legislativa construída sobre previsões parece assegurar que a maioria dos legisladores terá concordado com a lei do modo como foi aplicada. Mas o entusiasmo de Hermes com a solução da expectativa terá vida curta, uma vez que, assim como as esperanças de um legislador podem refletir ambições egoístas que não cabem em nenhuma teoria aceitável da interpretação legislativa, suas expectativas podem estar baseadas em previsões que tampouco têm lugar em nenhuma teoria desse tipo. Smith pode prever que a Lei das Espécies Ameaçadas será interpretada de modo restritivo só porque pensa, com razão ou não, que o primeiro caso de aplicação da lei será apresentado a juízes anticonservacionistas. Em qualquer caso, a solução da expectativa seria paradoxal, se geralmente aceita. Se está entendido que os juízes irão aplicar uma lei obscura sempre do modo como a maioria dos congressistas prevê que ela será aplicada, como uma questão de fato psicológico, então um juiz deve decidir o que Smith previu que ele faria, ou seja, o que ela previu que ele iria pensar que ela havia previsto que ele faria, e assim por diante, indefinidamente. Isto constitui um enigma para a teoria dos jogos, mas não uma técnica prática para a compreensão das leis. Os legisladores só podem prever de maneira útil como os juízes irão interpretar suas leis se pensarem que os juízes estarão usando um método de interpretação das leis que independe de suas previsões[4].

Nesse momento, Hermes encontra-se diante de uma certa dificuldade. Começou por aceitar que deveria acatar a intenção legislativa, descobrindo, combinando e aplicando o estado de espírito de algumas pessoas no passado. Mas não pode identi-

---

4. Sem dúvida, se houvesse uma regra estabelecida e fixa sobre como interpretar leis como a Lei das Espécies Ameaçadas, uma regra que determinasse, por exemplo, que os juízes devem interpretar a lei "estritamente" para dar ao ministro o mínimo poder possível, então os congressistas certamente usariam tal regra para prever o que aconteceria a suas leis no tribunal. Se Hermes acatasse a regra, estaria fazendo o que os legisladores esperavam, mas não porque eles o esperavam. A regra explicaria tanto a decisão de Hermes como o que predisseram os juízes, mas explicaria ambos independentemente um do outro. Contudo, essa regra não existe e Hermes está, portanto, interessado em predições legislativas não apenas por se ajustarem a sua decisão, mas como fundamento dela. Essa é a opção que, como argumento, denotaria a si mesma.

ficar esses estados de espírito nem com as esperanças, nem com as expectativas dessas pessoas, quando as esperanças e expectativas se dividem. Nem mesmo (como ele verá agora) quando elas se unem, uma vez que os múltiplos argumentos que o levaram a rejeitar as esperanças, ou apenas a técnica das expectativas, mantêm-se com igual firmeza contra as duas reunidas. Smith poderia esperar uma interpretação restritiva da lei, já que isso beneficiaria seus amigos e colaboradores, e prever que assim seria porque acredita que os primeiros casos serão decididos por juízes anticonservacionistas. Parece errado tomar como decisivas suas opiniões, mesmo quando elas combinam suas esperanças e previsões desse modo. Hermes encontrará rapidamente uma escapatória desse dilema aparente em uma nova ideia: de que a teoria da intenção do locutor na interpretação estatutária requer que se considere que as intenções de Smith residem em suas *convicções*, ou seja, suas crenças em relação ao que exigiriam a justiça ou a política bem fundada, que podem, é claro, ser diferentes tanto de suas esperanças quanto de suas expectativas. Quando Hermes seguir essa direção, irá desenvolver um método de interpretar as leis um tanto diferente daqueles que considerou até agora.

Estados de espírito contrafactuais

Vou supor, contudo, que ainda não lhe tenha ocorrido essa ideia, e que ele ainda esteja se debatendo com esperanças e expectativas. Até o momento, ele fez a suposição pouco razoável de que Smith realmente tivesse alguma esperança pertinente, ou realmente tivesse feito alguma previsão quando deu o seu voto. Percebeu que pode não ter sido assim, que ela pode não ter pensado em nenhuma barragem inacabada, não mais do que os legisladores que votaram na lei dos testamentos pensaram em assassinos como Elmer. Assim, como Hermes avaliaria sua intenção? Muitos juristas afirmam que nessas circunstâncias os juízes deveriam colocar uma questão *contrafactual* deste tipo: o que Smith teria pretendido se tivesse pensado no problema? A melhor resposta para uma questão contrafactual pode ser a de que não existe resposta. Se Smith nunca pensou a respeito do *snail darter*, então não pode ser falso nem verdadeiro que ela quisesse preservar esse peixe se tivesse pensado nele[5]. Às vezes, porém, as questões contrafactuais têm boas respostas. Podemos imaginar facilmente que, se ela tivesse pensado no problema, teria desejado preservar o peixe, ou, ao contrário, que a represa fosse concluída e aberta. Ou, então, que teria esperado que os tribunais protegessem o peixe ou, ao contrário, que eles permitissem que se abrisse a represa. Mas, uma vez que Hermes já decidiu que a intenção de Smith não é questão de suas esperanças ou expectativas reais, ele também não irá pensar que seja uma questão de suas hipotéticas esperanças ou expectativas contrafactuais. Portanto, ele poderia ser tentado a interpretar deste modo a questão contrafactual pertinente: se uma emenda tivesse sido introduzida, especificando que o ministro não tinha poder para interromper a represa da Administração do Vale do Tennessee quando esta estivesse quase terminada, será que Smith teria votado a favor ou contra a emenda? Afinal de contas, foi um acidente lamentável que ninguém tenha pensado no problema e introduzido tal emenda, e parece sensato perguntar-se o que teria acontecido se o acidente não tivesse ocorrido.

Mas Smith poderia ter votado a favor ou contra qualquer emenda como essa por uma série de motivos: porque estava ansiosa para retardar o recesso do Congresso, por exemplo, ou porque não queria contrariar seu autor, de cuja ajuda necessitava em outras questões, ou porque estava sendo chantageada por alguém que, por acaso, era um alto funcionário da AVT. Parece estranho fazer com que a aplicação da lei dependa de seu voto contrafactual por algum desses motivos. Há uma dificuldade ainda mais básica: como ela teria votado dependeria,

---

5. Para uma excelente apresentação das dificuldades para determinar a verdade ou a falsidade de declarações contrafactuais, cf. Nelson Goodman, "The Problem of Counterfactual Conditionals", em *Fact, Fiction and Forecast* 1-27 (4.ª ed., Cambridge, 1983).

sem dúvida, de quando e em quais circunstâncias a emenda teria sido proposta, e também de como teria sido formulada. Ela poderia ter votado a favor se a emenda tivesse sido proposta no início do processo, mas não no final, pois então ela não teria desejado retardar a tramitação do projeto de lei como um todo. Ou, então, apesar de suas reservas, talvez houvesse votado a favor se a emenda tivesse sido proposta como parte de um pacote de emendas que contivesse outras que ela desejasse muito aprovar. Hermes deve, portanto, formular alguma questão contrafactual mais clara: precisa dizer algo mais, e não simplesmente que foi um acidente o fato de nenhuma emenda ter sido introduzida; precisa estabelecer qual emenda, em sua opinião, teria sido introduzida se tal acidente não tivesse ocorrido. Não há nenhuma resposta razoável para esta questão. Seria arbitrário supor, por exemplo, que se o problema tivesse sido conhecido, uma emenda esclarecedora teria sido proposta pouco antes da votação final. Deveria ele então dizer que a intenção de Smith só teria incluído um parecer particular sobre o *snail darter* se ela tivesse votado a favor de uma emenda a esse respeito, não importando quando, ou sob quais circunstâncias, tenha sido apresentada? Há nisso um excesso de rigor: nenhuma medida poderia ser aprovada nesse teste. De fato, pareceria muito forte inclusive dizer que os legisladores de Nova York teriam aprovado uma emenda impedindo os assassinos de herdarem, sem levar em conta o momento e as circunstâncias em que tal emenda foi proposta.

 A segunda contingência que mencionei – sobre a formulação da emenda hipotética – é ainda mais problemática. Pressupus que tivessem pedido a Smith que votasse uma emenda excluindo de modo específico o projeto da AVT do controle do ministro. Mas é extremamente improvável que se apresentasse qualquer emenda tão específica assim. É mais provável que uma emenda tivesse isentado qualquer projeto autorizado antes que as espécies em questão tivessem sido reconhecidas como ameaçadas, ou qualquer projeto cuja construção tivesse realmente se iniciado antes daquela data, ou qualquer projeto que tivesse sido substancialmente concluído. Ou que uma emenda tivesse previsto que, no caso de projetos já autorizados (ou talvez já iniciados), o ministro deveria exercer seu poder "de forma razoável", considerando a importância das espécies e do projeto, o andamento da obra, a quantidade de capital já investido no projeto, e assim por diante. Poderia ter havido incontáveis outras emendas, que, se adotadas, poderiam justificar uma exceção para o projeto da AVT. Smith teria votado a favor de algumas dessas emendas, se tivessem sido propostas e se ela tivesse estado presente para votar, e contra outras. Ainda uma vez, Hermes precisaria escolher uma forma particular de emenda como apropriada para decidir se Smith teria votado a favor ou contra a AVT, caso se tivesse apresentado uma emenda conveniente; ainda uma vez, qualquer escolha seria arbitrária.

Convicções

Um novo começo

Retornemos agora à nova ideia que Hermes estava prestes a ter antes que eu o fizesse pensar nas intenções contrafactuais. Ele não voltaria seu interesse para as esperanças ou expectativas de Smith, ou para o que ela teria feito em circunstâncias que não se verificaram, mas sim às convicções políticas que a levaram a votar a favor da lei, ou que a teriam levado a fazê-lo se ela tivesse votado por princípio. Podemos pressupor que Smith tinha uma variedade de crenças e atitudes com relação à justiça e à equidade, e sobre as políticas de preservação ambiental que seriam mais eficazes para tornar a comunidade melhor em seu conjunto. Não quero dizer que ela tivesse uma teoria política, moral e econômica completa. Suas convicções sobre justiça, equidade e sabedoria política poderiam ter sido equivocadas e incompletas, derivando mais de uma intuição ou instinto impulsivos do que de conclusões filosóficas amadurecidas. Em todo caso, porém, ela tinha convicções desse tipo, o que é perfeitamente compatível com o fato de ela ter os outros motivos que imaginei anteriormente: o desejo de fazer progredir sua própria carreira política ou financeira, ou a fortuna política de seu partido, ou a prosperidade de seus amigos que controlam grandes corporações. Isso é também coerente com o fato de ela agir, de vez em quando ou com mais frequência, levada por esses outros motivos, e não por suas próprias convicções.

A nova proposta de Hermes considera que a "intenção" de Smith ao votar a favor da Lei das Espécies Ameaçadas baseia-se naquelas convicções que justificariam seu voto, se é que alguma delas o faria. Agora, quando descobre que ela não pensou no *snail darter*, não tem nenhuma necessidade de especular, de forma contrafactual, sobre o que ela teria desejado ou esperado, ou como teria votado. Ele pode colocar uma questão inteiramente não contrafactual: qual é a posição, quanto ao poder do ministro de interromper uma barragem não terminada, que decorre mais naturalmente das convicções políticas de Smith, tanto quanto ele foi capaz de descobri-las? Mesmo que nunca tivesse ouvido falar do *snail darter*, poderia ter tido convicções a respeito desse problema: poderia ter acreditado, por exemplo, que a conservação das espécies é um tema de importância fundamental, que seria uma catástrofe nacional permitir o desaparecimento de qualquer espécie que pudesse ter sido preservada. Nesse caso, Hermes teria razão em concluir que suas convicções reais, do modo como se mostraram até o momento, conviriam mais à proteção do peixe do que da represa. Assim, a abordagem por meio das convicções evita os procedimentos contrafactuais, frequentemente misteriosos e sempre arbitrários, tão comuns nos manuais sobre a interpretação das leis. Hermes preferirá a interpretação das convicções às outras que também considerou em bases mais gerais, pois tal interpretação se ajusta muito melhor aos objetivos de uma comunidade de princípios. Os membros de tal comunidade esperam que seus legisladores atuem com base em princípios e com integridade, e esse objetivo é promovido se a legislação for aplicada à luz não das ambições pessoais que prevalecem entre os legisladores, mas das convicções predominantes na legislatura como um todo.

AS LEIS 395

Ao adotar a interpretação das convicções, em decorrência dessas múltiplas razões, Hermes distanciou-se muito da imagem original da legislação enquanto comunicação. Os votos de Smith deveriam ser a evidência de suas convicções, mas não são a declaração destas da maneira que as frases de um interlocutor são declarações do pensamento que ele utiliza para expressar.

Convicções conflitantes e dominantes

Contudo, a nova ideia de Hermes dá origem a novos problemas. As convicções políticas de Smith, embora grosseiras e incompletas, não são apenas crenças e atitudes aleatórias, arroladas como uma lista de compras. Ela possui uma multiplicidade de opiniões sobre o que é justo ou injusto, sábio ou tolo, favorável ou contrário ao interesse nacional ou coletivo, mas para ela essas opiniões têm uma estrutura hierárquica: lida com elas como se algumas fossem mais básicas e fundamentais que outras, e algumas dependentes de outras, ou dando-lhes suporte, ou ambos. A menos que seja uma moralista hercúlea, essas múltiplas opiniões não serão perfeitamente coerentes. Ou então – o que tem mais a ver com a questão da qual nos ocupamos no momento – elas parecerão perfeitamente coerentes a qualquer um que pretenda, como Hermes deve fazê-lo, revesti-las da única estrutura justificadora coerente que a integridade exige. As opiniões de Smith sobre a política preservacionista poderiam parecer a ele estar em profundo conflito com os pontos de vista dela sobre até que ponto é justo e razoável para o governo impor padrões estéticos nacionais, como o exprimem suas declarações ou votos sobre o direito de construir ou o zoneamento. Ou então com suas convicções, expressas em declarações ou votos, sobre o governo local ou a política de impostos, sobre até que ponto os interesses econômicos de determinada localidade devem ser sacrificados às preferências de uma maioria nacional cuja maior parte não sofrerá nenhum prejuízo financeiro comparável. Ou com seus pontos de vista sobre a equidade política, sobre até que ponto se permite que o governo conduza, em vez de seguir, a opinião nacional no estabelecimento de alguma concepção do que seja o interesse público, como sugerem suas opiniões e votos sobre subsídios nacionais para as artes, por exemplo.

Nenhum desses conflitos potenciais preocupava Hermes quando ele se propôs considerar as várias opiniões de Smith como esperanças ou expectativas, ou quando tentou descobrir como ela teria votado se a questão do *snail darter* tivesse sido levantada. Seus primeiros motivos para considerar importante saber se ela teria votado em favor de uma emenda específica, caso esta tivesse sido apresentada, não teriam sido abalados se aquele voto contrafactual tivesse sido incoerente com outros votos. Mas a nova abordagem das convicções é diferente. Hermes agora acredita que as leis devem ser interpretadas para favorecer os objetivos de uma comunidade de princípios, ou seja, que devem ser interpretadas de modo a expressar um esquema coerente de convicção dominante dentro da legislatura que as aprovou. Está pressupondo que os pontos de vista de Smith são representativos dos de seus colegas; se ele desconfiar que algumas de suas opiniões concretas conflitam com suas convicções políticas mais gerais e fundamentais, e são condenadas por elas, deve questionar-se sobre qual interpretação da lei atenderia melhor a todas as convicções de Smith tomadas em conjunto, como um sistema estruturado de ideias, tornado coerente tanto quanto possível.

Essa é uma conclusão importante, pois, como veremos dentro em pouco, irá conduzir Hermes firmemente em direção aos métodos interpretativos de Hércules para a interpretação de uma lei, métodos que Hermes de início rejeitou. Devemos fazer uma pausa, contudo, para apontar um erro lógico que poderia ser utilizado para negar sua importância: refiro-me ao engano de se pensar que as múltiplas convicções de Smith nunca podem estar realmente em conflito umas com as outras.

Começo pela descrição de uma forma incipiente desse erro, que ninguém estaria tentado a cometer. Suponhamos que Smith acredite, assim como acabamos de imaginar, que a preservação das espécies é uma questão de tamanha importância que a nação deve fazer grandes sacrifícios para atingir esse objetivo. Ela refletiu sobre o *snail darter* e acredita que a barragem da AVT deveria ser concluída e aberta. É óbvio que cometeu um erro factual: talvez não tenha entendido, por exemplo, que a represa teria destruído os únicos hábitats desse peixe. Sabendo que ela cometeu um erro factual desse tipo, achamos correto afirmar que sua convicção concreta, de que a represa deve ser aberta, entra em conflito com sua convicção mais abstrata, de que as espécies devem ser preservadas a qualquer custo. Agora, consideremos esta objeção absurda a essa conclusão. "As opiniões de Smith não estão em conflito, pois sua primeira convicção não condena todas as ações que realmente ameaçam espécies, mas apenas aquelas que ela *pensa* que ameaçam espécies. Assim, embora tenha cometido um engano quanto ao impacto da represa sobre o *snail darter*, ela não é culpada de nenhuma contradição, e Hermes apoia suas convicções ao permitir que a represa seja aberta." O absurdo está na concepção que essa objeção tem do conteúdo de uma convicção. Pode-se dizer que Smith *sabe* que ela se opõe apenas aos atos que, em sua opinião, ameaçam as espécies; queremos dizer que esses atos são os únicos que ela *entende* como condenáveis por suas convicções. Mas é enganoso apresentar sua convicção em si – o significado que ela lhe atribui – como a convicção de que apenas são ruins os atos que ela acredita ameaçar as espécies. Algo só pode ser considerado como convicção de uma pessoa se esta reconhece que o que realmente deriva dessa convicção depende daquilo que é de fato verdadeiro, e não daquilo que pensa ser verdade.

Aqui, a diferenciação entre conhecimento e convicção é fundamental. Comparemos os dois argumentos seguintes. (1) Édipo matou o homem que encontrou no cruzamento entre duas estradas. O homem que ele encontrou no cruzamento era seu pai. Logo, Édipo matou seu pai. (2) Édipo sabia que estava matando o homem que encontrou no cruzamento. O homem que ele encontrou no cruzamento era seu pai. Logo, Édipo sabia que estava matando o pai. O primeiro argumento é válido, mas o segundo não, já que não podemos substituir diferentes afirmações, mesmo que se refiram à mesma coisa, em proposições que descrevem não o que uma pessoa fez, mas o que ela pensou ou sabia. (Os filósofos classificam os contextos de pensamento ou conhecimento como "opacos", e não "transparentes".[6]) O argumento que se segue é inválido pelo mesmo motivo: uma vez que Smith acredita que projetos que ameaçam espécies devem ser suspensos, e esse projeto ameaça espécies, Smith acredita que esse projeto deve ser suspenso. Mas as declarações *de* convicções, do modo como as fazem as pessoas cujas convicções elas representam, são transparentes à substituição, e assim não é incorreto nem enganoso, mas ao contrário perfeitamente correto, dizer que Smith "está comprometida" com a suspensão da represa, ou que "decorre" de suas convicções que a represa deve ser interrompida.

Assim, podemos rejeitar sem problemas a objeção que chamei de absurda, pois tem por base um erro sobre a lógica das declarações de convicção. Precisamos, contudo, estar precavidos contra a mesma objeção, que tem por base o mesmo erro, em um contexto diferente no qual ela possa, inicialmente, parecer mais plausível. Suponhamos que Smith tenha um conjunto mais moderado de convicções. Ela acha importante – mas não absolutamente importante – que se preservem as espécies, e que é por isso que o ministro não deveria ter o poder de proteger espécies de pouca importância quando isso fosse totalmente "irracional", devido aos efeitos sobre as finanças públicas e outros objetivos públicos. Ela também acha que o projeto da AVT deveria ser suspenso para preservar o *snail darter*. Presumimos que ela não cometeu nenhum engano "factual", mas seu julgamento de que não seria irracional interromper a represa nessas circunstâncias talvez seja incoerente com outras opiniões que Hermes pode, sensatamente, atribuir-lhe. Em outras ocasiões, ela pode ter votado de um modo que pressupõe uma opinião muito diferente sobre a importância

---

6. Para uma discussão dos contextos opacos, cf. W. V. O. Quine, *Word and Object*, 140-56 (Cambridge, Mass., 1960).

relativa da preservação e dos gastos públicos. Pode ter votado contra medidas de preservação muito menos onerosas e a favor de cortes em importantes despesas públicas que economizariam muito menos dinheiro do que a quantia que seria gasta interrompendo-se a represa. Hermes então pensará que sua opinião específica sobre o *snail darter* é incoerente com suas convicções gerais, que mais uma vez ela cometeu um erro ao aplicar essas convicções gerais a este caso particular, embora seu erro tenha, agora, um caráter distinto.

Ainda uma vez poder-se-ia objetar que suas opiniões não são conflitivas, porque embora ela pense que os projetos não devem ser interrompidos quando não é razoável fazê-lo, não acha que não seria razoável interromper a construção da barragem da AVT. Mas esta não é uma objeção melhor aqui do que o era há um instante. Adota o ponto de vista errado do conteúdo da convicção abstrata de Smith. Ela não acha que o ministro não deveria ter nenhum poder de tomar decisões que *ela* considera irracionais – o que seria uma opinião surpreendente –, mas sim que ele não deveria ter o poder de tomar decisões que são, *de fato*, irracionais. Nenhuma outra interpretação de sua convicção a explica como convicção, e não faz nenhuma diferença a esta altura que a convicção seja expressa em linguagem "de julgamentos" sobre a razoabilidade, em vez de na linguagem "factual" sobre as reais consequências da nova barragem. Hermes deve perguntar-se ainda se essa convicção específica sobre o *snail darter* é coerente com as convicções mais abstratas de Smith sobre a razoabilidade em geral, e, se não o for, quais dessas convicções ele deve aplicar.

Em direção a Hércules

Se, para Hermes, é um problema de interpretação tentar encontrar a convergência de opiniões sobre a importância relativa das espécies e outros objetivos que expliquem a conduta política de Smith como um todo, ele provavelmente irá decidir que, no conjunto mais amplo de suas opiniões gerais, a opinião dela sobre o *snail darter* é um erro. Para ele, então, a melhor maneira de respeitar o conjunto de suas convicções consiste em ignorar sua opinião concreta sobre o *snail darter* e permitir a abertura da represa. Que outro motivo teria para adotar a decisão contrária – de que ele atenderá melhor às convicções dela se acatar essa opinião concreta? (Lembremo-nos de que ela nunca exprimiu sua opinião concreta de modo oficial; Hermes sabe apenas que ela a tem, assim como sabe que ela tem outras convicções mais gerais que ele julga incoerentes com a primeira.) Alguém poderia dizer: quando juízes e legisladores discordam sobre *qualquer* assunto, o princípio da supremacia do legislativo afirma que a opinião dos legisladores deve prevalecer. Smith e Hermes divergem sobre algo, isto é, se a opinião dela sobre o *snail darter* é coerente com suas opiniões mais gerais sobre um governo razoável. Ela não acha que sejam incoerentes. Assim, se Hermes ignora sua opinião específica sobre o *snail darter*, substitui a opinião dela sobre coerência pela sua própria, e é isso exatamente que os juízes não devem fazer.

Mas essa objeção repete a falácia que já apontamos por diversas vezes. Um juiz deve, em última instância, apoiar-se em suas próprias opiniões ao desenvolver e aplicar uma teoria sobre como interpretar uma lei. Ele não pode, sem entrar num círculo vicioso, submeter nenhuma parte da tarefa à apreciação dos legisladores, a cujas leis ele aplicará sua teoria para poder compreender. Hermes atingiu o ponto de seu argumento em que deve decidir sob quais circunstâncias as diferentes convicções de um legislador deveriam ser entendidas como conflitantes e, quando isso acontece, quais convicções preferir. Não pode submeter essa questão aos legisladores que têm tais convicções. Pois sua questão é saber se as opiniões deles estão em conflito, e não se eles acham que estão, e esse é um problema que ele precisa responder sozinho. Ele sabe, é claro, que sua opinião sobre quais das convicções de Smith são incoerentes é em si mesma controversa, que diferentes juízes tomariam essa decisão de modo diferente. Mas isso é inevitável, e não podemos evitá-lo aqui mais do que ao decidir outras questões já por nós apontadas – por exemplo, a quem considerar como legislador. Suas próprias convicções políticas, que essas várias questões envolvem, são as únicas que ele possui.

Desse modo, Hermes não tem outra opção a não ser estudar as convicções de Smith de um modo mais geral e interpretativo – observando como ela vota e o que diz em outras ocasiões sobre temas que parecem muito distantes daquele da preservação das espécies – para saber qual decisão, no caso *snail darter*, respeita mais suas convicções como um conjunto ou sistema. Ele pode terminar por desprezar aquilo que sabe ser a opinião específica de Smith sobre o *snail darter*. É claro que a evidência de que necessita para apoiar esse projeto interpretativo será fornecida principalmente pelos votos e pelas declarações da senadora, pela documentação acerca de sua ação legislativa ou pela evolução de suas ideias ao longo de sua carreira ou, se suas opiniões parecem ter mudado, de sua carreira recente. Ele perguntará qual sistema de convicções oferece, em conjunto, a melhor justificativa para o que ela fez no desempenho de suas funções. Agora vejamos como isso afeta sua decisão sobre um problema com o qual ele deparou anteriormente: a questão de combinar as "intenções" individuais de diferentes legisladores numa intenção geral ou institucional da própria legislatura.

"Resolvemos" esse problema para ele por meio de uma suposição impossível: que o problema não se coloca porque todos os legisladores que votaram a favor da lei tinham exatamente as mesmas "intenções". Se continuássemos a utilizar essa hipótese para resolver o problema combinatório, seria preciso revisá-la para levar em conta as novas conclusões de Hermes. Teríamos, então, que pressupor não apenas que cada legislador tinha as mesmas opiniões concretas sobre o *snail darter*, mas que cada um tinha o mesmo sistema mais geral de convicções políticas e morais, manifestas em votos semelhantes em toda a esfera das questões legislativas, o que é um absurdo. Assim, o problema combinatório parece apresentar-se mais uma vez, e Hermes poderia, por um breve segundo, considerar a nova resposta dada a ele: deve estudar a história política de cada legislador isoladamente, descobrir que ponto de vista sobre o poder do ministro para interromper a represa decorreria desse sistema de convicções gerais do legislador, depois que os conflitos tivessem sido identificados e resolvidos. Então, ele precisa escolher algum método para consolidar esses pontos de vista distintos numa concepção geral da própria legislatura. De repente, porém, ele se dá conta de que tem uma estratégia alternativa a utilizar, que oferece um caminho mais direto e muito mais exequível para atingir o mesmo objetivo. Pode exercitar sua imaginação interpretativa não na atuação legislativa de diferentes legisladores individualmente considerados, mas na atuação da própria legislatura, perguntando-se qual sistema coerente de convicções políticas justificaria melhor o que *ela* realizou.

Parecia um erro metafísico considerar como essencial a "intenção" da própria legislatura enquanto Hermes estava preso à versão do estado de espírito na teoria da intenção do locutor a propósito da intenção legislativa. Enquanto pensarmos que a intenção legislativa é uma questão daquilo que alguém tem em mente e deseja comunicar através de um voto, devemos considerar fundamentais os estados de espírito dos indivíduos, pois as instituições não têm espírito, e precisamos nos preocupar com o modo de consolidar intenções individuais numa intenção coletiva e fictícia de grupo. Mas Hermes abandonou a busca por estados de espírito ao decidir que a intenção pertinente de um legislador refere-se a suas convicções gerais, organizadas por uma interpretação construtiva, e não a suas esperanças, expectativas ou opiniões concretas distintas. A interpretação construtiva pode voltar-se para o histórico de instituições e práticas, tanto quanto dos indivíduos, e Hermes não tem nenhum motivo para atribuir convicções diretamente à própria legislatura.

Assim, Hermes tem duas estratégias a comparar. Pode construir uma "intenção" legislativa em duas etapas, interpretando o histórico dos legisladores individuais para descobrir as convicções que justificariam o que cada um fez, em seguida, combinando essas convicções individuais numa convicção institucional global. Ou em apenas uma etapa, interpretando o histórico da própria legislatura para descobrir as convicções que justificariam o que ela fez. Vai optar pela segunda dessas estratégias, pela razão que se segue. Se escolher a primeira, precisará de uma fórmula para combinar convicções individuais numa intenção grupal, e essa fórmula deve respeitar seus motivos para procurar uma estrutura de convicções gerais de um legislador, em vez de procurar as esperanças, expectativas ou opiniões concretas desse legislador, que são as mais diretamente pertinentes. Seus motivos são motivos de integridade; ele busca convicções gerais porque, numa comunidade de princípio, a legislação deve ser entendida, até onde for possível, como a expressão de um sistema coerente de princípios. Desse modo, a fórmula de que ele necessita para sua primeira estratégia é esta: deve combinar as convicções individuais de alguma maneira que ofereça o mais plausível conjunto de convicções a atribuir ao conjunto da legislatura, agindo como membro de uma comunidade de princípios. Mas isso significa que a primeira estratégia (implausível e difícil de manejar) fracassaria, a menos que de algum modo alcançasse o mesmo resultado que a segunda alcança de modo direto. O problema combinatório, que parecia tão desanimador, torna-se agora um falso problema; Hermes não precisa de nenhuma função combinatória de convicções de legisladores individuais porque, desde o início, interpreta o histórico da instituição, não o histórico de cada um deles. A notória doutrina da retórica judicial – de que as leis devem ser aplicadas observando-se as intenções por trás delas – mostra agora sua verdadeira natureza. É apenas o princípio da integridade na prestação jurisdicional que estudamos detalhadamente no capítulo VI, apresentado como lema para os juízes ao interpretarem as leis. Podemos deixar Hermes. Seu novo método precisa de uma minuciosa elaboração, mas esta não será feita por ele, uma vez que se tornou gêmeo de Hércules.

O método de Hércules

O método que, como afirmei, Hércules utiliza para a interpretação das leis parecia, à primeira vista, dar muito pouca atenção às verdadeiras opiniões e desejos daqueles que as converteram em direito. Examinamos portanto a versão mais ortodoxa da intenção legislativa, que chamei de teoria da intenção do locutor. Mas isso nos levou, passo a passo, de volta à ideia de Hércules de que as leis precisam ser lidas de algum modo que decorra da melhor interpretação do processo legislativo como um todo. Precisamos examinar o que isso significa na prática. Fazemos disso alguma ideia, pois já sabemos como Hércules interpreta os precedentes do *common law*. As leis, porém, são diferentes das decisões judiciais precedentes, e precisamos estudar qual o procedimento adotado por Hércules quando tem diante de si uma lei, e não um conjunto de decisões judiciais. O que ele faria no caso do *snail darter*?

Imagino que ele tenha suas próprias opiniões sobre todas as questões que envolvem a controvérsia do *snail darter*. Ele tem opiniões sobre a preservação em geral, sobre o poder público, sobre a maneira mais inteligente de desenvolver a área dos Apalaches, sobre a preservação das espécies – resumindo, sobre se seria melhor, depois de tudo considerado, interromper a represa da AVT. Suponhamos que ele queira que a represa seja interrompida não porque se preocupe com o *snail darter*, ou mesmo com a preservação das espécies, mas por motivos estéticos, pois prefere deixar intactos os cursos de água que a represa alteraria. (Alguns dos que pressionaram o ministro a declarar o *snail darter* uma espécie ameaçada certamente tinham esse motivo.) Será que seu método lhe permitiria afirmar que, já que a comunidade seria de fato mais bem atendida com a interrupção da barragem, a lei deveria ser interpretada como se concedesse tal poder ao ministro? Será que tal decisão não transforma a lei (pelo menos em sua opinião) no melhor de todos os exemplos de estadística?

De modo algum, já que Hércules não está tentando atingir aquilo que acredita ser o melhor resultado substantivo, mas sim encontrar a melhor explicação possível para um evento legislativo do passado. Ele tenta apresentar um exemplo de história social – o relato de uma legislatura democraticamente eleita que elabora um texto particular em circunstâncias particulares – sob a melhor luz geral possível, o que significa que sua descrição deve explicar o relato como um todo, não apenas o seu final. Logo, sua interpretação deve refletir não apenas suas convicções sobre a justiça e sobre o que é uma política de preservação inteligente – embora estas também tenham um papel a desempenhar –, mas também suas convicções sobre os ideais de integridade e equidade políticas e de devido processo legal, na medida em que estes se aplicam especificamente à legislação em uma democracia.

Integridade textual

Para Hércules, a integridade e a equidade irão balizar a justiça e a sabedoria de várias maneiras. A integridade exige que ele elabore, para cada lei que lhe pedem que aplique, alguma justificativa que se ajuste a essa lei e a penetre, e que seja, se possível, coerente com a legislação em vigor[7]. Isso significa que ele deve perguntar-se sobre qual combinação, de quais princípios e políticas, com quais imputações de importância relativa quando estes competem entre si, pode proporcionar o melhor exemplo para aquilo que os termos claros da lei claramente requerem. Já que Hércules está agora justificando uma lei, e não um conjunto de precedentes do *common law*, a restrição particular que identificamos no capítulo VII não mais se mantém. ele deve levar em consideração tanto as justificativas políticas quanto as de princípio, e, em alguns casos, poderia ser problemático decidir qual forma de justificativa seria mais

---

7. Essa forma de integridade poderia levá-lo a rejeitar uma interpretação que se aproximaria mais das intenções concretas do escrevente. Cf. a opinião dissidente do juiz Denning em *Macarthys Ltd. vs. Smith* [1979] 3 All E.R. 325, 330. Devo esse exemplo a Sheldon Leader.

apropriada. (Uma lei que subsidiasse a contracepção poderia justificar-se ou pelo respeito a supostos direitos que são violados quando os contraceptivos não se acham disponíveis, o que é uma questão de princípio, ou pela preocupação com o fato de que a população não cresça de modo demasiado rápido, o que é uma questão de política, ou ambas.) Mas a justificativa política que acabamos de imaginar sendo dada por Hércules, de que a finalidade da lei é proteger as áreas rurais de um desenvolvimento prejudicial ao ambiente, não se ajusta absolutamente ao texto. Pois é absurdo sugerir que um estadista ansioso para assegurar tal política escolheria o método fortuito, mesmo irracional, de proibir apenas e todos os projetos que ameaçam as espécies, sem considerar se produzem algum outro tipo de desordem, ou mesmo se são úteis, ao meio ambiente rural.

Qualquer justificativa competente da Lei das Espécies Ameaçadas deve apelar para uma política de proteção das espécies em perigo. Nenhuma interpretação que repudiasse essa política, ou a classificasse de pouca importância, nem mesmo poderia começar por justificar as disposições da lei, e muito menos seu nome[8]. Suponhamos que Hércules aceite isso, e

---

8. Embora a integridade seja, por definição, uma questão de princípio, Hércules deve preferir uma descrição de qualquer lei específica que também mostre um alto nível de coerência em política, pois de outro modo sua justificativa não mostra o fato legislativo sob uma luz favorável. Uma única legislatura que sancione uma única lei age de modo incoerente se atribui grande importância a uma política específica, impondo desse modo grandes custos e ônus para fomentá-la, mas ainda assim impõe ressalvas à política para evitar custos e ônus nitidamente menos importantes, sem ganhos correspondentes para nenhuma outra política. *A fortiori*, sem dúvida, Hércules deve respeitar a integridade de princípios. Deve esforçar-se por evitar tudo que lembre uma justificativa conciliatória que combine princípios contraditórios para explicar diferentes partes da mesma lei. Deve evitar isso, se puder fazê-lo de modo coerente com o texto, mesmo quando desconfiar que o texto da lei, enquanto fato histórico, foi um lapso na integridade, um acordo do mesmo tipo que ele deve tentar ignorar na lei que interpreta. Seus críticos vão dizer, então, que ele está tentando esconder a controvérsia histórica. Apesar de verdadeiro, esse comentário não pode servir de base para críticas; dizer que, no texto, a conciliação histórica comprometeu a verdadeira lei que o texto criou é a petição de princípio que temos discutido ao longo do capítulo.

mesmo assim pense que nenhuma política razoável de preservação das espécies exigiria a interrupção de uma represa, neste caso quase concluída. Ele não terá nenhuma dificuldade de apresentar uma política rival que justificasse tal ressalva: a política de que os fundos públicos não devem ser desperdiçados. Mas permanece a questão de se ele pode atribuir peso suficiente a essa política rival, dentro das dimensões do texto da lei, para incluir essa ressalva na justificativa geral; isso, por sua vez, vai depender de quanto peso deve atribuir à política principal, de preservação das espécies, para justificar o restante da lei. (Essa interdependência de política e peso explica grande parte da argumentação na Suprema Corte em torno do caso do *snail darter*.) Se o texto faz outras exceções ou ressalvas ao poder do ministro, mesmo que estas nada tenham a ver com seu poder de interromper projetos em curso, isso vai sugerir um menor grau de importância para a política principal e, assim, melhorar o argumento em favor da ressalva sobre o desperdício. Se, ao contrário, a lei enfatizar a importância da política principal ao aceitar expressamente sacrifícios em outras políticas importantes, ou mesmo princípios, com a finalidade de promover a política principal – por exemplo, se alguma outra parte da lei declara que o ministro não precisa considerar o impacto sobre o desemprego ao emitir suas ordens de proteção –, isso indicaria que nenhuma interpretação restritiva para excetuar o projeto da AVT pode encontrar um lugar na interpretação geral.

Equidade

Voltaremos às restrições da integridade. No momento, porém, voltemo-nos para a equidade. Vamos supor que Hércules se dedica à causa da preservação das espécies: em sua opinião, a perda de uma única espécie é um mal incalculável. Acha que seria muito melhor interromper a represa do que perder o *snail darter*; na verdade, preferiria que as enormes represas já em atividade fossem desmanteladas se isso ajudasse a salvar o peixe. Suponhamos que ele esteja satisfeito com o fato de que nada, no texto da Lei das Espécies Ameaçadas, contradiz seu ponto de vista sobre a importância da preservação das espécies. O poder do ministro não é limitado de nenhum modo explícito que sugira algo menos que uma enorme preocupação com a proteção. Disso não se segue que Hércules irá pensar que a melhor interpretação da lei, a interpretação que melhor se adapta à evolução das ideias do governo, é aquela que salva o *snail darter*. Sabe que seus próprios pontos de vista – ele é franco consigo mesmo – são excêntricos. Quase ninguém mais os compartilha. Assim, deve-se perguntar se é preferível que os legisladores busquem o resultado correto mesmo que este, na opinião dos eleitores, seja o resultado errado.

Ele sabe, sem dúvida, que os eleitores podem afastar um legislador de seu cargo no final do mandato se discordarem do que ele realizou. Mas isso não é um argumento: um erro não é justificado pela oportunidade de vingança. Nem o destino do *snail darter*, por mais importante que ele seja aos olhos de Hércules, envolve qualquer questão de princípio, de direitos que se poderia pensar que alguns cidadãos têm contra outros ou contra a comunidade como um todo. É uma questão de saber qual estado de coisas é melhor para todos: Hércules acredita que a vida de cada um fica empobrecida quando uma espécie é extinta, mas não acredita que o fato de permitir que uma espécie desapareça injustamente favoreça algumas pessoas em detrimento de outras. Assim, a preservação das espécies é o paradigma de um tipo de decisão que deveria ser ditada pela vontade do povo, um tipo de decisão que mesmo os legisladores que adotam o modelo de responsabilidade legislativa de Burke não deveriam impor a seus eleitores quando estes se unem em torno da opinião contrária. Se Hércules estiver de acordo, vai concluir que a análise da lei que supõe que o congresso condescendeu com um paternalismo injustificado seria pior que a avaliação em que se respeitasse a escolha popular, mesmo que, para Hércules, esta fosse a escolha errada.

Assim, em tais circunstâncias, as convicções de Hércules sobre a equidade colocam obstáculos importantes entre suas próprias preferências, mesmo aquelas que são coerentes com a linguagem da lei, e seu julgamento a respeito de qual interpretação é melhor, no final das contas. Uma vez que seu julgamento, nessa situação, é sensível à opinião pública geral, é igualmente sensível, por muitas outras razões, às convicções concretas expressas por outros legisladores nos debates, nos relatórios de comissões e assim por diante. Em geral, essas declarações são bons indícios da opinião pública na comunidade como um todo. Os políticos costumam ser representativos, pelo menos em suas convicções, das pessoas que os elegem; mais precisamente, são bastante hábeis para julgar as convicções de seus eleitores e escolher suas declarações públicas de modo a refleti-las. Se os debates sobre a Lei das Espécies Ameaçadas exprimissem uma convicção abrangente e inconteste sobre a importância relativa da preservação de uma espécie menor, isso seria um forte indício de um sentimento público geral no mesmo sentido.

A história legislativa

Como afirmei, Hércules respeita a integridade do texto legal, de modo que não irá pensar que aprimora uma lei só por projetar nela suas próprias convicções; respeita a equidade política, por isso não irá ignorar totalmente a opinião pública tal como esta se revela e exprime nas declarações ligadas ao processo legislativo. O argumento decorrente da equidade nos faz avançar um pouco na explicação de por que Hércules dedicará uma atenção considerável às convicções concretas que os legisladores expressam. Voltemos à integridade para examinar uma razão diferente e mais poderosa para tal prática, ainda que ela faça uma discriminação entre tais expressões.

A prática jurídica norte-americana atual considera algumas declarações do propósito legislativo como especialmente importantes para decidir como uma lei deve ser interpretada. Estas incluem as declarações feitas na assembleia por senadores ou congressistas que apresentam um projeto de lei ou o conduzem ao longo de sua tramitação no Congresso, bem como as declarações contidas nos relatórios formais das comissões especiais do Congresso às quais são submetidos os projetos. Os tribunais norte-americanos dedicam muita atenção a essas declarações privilegiadas, e os legisladores norte-americanos têm muito cuidado para garantir que os pareceres com que concordam se encontrem entre elas. A análise da elaboração legislativa dominou a discussão da Suprema Corte no caso do *snail darter*, como vimos no capítulo I, embora os magistrados discordassem sobre que partes do histórico eram particularmente importantes.

Por que algumas declarações do Congresso, aquelas consideradas como partes essenciais do histórico legislativo, são mais importantes que outras? Se nos ocupássemos apenas da equidade, acharíamos que são mais importantes por serem uma evidência particularmente boa da opinião pública. As declarações que os autores de um projeto fazem na assembleia ou nos relatórios das comissões costumam ser examinadas com muito cuidado. Outros legisladores as ouvem ou leem com um cuidado fora do comum. Mas a importância que a maioria dos juízes atribui ao histórico legislativo não pode ser totalmente explicada dessa maneira. Pois o discurso do proponente diante de uma câmara quase vazia faz parte do centro do histórico legislativo, embora os comentários que faça num discurso televisionado em cadeia nacional, que são a melhor evidência daquilo que o público é convidado a pensar sobre uma lei, não sejam em absoluto parte do histórico legislativo. A principal explicação está em outro lugar. Por razões que tentarei descrever, Hércules verá que as declarações de propósitos oficiais, feitas na forma canônica estabelecida pela prática da elaboração legislativa, deveriam ser consideradas, elas mesmas, normas do Estado personificado. São decisões políticas, de modo que a principal exigência da integridade, que o Estado se deixe reger por princípios em sua atuação, engloba-as assim como às decisões mais específicas contidas nas leis. Hércules tem por objetivo compreender o conjunto do histórico legislativo o melhor possível; iria fazê-lo o pior se sua interpretação mostrasse o Estado dizendo uma coisa e fazendo outra.

Promessas e propósitos

É evidente que seria absurdo considerar cada declaração feita por um legislador sobre a finalidade de uma lei como sendo, ela própria, a lei do Estado; se dois senadores discutem sobre o que está ou deveria estar fazendo o Estado ao promulgar a lei, eles estão debatendo sobre a atuação do Estado, e não atuando por ele. Mas um relatório formal de comissão, ou a declaração inconteste do relator de um projeto de lei, é coisa diferente; podem-se considerá-los como uma parte daquilo que o processo legislativo realmente produziu, alguma coisa com a qual o conjunto da comunidade está comprometido[9]. Podem ser vistos desse modo desde que a prática os considere especiais, como o faz a prática norte-americana. Para compreender essa prática e aplicá-la quando sua força for questionada, como no caso do *snail darter*, Hércules deve interpretá-la: precisa encontrar alguma avaliação da prática que se ajuste a ela e a justifique. Será possível defender, em moral política, que algumas declarações formais de intenção sejam consideradas como atos do próprio Estado? Devemos começar pelo argumento mais evidente contra tal atitude. O processo legislativo já dispõe de meios para transformar tais declarações em parte da decisão formal do Estado sempre que isso seja desejável: elas podem estar escritas no próprio texto da lei. Os juristas ingleses utilizam esse argumento para a prática britânica, que insiste em que as declarações feitas no Parlamento não devem servir de guias para a interpretação das leis. É um argumento importante, não por ser decisivo contra a prática norte-americana, que é diferente, mas por mostrar que esta última só se justifica se estabelecer um papel especial para o histórico legislativo, uma posição intermediária entre as observações informais dos legisladores, feitas taticamente no calor do debate, e o texto formal da própria lei.

---

9. No caso do Congresso dos Estados Unidos, estou supondo que os relatos das comissões das duas câmaras não são contraditórios. Se o forem, devem ser tratados como um argumento sobre a melhor interpretação da lei aprovada pelas duas câmaras, e não como uma decisão política do Congresso como um todo, no sentido descrito no texto.

Não é difícil identificar uma posição intermediária, pois dispomos de uma, na moral pessoal, que se adapta muito bem ao propósito. Fazemos uma distinção entre as promessas de uma pessoa e outros compromissos e as explicações ou interpretações que a própria pessoa oferece deles, sua descrição do modo como se adaptam a suas crenças e objetivos mais gerais e deles derivam; consideramos que ambas têm um significado moral, mas achamos que as explicações são mais incertas, mais abertas à revisão e mudança. Suponhamos que eu dê cem dólares a meu sobrinho e lhe explique que desejo ajudá-lo porque aprecio sua opção pela carreira militar. Ele pode então esperar que eu vá ajudá-lo nessa carreira de outros modos; ficará surpreso quando, mais tarde, eu lhe disser que agora considero a carreira militar detestável, e que irei opor-me a ela de todas as maneiras possíveis – por exemplo, recusando-me a apresentá-lo a meus amigos militares. Ou suponhamos que abro uma nova fábrica e prometo à comunidade instalar e manter qualquer dispositivo "razoável" para assegurar que minha fábrica não aumente a poluição. Numa entrevista na televisão, perguntam-me se determinado dispositivo é razoável, e respondo que sim. Mais tarde, porém, resolvo não o instalar: afirmo que informações posteriores, contrárias a minha opinião prévia, convenceram-me de que não era razoável porque é possível assegurar praticamente o mesmo grau de proteção através de medidas diferentes e muito menos custosas. Em cada caso, minha declaração explicativa anterior faz parte do meu histórico moral, algo pelo qual devo me responsabilizar porque fiz a declaração sabendo que outros provavelmente iriam basear-se nela, e os estimulei a isso. Do ponto de vista moral, a história teria sido melhor se eu já tivesse chegado a minhas últimas opiniões e as houvesse expressado desde o começo. Assim, devo uma desculpa a meu sobrinho e à comunidade. Contudo, a situação é diferente do que teria sido se eu tivesse prometido explicitamente ajudar na carreira de meu sobrinho do modo como ele mais tarde me pediu, ou tivesse prometido instalar o dispositivo que de início pensei ser razoável. Assim, não teria tanta liberdade para poder mudar de ideia.

Podemos explicar a diferença desta forma. Uma promessa tem, sobretudo, um caráter performativo, e por isso tem vida própria[10]. Ela expressa – mas não registra – propósitos, crenças ou convicções. Pode ser insincera, uma vez que quem promete não tem nenhuma intenção genuína de mantê-la, mas não é inexata, nem mesmo do modo como a autocompreensão pode sê-lo. Por outro lado, uma declaração de intenção é muito mais um relato que um desempenho, e pode ser tão insincera ou inexata quanto outros relatos pessoais. Se uma declaração interpretativa de intenção tivesse a mesma força performativa de uma promessa, não poderia ser utilizada, tal como é, para colocar uma promessa em um contexto de crenças e propósitos reais e, desse modo, ajudar outros a avaliar o autor da promessa e prever que coisas mais ele poderá fazer. Reduzir a declaração a uma promessa extrairia à força o relato e apenas ampliaria o ato performativo. Uma nova pergunta se colocaria então: quais propósitos e crenças mais gerais sustentariam a promessa ampliada? Para tal pergunta não poderia haver resposta, pois qualquer declaração posterior naufragaria, do mesmo modo, no buraco negro da própria promessa.

Propósitos e princípios

Podemos nos deixar guiar por esse aspecto da moral pessoal na construção de um papel político para o histórico legislativo. Uma comunidade de princípios não encara a legislação do mesmo modo que uma comunidade baseada em códigos, como acordos negociados que não têm nenhum significado adicional ou mais profundo além daquele declarado pelo texto da lei; trata a legislação como uma decorrência do compromisso atual da comunidade com o esquema precedente de moral política. O costume do histórico legislativo, de declarações

---

10. Cf. J. L. Austin, "Performative Utterances", em *Philosophical Papers* 223 (3ª ed., Nova York, 1979), e *How to Do Things with Words* (Cambridge, Mass., 1962).

formais de propósitos e convicções institucionais gerais feitas em nome do próprio Estado, expressa e confirma tal atitude. O costume protege igualmente uma das vantagens práticas de uma comunidade de princípios: encoraja os cidadãos a basearem-se em uma análise precisa do sistema público quando eles próprios o desenvolvem e aplicam. Essas vantagens, porém, dependem do tipo de distância moral entre as decisões explícitas na lei e o sistema explicativo do histórico legislativo que encontramos na moral privada. Dependem de que se considerem as diferentes declarações oficiais que constituem o sistema explicativo como tendo principalmente uma função mais informativa que performativa. O histórico legislativo oferece uma interpretação contemporânea da lei que ela envolve, uma interpretação que posteriormente pode ser revista por tribunais ou pelo próprio legislativo, ainda que, em retrospecto, qualquer revisão importante faça do histórico legislativo objeto de crítica.

Uma comunidade de princípios é mais bem servida por uma estrutura de legislação complexa como essa, uma estrutura que inclua uma distinção entre atos legislativos performativos e explicações interpretativas desses atos. Assim, Hércules tem razões tanto para considerar as declarações formais que criam a história legislativa como leis de Estado, quanto para não as considerar como parte da própria lei. Deve levá-las em conta ao decidir que análise de elaboração do fato legislativo é a melhor em termos gerais, mas precisa fazer isso da maneira correta. Admite que a legislação é vista sob uma perspectiva melhor, tudo o mais sendo igual, quando o Estado não enganou o público; por esse motivo, preferirá uma interpretação que corresponda às declarações formais do propósito legislativo, particularmente quando os cidadãos podem ter tomado decisões cruciais com base nessas declarações. Se os debates legislativos em torno da lei sobre os testamentos tivessem sido crivados de declarações incontestes de que os testamentos devem ser interpretados sem se levar em conta o contexto – atribuindo a suas palavras os significados que as pessoas lhes atribuiriam se não soubessem de nada especial sobre o contexto de seu uso –, então o público teria aceito a lei, e os testamentos poderiam muito bem ter sido escritos, com base em tal hipótese. Hércules então consideraria esse fato como um argumento de peso, embora não necessariamente decisivo, em favor dessa interpretação. Mas, como veremos em seguida, trata-se de um argumento cuja força vai se esvaindo com o passar do tempo.

A história legislativa que envolve a Lei das Espécies Ameaçadas era muito mais complexa. Já a examinamos no capítulo I, e observei que os juízes da Suprema Corte discordavam quanto a se o histórico legislativo deveria incluir o fato de que o Congresso tentou deixar claro, em várias decisões tomadas depois da votação da lei, que a represa da AVT não deveria ser ameaçada. Hércules não tem motivo algum para duvidar de que as últimas decisões do Congresso devem ser levadas em conta. São parte da documentação pública, decisões políticas posteriores sobre a importância relativa, no sistema geral de propósitos da comunidade, dos diferentes interesses em jogo. O ponto de vista contrário, de que essas decisões não devem ser levadas em conta, pressupõe a restrição temporal de que logo iremos nos ocupar: aquela segundo a qual o significado de uma lei está fixado no ato inicial de criação. Não é difícil, então, concluir como Hércules irá resolver o caso do *snail darter* se compartilhar da opinião substantiva que parecia predominar na Corte, a de que o melhor caminho seria sacrificar o peixe à represa. Ele acha que interpretar a lei de forma a salvar a represa iria torná-la melhor do ponto de vista de uma política bem fundada. Ele não tem nenhuma razão de integridade textual que argumente contra essa interpretação, nem nenhuma razão de equidade, pois nada sugere que o público seria ultrajado ou ofendido por tal decisão. Nada, no histórico legislativo do próprio projeto de lei, corretamente entendido e visto como o registro da decisão pública, afirma o contrário, e as últimas decisões legislativas da mesma natureza corroboram vigorosamente a interpretação que ele considera a melhor. Ele vai juntar-se aos magistrados que divergiram no caso.

As leis ao longo do tempo

A teoria da intenção do locutor começa pela ideia que afirmei estar na base de seus problemas: que a legislação é um ato de comunicação que deve ser entendido através do modelo simples de locutor e audiência, de modo que a pergunta mais importante na interpretação legislativa é o que um locutor individual ou grupal "quis dizer" em algum ato canônico de enunciação. Daí decorre a lista de mistérios que de início examinei. Quem é o locutor? Quando falou? Que estado de espírito produziu seu significado? Esses mistérios são criados por uma única hipótese dominante: de que suas soluções devem convergir para o momento particular da história, o momento em que o significado da lei se fixa de uma vez por todas, o momento em que nasce a verdadeira lei. Essa hipótese tem uma sequela: à medida que o tempo passa e a lei deve ser aplicada em outras circunstâncias, os juízes se veem diante de uma opção entre aplicar a lei original, com o significado que sempre teve, ou emendá-la às ocultas para atualizá-la. Esse é o dilema que, como frequentemente se imagina, as antigas leis apresentam: diz-se que os juízes devem escolher entre a mão morta, porém legítima, do passado e o encanto claramente ilícito do progresso.

O método de Hércules desafia esse aspecto da teoria da intenção do locutor juntamente com todo o resto. Rejeita a hipótese de um momento canônico no qual a lei nasce e tem todo – e o único – significado que sempre terá. Hércules interpreta não só o texto da lei, mas também sua vida, o processo que se inicia antes que ela se transforme em lei e que se estende para muito além desse momento. Quer utilizar o melhor possível esse desenvolvimento contínuo, e por isso sua interpretação muda à medida que a história vai se transformando. Não identifica certas pessoas como os "criadores" exclusivos de uma lei, para em seguida considerar somente suas esperanças, expectativas, convicções concretas, declarações ou reações. Cada uma das considerações políticas que examina em sua pergunta geral – como melhorar ao máximo a análise da lei –

identifica uma multiplicidade de pessoas, grupos e instituições cujas afirmações ou convicções poderiam ser relevantes de diferentes maneiras.

Consideremos o argumento da equidade, que o fez prestar atenção às convicções legislativas concretas que conseguiu descobrir, mesmo quando discordassem das suas. Esse argumento não requer que Hércules identifique como essenciais alguns legisladores específicos, ou, então, que se baseie nas opiniões de um número decisivo de legisladores, como se as convicções tivessem o valor de votos. A equidade diz a Hércules que leve em conta qualquer expressão de pontos de vista políticos que pareça relevante para decidir se uma determinada lei, compreendida de acordo com uma interpretação que ele esteja considerando, seria equitativa, tendo-se em vista o caráter e o alcance da opinião pública. Nesse contexto, o discurso televisionado de um político importante poderia ser *mais* importante que a bela página impressa de um relatório de comissão.

Vamos considerar, agora, de que modo o passar do tempo afeta esse argumento decorrente da equidade. A teoria da intenção do locutor olha fixamente para as convicções presentes e expressas no momento em que a lei foi aprovada, e ignora as mudanças posteriores. Apenas as intenções "originais" podem ser pertinentes para a descoberta do significado de uma lei no momento em que ela nasce; um apelo a uma opinião alterada posteriormente deve ser um anacronismo, uma desculpa logicamente absurda para uma decisão judicial. A atitude de Hércules é muito diferente. Suponhamos que a Lei das Espécies Ameaçadas tivesse sido votada em um clima de opinião pública muito diferente daquele com o qual ele depara quando deve decidir o caso do *snail darter*. Ele pergunta qual interpretaçao oferece a melhor descrição de uma história política que agora inclui não apenas a lei, mas a incapacidade de anulá-la ou emendá-la mais tarde, e ele então voltará seu olhar não para a opinião pública no início, quando a preservação florescia, mas para o momento presente, quando se deve decidir se o ministro pode desperdiçar grande soma de dinheiro público para preservar uma espécie menor. O argumento decorrente da equidade terá um impacto muito diferente do que teria se o caso tivesse sido apresentado a ele muito antes.

O argumento a partir da integridade textual também será sensível ao tempo, pois levará em consideração outras decisões que o Congresso e os tribunais tenham tomado nesse ínterim; se as mudanças de opinião pública, ou das circunstâncias econômicas ou ecológicas, foram substanciais, as decisões políticas intervenientes terão sido feitas com um espírito diferente, de modo que uma interpretação que as englobe, e também à lei, tenderá a ser diferente de uma interpretação da qual só se exigisse adequação à lei. O argumento extraído do histórico legislativo também será sensível ao tempo, mas de um modo diferente. Esse argumento é o oposto do argumento que provém da eqüidade: ignora as convicções privadas; tem por base declarações públicas formais que qualifica como declarações da própria comunidade. Essas declarações, porém, não fazem parte da lei; são descrições da convicção e dos objetivos públicos e, portanto, naturalmente vulneráveis a uma nova avaliação.

As pessoas têm menos razões para confiar nessas declarações à medida que a lei envelhece, pois elas terão sido suplementadas, e talvez substituídas, como interpretações formais do compromisso público, por uma grande variedade de novas explicações interpretativas associadas a leis posteriores sobre questões correlatas. Essas últimas declarações fornecem uma descrição mais contemporânea do modo como as autoridades da comunidade entendem seus compromissos de princípio permanentes e suas estratégias políticas operacionais[11]. Assim, Hércules prestará cada vez menos atenção ao histórico legislativo original, e aqui, mais uma vez, seu método contrasta com

---

11. Na Inglaterra, uma peça essencial da legislação trabalhista, a Lei de Consolidação da Proteção ao Trabalhador, de 1978, foi várias vezes emendada, tanto por governos trabalhistas como conservadores, desde sua promulgação. As declarações mais contemporâneas do propósito legislativo são melhores guias, inclusive para as seções da lei que não foram emendadas, do que as declarações anteriores diretamente pertinentes a essas seções. Devo esse exemplo a Sheldon Leader.

a teoria da intenção do locutor, que se ocupa apenas com as declarações contemporâneas à promulgação da lei. Hércules interpreta a história em movimento, porque o relato que ele deve tornar tão bom quanto possível, é o relato inteiro através de sua decisão e para além dela. Não emenda leis antiquadas para adaptar-se a novos tempos, como sugeriria a metafísica da intenção do locutor. Reconhece em que se transformaram as velhas leis desde então.

Quando a linguagem é clara?

Preciso agora pagar uma dívida que se vem tornando cada vez maior. Venho perguntando como Hércules deve ler uma lei quando sua linguagem não for clara, ou seja, quando seu sentido não se impõe por si mesmo. Mas como ele decide se é clara, caso em que nada mais tem a fazer, ou obscura, caso em que precisa mobilizar o aparato complexo e politicamente sofisticado que acabo de descrever? Isso parece agora uma distinção muito importante. Como fazê-la?

Não é preciso fazê-la. A distinção que tomei por base é apenas um recurso explicativo que não precisa ocupar lugar algum no final da teoria de Hércules. Examinemos em que maneiras ou sentidos diferentes se poderia afirmar que o texto de uma lei é obscuro. Poderia conter um termo ambíguo cujo significado não estivesse decisivamente resolvido pelo contexto. Poderia declarar, por exemplo, que será considerado crime ser encontrado a cinquenta metros de distância de um banco após o anoitecer, sem nada que indique se o banco em questão é um edifício onde se guarda dinheiro ou um lugar onde as pessoas podem se sentar. Poderia conter um termo vago que, na prática, não pode manter-se vago: poderia declarar, por exemplo, que os idosos estão isentos do imposto de renda. Poderia utilizar um termo abstrato, como "razoável" ou "equitativo", de modo que seria lícito esperar que as pessoas divergissem quanto a saber se alguma decisão ou lei atende à norma que o termo abstrato é utilizado para especificar. Esses são tipos ou ocasiões conhecidos de obscuridade linguística. Nenhum corresponde aos dois casos que tomamos como exemplos característicos das dificuldades de aplicação das leis. Tanto no caso *Elmer* quanto no do *snail darter*, os juízes discordaram sobre o modo como a lei deveria ser interpretada, e tanto os estudantes quanto os estudiosos do direito continuam a discordar. Contudo, não podemos situar a obscuridade do texto na ambiguidade, na falta de clareza ou na abstração de uma palavra ou de uma expressão em particular contida nas leis que provocaram tais casos. Será a lei dos testamentos obscura quanto à questão de se os assassinos podem herdar? Se acharmos que sim, só pode ser porque nós mesmos temos alguma razão para pensar que os assassinos não devem herdar. Na lei dos testamentos de Nova York, nada declara, de modo explícito, que pessoas de olhos azuis podem herdar, mas ninguém acha que a lei seja obscura quanto a se podem ou não. Por que é diferente no caso dos assassinos – ou, antes, por que foi diferente quando se decidiu o caso *Elmer*? Se seguíssemos a teoria da intenção do locutor, seríamos tentados a dizer: porque temos razões para pensar que os que adotaram a lei não pretendiam que os assassinos herdassem. Mas só podemos explicar essa afirmação de maneira contrafactual, e então percebemos que ela é forte demais. Será obscura a questão de se os nazistas podem herdar, se pensarmos que os autores originais da lei não teriam desejado que os nazistas herdassem caso tivessem previsto a ascensão do nazismo? É apenas porque *nós* achamos que o argumento em favor da exclusão dos assassinos de uma lei geral dos testamentos é um argumento forte, sancionado por princípios respeitados em outras partes do direito, que a consideramos obscura nesse aspecto.

Isso também é absolutamente verdadeiro no que diz respeito à Lei das Espécies Ameaçadas. Nossas dúvidas quanto a saber se a lei conferia ao ministro o poder de interromper projetos já bem avançados não podem situar-se na ambiguidade, na imprecisão ou abstração de alguma frase ou palavra. Ninguém afirmaria que é obscuro saber se a lei se aplica a todas as barragens, ainda que estas não sejam explicitamente mencionadas. Mais uma vez, achamos que a lei não é clara com respeito aos projetos iniciados, pois a muitos pareceria tolo desperdiçar tanto dinheiro para preservar uma espécie sem atrativos nem nenhuma importância científica. Mas devemos ter o cuidado de não generalizar esse ponto da maneira errada: Hércules não vai considerar uma lei obscura quando seu significado acontextual propuser uma decisão que muitos consideram indevida. Este é também um teste extremamente forte: muita gente acha que a Lei das Espécies Ameaçadas é errada – tragicamente tola – do começo ao fim. Mas ninguém diria que por isso é obscuro saber se a lei tem alguma força, se o ministro tem o poder de interromper qualquer projeto em quaisquer circunstâncias.

O qualificativo "obscuro" é mais o *resultado* que a *ocasião* do método de Hércules para interpretar as leis. Só chamaremos uma lei de obscura quando acharmos que existem bons argumentos para cada uma das duas interpretações em confronto[12]. Isso explica por que ninguém – mesmo que considere tola a Lei das Espécies Ameaçadas – se vê tentado a dizer que é obscuro saber se essa lei atribui ao ministro o poder de interromper qualquer projeto. Nenhuma interpretação decente da lei poderia sugerir que ela não prescreve nada, apesar de sua linguagem e dos debates e relatórios das comissões, das declarações presidenciais e dos anúncios do Congresso que a outorgou. Não quero dizer que ninguém irá afirmar que uma lei é obscura a menos que tenha decidido que sua interpretação acontextual é incorreta. Uma pessoa admitirá que ela é obscura se pensar que a questão interpretativa é complexa ou discutível, mesmo que, ao final, chegue à conclusão de que a interpreta-

---

12. A explicação que no texto se dá à controvérsia sobre se uma certa expressão é "obscura" é ilustrada pela controvérsia sobre a precisão da Lei dos Direitos Civis em *United Steelworkers of America vs. Weber*, 443 U.S. 193 (discutido em *A Matter of Principle*, cap. 16, e a controvérsia sobre as palavras "restrição ou coerção" em *NLRB vs. Allis-Chalmers Manufacturing Co.*, 338 U.S. 175 (1967). O juiz Black achou claro o sentido literal dessas palavras, enquanto Brennan considerou-as "intrinsecamente imprecisas". Cf. *id.*, p. 179.

ção acontextual é a melhor. Contudo, a distinção entre leis claras e obscuras, assim entendidas, não precisa ocupar lugar algum em nenhuma exposição formal da teoria da legislação de Hércules. Em particular, não serviria do modo como a utilizei, na discussão feita até o momento, para sugerir um ponto de mutação teórico de tal modo que, se a mudança fosse feita, a interpretação continuaria seguindo uma certa trajetória, e se não acontecesse, tomaria um caminho diverso.

Hércules também não precisa de uma distinção pré-analítica ou de um ponto de mutação entre leis claras e obscuras, quando a suposta obscuridade na verdade se situa numa palavra ou frase em particular. Uma lei que limite os depósitos bancários não é obscura para nós, mas poderia tê-lo sido em uma comunidade keynesiana de bandos de piratas. Hércules considerará uma lei problemática devido à ambiguidade, imprecisão ou abstração de alguma palavra apenas se houver, pelo menos, uma dúvida sobre se a lei representaria um melhor desempenho da função legislativa se interpretada de um modo, e não de outro. Quando não houver dúvida, a lei é clara, não porque Hércules tenha alguma forma, fora de seu método geral, de distinguir entre os usos claro e obscuro de uma palavra, mas porque o método que ele sempre utiliza é de tão fácil aplicação que se aplica por si próprio.

Temos, nesta discussão, outro exemplo de um problema freqüentemente encontrado no presente livro, que agora poderíamos chamar de problema do caso fácil. Temos voltado nossa atenção principalmente para os casos difíceis, quando os juristas discordam sobre se uma proposição apresentada como o sentido de uma lei é verdadeira ou falsa. Às vezes, porém, as questões de direito são muito fáceis para os juristas, e mesmo para os leigos. É "óbvio" que o limite de velocidade em Connecticut é de 88 quilômetros por hora, e que os ingleses têm o dever legal de pagar pela comida que pedem em um restaurante. A não ser em circunstâncias muito incomuns, isso é realmente óbvio. Um crítico poderia, então, ver-se tentado a dizer que a complexa descrição que fizemos do raciocínio judicial sob o direito como integridade só é aplicável aos casos difíceis. Poderia acrescentar que seria absurdo aplicar o método a casos fáceis – nenhum juiz precisa considerar questões de adequação e de moral política para decidir se alguém deve pagar sua conta telefônica – e então declarar que, além de sua teoria sobre os casos difíceis, Hércules precisa de uma teoria sobre quando os casos são difíceis, para saber quando seu complexo método para os casos difíceis é ou não apropriado. O crítico então anunciará um grave problema: pode ser difícil saber se o caso em questão é difícil ou fácil e, para decidir, Hércules não pode usar sua técnica para casos difíceis sem recorrer numa petição de princípio[13].

Esse é um pseudoproblema. Hércules não precisa de um método para os casos difíceis e outro para os fáceis. Seu método aplica-se igualmente bem a casos fáceis; uma vez porém que as respostas às perguntas que coloca são então evidentes, ou pelo menos parecem sê-lo, não sabemos absolutamente se há alguma teoria em operação[14]. Incluímos entre os casos fáceis a questão de saber se, legalmente, alguém pode dirigir mais rápido que o limite de velocidade estipulado porque ad-

---

13. Cf.Allan Hutchinson e John Wakefield, "A Hard Look at Hard Cases", 2 *Oxford Journal of Legal Studies* 86 (1982).

14. Um simples programa de xadrez para computador revê todos os movimentos permitidos antes de mover qualquer peça. Não estabelece nenhuma distinção entre casos fáceis e difíceis. Se a rainha estiver *en pris*, e só um movimento puder salvá-la, o programa ainda assim examinará solenemente, e rejeitará, todos os movimentos que puderem levar à perda da rainha. Ao contrário do computador, eu ajo de forma diferente quando acho que o caso é fácil. Não examino as consequências de cada movimento que leva à captura da rainha; apenas a movimento de modo a deixá-la fora de perigo. Isso não mostra que utilizo uma distinção anterior entre casos fáceis e difíceis como um interruptor e aplico uma teoria diferente daquilo que, nos casos fáceis, faz com que no xadrez um lance seja bom. Os melhores jogadores têm um instinto que pode alertá-los, em certos casos que considero fáceis, para a possibilidade de um brilhante gambito da rainha. Assim poderiam considerar, brevemente pelo menos, alguns movimentos que eu não consideraria. Os bons jogadores e eu fazemos a distinção entre casos difíceis e fáceis de modo diferente, não por usarmos teorias diferentes sobre o que faz com que um lance seja bom, mas porque temos uma habilidade diferente para aplicar a mesma teoria que compartilhamos.

mitimos de imediato que nenhuma análise dos documentos jurídicos que negasse esse paradigma seria adequada. Contudo, uma pessoa cujas convicções sobre justiça e equidade fossem muito diferentes das nossas poderia não achar essa pergunta tão fácil; mesmo que terminasse por concordar com nossa resposta, insistiria em dizer que estávamos errados por ser tão confiantes. Isso explica por que questões consideradas fáceis durante um certo período tornam-se difíceis antes de se tornarem novamente fáceis – com as respostas opostas.

Capítulo X
A constituição

O direito constitucional estaria baseado em um erro?

Começamos com um relato desalentador sobre a situação do debate popular sobre o modo como os juízes devem decidir seus casos. Nos Estados Unidos, o debate é mais acalorado e mais confuso quando os juízes em questão pertencem à Suprema Corte, e os casos em pauta são eventos constitucionais que questionam se o Congresso, algum estado ou o presidente têm o poder legal de fazer algo que um ou outro tentou fazer. A Constituição confere poderes limitados a essas instituições e estabelece importantes vedações a cada uma delas. Recusa ao Senado o poder de propor leis envolvendo matéria financeira e nega ao comandante em chefe o poder de alojar soldados em residências particulares em tempos de paz. Outras restrições são notoriamente abstratas. A Quinta Emenda insiste em que o Congresso não tome "a vida, a liberdade ou a propriedade" sem o "devido processo legal", a Oitava Emenda proscreve as penas "cruéis e incomuns", e a Décima Quarta Emenda, que dominou o nosso exemplo do caso *Brown*, exige que nenhum estado negue a qualquer pessoa "a igualdade perante a lei".

Disso tudo não decorre, como uma questão de lógica inflexível, que a Suprema Corte tenha o poder de decidir quando tais limites foram transgredidos. Pois a Constituição poderia ter sido interpretada como estabelecendo diretrizes ao Congresso, ao presidente e aos detentores da autoridade pública, que estes tivessem o dever legal e moral de obedecer, mas fazendo deles os seus próprios juízes. A Constituição teria então desempenhado um papel muito diferente e muito mais fraco na política norte-americana: teria servido de pano de fundo para debates políticos, entre diferentes instituições, sobre os limites de sua jurisdição constitucional, e não como fonte de autoridade de uma dessas instituições, os tribunais, para fixar tais limites às demais. Em 1803, a Suprema Corte teve a oportunidade de rejeitar esse papel mais frágil[1]. Seu presidente, John Marshall, afirmou que o poder e o dever da Corte de fazer cumprir a Constituição derivava da própria declaração contida nesse documento, de que a Constituição era a norma jurídica suprema do país.

Marshall tem sido muitas vezes acusado, nos longos debates que ainda não cessaram, de incorrer sistematicamente em petições de princípio. Essa acusação é fácil de sustentar a partir da perspectiva do direito como simples matéria de fato, que consideramos e rejeitamos no início deste livro – perspectiva que insiste em uma sólida distinção analítica entre as questões legais sobre o que é o direito e as questões políticas sobre se os tribunais devem ou não aplicar o direito. Se tal distinção fosse bem fundada, certamente não poderíamos chegar a nenhuma conclusão sobre o que deveria fazer qualquer tribunal a partir da proposição de que o direito norte-americano inclui a Constituição, que é apenas uma declaração sobre a natureza do direito. O direito como integridade, ao contrário, apoia o argumento de Marshall. Ele estava certo em pensar que a interpretação mais plausível das práticas legais em desenvolvimento no jovem país, bem como de suas raízes coloniais e inglesas, pressupunham que uma importante parte da finalidade do direito era fornecer normas para as decisões dos tribunais. A história confirmou a dimensão substantiva dessa interpretação. Os Estados Unidos são uma sociedade mais justa do que teriam sido se seus direitos constitucionais tivessem sido confia-

---

1. *Marbury vs. Madison*, 5 U.S. (1 Cranch) 137 (1803).

dos à consciência de instituições majoritárias[2]. Em todo caso, Marshall decidiu que os tribunais em geral, e a Suprema Corte em última instância, têm o poder de decidir pelo governo como um todo o que a Constituição pretende dizer, e de declarar inválidos os atos de outros órgãos públicos sempre que excederem os poderes que lhes são outorgados pela Constituição, corretamente entendida. Sua decisão foi aceita, pelo menos nessa forma abstrata, e a prática constitucional subsequente consolidou-se firmemente em torno dela. Nenhuma interpretação se ajustaria a essa prática se ela negasse os poderes que Marshall lhe atribuiu. Mesmo os que acham que ele cometeu um erro admitem que quase dois séculos de prática colocaram sua posição para além de qualquer contestação enquanto proposição jurídica, e agora as batalhas constitucionais são travadas no terreno por ela definido.

A questão crucial agora não é saber que poder tem a Corte Suprema, mas como deve ser exercido seu vasto poder. Deveria ela empenhar-se em fazer cumprir toda a Constituição, inclusive as cláusulas que, para serem interpretadas, exigem um julgamento quase que exclusivamente político? Deveria decidir, por exemplo, se os detalhes da estrutura constitucional de algum estado garantem "a forma republicana de governo" que a Constituição federal exige, ou será que deveria deixar tal decisão a cargo do Congresso ou do próprio estado? Que estratégia a Corte deveria utilizar para interpretar e aplicar as cláusulas constitucionais que ela tem a autoridade de aplicar? Deveria submeter-se, até certo ponto, ao julgamento do Congresso ou da legislatura de um estado, para saber se alguma forma de punição, como a morte, é "cruel e incomum" no sentido da Oitava

---

2. Não ofereço nenhum argumento para essa afirmação categórica; para fazê-lo, precisaria escrever outro livro. Teria de levar em conta, entre outras coisas, que os registros da Suprema Corte carecem de regularidade, que as instituições que chamo de "majoritárias" nem sempre – ou nunca, como diriam alguns – representaram as opiniões ou os interesses da maioria dos cidadãos, e que a Corte às vezes exerceu o poder que, como declarou Marshall, tornaria essas instituições mais majoritárias do que teriam sido de outro modo.

Emenda, ou se algum esquema de divisão racial na educação concede ou não às crianças a "igual proteção" da Décima Quarta Emenda? Deveria aceitar o julgamento dessas instituições, a menos que as considere totalmente equivocadas, ou deveria substituí-las sempre que preferisse uma decisão diferente? Em qualquer caso, que critério deveria usar para determinar quais decisões são totalmente erradas, ou erradas em termos gerais?

Liberais e conservadores

A imaginação popular situa os juízes em campos opostos de acordo com as respostas que pressupõe que dariam a perguntas desse tipo. Considera alguns juízes "liberais" e outros "conservadores", e em geral parece preferir estes últimos. A base dessa distinção, contudo, é de difícil definição, e uma interpretação conhecida contribuiu para o lamentável caráter do debate público. As pessoas dizem que os juízes conservadores obedecem à Constituição, ao passo que os liberais tentam reformá-la segundo suas próprias convicções. Reconhecemos a falácia contida em tal descrição. Ela ignora o caráter interpretativo do direito. Os juízes considerados liberais e os chamados conservadores estão de acordo quanto às palavras que formam a Constituição enquanto texto pré-interpretativo. Divergem sobre o que é a Constituição enquanto direito pós-interpretativo, sobre as normas que mobiliza para avaliar os atos públicos. Cada tipo de juiz tenta aplicar a Constituição enquanto direito, segundo seu julgamento interpretativo do que ela é, e cada tipo acha que o outro está subvertendo a verdadeira Constituição. Desse modo, é inútil e injusto classificar os juízes segundo seu grau de fidelidade a seu juramento.

Também não é claro que a distinção popular entre juízes conservadores e liberais tenha alguma utilidade. Juízes que foram considerados liberais quando de suas nomeações mais tarde passaram a ser vistos como conservadores – Felix Frankfurter é o exemplo mais notório –, e juízes que parecem conservadores em certo sentido, porque tomam decisões que agradam pessoas de opiniões políticas conservadoras, parecem liberais, até mesmo radicais, em outro sentido, porque ao fazê-lo ignoram o precedente constitucional[3]. O direito como integridade fornece uma grade de classificação um tanto mais precisa, através de sua distinção analítica entre as dimensões da interpretação. Se insistimos em classificar os juízes segundo um espectro liberal-conservador, precisamos fazer a distinção separadamente para duas dimensões e criar assim quatro compartimentos, em vez de dois. Um juiz será considerado conservador, na primeira dimensão, se suas convicções sobre a adequação forem estritas: se exigir, por exemplo, que qualquer interpretação da doutrina constitucional corresponda às convicções concretas dos "fundadores" da Constituição ou, diferentemente, dos juízes anteriores da Suprema Corte. Será considerado liberal, na primeira dimensão, quando suas opiniões sobre adequação forem mais flexíveis. Uma distinção paralela pode ser traçada ao longo da dimensão substantiva. Um juiz será considerado conservador se as convicções políticas que expressa ao escolher entre as interpretações aceitáveis em termos de adequação forem aquelas que associamos ao conservadorismo político: se ele favorecer uma filosofia retributiva de punição, por exemplo, ou a livre empresa, no campo econômico. Ele será considerado liberal, nessa dimensão, se suas convicções políticas forem aquelas que os liberais normalmente defendem.

Esse novo esquema classificatório é menos rígido que a simples distinção entre juízes liberais e juízes conservadores. Mesmo assim, é possível que um juiz em particular não se ajuste com facilidade aos dois ou quatro compartimentos que ele define. Tal juiz poderia combinar posições conservadoras

---

3. O juiz John Paul Stevens criticou recentemente certos colegas juízes que considera incoerentes. De modo geral, diz ele, esses juízes são tidos como conservadores, e ainda assim têm revisado radicalmente partes inteiras do direito constitucional, em vez de decidirem cada caso que aparece em bases não mais amplas do que o necessário para tomarem sua decisão. Cf. *New York Times*, 5 de agosto de 1984, A1, col. 1.

quanto a alguns aspectos de adequação com opiniões mais flexíveis quanto a outras. Poderia pensar, por exemplo, que a Constituição não pode ser interpretada como proibindo a pena de morte, pois os fundadores certamente não pensavam estar excluindo a pena de morte da doutrina jurídica americana, e ainda assim poderia recusar-se a aceitar como argumento oposto as decisões anteriores da Corte que consideravam a pena de morte inconstitucional em algumas circunstâncias. Outro juiz poderia inverter essas premissas interpretativas; poderia desinteressar-se pelos pontos de vista dos remotos fundadores da Constituição e, ainda assim, mostrar-se ansioso por preservar a continuidade na cadeia das decisões da Suprema Corte sobre um problema qualquer. Um juiz poderia combinar pontos de vista fundamentais tradicionalmente liberais e conservadores. O presidente da Suprema Corte, o juiz Earl Warren, por exemplo, aparentemente tinha convicções igualitárias sobre a justiça econômica e pontos de vista conservadores sobre a pornografia[4].

Historicismo

A intenção do fundador como intenção do locutor

A distinção entre juízes liberais e conservadores é, portanto, inexata e é improvável que contribua de maneira significativa para qualquer análise séria do julgamento da constitucionalidade. A erudição acadêmica explorou, recentemente,

---

4. Comparar com *Roth vs. United States*, 354 U.S. 476, 494-96 (1957) (Warren, C. J., de acordo com a maioria) (material obsceno não protegido pela Primeira Emenda) e *Jacobellis vs. Ohio*, 378 U.S. 184, 199-203 (1964) (Warren, C. J., dissidente) (referindo-se ao "direito da nação e dos estados a manter uma sociedade decente") com *Griffin vs. Illinois*, 351 U.S. 12 (1956) (acusados criminais indigentes não podem ser constitucionalmente obrigados a pagar por uma transcrição do julgamento para obter a revisão judicial do processo), *Douglas vs. California*, 372 U.S. 353 (1963) (o Estado deve fornecer aos acusados criminais indigentes um advogado para recorrer, como de direito), e *Harper vs. Virginia Board of Elections*, 383 U.S. 663 (1966) (subordinar o direito de voto ao pagamento de uma taxa cobrada aos votantes é inconstitucional).

uma distinção diferente que divide os juízes em dois campos: o interpretativo e o não interpretativo. Esses rótulos são também extremamente enganosos. Sugerem uma distinção entre os juízes que acreditam que as decisões constitucionais devem basear-se somente, ou principalmente, na interpretação da própria Constituição, e outros para os quais deveríamos fundamentá-las em bases extraconstitucionais[5]. Essa é uma forma acadêmica do grosseiro equívoco popular de que alguns juízes obedecem à Constituição e outros a desconsideram. É um erro que ignora o caráter filosófico do direito como interpretação. Qualquer juiz consciencioso, em qualquer desses campos opostos, é um adepto da interpretação em seu sentido mais amplo: cada um tenta impor a melhor interpretação a nossa estrutura e prática constitucionais, para poder vê-las em sua melhor perspectiva. Divergem sobre qual seja a melhor interpretação, mas é um erro analítico, uma infecção localizada deixada pelo aguilhão semântico, confundir isso com uma divergência quanto a se o julgamento da constitucionalidade deve ser interpretativo. Os grandes debates sobre o método constitucional são debates dentro da interpretação, não a respeito de sua importância. Se um juiz acha que as intenções dos fundadores da Constituição são muito mais relevantes do que um outro acredita que são, isso é resultado de uma divergência interpretativa mais fundamental. O primeiro acha que a equidade ou a integridade exige que qualquer interpretação bem fundada corresponda ao estado de espírito dos fundadores; o último não concorda.

Ainda assim, é bastante fácil corrigir a distinção acadêmica do modo que se segue. Podemos utilizar o termo "historicista" para nos referir ao que ela chama de interpretativista. Um

---

5. Cf. John Hart Ely, *Democracy and Distrust: A Theory of Judicial Review* (Cambridge, Mass., 1980); M. Perry, *The Constitution, the Courts, and Human Rights: An Inquiry into the Legitimacy of Constitutional Policymaking by the Judiciary* (New Haven, 1982); R. Bork, "Neutral Principles and Some First Amendment Problems", 47 *Indiana Law Journal* 1 (1971); Thomas Grey, "Do We Have an Unwritten Constitution?" 27 *Stanford Law Review* 703 (1975).

historicista, dizemos agora, decidiu-se por um tipo de prestação jurisdicional em matéria constitucional que limita as interpretações aceitáveis da Constituição aos princípios que exprimem as intenções históricas dos fundadores. Ele não aceitará que a cláusula de igualdade perante a lei torne injurídica a segregação imposta pelo Estado, a menos que esteja convencido de que aqueles que considera como fundadores da Constituição pensavam desse modo. Ou, um pouco mais fragilmente, a menos que esteja convencido de que os fundadores não achavam que a cláusula não proscrevia a segregação. De fato, a Décima Quarta Emenda foi proposta por legisladores que pensavam não estar proscrevendo a segregação racial na esfera da educação. O chefe do plenário, que apresentou a carta dos direitos civis que precedeu à emenda, disse à Câmara que "direitos civis não significam que todas as crianças devem frequentar a mesma escola"[6], e o mesmo Congresso manteve a segregação nas escolas do distrito de Colúmbia depois que a Décima Quarta Emenda passou a fazer parte da Constituição. Para o historicista, segue-se que a cláusula de igualdade perante a lei não torna a segregação inconstitucional.

À primeira vista, o historicismo parece ser apenas uma forma constitucional da teoria popular que estudamos no capítulo IX: a teoria de que as leis devem ser interpretadas segundo as intenções de seus autores. Se entendermos tratar-se de uma versão tosca da teoria da intenção do locutor, ela torna o estado de espírito daqueles que discutiram e promulgaram a Constituição um elemento decisivo sobre a interpretação a ser dada a sua linguagem abstrata. Ela identifica, para cada cláusula, um momento canônico de criação, e insiste em que aquilo que os fundadores pensavam na época, por mais peculiar que possa nos parecer agora, esgota a Constituição que temos. No capítulo IX, rejeitamos a versão da intenção do locutor sobre a teoria da intenção legislativa, por razões que também se sustentam na arena constitucional. Consideramos uma versão diferente e mais atraente: a

---

6. Citado em Raoul Berger, *Government by Judiciary* 118-19 (Cambridge, Mass., 1977).

de que as leis devem ser interpretadas de modo a conformar-se às convicções a partir das quais votaram seus autores. Quando Hermes explorou essa versão, achou necessário identificar e reconciliar os conflitos dentro das convicções de cada legislador, interpretando o histórico do legislador como um todo, e então achou necessário combinar as convicções reestruturadas de diferentes legisladores individuais num sistema geral de convicções institucionais. Logo percebeu que seria melhor interpretar uma lei de modo direto, perguntando-se qual conjunto de convicções forneceria a melhor justificativa para ela, em vez de a melhor interpretação dos votos a seu favor, um a um, pois nenhuma fórmula para combinar as convicções individuais seria apropriada, a menos que produzisse o mesmo resultado que uma interpretação construtiva da própria lei.

Um historicista convicto de que a interpretação da Constituição deve coincidir com as intenções dos fundadores irá deparar com as mesmas dificuldades encontradas por Hermes, e, se for criterioso, acabará tendo o mesmo ponto de vista. Em primeiro lugar, dirá que a Décima Quarta Emenda deve ser interpretada da maneira que melhor atenda às convicções dos congressistas e dos outros legisladores que votaram a favor. Ele então descobrirá que esses estadistas tinham uma grande variedade de opiniões políticas pertinentes à segregação racial. Sua convicção dominante era abstrata: a Constituição deve exigir que o direito trate todos os cidadãos como iguais. É a convicção que realmente descreveram na linguagem que exigia "a igualdade perante a lei". Muitos deles, além disso, tinham a convicção concreta de que a segregação racial não violava essa exigência, mas o historicista, comprometido em seguir suas convicções como um todo, deve perguntar-se se essa convicção concreta era de fato coerente com a predominante, ou se era um mal-entendido, compreensível nas circunstâncias, daquilo que a convicção dominante realmente exigia. Se o próprio historicista acreditar que a segregação racial é incoerente com a concepção de igualdade que os fundadores aceitavam, num nível mais abstrato, ele vai achar que a fidelidade às suas convicções como um todo exige que a segregação seja considerada como anticonstitucional. (Ele pode adotar um ponto de vista diferente: o de que as circunstâncias mudaram de tal modo que, embora a segregação fosse coerente com tal concepção no final do século XIX, agora deixou de sê-lo. Então ele também pensará que a fidelidade exige que se declare a segregação inconstitucional.) Seria uma confusão filosófica, aqui e nos casos da legislação que examinamos no capítulo IX, negar que as convicções dos fundadores da Constituição pudessem ter estado em conflito. Eles estavam comprometidos com o princípio de que o direito deve tratar as pessoas como iguais, e os compromissos são, na linguagem por mim utilizada naquele capítulo, transparentes e não opacos. Temos bons motivos para pensar que os próprios fundadores entenderam isso, que não acreditavam que a Constituição devesse ser interpretada de maneira opaca, ou que nada poderia violar a Décima Quarta Emenda, a não ser aquilo que achavam que a violava[7]. Contudo, mesmo que realmente acreditassem que as Constituições deviam ser interpretadas como opacas, um historicista ainda assim teria que decidir se tal convicção era coerente com sua convicção mais abstrata, e necessariamente transparente, de que os Estados Unidos deveriam, a partir de então, tratar todos como iguais perante a lei[8].

Assim, o problema interpretativo do historicista não está resolvido, mas tão somente colocado, ao se observar que os fundadores não pensavam que sua cláusula condenava a segregação racial entre as escolas. Ele precisa ainda recuperar suas convicções mais abstratas perguntando-se que concepção de igualdade se deve entender que elas estabeleceram. Poderia tentar fazer isso para cada um dos fundadores, estudando seus es-

---

7. Cf. H. Jefferson Powell, "The Original Understanding of Original Intent", 98 *Harvard Law Review* 885 (1985).
8. Explorei essa distinção entre uma interpretação opaca e uma interpretação transparente de cláusulas constitucionais abstratas em *Taking Rights Seriously*, p. 134 s. Comparei a interpretação constitucional ao problema vivido por um filho cujo pai o ensinou a ser justo. Afirmei que seu pai o imbuiu do *conceito* de justiça, e não da *concepção* particular de justiça que o pai tinha quando deu as instruções. Cf. também Dworkin, *A Matter of Principle*, cap. 2.

critos e declarações pertinentes, se algo assim existe, e seus votos em outras questões. Mais uma vez, porém, seria melhor que olhasse diretamente para a estrutura geral das emendas que criaram em conjunto após a Guerra Civil, vistas como parte do sistema constitucional mais geral que instituíram, e perguntar que princípios de igualdade são necessários para justificar tal estrutura. Só quando já identificou e apurou esses princípios poderá decidir sensatamente se, em sua opinião, a opinião concreta dos fundadores sobre a segregação é coerente com suas convicções mais abstratas sobre a igualdade. Se decidir que não são, seu voto de fidelidade exigiria que as ignorasse. Seu historicismo está destruído; ele está muito longe de apoiar-se exclusivamente naquilo que os fundadores pensavam sobre essa questão em particular.

História, equidade e integridade

Poderíamos encontrar um argumento mais forte em favor do historicismo ao supor que o historicista rejeita qualquer forma da teoria da intenção do locutor e segue o método muito diferente de Hércules para interpretar as leis. Ele vê as afirmações sobre a segregação racial nos primeiros debates legislativos não como chaves para as convicções ou os estados de espírito interiores, mas como fatos políticos, e tem uma teoria política que esclarece melhor a história constitucional quando a Constituição é interpretada exatamente como essas declarações enunciam. Mas que teoria política justificaria essa bizarra conclusão? É fácil encontrar maus argumentos políticos que seriam claramente inadequados. O historicista poderia dizer que as declarações históricas dos fundadores da Constituição devem ser decisivas porque a Constituição é direito, e porque o conteúdo do direito é estabelecido pelas intenções publicamente declaradas por seus autores. Trata-se de uma petição de princípio demasiado grosseira. Sua tarefa consiste em mostrar por que a Constituição enquanto direito deve ser compreendida como aquilo que os fundadores pensaram concretamente que fosse, e ele não pode simplesmente pressupor que é preciso entendê-la desse modo. Ele poderia dizer que as declarações dos fundadores são decisivas porque eles pretenderam que assim o fossem. Isso é tolo por duas razões: não temos nenhum indício dessa meta-intenção[9] e, mesmo que tivéssemos, aplicá-la equivaleria, mais uma vez, a incorrer em petição de princípio. (Suponhamos que um congressista dissesse *oui* quando lhe perguntassem se suas leis eram válidas se escritas em francês.)

O historicista poderia dizer que a democracia, do modo como entende tal conceito, exige que os governantes escolhidos pelo povo para criar uma Constituição tenham o poder de decidir o que ela quer dizer. Mas a descrição abstrata de democracia, a de que as pessoas devem escolher os seus governantes, não indica em si mesma até que ponto as declarações não formalizadas em lei desses governantes entram no direito por eles criado. Portanto, ele deve adicionar algum argumento mais concreto sobre a equidade a seu apelo geral à democracia. Deve mostrar por que o pressuposto da democracia – de que as pessoas devem ter, *grosso modo*, uma influência igual sobre a legislação – resulta em seu método de decidir o que a Constituição quer dizer. Não pode ter a certeza de que será bem-sucedido. Os fundadores da Constituição original eram extraordinariamente pouco representativos do povo como um todo. Não foram escolhidos de algum modo sancionado por um direito nacional anterior, e uma parcela majoritária da população, inclusive mulheres, escravos e pobres, foi excluída do processo que os escolheu e ratificou a Constituição. Tampouco a democracia era suficientemente avançada, mesmo na época das emendas posteriores à Guerra Civil, para oferecer um argumento democrático de equidade que nos permita considerar as opiniões concretas dos legisladores como bons indícios de qual era a opinião pública na época. Além desses defeitos, a equidade não pode explicar por que as pessoas agora devem ser governadas pelas

---

9. Temos indícios de que não tinham essa meta intenção. Cf. Powell, acima (n. 7).

minúcias das convicções políticas de pessoas eleitas muito tempo atrás, quando a moral popular, as circunstâncias econômicas e quase tudo o mais era muito diferente. Como pode a eqüidade afirmar que a Constituição permite que determinados estados pratiquem oficialmente a segregação racial apenas porque, em outros tempos, isso era aceitável para os detentores do poder em toda a nação, sem levar em conta o que hoje pensa a maioria das pessoas na maior parte dos estados?

No capítulo anterior, demos mais atenção a um argumento diferente em favor de se levarem em conta as declarações feitas no processo legislativo, pelo menos quando estas fossem feitas de modo formal. Esse é o argumento proveniente da integridade no processo político, segundo o qual tais declarações são parte da história política de uma comunidade, e a história política aparece em sua melhor luz quando as leis e (podemos agora acrescentar) as constituições são interpretadas de modo a se ajustarem às declarações formais de propósito e convicção. Mas também observamos o quanto esse argumento é sensível ao tempo. Não poderia ser mais frágil do que é no presente contexto, quando as declarações foram feitas não apenas em circunstâncias políticas diversas, mas por e para uma forma de vida política totalmente diferente. Seria tolice considerar as opiniões dos que primeiro votaram a Décima Quarta Emenda como um reflexo da moral pública dos Estados Unidos um século depois, quando a questão racial sofreu modificações em quase todos os aspectos. Seria também perverso; negaria à comunidade o poder de mudar seu senso público de finalidade, o que significa negar que ela possa ter quaisquer finalidades públicas.

Estabilidade

Deveríamos parar de impingir maus argumentos ao historicista e tentar elaborar o melhor argumento que pudermos. Este é, acredito, muito semelhante ao principal argumento que consideramos para o convencionalismo enquanto concepção geral do direito[10]. "O direito serve melhor sua comunidade quando é tão preciso e estável quanto possível, e isso se aplica particularmente ao direito fundamental, constitucional. Isso oferece uma razão geral para ligar a interpretação das leis e de uma constituição a algum fato histórico que seja, pelo menos em princípio, identificável e imune a convicções e alianças efêmeras. O teste do autor histórico satisfaz essa condição melhor que qualquer alternativa. Em sua versão mais forte, que não permite nenhuma interpretação de um dispositivo constitucional não extraída das intenções concretas dos autores históricos, confere ao direito constitucional uma qualidade unilateral e, portanto, propicia a maior estabilidade e previsibilidade possíveis. A Constituição não será invocada para anular alguma decisão legislativa ou executiva, a menos que o saber histórico tenha demonstrado que esse resultado era pretendido de alguma forma concreta. Contudo, se essa restrição unilateralista for considerada por demais restritiva, a forma mais frágil oferecerá mais estabilidade do que qualquer estilo interpretativo que menospreze as intenções históricas em sua totalidade. Nenhuma lei ou decisão será anulada se se puder demonstrar, em bases históricas, que os autores da Constituição esperavam que isso não acontecesse."

O historicismo, secundado por esse argumento da estabilidade, oferece uma interpretação decente da prática constitucional norte-americana? A versão mais forte do historicismo não se ajusta de modo algum a essa prática. A Suprema Corte não adotou uma atitude unilateralista a respeito da jurisdição constitucional; reconheceu os direitos constitucionais que os fundadores da Constituição não contemplaram. A versão mais frágil se ajusta melhor à prática exatamente por ser mais frágil, e pode ajustar-se bem o bastante para sobreviver se o argumento da estabilidade for suficientemente forte em substância. A

---

10. Não quero dizer que, nesse sentido, o historicismo seja em si mesmo uma descrição convencionalista do direito constitucional. Não pode sê-lo, pois não temos nenhuma convenção cuja extensão explícita inclua a proposição de que as intenções concretas dos fundadores fixam o direito constitucional.

Corte frequentemente aplicou a Constituição com resultados que talvez tivessem desconcertado seus defensores dos séculos XVIII e XIX. O caso *Brown* é um exemplo; a pena de morte, o aborto e as decisões de redistribuição equitativa são outros. É possível, porém, que tais exemplos não sejam tão numerosos, e que em termos gerais sejam por demais limitados a tribunais e períodos específicos para permitirem que o historicista os veja como erros. Não podemos simplesmente rejeitar essa afirmação como dissimulada, como se mascarasse o que é realmente invenção, e não interpretação. Na verdade, o argumento da estabilidade é bastante independente de qualquer concepção particular sobre a justiça ou a equidade da segregação, da pena de morte e da legislação antiaborto, de modo que um juiz que aceita o historicismo mais frágil pode muito bem ter dificuldade em pôr em prática suas outras tendências e atitudes políticas.

Portanto, devemos ver o argumento da estabilidade como um argumento de moral política. Eis o que ele declara: uma comunidade política com uma constituição escrita será melhor a longo prazo – mais equitativa, mais justa e, portanto, mais bem-sucedida – se assegurar a estabilidade subordinando a correta interpretação de tal constituição às opiniões concretas de seus autores, não importando quão obsoletas possam ser, e não às decisões interpretativas contemporâneas que podem contradizê-las. Será isso plausível? Às vezes, a certeza do direito é mais importante do que aquilo que o direito é; isso é verdadeiro para as leis de trânsito, por exemplo, e talvez para as regras que definem direitos e obrigações relativos a papéis comerciais negociáveis. Nem sempre, porém, é verdadeiro. O direito como integridade é sensível ao diferente valor marginal da certeza e da previsibilidade em diferentes circunstâncias. Quando a certeza é especialmente importante, como nos instrumentos negociáveis, o fato de determinada regra ter sido reconhecida e aplicada a casos anteriores constituirá um forte argumento para o lugar que ocupa na melhor interpretação dessa parte do direito. Quando a certeza for relativamente desimportante, seu poder no argumento interpretativo será correspondentemente mais fraco; quando observei isso pela primeira vez no capítulo IV, citei casos constitucionais como paradigmas.

O argumento político do historicista se baseia sobretudo na importância da certeza exatamente quando esta virtude é menos importante para um bom governo. No que diz respeito a certos problemas constitucionais, importa mais que o direito seja estabelecido do que saber exatamente o que é o direito. Importa muito mais que a duração do mandato do presidente seja estabelecida, e não aberta a considerações por parte da Suprema Corte de tempos em tempos, do que saber exatamente qual é essa duração. A certeza remete à essência, e a questão deve ser mantida ao longe dos interesses pessoais e do oportunismo político a curto prazo. Se os fundadores não tivessem compreendido isso, se não tivessem redigido suas decisões organizacionais básicas em uma linguagem que admitisse apenas uma única interpretação, sua constituição não teria sobrevivido de modo a estar, hoje, preocupando a doutrina. Contudo, nem todos os problemas constitucionais são desse tipo. Em alguns, importa muito que se chegue a uma determinação, mas nem sempre importa mais que a natureza dos detalhes de tal determinação. Para o funcionamento de um sistema de governo federal, é certamente muito importante que a distribuição do poder entre as administrações nacionais e locais seja tão estável e precisa quanto possível. Mas também é importante saber a qual unidade política se atribui um poder ou uma responsabilidade específicos: o poder de regular uma forma particular de comércio, por exemplo, ou a responsabilidade de financiar a educação pública ou a política educacional. Quando o direito como integridade interpreta a prática constitucional para decidir como a Constituição distribui alguma responsabilidade específica entre as jurisdições, leva em consideração a estabilidade, mas também observa que uma decisão poderia combinar melhor com o esquema geral de federalismo existente.

Há uma terceira classe de problemas constitucionais cujo equilíbrio é diferente. Em qualquer interpretação aceitável, algumas cláusulas reconhecem os direitos individuais contra o Estado e a nação: liberdade de expressão, processo legal devido em ações criminais, tratamento igualitário na disposição dos recursos públicos, aí incluída a educação. A estabilidade na interpretação de cada um desses direitos, considerados um por um, tem alguma importância prática. Mas, por se tratar de questões de princípio, a substância é mais importante do que esse tipo de estabilidade. Em qualquer caso, a estabilidade crucial é a da integridade: na medida do possível, o sistema de direitos deve ser interpretado como a expressão de uma concepção coerente de justiça. Isso não poderia ser obtido através da forma frágil de historicismo, que liga os juízes às opiniões concretas dos governantes históricos que criaram cada direito, até onde tais opiniões concretas possam ser descobertas, mas pede-lhes para utilizar algum outro método de interpretação quando os fundadores da Constituição não tinham nenhuma opinião, ou quando esta se perdeu para a história. É uma fórmula infalível para produzir incoerência no esquema constitucional que gera, porque os fundadores, em diferentes épocas, tinham opiniões concretas diferentes sobre as exigências da justiça, e porque os juízes que usam métodos não históricos quando essas opiniões não podem ser recuperadas terão opiniões concretas diferentes daquelas de qualquer fundador. O historicismo forte liga os juízes às intenções históricas concretas de modo ainda mais firme: exige que tratem essas intenções como se esgotassem totalmente a Constituição. Mas isso equivale a negar que a Constituição expressa princípios, pois não se pode considerar que estes parem ali onde também param o tempo, a imaginação e os interesses de algum governante histórico. A Constituição leva os direitos a sério; já o mesmo não se pode dizer do historicismo.

Passivismo

Algumas confusões conhecidas

É preciso distinguir o historicismo de uma teoria ainda mais influente da prática constitucional que chamarei de passivismo. Seus partidários distinguem entre o que chamam de abordagem "ativa" e "passiva" da Constituição. Os juízes "passivos", dizem eles, mostram grande deferência para com as decisões de outros poderes do Estado, o que é uma qualidade do estadista, enquanto os "ativos" declaram essas decisões inconstitucionais sempre que as desaprovam, o que é tirania. Eis aqui uma afirmação e uma defesa representativas da doutrina passiva: "As grandes cláusulas constitucionais que nossos irmãos ativos invocam para anular o que foi feito pelo Congresso, pelo presidente ou pela legislação de algum estado são apresentadas em uma linguagem muito genérica e abstrata. Todos terão uma opinião diferente sobre o que querem dizer. Seu sentido também não pode ser determinado, do modo como pensam os historicistas, mediante uma consulta às intenções concretas dos fundadores, pois estes frequentemente não tinham intenções pertinentes, e não temos um modo confiável de descobrir quais eram suas intenções. Em tais circunstâncias, a teoria democrática insiste em que as próprias pessoas devem decidir se a Constituição proscreve a segregação, assegura a liberdade de aborto ou proíbe a pena de morte. Isso significa atribuir ao Estado e aos legislativos nacionais a última palavra sobre essas questões. As pessoas só podem contrariar a Suprema Corte mediante o processo complicado e improvável da emenda constitucional, que de qualquer modo exige muito mais do que uma maioria simples. Podem modificar o legislativo na eleição seguinte"[11].

---

11. Como esse argumento começa pelo pressuposto de que estamos comprometidos com a democracia, e que nossas eleições são democráticas o bastante para exigir deferência para com as decisões legislativas, é particularmente fraco quando se pede à Corte que decida o que a Constituição considera como democracia. (Cf. Ely, acima, n. 5.) Assim, um passivista precisa de uma outra distinção: precisa distinguir as cláusulas constitucionais que protegem a equidade do processo político daquelas que pretendem garantir a justiça de seus resultados. Se ele acredita que o direito à liberdade de expressão ou os direitos que asseguram um tratamento igualitário aos grupos minoritários, por exemplo, são mais bem interpretados como proteção à equidade da democracia norte-americana, então não tem motivo para acatar a opinião das autoridades eleitas a propósito de quando esses direitos foram violados. De modo geral, essa ressalva não põe em risco a abordagem passiva, uma vez que não se aplica a direitos que não são corretamente compreendidos desse modo, como os supostos direitos ao aborto ou contra a pena de morte. Um juiz passi-

Mas essa afirmação de passivismo mistura problemas diferentes, e nosso exame deve começar por uma distinção deles. A afirmação parece dirigir-se a três questões diferentes ao mesmo tempo. A primeira é a questão da aprovação. Quem deve fazer a Constituição? O direito fundamental deve ser escolhido por juízes que não foram eleitos, mas nomeados por toda a vida, ou, de algum modo mais democrático, por legisladores eleitos pelo povo perante o qual se torna responsável? A segunda questão é de competência. Que instituição, no sistema político norte-americano, tem autoridade para decidir o que a atual Constituição, devidamente interpretada, realmente exige? A terceira é a questão jurídica. O que a atual Constituição, devidamente interpretada, realmente exige? Alguns passivistas pensam estar respondendo à segunda questão; a maioria age como se estivesse respondendo à primeira. Mas a terceira, a questão jurídica, é aquela à qual se devem dirigir se pretendem que sua teoria tenha alguma importância prática.

O caso *Marbury vs. Madison* decidiu a segunda, a questão da competência, pelo menos para o futuro previsível: a Suprema Corte, queira ou não, deve decidir por si mesma se a Constituição proíbe que os estados criminalizem o aborto em certas circunstâncias. O passivismo afirma que a Corte deve exercer esse poder ao adotar como sua a resposta do legislativo, mas esse conselho só se sustenta se decorrer da resposta certa à terceira questão, a jurídica. Se a resposta certa a essa questão afirmar que a Constituição realmente proíbe que os estados criminalizem o aborto, então submeter-se à opinião contrária de uma legislatura significaria *emendar* a Constituição exatamente da maneira que o passivismo considera estarrecedora. A primeira questão, a da aprovação, depende da terceira, a jurídica, exatamente do mesmo modo. Os passivistas denunciam a criação judicial de normas de nível constitucional; afirmam que democracia significa que o povo deve criar o direito fundamental.

---

vo que acha que esses direitos putativos são bem fundados na justiça, mais do que na equidade, deixará que as autoridades eleitas decidam se a Constituição os abarca.

Mas a relevância dessa atraente proposta pressupõe, uma vez mais, uma resposta particular à terceira questão, a jurídica. Se a Constituição, devidamente interpretada, não proíbe a pena de morte, então certamente um juiz que declarasse ser inconstitucional que os estados executem criminosos estaria mudando a Constituição. Mas se a Constituição, devidamente interpretada, de fato proíbe a pena de morte, um juiz que se *recusasse* a anular leis estaduais que estabelecem as penas de morte estaria mudando a Constituição por decreto, usurpando autoridade em desafio ao princípio constitucional. A questão do direito, em outras palavras, é inevitável. Devemos entender o passivismo para declarar que, juridicamente, as cláusulas abstratas da Constituição não concedem aos cidadãos *nenhum* direito, a não ser os direitos concretos que, indiscutivelmente, decorrem somente da linguagem dessas cláusulas. De outro modo, toda sua indignação sobre a usurpação judicial, todo o seu fervor pela democracia serão irrelevantes à prática jurídica, uma profusão de pistas falsas.

Se o convencionalismo estrito fosse a melhor interpretação geral da prática jurídica norte-americana, essa concepção austera dos direitos constitucionais seria sem dúvida correta. Como é polêmica a questão de se a cláusula de processo justo ou a cláusula de igual proteção proíbem que os estados criminalizem o aborto, por exemplo, e não há nenhum consenso mesmo entre os constitucionalistas a propósito de como resolvê-la, um convencionalista deve negar que, juridicamente, a Constituição proíba essa legislação. Assim, um convencionalista que afirme que a Suprema Corte deve, não obstante, declarar inconstitucionais as leis contra o aborto, na verdade estaria supondo que o direito fundamental de uma nação deveria ser criado por autoridades nomeadas para a vida toda, sujeito a revisão somente pelas maiorias extraordinárias exigidas pelo processo de emendas. Mas isso só acrescenta outro argumento aos que apresentamos no capítulo IV, mostrando por que o convencionalismo é uma interpretação pobre do direito norte-americano; se o passivismo depende do convencionalismo, já o rejeitamos. Sob o regime de direito como integridade, os problemas constitucionais polêmicos pedem uma

A CONSTITUIÇÃO 445

interpretação, não uma emenda. Tribunais e legislativos, autoridades e cidadãos confrontam com esses problemas sob o pressuposto normativo de que em geral uma interpretação – um ponto de vista sobre o que realmente exige a liberdade de expressão, a igual proteção ou o processo justo – oferece uma justificativa melhor da prática constitucional atuante do que qualquer outra: isto é, que uma interpretação é uma resposta melhor à terceira questão, a do direito. É evidente que as questões do primeiro tipo, de aprovação, são apropriadas em alguns contextos. Talvez a nação não devesse ter a Constituição que tem; talvez não devesse continuar a ser governada pelos princípios que oferecem a melhor explicação de sua história constitucional até o momento. Mas a Constituição é inegavelmente clara sobre como deveriam ser decididos esses problemas específicos de aprovação. São problemas de emenda, não de interpretação, e a Constituição deixa claro que as emendas não devem ser aprovadas exceto da maneira canhestra que ela prescreve. É possível que isso em si configure um erro. Talvez, ao contrário do que a maioria dos norte-americanos hoje pensa, uma maioria contemporânea deveria ter o poder de modificar o direito fundamental – por meio de um referendo, por exemplo. Mas esta também não é nossa questão.

O passivista pode defender sua austera resposta à questão jurídica de outro modo que não seja através do apelo ao convencionalismo? Alguns passivistas, pelo contrário, se baseiam no ceticismo. A melhor interpretação das cláusulas abstratas da Constituição, dizem eles, mesmo sob o regime do direito como integridade, é a interpretação cética de que elas nem permitem nem proíbem nada além daquilo que decorre exclusivamente da mais rigorosa interpretação de sua linguagem. Se isso fosse verdade, qualquer decisão da corte sobre o aborto, por exemplo, seria uma emenda constitucional disfarçada. Então a questão da aprovação iria mostrar-se relevante: poderia ser melhor, pois de algum modo seria mais democrático, que a Corte aceitasse o ponto de vista do legislativo sobre o modo como a Constituição deveria ser silenciosamente emendada, em vez de impor sua própria opinião contrária. Mas o passivista terá algum argumento em defesa de seu ceticismo?

O argumento que ele tem em mente é bem conhecido; já deparamos com ele antes. "Alguém considerará uma interpretação da cláusula do processo justo ou da cláusula de igual proteção melhor que outra somente por considerar uma teoria de justiça ou igualdade melhor que outra. Mas as teorias de justiça e igualdade são apenas subjetivas; não existe uma resposta certa sobre qual é a melhor, só respostas diferentes"[12]. Portanto, se isso é um apelo ao ceticismo exterior sobre a moral política, é irrelevante para a prática constitucional pelas razões que estudamos no capítulo II, e de novo no capítulo VII. É também causa do próprio fracasso, pois pressupõe que existe uma resposta certa à questão que coloca, a da equidade sobre quais opiniões devem prevalecer quando um problema for apenas uma questão de opinião. Se o ceticismo do passivista é, por outro lado, ceticismo interior global sobre a moral em termos gerais, então é totalmente dogmático, pois não apresenta nenhum dos argumentos morais que o ceticismo moral interior exige, e é também razão do próprio fracasso porque isenta sua própria posição moral – de que é mais equitativo que o legislativo, e não um tribunal, faça as emendas constitucionais – de seu ceticismo geralmente depurador. Se a resposta certa a todas as questões sobre os direitos políticos das minorias é que não existe uma resposta certa, como, então, pode haver uma resposta certa às questões relativas a quais opiniões devem reger nossas vidas? Apesar de toda sua popularidade, o argumento do ceticismo é singularmente inepto.

Justiça, equidade e governo da maioria

Desse modo, o passivismo não tem nenhuma saída para a resposta negativa que sempre dá em casos constitucionais polêmicos. Pressupõe que todas as cláusulas abstratas que garan-

---

12. Cf. R. Bork, "Neutral Principles and Some First Amendment Problems", 47 *Indiana Law Journal* 1, 10 (1971).

tem os direitos individuais contra as decisões majoritárias são corretamente interpretadas de modo extremamente rigoroso, que só proíbem aquilo que sua linguagem inquestionavelmente proíbe. Deve defender esse pressuposto por meio de um argumento do tipo exigido pelo direito como integridade. Essa interpretação estrita será uma interpretação bem fundada da prática constitucional norte-americana? Ajusta-se melhor a tal prática do que o historicismo, mas não se ajusta muito bem: muitas decisões tomadas pela Suprema Corte no passado, inclusive a do caso *Brown*, não podiam ser justificadas por meio de uma análise passivista, e, portanto, teriam de ser vistas como erros. Por outro lado, a maioria dos juristas pensa que algumas das decisões às quais o passivismo não se ajusta estavam erradas: o caso *Dred Scott*[13], em que os juízes anularam o Acordo do Missouri por acharem que os donos de escravos tinham direitos constitucionalmente protegidos sobre seus escravos, e o caso *Lochner*[14], em que afirmaram ser uma violação da liberdade por um estado limitar o número de horas de trabalho de um padeiro. E a doutrina do passivismo tem tido um apoio considerável por parte das opiniões judiciais e de tratados acadêmicos ao longo de quase todas as etapas da história constitucional. Poderíamos pensar, portanto, que o passivismo se sai bem no teste preliminar de adequação na primeira dimensão da interpretação; devemos então nos voltar para a questão mais complexa de como se sai no caso de outros testes mais importantes. A prática constitucional seria de algum modo mais marcante se as vedações constitucionais fossem muito estritas, permitindo que os legislativos fizessem praticamente tudo o que a maioria quer?

Essa pergunta exige uma avaliação complexa cuja estrutura estudamos em capítulos anteriores. Reconhecemos virtudes políticas diferentes, que podem competir entre si, ao decidirmos qual interpretação da cláusula de igual proteção ou da que garante um processo legal justo, por exemplo, poderia aperfei-

---
13. *Scott vs. Sandford*, 60 U.S. (19 How.) 393 (1856).
14. *Lochner vs. New York*, 198 U.S. 45 (1905).

çoá-las em termos de moral política. A justiça é uma dessas virtudes: uma interpretação da igualdade perante a lei será melhor, portanto, se perceber mais claramente o que a justiça exige. A equidade é outra: uma interpretação também será melhor, portanto, se refletir convicções que são dominantes, ou pelo menos comuns na comunidade como um todo, do que seria se expressasse convicções inabituais ou rejeitadas. Podemos usar essa estrutura para identificar argumentos que o passivista poderia apresentar para mostrar por que sua análise geral da Constituição, que interpreta muito estritamente suas limitações ao predomínio da maioria, faz dela um documento mais atraente.

A Constituição será mais justa se suas restrições ao governo da maioria forem mínimas? Poderíamos pensar assim por duas razões distintas. A primeira é simples e direta. Se uma pessoa concorda com Bentham (e com alguns marxistas e membros de comunidades) que as pessoas não têm direitos enquanto indivíduos, poderia considerar a Constituição tanto melhor quanto menos restrições impuser à vontade da maioria. Ou, pelo menos, que qualquer restrição se destinasse a proteger o caráter democrático do processo legislativo, e não a verificar aquilo que a maioria realmente quer ou exige[15]. Contudo, esse argumento simples e direto em favor do passivismo seria pouco convincente para a maioria dos norte-americanos, que não aceita essa concepção de justiça.

O segundo argumento da justiça não nega que os indivíduos tenham direitos, como uma questão de justiça, contra a maioria. Opõe-se às restrições constitucionais pela razão mais complexa de que, a longo prazo, os legislativos são mais propensos a desenvolver uma teoria mais bem fundada de quais direitos a justiça exige, em vez de os tribunais tentarem interpretar a linguagem nebulosa das disposições constitucionais abstratas. Existe uma óbvia objeção a essa afirmação. Os legisladores que foram eleitos, e precisam ser reeleitos, por uma maioria política tendem mais a tomar o partido de tal maioria

---

15. Cf. Ely, acima (n. 5).

em qualquer discussão séria sobre os direitos de uma minoria contrária; se se opuserem com excessiva firmeza aos desejos da maioria, esta irá substituí-los por aqueles que não se opõem. Por esse motivo, os legisladores parecem menos inclinados a tomar decisões bem fundadas sobre os direitos das minorias do que as autoridades que são menos vulneráveis nesse sentido. Disso não decorre que os juízes, à margem da censura da maioria, sejam as pessoas ideais para decidir sobre esses direitos. Os juízes têm seus próprios interesses ideológicos e pessoais no resultado dos casos, e também podem ser tirânicos. *A priori*, porém, não há motivo para considerá-los teóricos políticos menos competentes do que os legisladores estaduais ou os procuradores gerais.

Tampouco a história sugere que o sejam. Os passivistas citam o caso *Lochner* e outros, nos quais a Suprema Corte – erradamente, como hoje se pensa –, recorreu aos direitos individuais para impedir ou frustrar programas legislativos justos e desejáveis. Mas teríamos mais a lamentar se a Corte tivesse aceitado irrestritamente o passivismo: as escolas do Sul poderiam ainda estar segregadas, por exemplo. Na verdade, se fôssemos reunir as decisões mais lamentadas da Corte ao longo da história constitucional, acharíamos muitas outras nas quais o erro esteve na falta de intervenção em momentos nos quais, como hoje pensamos, os princípios constitucionais de justiça exigiam uma intervenção. Os norte-americanos sentiriam mais orgulho de sua história política se esta não incluísse, por exemplo, os casos *Plessy* ou *Korematsu*[16]. Nesses dois casos, a decisão majoritária do legislativo foi profundamente injusta, e também, como muitos juristas hoje acreditam, inconstitucional; lamentamos que a Suprema Corte não tenha intervindo para fazer justiça em nome da Constituição.

Desse modo, se existe uma boa alegação política favorável ao passivismo, esta deve ser encontrada na segunda linha

---

16. Em *Korematsu*, 323 U.S. 214 (1944), a Corte recusou-se a proteger os japoneses norte-americanos contra o internamento injustificado no início da Segunda Guerra Mundial.

de argumento que distinguimos, na ideia de equidade política. Contudo, um passivista que recorrer à equidade deverá defender duas afirmações dúbias. Deve argumentar, primeiro, que a equidade, corretamente compreendida, exige que a maioria dos votantes de qualquer jurisdição legislativa só seja restringida, naquilo que pode fazer a uma minoria, por princípios que ela própria endossa ou, ao menos, aceita no momento em que a restrição é utilizada contra ela. Em segundo lugar, deve sustentar que a equidade política assim entendida é de importância fundamental no contexto constitucional, que deve ser firmemente preferida à justiça sempre que se pensar que ambas estão em conflito. Tomadas em conjunto, essas duas afirmações se ajustam à estrutura geral da Constituição de modo ainda pior que as conclusões do passivismo sobre a deferência se ajustam à prática constitucional, porque não podem explicar restrições claras e precisas como as exigências processuais da Constituição para os processos criminais. Se as duas afirmações fossem bem fundadas, as restrições seriam desnecessárias quando a maioria as aceitasse como apropriadas, e injustas quando assim não fosse. Qualquer interpretação competente da Constituição como um todo deve, portanto, reconhecer, ao contrário das duas afirmações do passivista, que alguns direitos constitucionais se destinam exatamente a impedir que as maiorias sigam suas próprias convicções quanto ao que a justiça requer. A Constituição insiste em que a equidade, entendida do modo como o passivista deve entendê-la, deve render-se a certos direitos fundamentais. Contudo, uma vez que a concepção passivista do caráter e da importância da equidade seja rejeitada pela interpretação constitucional por não poder explicar direitos constitucionais explícitos, não poderá ressurgir como decisiva para os casos polêmicos que perguntam até que ponto a integridade exige que esses direitos explícitos sejam válidos também para os direitos implícitos ainda não reconhecidos.

As afirmações paralelas do passivista também não são plausíveis em substância, como uma análise daquilo que a equidade deveria significar em uma estrutura constitucional ideal. A equidade no contexto constitucional requer que a interpretação de alguma cláusula seja fortemente apenada se se basear em princípios de justiça que não têm nenhuma influência na história e na cultura norte-americanas, que não tenham desempenhado papel algum na retórica da autocrítica e do debate nacionais. A equidade exige deferência para com as características estáveis e abstratas da cultura política nacional, isto é, não aos pontos de vista de uma maioria política local ou passageira apenas por haverem triunfado em uma ocasião política específica. Se a segregação racial ofende os princípios de igualdade aceitos pela maioria da nação, a equidade não é violada quando as maiorias de alguns estados vêem negado seu direito de segregar. Se, em termos gerais, a história do país endossa a ideia de independência moral mas nega essa independência aos homossexuais, ainda que a distinção não possa ser plausivelmente justificada em princípio, não se ofende a equidade por se insistir numa aplicação coerente dessa ideia.

Podemos resumir. O passivismo parece, à primeira vista, uma teoria atraente sobre a medida em que os juízes devem impor sua vontade às maiorias políticas. Mas, quando tomamos o cuidado de desemaranhar os diferentes problemas que mistura, seus fundamentos intelectuais tornam-se invariavelmente mais frágeis. Deve ser ou conter uma teoria sobre o que a Constituição já é enquanto direito fundamental, o que significa que deve ser uma interpretação da prática constitucional entendida em sentido amplo. O passivismo apenas precariamente se ajusta a essa prática, e só a mostra em sua melhor perspectiva se admitirmos que, como questão de justiça, os indivíduos não têm direitos contra as maiorias políticas – o que é estranho à nossa cultura constitucional – ou que a equidade, definida de um modo especial que zomba da própria ideia de direitos constitucionais, é a virtude constitucional mais importante. Se rejeitarmos essas ideias nada atraentes, rejeitaremos o passivismo. Isso significa que devemos aceitar a teoria contrária, a teoria bicho-papão que os passivistas chamam de "ativismo"?

O ativismo é uma forma virulenta de pragmatismo jurídico. Um juiz ativista ignoraria o texto da Constituição, a história de sua promulgação, as decisões anteriores da Suprema

Corte que buscaram interpretá-la e as duradouras tradições de nossa cultura política. O ativista ignoraria tudo isso para impor a outros poderes do Estado seu próprio ponto de vista sobre o que a justiça exige. O direito como integridade condena o ativismo e qualquer prática de jurisdição constitucional que lhe esteja próxima. Insiste em que os juízes apliquem a Constituição por meio da interpretação, e não por *fiat*, querendo com isso dizer que suas decisões devem ajustar-se à prática constitucional, e não ignorá-la. Um julgamento interpretativo envolve a moral política, e o faz da maneira complexa que estudamos em vários capítulos. Mas põe em prática não apenas a justiça, mas uma variedade de virtudes políticas que às vezes entram em conflito e questionam umas às outras. Uma delas é a equidade: o direito como integridade é sensível às tradições e à cultura política de uma nação, e, portanto, também a uma concepção de equidade que convém a uma Constituição. A alternativa ao passivismo não é um ativismo tosco, atrelado apenas ao senso de justiça de um juiz, mas um julgamento muito mais apurado e discriminatório, caso por caso, que dá lugar a muitas virtudes políticas mas, ao contrário tanto do ativismo quanto do passivismo, não cede espaço algum à tirania.

Está concluído nosso breve exame do estado atual da teoria constitucional acadêmica dos Estados Unidos. Contudo, cabe ainda uma última observação. Tenho argumentado contra o historicismo e o passivismo enquanto interpretações gerais da prática constitucional norte-americana. Não afirmei que cada nação deve ter uma constituição escrita com disposições abstratas sobre os direitos individuais, ou que cada uma dessas constituições deve ser interpretada por um tribunal cujos membros são escolhidos do mesmo modo que são indicados os juízes da Suprema Corte. Muitos outros arranjos são possíveis além desses que hoje permeiam a prática jurídica norte-americana, e alguns podem ser muito melhores do ponto de vista da teoria ideal. A esta altura de nossa argumentação mais geral, estamos diante de uma questão interpretativa da teoria corrente, não da teoria ideal. Os juízes e advogados norte-americanos precisam de uma interpretação de sua prática constitucional, uma interpretação bem-sucedida em seu conjunto, avaliada nos termos das dimensões de qualquer interpretação. O passivismo e o historicismo não podem oferecer uma boa interpretação. Podemos aprender com seu fracasso: devemos desconfiar de qualquer estratégia interpretativa apriorística, fixada numa orientação estreita e formada pela justaposição de idéias, para decidir o que é uma constituição. Uma vez mais o cenário está pronto, graças a essa amigável advertência, para um novo começo.

Hércules no Olimpo

Hércules é promovido, apesar da extraordinária – e às vezes entediante – extensão de seus pareceres nos tribunais inferiores. Vai para a Suprema Corte dos Estados Unidos como juiz Hércules. Suponhamos que o caso *Brown*, o último dos exemplos que utilizamos no capítulo I, ainda não tenha sido decidido. Chega agora à Corte de Hércules, na situação em que estava em 1953. Os escolares pleiteantes afirmam que o esquema de segregação racial entre as escolas públicas do Kansas é inconstitucional porque lhes nega a igualdade perante a lei, apesar da sua longa história nos estados do Sul, e apesar da decisão aparentemente contrária da Corte no caso *Plessy vs. Ferguson* – que colocava as mesmas questões de princípio – a qual vigorava desde 1896[17]. De que modo o paladino do direito como integridade vai responder a essas alegações?

A Constituição, afinal, é um tipo de lei, e Hércules tem seu jeito de lidar com as leis. Interpreta cada uma delas de modo a, considerados todos os aspectos, fazer seu histórico chegar ao melhor resultado possível. Isso exige julgamentos políticos, mas estes são especiais e complexos e, de modo algum, iguais aos que faria se estivesse votando uma lei a respeito dos mesmos problemas. Suas convicções sobre a justiça ou a política sábia se veem inibidas em seu julgamento interpretativo

---

17. 163 U.S. 537 (1896).

geral, não apenas pelo texto da lei, mas também por um grande número de considerações sobre a equidade e a integridade. Ele continuará usando essa estratégia em sua nova posição, mas, como a Constituição é uma lei muito incomum, vai desenvolver uma aplicação muito especial da estratégia a casos constitucionais. Transformará sua estratégia para as leis em uma teoria operacional do julgamento de matéria constitucional. Há uma diferença muito grande entre a Constituição e as leis comuns. A Constituição é o fundamento para a criação de outras leis, e por esse motivo a interpretação dada por Hércules ao documento como um todo, bem como a suas cláusulas abstratas, deve ser também fundamental. Deve ajustar-se às disposições mais básicas do poder político da comunidade e ser capaz de justificá-las, o que significa que deve ser uma justificativa extraída dos aspectos mais filosóficos da teoria política. Os juristas são sempre filósofos, pois a doutrina faz parte da análise de cada jurista sobre a natureza do direito, mesmo quando mecânica e de contornos pouco nítidos. Na teoria constitucional, a filosofia é mais próxima da superfície do argumento e, se a teoria for boa, explicita-se nela.

Já é tempo, porém, de repetir uma das advertências que fiz anteriormente. Hércules serve a nosso propósito porque é livre para concentrar-se nas questões de princípio que, segundo o direito como integridade, formam o direito constitucional que ele aplica. Não precisa preocupar-se com a urgência do tempo e dos casos pendentes, e não tem dificuldade alguma, como inevitavelmente acontece com qualquer juiz mortal, de encontrar uma linguagem e uma argumentação suficientemente ponderadas para introduzir quaisquer ressalvas que julgue necessárias, inclusive a suas caracterizações iniciais do direito. Também não se preocupa, podemos dizer agora, com um problema prático adicional que é particularmente sério nos casos constitucionais. Um verdadeiro juiz deve às vezes introduzir ajustes naquilo que acredita ser o certo enquanto questão de princípio, e, portanto, também questão de direito, para poder ganhar os votos de outros juízes e tornar a decisão conjunta suficientemente aceitável à comunidade, que desse modo poderá continuar atuando como uma comunidade de princípios no nível constitucional. Servimo-nos de Hércules para fazer uma abstração desses problemas de ordem prática, como deve fazer qualquer análise bem fundada, para assim podermos ver quais soluções de compromisso os juízes reais consideram necessárias enquanto compromissos com o direito.

Teorias de igualdade racial

Estamos interessados agora na teoria de Hércules sobre as partes da Constituição que declaram os direitos individuais constitucionais contra o Estado, e, em particular, em sua teoria sobre a cláusula de igualdade perante a lei. Ele começará pela ideia igualitária abstrata que já discutimos no capítulo VIII. Esta afirma que o governo deve tratar todos os seus cidadãos como iguais no seguinte sentido: as decisões e disposições políticas devem demonstrar igual interesse pelo destino de todos. No capítulo VIII consideramos de que modo um Estado que respeitasse esse princípio abstrato deveria distribuir e regular o uso da propriedade privada. Distinguimos diversas concepções de igualdade – libertária, utilitária, com base no bem-estar e nos recursos –, cada uma das quais oferecia uma resposta um tanto diferente àquela pergunta. Também chamamos a atenção para uma distinção que precisamos retomar e desenvolver aqui.

Estabelecemos uma distinção entre as estratégias coletivas gerais que um governo usa para assegurar o interesse geral enquanto questão de política e os direitos individuais que reconhece, enquanto questão de princípio, como trunfos sobre essas estratégias coletivas. Hércules agora faz uma pergunta esquecida que é de importância fundamental para a teoria constitucional. Até que ponto a Constituição limita a liberdade do Congresso e dos vários estados de tomarem suas próprias decisões sobre questões de política e princípio? Será que a Constituição, corretamente interpretada, estabelece uma concepção particular de igualdade que cada estado deve seguir em seus julgamentos políticos coletivos e em seu esquema geral de distribuição e regulamentação da propriedade, por exemplo? Se não, será que estipula, em nome da igualdade, certos direitos individuais que todo estado deve respeitar, como trunfos sobre suas decisões políticas coletivas, seja qual for a concepção de igualdade que o estado tenha adotado?

Essas são perguntas diferentes, e a distinção é importante. Hércules responderá à primeira de forma negativa. A Constituição não pode, de maneira sensata, ser interpretada como se exigisse que a nação e cada estado seguisse uma concepção de igualdade utilitária, libertária ou de igualdade de recursos, ou qualquer outra concepção específica de igualdade, estabelecendo estratégias voltadas para o bem-estar geral. A Constituição estabelece que cada jurisdição aceite o princípio abstrato igualitário de que as pessoas devem ser tratadas como iguais, portanto, cada uma deve respeitar *alguma* concepção plausível de igualdade em cada uma de suas decisões sobre a propriedade e outras questões políticas. (Essa norma constitucional relativamente permissiva é pelo menos parte daquilo que os constitucionalistas chamam, um tanto erradamente, de exigência de "racionalidade".) A segunda questão, sobre os direitos constitucionais individuais acima de qualquer justificativa coletiva, é uma outra coisa. Na verdade, Hércules vai chegar a essa conclusão a partir da história e da prática constitucionais: embora a Constituição deixe cada estado livre em questões de política, sujeitos apenas à restrição há pouco descrita, insiste em que cada estado reconheça certos direitos, limitando qualquer justificativa coletiva que venha a utilizar, qualquer ponto de vista que possa ter sobre o interesse geral. A questão interpretativa crucial que se coloca é, então, a de saber que direitos são esses.

Hércules está agora preocupado com uma série de direitos constitucionais putativos. Parece evidente que a Constituição estabelece algum direito individual contra a discriminação racial oficialmente imposta pelo estado. Mas qual é o caráter, e quais são as dimensões desse direito? Ele elabora três descrições de um direito contra a discriminação racial. Testará cada uma como uma interpretação competente da prática constitucional sob a Décima Quarta Emenda.

1. *Classificações suspeitas.* A primeira descrição pressupõe que o direito contra a discriminação é apenas uma consequência do direito mais geral que as pessoas têm de ser tratadas como iguais segundo qualquer concepção de igualdade que seu estado pratique. Pressupõe, em outras palavras, que as pessoas não têm o direito específico de não ser vítimas da discriminação racial (ou de qualquer outro tipo) além daquilo que já constituia exigência da racionalidade. Se um estado adota uma concepção de bem-estar geral, como aquela proposta pelo utilitarismo ou pela igualdade de recursos segundo o modelo de mercado, na qual os ganhos de alguns são contrabalançados pelas perdas de outros, então tal Estado cumpre a norma constitucional contra a discriminação ao considerar da mesma maneira o bem-estar e as escolhas de cada um. A raça e outras bases de distinção semelhantes só são especiais, nesta descrição, porque a história sugere que existe uma tendência a negar a devida consideração a alguns grupos, mais que a outros, razão pela qual as decisões políticas que os colocam em desvantagem devem ser vistas com especial desconfiança. Ainda que, em geral, os tribunais não costumem rever as decisões políticas que beneficiam alguns grupos em detrimento de outros, a menos que se demonstre que estas são "irracionais" no sentido há pouco descrito, verificarão essas decisões de modo mais criterioso quando as minorias historicamente maltratadas estiverem em desvantagem.

Não obstante, a norma exige apenas que esses grupos recebam a devida consideração dentro do equilíbrio geral, e um estado pode cumprir essa norma mesmo quando os tratar diferentemente dos outros. Poderia justificar a segregação das escolas, por exemplo, ao mostrar que a integração criaria um ambiente educacional inferior, pois atentaria contra antigas tradições de separação racial, e que os prejuízos às crianças brancas superariam em muito as vantagens que obteriam as crianças negras, mesmo considerando essas vantagens igualmente importantes em si mesmas, criança por criança. Poderia acrescentar que as instalações que designou aos negros, apesar de separadas, têm a mesma qualidade. Ou, se não forem iguais,

que não podem ser melhoradas a não ser mediante um gasto especial que consideraria os interesses de cada criança negra como mais importantes, no cômputo geral, do que os interesses das crianças brancas, que formam um grupo mais numeroso.
2. *Categorias banidas.* A segunda teoria na lista de Hércules insiste em que a Constituição reconheça um direito preciso contra a discriminação como um trunfo sobre a concepção do interesse geral de qualquer Estado. Esse é o direito de que certos atributos ou categorias, inclusive a raça, os antecedentes étnicos e, talvez, o sexo, não sejam utilizados para distinguir os grupos de cidadãos com a finalidade de dar-lhes tratamentos diferentes, mesmo quando a distinção promovesse o interesse geral por uma concepção de outro modo admissível. Nesta descrição, um sistema de segregação racial das escolas é inconstitucional em todas as circunstâncias.
3. *Fontes banidas.* A terceira categoria reconhece um direito especial e diferente contra a discriminação. A maioria das concepções de igualdade, inclusive o utilitarismo e a igualdade de recursos, torna o interesse público, e portanto a política adequada, sensível aos gostos, às preferências e às escolhas das pessoas. Uma comunidade comprometida com tal concepção pensará que certas decisões políticas são bem fundadas simplesmente porque as preferências e escolhas são distribuídas de maneira específica: o fato de que mais pessoas prefiram um ginásio de esportes a um teatro, ou que aquelas que querem o ginásio o queiram muito mais intensamente, vai justificar essa escolha, sem nenhum pressuposto de que os que têm tal preferência sejam mais dignos de consideração ou tenham preferências mais admiráveis. A terceira teoria insiste em que as pessoas têm o direito, contra esse tipo de justificativa coletiva, de que certas fontes, tipos de preferências ou escolhas não sejam levados em consideração desse modo. Insiste em que as preferências que têm por base alguma forma de preconceito contra um grupo nunca possam contar em favor de uma política que inclua a desvantagem desse grupo. Esse direito, a exemplo daquele proposto pela segunda teoria, condena o programa de educação com segregação racial apresentado no caso *Brown*,

ainda que não o faça tão automaticamente. A segregação trata os negros diferentemente, e a história mostra que a origem do tratamento desigual encontra-se no preconceito. Assim, a segregação não pode ser preservada, segundo a terceira descrição, pelo tipo de argumento que, imaginamos, poderia fazê-lo na primeira. Pouco importaria que um cálculo que atribuísse a todas as preferências de cada pessoa a mesma importância, inclusive àquelas que têm por base o preconceito, pudesse mostrar que a segregação se voltava para o interesse geral, assim compreendido.

Quando Hércules considerar cada uma dessas teorias sobre a força da exigência de igual proteção contida na Décima Quarta Emenda, recorrerá à distinção que utilizamos no capítulo VIII. Estabelecerá uma distinção entre a elaboração acadêmica e prática de cada teoria; perguntará não apenas qual é o atrativo de cada teoria em termos abstratos, tal como seria desenvolvida e aplicada por um filósofo político sofisticado, mas como cada uma poderia ser colocada em prática em uma comunidade como a dele, como uma norma constitucional que os tribunais poderiam utilizar efetivamente para decidir qual legislação ela desqualifica. Levei em consideração as exigências de aplicação prática para descrever a primeira teoria. Ela especifica certas classificações "suspeitas" que, quando usadas na legislação, fazem supor que os interesses de algum grupo não foram devidamente levados em conta. Mas essa suposição pode ser refutada ao se demonstrar que, na verdade, a classificação põe igualmente em prática todas as preferências demonstradas na comunidade, sem nenhuma distinção quanto ao caráter ou à origem de tais preferências.

A segunda teoria, a das categorias banidas, não precisa de nenhuma elaboração prática específica, pois sua elaboração acadêmica já é suficientemente prática. Estabelece categorias particulares e insiste em que o direito constitucional terá sido violado sempre que a lei fizer distinções entre grupos de cidadãos que utilizam qualquer dessas categorias. A segunda teoria insiste (segundo a estranha máxima frequentemente usada para expressá-la) em que a Constituição é cega no que diz respeito a cores, bem como a certos outros atributos que estabelecem distinções entre grupos. A terceira categoria, a das fontes banidas, de fato precisa de uma elaboração prática distinta, pois, para juízes e outras autoridades, seria extremamente difícil aplicar seu princípio fundamental diretamente, caso por caso. Esse princípio proíbe a legislação que só pudesse ser justificada pela inclusão, dentro da avaliação geral que determina onde se encontra o interesse geral, de preferências direta ou indiretamente decorrentes do preconceito. Mesmo em teoria, será quase sempre difícil decidir que preferências são essas, pois os desejos das pessoas geralmente têm origens complexas, quando não indeterminadas. Também será difícil decidir, caso por caso, que legislação teria sido justificada mesmo que preferências contaminadas não tivessem sido incluídas no cálculo. Poderia ser impossível decidir, por exemplo, até que ponto o desejo pessoal de alguns pais de verem seus filhos educados ao lado de crianças provenientes de meios semelhantes expressa uma concepção racialmente neutra de que a educação é sempre mais eficaz nessas circunstâncias, e até que ponto isso é o reflexo de um preconceito de raça.

Assim, os juízes que aceitassem a teoria das fontes banidas teriam de conceber uma aplicação prática baseada em avaliações sobre os tipos de preferências que, frequentemente ou de modo característico, foram gerados pelo preconceito, e sobre os tipos de decisões políticas que, em circunstâncias normais, não pudessem ser justificados se tais preferências não fossem contadas como parte da justificativa. Essa elaboração prática designaria uma série de classificações "suspeitas" muito semelhantes àquelas da primeira teoria, classificações que geralmente colocam em posição de desvantagem grupos como negros, judeus, mulheres ou homossexuais, que historicamente têm sido alvo de preconceitos; daria origem à suposição de que qualquer decisão política capaz de provocar uma desvantagem específica a tais grupos viola o direito constitucional contra a discriminação. Mas o argumento necessário para refutar essa suposição, segundo a elaboração prática da terceira teoria, seria muito diferente do argumento necessário para refutar a suspeita de violação segundo a primeira teoria. Segundo a primeira, é possível afastar a desconfiança demonstrando-se que um cálculo neutro entre todas as preferências justificaria a distinção de raça. Segundo a terceira, isso não seria suficiente: seria necessário demonstrar que a classificação estava justificada por preferências populares isentas de preconceito, ou oferecer alguma forma diferente de justificativa que absolutamente não se fundamentasse em preferências. A terceira teoria, mesmo quando assim elaborada em termos práticos, é também diferente da segunda, a das categorias banidas. As duas se separam ao confrontar a legislação cujo propósito e efeito é beneficiar, e não prejudicar, as pessoas que historicamente têm sido vítimas do preconceito. A teoria das fontes banidas estabeleceria uma distinção entre programas de ação afirmativa destinados a ajudar os negros e as leis de Jim Crow, destinadas a mantê-los em um estado de submissão econômica e social. A teoria das categorias banidas daria a ambos o mesmo tratamento.

A decisão do caso *Brown*

Qual é a teoria da constituição?

Hércules agora está pronto para pôr à prova essas três análises do direito constitucional contra a discriminação perguntando-se até que ponto cada uma delas se ajusta à estrutura e à prática constitucionais norte-americanas e as justifica, oferecendo, assim, uma justificativa aceitável delas. Ele rejeitará a primeira teoria, que nega qualquer direito especial contra a discriminação e apenas insiste em que o bem-estar ou as preferências de cada cidadão sejam considerados na mesma escala, sem restrição de fonte ou caráter. Essa teoria talvez tivesse sido adequada se submetida a testes de equidade e adequação em algum momento de nossa história; talvez tivesse sido adequada quando da decisão do caso *Plessy*. Não é adequada agora, assim como não o foi em 1954, quando Hércules teve de decidir o caso *Brown*. Conta com pouco apoio dos ideais de equidade política. O povo norte-americano a teria rejeitado quase por unanimidade, mesmo em 1954, por não considerá-la fiel a suas convicções sobre justiça racial. Os que apoiavam a segregação racial não tentavam justificá-la recorrendo apenas ao fato de suas preferências, tal como as pessoas poderiam apoiar uma decisão que favorecesse a construção de um ginásio de esportes em vez de um teatro. Achavam que a segregação era a vontade de Deus, ou que todos tinham o direito de viver com sua própria gente, ou coisa semelhante. E os que se opunham à segregação também não fundamentavam seu argumento em avaliações de preferência irrestrita: não teriam considerado o argumento em favor da segregação mais forte se houvesse mais racistas, ou se estes sentissem mais prazer com ela. Hércules vai considerar a primeira avaliação inadequada também no que diz respeito à justiça, e desse modo a rejeitará se uma das outras se ajustar suficientemente bem à prática constitucional a ponto de tornar-se aceitável.

Ele precisa desenvolver sua teoria funcional da jurisdição constitucional apenas com os detalhes suficientes para decidir o caso *Brown*, e por isso não teria de fazer uma escolha entre as categorias banidas e as fontes banidas, a segunda e a terceira teorias de sua lista. As duas condenam a segregação racial oficialmente patrocinada nas escolas. As duas se ajustam suficientemente bem ao modelo de decisões adotado pela Corte no passado e à estrutura geral da Constituição para que se possam considerá-las aceitáveis. As duas eram coerentes, em 1954, com atitudes éticas muito difundidas na comunidade; nenhuma dessas teorias se ajustou a essas atitudes de modo visivelmente melhor que a outra, porque a diferença entre elas só aparece em um nível de análise que a opinião pública ainda não se vira forçada a alcançar. O sentimento cada vez maior, nos Estados Unidos, de que a segregação racial era errada em princípio, por ser incoerente com a decência tratar uma raça como inerentemente inferior a outra, pode ser sustentado de duas maneiras distintas: ou com base nas fontes banidas, em que algumas preferências devem ser desconsideradas em qualquer avaliação aceitável daquilo que contribui para melhorar a comunidade como um todo, ou com base nas categorias banidas, em que alguns atributos, inclusive a raça, nunca devem tornar-se a base de distinções legais.

Hércules, portanto, está pronto para decidir, em favor dos pleiteantes, que a segregação racial imposta pelo estado é inconstitucional. Ele sabe que os congressistas que propuseram a Décima Quarta Emenda tinham um ponto de vista diferente, o que declararam durante a elaboração da emenda. Mas, por razões que assinalamos ao descrever o historicismo e o passivismo, ele não acredita que isso importe muito agora. Não pode ser à evidência de nenhuma opinião contemporânea profunda e dominante que deva reportar-se, como um aspecto ou uma dimensão da interpretação, por razões de equidade. A velha história legislativa não é mais um ato da nação personificada declarando algum propósito público contemporâneo. Esse também não é o tipo de problema no qual seja mais importante estabelecer a prática institucional do que estabelecê-la da maneira correta. Em casos anteriores, a Corte já havia dado às pessoas motivos para duvidar que os modelos estabelecidos de distinção racial seriam protegidos ainda por muito tempo[18]. Os escolares pleiteantes estão sendo logrados naquilo que sua Constituição, devidamente interpretada, define como uma posição de independência e igualdade na república; trata-se de um insulto que é preciso reconhecer e extirpar. Portanto, se o caso *Plessy* é de fato um precedente contra a integração, deve ser revogado agora. Tudo conspira para que se chegue à mesma decisão. As escolas públicas segregadas não tratam os alunos negros como iguais sob nenhuma interpretação competente dos direitos que a Décima Quarta Emenda apresenta em nome da igualdade racial, e a segregação oficial é, portanto, inconstitucional.

---

18. Cf. *McLaurin vs. Oklahoma State Regents*, 339 U.S. 637 (1950); *Sweatt vs. Painter*, 339 U.S. 629 (1950); *Sipnel vs. Board of Regents*, 332 U.S. 631 (*per curiam*); *Missouri ex rel. Gaines vs. Canada*, 305 U.S. 337 (1938).

Direitos e remédios

Surge agora, porém, a questão dos remédios. Deve Hércules votar para que as escolas segregadas sejam imediatamente proscritas, de modo que todos os distritos escolares agora segregados acabem imediatamente com a segregação? Ou será que deve votar a favor de um processo de mudança mais gradual, caso em que terá de encontrar uma linguagem para descrever os prazos permitidos? Aqui estão alguns argumentos em favor dos prazos. Um sistema escolar não pode reverter as principais estruturas institucionais da noite para o dia. Se as escolas segregadas em junho tentarem reabrir como escolas integradas em setembro, haverá o caos, e a educação de um grupo de alunos, tanto negros quanto brancos, será prejudicada ou destruída. É preciso traçar novas fronteiras de captação de alunos, e pode ser difícil respeitar a tradição de vizinhança, ou mesmo de agrupar a educação por área territorial; os professores e os alunos devem ser redistribuídos, e os custos pessoais de tais decisões variados e difíceis. Os problemas com as reações adversas serão bem mais urgentes e ameaçadores. A segregação racial duradoura é uma parte importante da vida daqueles que desejam mantê-la; o seu sentido de autoidentidade é desafiado por qualquer enfraquecimento substancial da segregação, e estas são as sementes tanto da violência quanto do desespero. Os problemas poderiam ser aplacados, ou mesmo completamente solucionados, por meio de um processo de mudança mais gradual.

Alguém que examinasse esses argumentos poderia descrever o resultado da seguinte maneira: "A lei exige o desmantelamento imediato da segregação, mas tal atitude é desaconselhada por várias razões práticas de política, do gênero acima descrito; cabe a Hércules, portanto, decidir se deve haver um compromisso entre direito e a política". Essa análise, porém, é parcialmente enganosa; algumas das razões que apresentei em favor dos prazos são razões políticas práticas do tipo que, como afirmei, não seriam observadas por Hércules, ainda que os juízes de verdade pudessem ter de observá-las; outros, porém, insistem na questão do princípio, a questão daquilo que a Constituição exige em matéria de direito. Qualquer interpretação plausível dos direitos das pessoas segundo a Constituição deve ser complexa o suficiente para tratar tanto do remédio quanto da substância. Assim, a decisão de Hércules sobre o remédio é também uma decisão de direito, uma decisão sobre os direitos secundários que as pessoas têm quanto ao método e à maneira de fazer valer seus direitos substantivos primários[19]. Hércules deve decidir, como uma questão liminar geral, se a melhor interpretação das práticas remediadoras dos tribunais em geral e da Suprema Corte em particular exige que os direitos das pessoas ao remédio sejam sensíveis às consequências. Ele decidirá que sim: o objetivo da decisão judicial constitucional não é meramente nomear os direitos, mas assegurá-los, e fazer isso no interesse daqueles que têm tais direitos.

Assim, ele deve perguntar-se qual procedimento acarretará a melhor proteção para as crianças negras que buscam uma educação integrada, e pode bem descobrir que a exigência de que a integração seja efetuada da noite para o dia não resultará em proteção alguma. Contudo, embora sua decisão deva ser sensível às consequências, deve também discriminar entre as consequências, e ele então tratará os problemas técnicos da integração de modo diferente do problema da ameaça de uma reação adversa, pois a deferência para com esta última recompensaria atos e atitudes que a Constituição proscreve e deplora. A decisão de Hércules, então, mesmo sobre o remédio, não é de caráter simplesmente ou diretamente voltado para os resultados, como o seria uma decisão política banal. Ele pretende desenvolver uma teoria geral do cumprimento da lei que se ajuste ao poder que a Constituição lhe atribui e o justifique, e isso significa uma teoria que não contradiz, por meio do procedimento processual, aquilo que o documento exige em substância. Poderia chegar à seguinte teoria, ou a algo muito parecido: as estratégias de decreto da Corte devem visar ao cum-

---

19. Para uma discussão mais aprofundada dessa distinção, cf. *A Matter of Principle*, cap. 3.

primento mais imediato e eficaz dos direitos constitucionais substantivos coerente com os interesses daqueles que os reivindicam, mas não deve, por outro lado, acatar ou tentar acomodar os interesses das pessoas que tencionam subverter tais direitos. No caso *Brown*, a Suprema Corte estabeleceu uma fórmula de cumprimento que, pelo menos em retrospecto, não atingiu tal padrão[20]. Nela se dizia que a dessegregação deveria prosseguir "a toda velocidade deliberada", e essa linguagem mostrou ser um veículo para a obstrução e a demora. Teria sido melhor se a Corte tivesse tentado fornecer uma programação mais precisa, mesmo que tal estratégia pudesse ter ameaçado a unanimidade de sua decisão. Contudo, boa parte do litígio que se seguiu ao caso *Brown* teria sido inevitável de qualquer modo, pois a revolução social que tal caso anunciou foi tanto nacional quanto fundamental, e exigiu dezenas de outras decisões posteriores em circunstâncias e em terreno muito diferentes daqueles do caso *Brown*. Os problemas de direito mais difíceis na verdade apareceram não nos estados do Sul, com uma longa história de segregação determinada pelo direito, mas nos estados do Norte, nos quais a segregação nas escolas tinha sido praticada não por separação racial explícita, mas por meio de decisões bem mais sutis que, por exemplo, demarcaram os limites dos distritos escolares. Os tribunais federais tiveram de decidir em quais circunstâncias a incapacidade de um estado em reverter essa história mais sutil de segregação era uma violação dos princípios anunciados no caso *Brown*; e, quando tal violação ocorria, que providências os tribunais poderiam e deveriam tomar como forma de remédio jurídico.

Os tribunais desenvolveram uma jurisprudência específica para a integração racial, sem que fosse completamente bem-sucedida ou inteiramente coerente, mas que ainda assim representou, em grande medida, um crédito ao direito[21].

---

20. *Brown vs. Board of Education*, 349 U.S. 294 (1955).
21. Cf. *Keyes vs. School District No. 1, Denver, Colorado*, 413 U.S. 189 (1973); *Milliken vs. Bradley*, 418 U.S. 717 (1974); *Milliken vs. Bradley*, 433 U.S.

Durante algum tempo, os juízes federais promulgaram e supervisionaram decretos que os levaram a interferir na jurisdição normal de diretores de escola e outras autoridades locais. Exigiram mudanças radicais na organização escolar e traçaram planos detalhados para tais mudanças; criaram programas para transportar crianças negras para escolas localizadas em bairros de brancos, e vice-versa. Nunca, na história norte-americana, suas decisões pareceram tão diferentes do trabalho normal dos juízes ou atraíram tanta hostilidade do público e da imprensa. Alguns intelectuais, inclusive vários que deram sua aprovação ao projeto, afirmaram que as decisões judiciais assinalaram uma importante mudança na natureza e no caráter do cargo de juiz[22]. Em certo sentido, esses intelectuais tinham razão. Os juízes vêm, tradicionalmente, exercendo papéis de supervisão tendo em vista a prestação jurisdicional – ao administrarem processos falimentares, por exemplo, ou decretos antitruste ou de custódia. Mas tanto a escala quanto os detalhes da supervisão foram muito maiores nos decretos de dessegregação, e trouxeram os juízes para muito mais perto dos domínios convencionais das autoridades executivas eleitas.

De acordo com o direito como integridade, porém, essa inusitada intrusão judicial nas funções administrativas é apenas a consequência, em circunstâncias extremamente especiais e conturbadas, de uma visão perfeitamente tradicional do cargo de juiz. A tese de Hércules é, pelo menos, plausível: os juízes têm a obrigação de fazer cumprir os direitos constitucionais até o ponto em que o cumprimento deixa de ocorrer no interesse daqueles que os direitos deveriam proteger, e essa tese ofereceu uma interpretação aceitável e atraente da prática constitucional do passado. Suas aplicações mais extremas nos

---

267 (1977); *Dayton Board of Education vs. Brinkman*, 433 U.S. 406 (1977); *Columbus Board of Education vs. Penick*, 443 U.S. 449 (1979); *Dayton Board of Education vs. Brinkman*, 443 U.S. 526 (1979).

22. Cf., por exemplo, Chayes, "The Role of the Judge in Public Law Litigation", 89 *Harvard Law Review* 1281 (1976); Fiss, "Foreword: The Forms of Justice", 93 *Harvard Law Review* 1 (1979).

casos raciais, como os decretos relativos ao transporte das crianças, podem certamente ser contestadas como aplicações equivocadas, e, em dois níveis distintos, essa contestação parecerá plausível a alguns juristas. Eles acham que a Suprema Corte ou os tribunais federais inferiores foram longe demais em reconhecer o direito constitucional a uma educação integrada nos estados em que não havia segregação por lei, e que muitos dos remédios impostos pelos tribunais em apoio a tais direitos, inclusive o do transporte, na verdade não se voltavam para os interesses dos negros. Devemos ser cuidadosos ao distinguir essas contestações duvidosas às aplicações recentes da tese de Hércules da contestação à própria tese.

A decisão do caso *Bakke*

Não me debruçarei mais sobre a história das consequências do caso *Brown*, nem sobre a defesa das decisões mais intervencionistas que se seguiram a ele, pois nenhuma delas é particularmente importante para o aparato constitucional do direito como integridade. Vamos nos ocupar de um problema diferente, um produto do sucesso, mais que das falhas da revolução iniciada pelo caso *Brown*. Nos Estados Unidos, a consciência das empresas e do setor educacional, bem como sua prudência, foram orientadas pelos conflitos raciais dos anos 60, e programas coletivamente chamados de ação afirmativa ou discriminação inversa fizeram parte de sua resposta. Podemos elaborar uma descrição bastante superficial desses programas: tinham por objetivo melhorar a colocação e o número de negros e de outras minorias nas indústrias, no comércio e nas profissões liberais, assegurando-lhes alguma forma de preferência na contratação, promoção e admissão em faculdades e escolas profissionalizantes. A preferência era, às vezes, imperceptível, uma questão de considerar os antecedentes étnicos e raciais de uma pessoa como uma vantagem que poderia garantir-lhe uma colocação, "tudo o mais sendo igual", o que nunca ocorreu. Às vezes, porém, a preferência era explícita e mecânica.

A faculdade de medicina da Universidade da Califórnia em Davis, por exemplo, utilizou um sistema dicotômico para avaliar os candidatos: uma cota foi separada para os candidatos pertencentes a uma minoria, os quais competiam somente entre si por um determinado número de vagas, com a consequência de que se aceitaram alguns negros cuja pontuação nos exames e em outras qualificações convencionais ficavam muito aquém daquelas de brancos que eram rejeitados. Alan Bakke estava entre estes últimos, e no litígio que provocou reconheceu-se que ele teria sido aceito se fosse negro. Bakke afirmou que esse sistema de cotas era ilegal porque não dispensava tratamento igual na disputa por vagas, e a Suprema Corte, justificando sua decisão em um conjunto de opiniões divididas e um tanto confusas, concordou[23].

Como teria votado o juiz Hércules? O caso obriga-o a enfrentar o problema que achava desnecessário para a decisão do caso *Brown*. A teoria das categorias banidas será uma interpretação mais bem-sucedida da prática constitucional pertinente, levando todos os aspectos em consideração, do que a teoria das fontes banidas? Uma norma constitucional prática que fizesse vigorar a teoria das fontes banidas consideraria suspeitas certas classificações raciais. Mas não seria necessário incluir na lista de classificações suspeitas uma distinção obviamente criada para auxiliar vítimas históricas do preconceito. Talvez as instituições que utilizaram o sistema de cotas raciais devessem ter a obrigação, de acordo com tal teoria, de mostrar que tais cotas não refletiam o preconceito velado contra algum outro grupo. Mas a universidade de Davis poderia ter cumprido tal obrigação, de tal modo que, segundo a teoria das fontes banidas, não teria violado o direito constitucional de Bakke. Contudo, teria violado os direitos dele de acordo com a teoria das categorias banidas. A elaboração dessa teoria, tanto acadêmica quanto prática, é apenas uma lista de atributos que não devem ser usados para diferenciar grupos, um dos quais, por essa razão,

---

23. *Regents of the University of California vs. Bakke*, 438 U.S. 265 (1978).

recebe uma vantagem em relação a outro. A raça deve ser proeminente em qualquer lista desse tipo, e Davis utilizou classificações raciais que puseram em desvantagem brancos como Bakke.

Desse modo, Hércules deve fazer uma escolha entre as duas teorias, e vai preferir a teoria das fontes banidas à teoria das categorias banidas. Embora a teoria das categorias banidas se ajuste às decisões sobre a discriminação racial até o caso *Bakke* tal como o faz a teoria das fontes banidas – ajusta-se melhor à linguagem utilizada nessas decisões –, não se ajusta à prática política ou constitucional em termos mais gerais. Tal como é, a teoria das categorias banidas é arbitrária demais para ser considerada uma interpretação genuína de acordo com o direito como integridade. Deve ser amparada por alguma avaliação, baseada em princípios, que justifique por que são especiais os atributos particulares por ela banidos, e o único princípio disponível é o de que as pessoas nunca devem ser tratadas de modo diferente em virtude de atributos que estejam além de seu controle. Tal proposição foi terminantemente rejeitada tanto na política quanto no direito norte-americanos. Quase invariavelmente, as leis estabelecem distinções entre as diferenças naturais geográficas, de saúde e de capacidade: subvencionam os trabalhadores que, por acaso, vieram trabalhar numa indústria, ou mesmo numa firma, e não em outra, por exemplo, e restringem as licenças para dirigir ou exercer a medicina a pessoas com certas capacidades físicas ou mentais. As oportunidades educacionais nas universidades e escolas profissionalizantes, em particular, foram sempre, e sem nenhuma contestação constitucional, concedidas em flagrante violação do suposto princípio. Os candidatos são escolhidos com base nos testes que se supõe revelar as diferenças na capacidade natural e, em muitas escolas, também são escolhidos de modo a promover um equilíbrio geográfico em certas classes ou, até mesmo, o sucesso da escola nas competições de atletismo. Os candidatos não são mais responsáveis por sua capacidade de obter uma boa pontuação nos testes de inteligência convencionais, por seu local de nascimento ou sua habilidade no futebol do que por sua raça; se a raça fosse uma categoria banida porque as pessoas não podem escolher aquela a que pertencem, então inteligência, antecedentes geográficos e capacidade física teriam de ser também categorias banidas. A discriminação racial que prejudica os negros é injusta não porque as pessoas não podem escolher sua raça, mas porque essa discriminação expressa preconceito. Isto é, sua injustiça é explicada pela teoria das fontes banidas, e não pela teoria das categorias banidas.

Suponhamos que os advogados de Bakke argumentem que a estratégia das categorias banidas deve ser aceita no caso da raça (e talvez nos de alguns outros casos especiais, como os antecedentes étnicos e o sexo), mesmo que não possa ser amparada por nenhum princípio geral de que as pessoas nunca devem ser divididas segundo atributos que não podem controlar. Eles não devem dizer que essa alegação especial em favor da raça e de alguns outros atributos é apenas uma questão de fato constitucional, que a própria Constituição escolhe e desqualifica somente a raça e esses outros atributos. Pois isso incorre em petição de princípio: a correta interpretação de nossa prática constitucional é exatamente o que está em questão agora, e eles precisam de um argumento que justifique sua afirmação sobre o que a Constituição quer dizer, e não de um argumento que já comece pela própria alegação. Suponhamos que eles afirmem o seguinte: os fundadores da cláusula de igualdade perante a lei concentraram-se especificamente na questão da raça, pois a Décima Quarta Emenda foi uma consequência da escravidão e da Guerra Civil. Isso é historicismo, e todos os nossos argumentos anteriores contrários a ele são pertinentes. Mas é uma forma particularmente débil de historicismo nesse contexto. Pois sabemos que os fundadores da Décima Quarta Emenda não acreditavam que estivessem tornando inconstitucional *qualquer* tipo de discriminação racial na educação, mesmo a segregação voltada contra os negros, e dificilmente podemos considerar sua opinião como um argumento de que *toda* distinção racial, mesmo aquela destinada a ajudar os negros, é declarada ilegal.

Suponhamos que os advogados de Bakke agora digam que seja o que for que os fundadores poderiam ou não ter pretendido, uma política constitucional criteriosa defende a teoria da categoria banida somente para a raça e para algumas outras categorias, pois de qualquer modo os programas de admissões e contratações que utilizam classificações raciais irão exacerbar a tensão racial e, assim, prolongar a discriminação, o ódio e a violência. Esse é exatamente o tipo de cálculo antecipatório e complexo da política que até mesmo uma forma sensível e enfraquecida de passivismo deixaria ao julgamento de autoridades eleitas ou de executivos indicados por tais autoridades e responsáveis perante elas. Se o Congresso decidir que uma política nacional que proíba qualquer tipo de ação afirmativa é desejável, ele tem o poder de promulgar uma lei que, ao menos em parte, a realize[24]. A Suprema Corte não deveria se responsabilizar por tal julgamento político.

Assim sendo, Hércules rejeitará a teoria de igualdade das categorias banidas, tanto em sua forma geral, que é impossível de ajustar, quanto em sua forma especial, que é arbitrária demais para ser considerada como baseada em princípios. Aceitará a teoria das fontes banidas como a melhor interpretação disponível[25], depois fará uma elaboração prática apropriada dessa teoria para fins constitucionais, selecionando uma lista, sujeita a revisões à medida que os padrões sociais forem sendo alterados, de classificações "suspeitas" cuja utilização para colocar em desvantagem um grupo historicamente alvo do preconceito é, à primeira vista, inconstitucional. A lista que ele elabora não proibiria programas de ação afirmativa em princípio, pois estes não atuam no sentido de prejudicar nenhum desses grupos.

Mas Bakke tem outro argumento possível, o de que a cláusula de igual proteção, interpretada agora de acordo com a concepção de Hércules, proíbe a forma específica de ação afir-

---
24. Não foi esse o caso na Lei dos Direitos Civis de 1964. Cf. *A Matter of Principle*, cap. 16.
25. *Id.*, cap. 14.

A CONSTITUIÇÃO   473

mativa utilizada por Davis, aquela baseada em cotas. A teoria das fontes banidas explica um direito especial como um suplemento à exigência geral da Décima Quarta Emenda, a exigência de que a avaliação feita por qualquer estado sobre o interesse geral deve levar em conta os interesses de todos os cidadãos, mesmo que seja prejudicial a alguns; nesse sentido, deve ser compreendida como uma avaliação "racional" que se considere a serviço de algum tipo de concepção aceitável de como as pessoas são tratadas como iguais. O governo viola essa exigência mais geral sempre que ignora o bem-estar de um grupo em sua avaliação daquilo que torna mais próspera a comunidade como um todo. Mesmo que Bakke não encontre nenhuma ajuda no direito especial contra a discriminação racial reconhecido por Hércules, poderia recorrer à exigência geral. Davis argumenta que seu sistema de cotas contribui para o bem-estar geral ao ajudar a aumentar o número de médicos negros qualificados. Bakke poderia argumentar o contrário, que o sistema de cotas de Davis impede a universidade até mesmo de cuidar do impacto produzido por suas decisões relativas à admissão sobre as pessoas na posição dele. Hércules decidiria (creio eu) que essa alegação é confusa: um sistema de cotas dá a mesma consideração à classe toda de candidatos, como o faria qualquer outro sistema que se fundamente – como deve ser o caso de todos – em classificações gerais[26]. Mas juízes sensatos poderiam discordar dessa parte de sua conclusão geral do caso[27].

Hércules é um tirano?

Acompanhamos Hércules ao longo de apenas uma série de decisões, pois aqui, como em qualquer outra parte da doutrina, o detalhe é mais esclarecedor que o todo. Mas a argumentação dos capítulos anteriores nos dá alguma ideia de suas

---

26. *Id.*, cap. 15.
27. Cf. a opinião do juiz Powell em *Bakke*, 438 U.S. 215.

atitudes com relação a outras questões constitucionais[28], e pudemos inferir elementos suficientes sobre seus métodos constitucionais para justificar um resumo sucinto. Hércules não é um historicista, tampouco tem o estilo aventureiro às vezes satirizado sob o epíteto de "direito natural". Ele não acha que a Constituição é apenas o que de melhor produziria a teoria da justiça e da eqüidade abstratas à guisa de teoria ideal. É guiado, em vez disso, por um senso de integridade constitucional; acredita que a Constituição norte-americana consiste na melhor interpretação possível da prática e do texto constitucionais norte-americanos como um todo, e seu julgamento sobre qual é a melhor interpretação é sensível à grande complexidade das virtudes políticas subjacentes a essa questão.

Seus argumentos abrangem a convicção popular e a tradição nacional sempre que estas forem pertinentes à questão da soberania: qual interpretação da história constitucional apresenta essa história geral em sua melhor luz. Pela mesma razão, e com o mesmo objetivo, eles se baseiam em suas próprias convicções sobre justiça e equidade e na correta relação entre elas. Ele não é um passivista, pois rejeita a ideia rígida de que os juízes devem subordinar-se às autoridades eleitas, independentemente da parte do sistema constitucional em questão. Considerará que o objetivo de algumas disposições é, ou inclui, a proteção da democracia, e que irá interpretar tais disposições nesse espírito, em vez de subordinar-se às convicções daqueles cuja legitimidade elas poderiam desafiar. Decidirá que o objetivo de outras disposições é, ou inclui, a proteção de indivíduos e de minorias contra a vontade da maioria, e que, ao decidir sobre as exigências de tais disposições, não irá ceder àquilo que os representantes da maioria consideram correto.

Ele também não é um "ativista". Vai recusar-se a substituir seu julgamento por aquele do legislador quando acreditar que a questão em jogo é fundamentalmente política, e não de

---

28. Cf. meu "Reagan's Justice", *New York Review of Books*, 8 de novembro de 1984, e "Law's Ambitions for Itself", 71 *University of Virginia Law Review* 73 (1985).

princípio, quando o argumento for sobre as melhores estratégias para satisfazer inteiramente o interesse coletivo por meio de metas, tais como a prosperidade, a erradicação da pobreza ou o correto equilíbrio entre economia e preservação[29]. Não teria aderido à maioria no caso *Lochner*, por exemplo, porque teria rejeitado o princípio de liberdade citado pela Suprema Corte nesse caso, por considerá-lo claramente incoerente com a prática norte-americana, e errado de qualquer forma, e teria se recusado a reexaminar o julgamento do legislativo de Nova York sobre as questões de política que na época ficaram por resolver[30].

Hércules, portanto, foge à classificação acadêmica padrão dos juízes. Afinal, se se encaixasse claramente em alguma das categorias populares não seria Hércules. Será ele muito conservador? Ou demasiado liberal ou progressista? O leitor ainda não tem como dizê-lo, pois seu julgamento dependeria do quão próximas suas convicções estivessem das de Hércules na vasta gama dos diferentes tipos de convicções que envolve uma interpretação da prática constitucional. Isso porque ainda não fiz uma exposição suficiente das convicções de Hércules, nem mostrei de que modo elas poderiam ser utilizadas para garantir um procedimento justo nos processos criminais, ou nos casos que envolvem a liberdade de expressão, ou, ainda, naqueles que dizem respeito à divisão dos distritos eleitorais e ao bom andamento das eleições. Também não discuti, como um problema distinto no contexto constitucional, suas convicções sobre o papel do precedente, sobre as decisões tomadas pela

---

29. Ele não substituirá seu julgamento em bases constitucionais quando suas técnicas de interpretação das leis tiverem levado a uma conclusão sobre o que diz a lei devidamente interpretada. Suas convicções sobre a política terão, contudo, um papel a desempenhar em sua última decisão, pelas razões e da forma descrita no capítulo IX.

30. *Lochner vs. New York*, acima (n. 14). A opinião, nesse caso, trata o problema como uma questão de princípio, de saber se os padeiros e seus empregados têm o direito de estipular em contrato mais horas de trabalho se assim o desejarem. Hércules teria respondido que a interpretação particular do princípio de liberdade de contrato, que isso pressupõe, não pode ser justificada por nenhuma interpretação bem fundada da Constituição.

Suprema Corte no passado. O leitor poderá ter uma ideia dessa atitude no capítulo VII e a partir do fato de que ele não se deixou perturbar pela revogação do caso *Plessy* em sua decisão do caso *Brown*; mas esta não é a história toda, pois sua atitude com relação aos precedentes seria mais respeitosa quando lhe pedissem para restringir os direitos constitucionais que haviam feito vigorar do que quando lhe pedissem para reafirmar suas recusas a tais direitos. Portanto, o leitor deve reservar seus julgamentos políticos gerais às carreiras dos juízes que conhece melhor.

Mas já vimos o suficiente para saber que uma acusação que certos juristas fariam a Hércules é injusta e, o que é ainda pior, obscurantista. Hércules não é um tirano usurpador que tenta enganar o povo, privando-o de seu poder democrático. Quando intervém no processo de governo para declarar inconstitucional alguma lei ou outro ato do governo, ele o faz a serviço de seu julgamento mais conscencioso sobre o que é, de fato, a democracia e sobre o que a Constituição, mãe e guardiã da democracia, realmente quer dizer. O leitor pode discordar de alguns julgamentos que apresentei em seu nome; se eu lhe contasse um pouco mais sobre sua carreira no Olimpo, é bem possível que discordasse de outros mais. Mas, se Hércules tivesse renunciado à responsabilidade que descrevi, que inclui a responsabilidade de decidir quando deve basear-se em suas próprias convicções sobre o caráter de seu país, teria sido um traidor, e não um herói da limitação judicial.

Capítulo XI
O direito além do direito

A autopurificação do direito

A integridade pode ser impura?

Os juristas saudosistas reverenciam uma antiga ideia: a de que o direito se autopurifica. Tal imagem concebe duas formas ou estágios do mesmo sistema jurídico: a forma mais nobre latente na menos nobre, o direito contemporâneo, impuro, que gradualmente se transforma na sua própria ambição mais pura, a duras penas, sem dúvida, tanto com deslizes quanto com ganhos, nunca atingindo a pureza final mas aprimorando-se sempre com relação à geração anterior. Há problemas nessa misteriosa imagem, e estes vêm somar-se tanto à complexidade quanto ao poder do direito como integridade.

Tal concepção é capaz de reconhecer uma forma mais pura de direito que a que possuímos? Temos aqui um argumento que nega essa possibilidade: para Hércules, o direito real contemporâneo consiste nos princípios que proporcionam a melhor justificativa disponível para as doutrinas e dispositivos do direito como um todo. Seu deus é o princípio de integridade na prestação jurisdicional, que o força a ver, na medida do possível, o direito como um todo coerente e estruturado. Parece não haver espaço, neste cenário, para a ideia do direito convertido numa forma mais coerente e mais pura do que realmente é. Se é possível tornar o sistema mais coerente, então esse sistema mais coerente é o direito atual, contemporâneo, tanto que, uma vez que Hércules tenha elaborado o que é o direito agora, não poderá haver um direito mais puro nele latente. O direito como integridade (poderíamos afirmar) *consiste* na ideia do direito purificado.

Tal afirmação é excessivamente tosca: a distinção sentimental ocupa um lugar no direito como integridade. Nosso conceito de direito vincula o direito à justificativa atual de força coercitiva, e portanto vincula-o à prestação jurisdicional: o direito é uma questão de direitos defensáveis no tribunal. Esse aspecto torna o conteúdo do direito sensível a diversos tipos de limitações institucionais, especialmente para os juízes, que não são, necessariamente, limitações para outras autoridades ou instituições. Quando os juízes interpretam a prática legal como um todo, encontram razões de diferentes tipos, especificamente no que diz respeito aos juízes, esclarecendo por que *não* devem reconhecer como o direito em vigor os princípios e as normas que forneceriam a avaliação mais coerente das decisões substantivas da prática.

As doutrinas estritas de precedente, que exigem que alguns juízes sigam as decisões passadas de outros juízes, mesmo quando pensam que tais decisões são equivocadas, são um fato bastante comum. Recordemos um exemplo que utilizei anteriormente: a Câmara dos Lordes continua a isentar os advogados da responsabilidade por negligência em certas circunstâncias. A integridade condena esse tratamento especial, e o Parlamento, com base na integridade, deveria revogá-lo[1]. Mas

---

1. Essa característica da prática jurídica é a fonte da complexidade linguística. Em certas circunstâncias, qualquer julgamento preciso sobre a natureza do direito deve, de alguma forma, reportar-se ao nível do tribunal em que se supõe que o problema vá surgir. Suponhamos que um advogado pense que o mais alto tribunal de alguma jurisdição tem o dever, que decorre do direito como integridade, de anular um precedente e, desse modo, manifestar-se favoravelmente ao pleiteante, mas que um tribunal inferior, limitado por uma doutrina estrita do precedente, tem o dever de fazer cumprir esse precedente e, desse modo, tomar uma decisão favorável ao acusado. Ele poderia dizer (esta é uma maneira de se colocar a questão) que o direito para um tribunal superior é diferente do direito para um tribunal inferior. Ou poderia dizer (es-

um tribunal inglês de nível inferior não pode fazê-lo, pois o precedente o proíbe. O precedente estrito varia de jurisdição para jurisdição, e os tribunais superiores ficam normalmente isentos. Mas a supremacia legislativa constitui uma outra limitação institucional, e isso geralmente abrange todos os tribunais. Se um juiz está convencido de que uma lei admite apenas uma interpretação, então, excetuando-se o impedimento constitucional, ele deve colocar em prática essa interpretação como sendo o direito, mesmo que considere tal lei incoerente, em princípio, com o direito entendido em seu sentido mais amplo[2]. Ele pode pensar que o legislativo deveria corrigir a incoerência com uma legislação posterior, não apenas ou necessariamente com base em um sentido de justiça, mas porque o legislativo é também um guardião da integridade. Mas isso não afetará o que, para ele, é o direito.

Se Hércules houvesse decidido ignorar a supremacia legislativa e o precedente estrito sempre que a ignorância dessas doutrinas lhe permitisse aperfeiçoar a integridade do direito, considerada, por si só, matéria relevante, então ele teria violado totalmente a integridade. Pois qualquer interpretação geral bem-sucedida de nossa prática legal deve reconhecer essas limitações institucionais. Outras limitações judiciais são menos doutrinárias e mais uma questão de diferentes aspectos da compreensão que tem o juiz do devido processo legal no tribu-

---

ta é outra maneira) que, como o tribunal superior tem a última palavra, o direito é "realmente" favorável ao pleiteante, ainda que ele deva apelar para ter esse direito reconhecido e aplicado. O vocabulário do direito, aqui como no caso dos sistemas jurídicos perversos, no capítulo III, é flexível o bastante para permitir que descrevamos a mesma estrutura complexa de relações jurídicas – direitos e deveres aplicáveis em circunstâncias específicas – de diferentes maneiras, dependendo do público, do contexto e da finalidade.

2. Abstenho-me de repetir a lição principal do capítulo IX, de que a integridade substantiva desempenhará um grande papel na decisão de Hércules sobre o modo de interpretar os termos vagos, ambíguos ou de alguma outra forma problemáticos dessa lei. Estou pressupondo, aqui, que o texto, o contexto e a história legislativa são suficientemente claros para que mesmo o estilo adotado por Hércules para interpretar as leis produz a incoerência com o resto do direito que pressuponho no texto.

nal. O juiz Hércules poderia pensar que desobrigar os advogados das normas gerais do direito sobre negligência é indefensável, e mesmo se ele possuísse o poder técnico de revogar os precedentes que protegem os advogados nessa situação poderia acreditar que seria incorreto, repentinamente, imputar responsabilidade a um advogado específico por atos do passado, se nenhum tribunal tivesse, previamente, indicado alguma mudança, pois esse advogado provavelmente não teria que se assegurar contra tal responsabilidade. Hércules então poderia pensar em mudar o direito apenas em perspectiva, da maneira que, no capítulo V, imaginamos que um pragmatista poderia fazer. Mas a prática britânica é bastante escassa em relação a esse dispositivo, e ele poderia procurar encontrar alguma outra maneira de alertar os advogados, por meio de suas opiniões, sobre as mudanças futuras[3]. O juiz Hércules poderia pensar que a melhor interpretação da cláusula da igualdade perante a lei anula as distinções entre os direitos dos adultos e aqueles das crianças, que nunca foram questionados na comunidade, e ainda assim poderia pensar que seria politicamente injusto, no sentido assinalado no capítulo III, que o direito impusesse tal concepção a uma comunidade cujas práticas sociais e familiares aceitaram as distinções como adequadas e fundamentais. Não quero dizer com isso que, em tais casos, Hércules sempre aceitaria a incoerência substantiva para manter a fidelidade aos princípios mais processuais, mas apenas que o caráter complexo da prestação jurisdicional torna inevitável que ele, às vezes, assim o faça.

O princípio da prioridade local da interpretação, estudado no capítulo VIII, é outro tipo mais sutil de restrição que pode agora ser considerada como relacionada funcionalmente às restrições que acabamos de perceber. Se um juiz que aceita o direito

---

3. *Saif Ali*, citado no capítulo VI, n. 28, pode mostrar-se uma advertência precoce desse tipo. Se Hércules acredita que a integridade exige o reconhecimento da restrição processual no caso em que ele faz a advertência, ele então pensa que o direito favorece o advogado de defesa. Contudo, uma vez feita a advertência, essa restrição deixa de existir, de tal modo que o direito não mais estará a favor do advogado de defesa em um caso posterior.

como integridade considera que duas interpretações se ajustam, cada uma na área de seu interesse imediato, bem o suficiente para satisfazer as limitações interpretativas, então ampliará o alcance de seu estudo numa série de círculos concêntricos para incluir outras áreas do direito e, assim, determinar qual das duas melhor se adapta ao âmbito mais abrangente. Mas respeitará, normalmente, a prioridade da área do direito, na qual desponta seu problema imediato; considerará de menor valor, rigorosamente, algum princípio como uma interpretação aceitável do direito de acidentes se ele for estranho a esse ramo do direito, mesmo que se ajuste bem a outras áreas. A topologia das áreas é, como vimos, parte do seu problema interpretativo, e os seus julgamentos sobre os limites das áreas pode ser polêmico e, de todo modo, irá modificar-se com a evolução do direito. No entanto, restrições específicas aplicam-se a seus julgamentos sobre os limites: devem, em princípio, respeitar opiniões públicas e profissionais estabelecidas que dividem o direito em áreas importantes de conduta pública e privada.

Integridade e igualdade

Podemos tirar proveito das discussões anteriores para mostrar o poder acumulativo dessas várias restrições, cada uma das quais recorre à integridade do processo para verificar a integridade substantiva. No capítulo VIII, Hércules decidiu que uma grande parte do direito dos danos involuntários em sua jurisdição pode ser considerada como expressão do conceito de igualdade que ele pensa ser o melhor do ponto de vista da justiça abstrata, que é a igualdade de recursos; por esse motivo, então, ele adotou essa concepção ao construir sua interpretação dessas partes do direito. No capítulo X, ele rejeitou rapidamente a sugestão de que essa concepção de igualdade (ou qualquer outra) torna-se obrigatória nos estados por meio da cláusula de igualdade perante a lei da Décima Quarta Emenda. Ele teria de reconhecer que, além do mais, tanto o estado quanto a nação estão muito aquém do que a igualdade de recursos, mesmo em sua elaboração prática, exigiria à guisa de distribuição de riquezas, embora alguns dos programas de redistribuição que o Congresso e os estados adotaram sejam passos nessa direção. Essa concessão não ameaça sua opinião sobre a melhor interpretação do direito dos danos involuntários, pois nenhuma outra concepção de igualdade ajusta-se melhor ao direito, e nenhuma outra ofereceria uma adequação melhor aos programas fiscais e de redistribuição aos quais a igualdade de recursos consegue adequar-se apenas de modo imperfeito.

Ele deve, então, decidir-se por uma versão da igualdade e do direito que seja menos elegante e uniforme do que poderia ter esperado. A igualdade de recursos é a chave para o direito sobre acidentes e outras formas de danos involuntários. Mas ele não pode recorrer à Constituição para obrigar o Congresso ou os legislativos estaduais a adotar os programas econômicos e de redistribuição que a igualdade de recursos exige. Tampouco, dadas as várias restrições que ele aceita sobre o quanto é livre para ler as leis a fim de promover sua visão da justiça, pode encontrar nos sistemas de tributação e bem-estar social as disposições que a igualdade de recursos aprovaria. A integridade política e a justiça estariam em melhor situação, em sua opinião, se o governo local e o nacional tivessem adotado, de forma mais consistente, a igualdade de recursos como a meta de seus programas econômicos. No entanto, ele próprio estaria violando a integridade se ignorasse as decisões que eles tomaram.

Integridade pura e inclusiva

O direito como integridade, portanto, não apenas permite como também promove formas de conflito ou tensão substantivos dentro da melhor interpretação geral do direito. Agora estamos em posição de explicar o porquê. Aceitamos a integridade como um ideal político distinto, e aceitamos o princípio de integridade na prestação jurisdicional como soberano em todo o direito, pois queremos tratar a nós mesmos como uma associação de princípios, como uma comunidade governada por uma visão simples e coerente de justiça, equidade e devido processo legal adjetivo na proporção adequada. Já notamos que essas três virtudes componentes – equidade, justiça e devido processo – às vezes entram em conflito. Hércules evita obter a integridade a partir do ponto de vista da justiça apenas – coerência nos princípios substantivos de justiça que permeiam sua descrição do que é o direito agora –, pois tem buscado uma integridade mais ampla que também confira eficácia a princípios de equidade e devido processo legal adjetivo.

A justiça, como dissemos, diz respeito ao resultado correto do sistema político: a distribuição correta de bens, oportunidades e outros recursos. A equidade é uma questão da estrutura correta para esse sistema, a estrutura que distribui a influência sobre as decisões políticas da maneira adequada. O devido processo legal adjetivo é uma questão dos procedimentos corretos para a aplicação de regras e regulamentos que o sistema produziu. A supremacia legislativa, que obriga Hércules a aplicar as leis, mesmo quando produz uma incoerência substantiva, é uma questão de equidade porque protege o poder da maioria de fazer o direito que quer. As doutrinas rigorosas do precedente, as práticas da história legislativa e a prioridade local são em grande parte, embora de maneiras distintas, questões de processo legal adjetivo, porque estimulam os cidadãos a confiar em suposições e pronunciamentos doutrinários que seria errado trair ao julgá-los depois do fato.

Podemos consolidar essa explicação estabelecendo uma nova distinção entre os dois níveis ou tipos de integridade. O princípio adjudicativo que governa nosso direito aplica a integridade *inclusiva*: isso exige que um juiz considere todas as virtudes componentes. Ele constrói sua teoria geral do direito contemporâneo a fim de que reflita, tanto quanto possível, os princípios coerentes de equidade política, justiça substantiva e devido processo legal adjetivo, e de que reflita todos esses aspectos combinados na proporção adequada. A ressalva "tanto quanto possível" reconhece o que já vínhamos percebendo, que a devida atenção a uma dessas virtudes, numa demonstração geral do direito, implicará às vezes um acordo quanto ao nível de integridade que pode ser alcançado em outro. Hércules deve revelar, em suas avaliações a respeito de qual é o direito, a melhor interpretação dos princípios de equidade da sua comunidade, que define seus próprios poderes contra os de outras instituições e autoridades, e seus princípios de devido processo legal adjetivo, que se tornam pertinentes pelo fato de os julgamentos do direito serem predicados para a atribuição de culpa e responsabilidade baseada em experiências anteriores. Ele deve então aplicar leis que se contrapõem à coerência substantiva, a precedentes e prioridades locais que se interpõem no caminho da coerência entre diferentes áreas do direito. Ele estará, portanto, consciente de uma avaliação diferente, mais abstrata a integridade *pura* abstraída dessas várias limitações da eqüidade e do processo. Tal conceito convida-o a considerar o que o direito seria se os juízes fossem livres simplesmente para buscar coerência nos princípios de justiça que permeiam e unem as diferentes áreas do direito.

Destacamos a justiça, entre as virtudes políticas, criando para ela uma forma especial de integridade. Entretanto, a honra não é arbitrária. As consequências práticas da equidade e do devido processo legal adjetivo são muito mais contingentes do que as da justiça, e frequentemente lamentáveis. Esperamos que nossa legislatura reconheça o que a justiça exige, de forma que nenhum conflito prático permaneça entre a justiça e a supremacia legislativa; esperamos que as áreas do direito sejam reorganizadas, na compreensão pública e dos profissionais, para mapear as verdadeiras distinções de princípio, de forma que a prioridade local não apresente impedimento para um juiz que procura um fluxo natural de princípios por todo o direito.

Nossa profunda ambição de tratar a nós mesmos como uma comunidade de princípios recomenda um papel especial para a justiça. Os cidadãos de tal comunidade almejam ser governados com justiça, equidade e processo justo, mas as três virtudes componentes possuem diferentes significados para eles, mesmo como ideais. Tanto a equidade quanto o processo justo estão, embora de maneiras diferentes, ligados a instituições específicas dentro da comunidade. Atribuem responsabilidades diferentes a diferentes autoridades diferentemente situadas. A justiça, por outro lado, refere-se àquilo a que a comunidade personificada, abstraindo-se de responsabilidades institucionais, deve por si só obter. Há então uma importância prática em isolar-se a pergunta sobre o que a integridade permite e exige a partir apenas do ponto de vista da justiça. Pois essa questão constitui para a comunidade como um todo, um pré-requisito, além de formular questões adicionais sobre quais decisões institucionais seriam necessárias para obtê-la.

Podemos agora esquecer a imagem que os juristas nostálgicos celebram do direito dentro e além do direito. O direito que temos, o direito contemporâneo e concreto para nós, é determinado pela integridade inclusiva. Esse é o direito do juiz, o direito que ele é obrigado a declarar e colocar em vigor. O direito contemporâneo, entretanto, contém um outro direito que delimita suas ambições para si próprio; esse direito mais puro é definido pela integridade pura. Compõe-se de princípios de justiça que oferecem a melhor justificativa do direito contemporâneo, posto que não são vistos a partir da perspectiva de nenhuma instituição em particular, abstraindo, desse modo, todas as restrições de equidade e de processo que a integridade inclusiva exige. Essa interpretação purificada se dirige não aos deveres distintos de juízes ou legisladores, ou a qualquer órgão ou instituição política, mas diretamente à comunidade personificada. Declara como as práticas da comunidade devem ser reformuladas para servirem, de modo mais coerente e abrangente, à visão de justiça social que parcialmente adotou, mas não estabelece qual a função que cada autoridade possui nesse grande projeto.

O direito contemporâneo tateia em direção ao direito puro, quando surgem estilos de decisão que parecem satisfazer a equidade e o processo, trazendo o direito para mais perto de sua própria ambição; os juristas declaram estar otimistas em relação a esse processo quando afirmam que o direito se purifica. O otimismo pode estar deslocado. Uma avaliação cética parece melhor para alguns críticos de nosso direito: primeiramente, eles preveem o triunfo da entropia, o direito perdendo sua coerência substantiva geral no caos produzido pelo egoísmo e por concentrações desiguais de poder político. Qual atitude, seja pessimista ou otimista, é sábia e qual é tola? Isso depende da energia e da imaginação tanto quanto da previsão, pois cada atitude, se suficientemente aceita, contribui para a sua própria reivindicação.

Os sonhos do direito

Os tribunais são as capitais do império do direito, e os juízes são seus príncipes, mas não seus videntes e profetas. Compete aos filósofos, caso estejam dispostos, a tarefa de colocar em prática as ambições do direito quanto a si mesmo, a forma mais pura dentro e além do direito que possuímos. Encontramos no *common law* sobre acidentes uma concepção de igualdade que, caso fluísse livremente pela estrutura político-econômica norte-americana até seus limites naturais, exigiria mudanças radicais na distribuição de propriedades e outros recursos em geral. Podemos encontrar outros alicerces dessa concepção de igualdade em outras áreas do direito. Podemos citar, por exemplo, o progresso – às vezes esporádico e vacilante – da redistribuição em favor dos deficientes ou menos favorecidos em outros aspectos, e podemos afirmar que esse desenvolvimento global é mais bem explicado pela igualdade de recursos do que por outras concepções daquilo que significa tratar as pessoas como iguais. Nós mesmos favorecemos essa concepção, e agora afirmamos que ela é o objetivo do direito purificado, a estrela da comunidade, em sua busca pela integridade, entendida do ponto de vista da justiça apenas. A que tipo de debate demos início?

Um outro filósofo do nosso direito sustenta um ponto de vista concorrente e contrário. Ele considera o direito purificado como o direito mais completamente utilitário num sentido irrestrito, mais coerente e precisamente dedicado a maximizar a satisfação sem reservas das preferências da maioria das pessoas. Outro descreve uma visão mais comunitária; tal visão pressupõe o direito purificado dos direitos individuais que corrompem a percepção da comunidade, endossada por essa visão, de que o único bem é o bem comum, que as vidas são mais bem vividas sob normas compartilhadas a respeito de que tipo de vida é melhor. Não podemos derrotar essas opiniões avaliando e comparando os sistemas jurídicos que se ajustam ao nosso e ao deles. Nenhum se adapta bem o suficiente para dominar o direito contemporâneo por completo, e todos ajustam-se bem o suficiente para afirmar uma base dentro dele. O debate deve caminhar agora para o plano da moral política abstrata; deve mover-se em direção a debates de teoria utópica. Entretanto, o debate ainda pertencerá ao direito, pelo menos num sentido atenuado, pois cada competidor começará a estabelecer um esboço contemporâneo do futuro que celebra (nenhum marxista ou fascista poderia encontrar suficiente direito contemporâneo distintivamente explicado por sua política filosófica para qualificar-se a entrar na competição). A ligação com o debate jurídico comum, embora atenuada, é crucial, pois confere ao debate filosófico um papel distinto, ainda que complementar, no âmbito mais geral da política do direito.

Cada uma das filosofias rivais usa e respeita a integridade dessa forma, bem como os valores que a sustentam. Cada uma propõe mostrar como o direito pode desenvolver-se em direção à justiça enquanto preserva a integridade em todas as suas etapas. Cada uma alega que seu ponto de vista pode ser assegurado pela comunidade que avança através de uma série de passos, nenhum dos quais seria revolucionário, e todos eles iriam fundamentar-se e ocorrer dentro de uma estrutura já existente. Observamos esse processo a partir de um ponto de vista externo e histórico em nossa pesquisa inicial sobre o desenvolvimento do direito através dos tempos, no capítulo III, e também ao rejeitar a alegação, no capítulo IV, de que o direito é principalmente uma questão de convenção. Afirmei que, embora o conteúdo do direito seja muito diferente de uma época para outra, ainda assim, num sistema legal próspero, até mesmo mudanças importantes podem ser vistas como decorrentes do direito existente, enriquecendo esse direito, mudando sua base e, assim, provocando uma mudança adicional.

Dessa forma, nesse sentido amplo, a política jurídica utópica continua sendo direito. Seus filósofos oferecem extensos programas que podem, caso seduzam a imaginação dos juristas, tornar seu progresso mais deliberado e reflexivo. São romancistas em cadeia com épicos em mente, imaginando o trabalho desenrolando-se através de volumes que podem levar gerações para serem escritos. Nesse sentido, cada um de seus sonhos já é latente no direito contemporâneo; cada sonho pode ser o direito do futuro. Entretanto, os sonhos são competitivos, os pontos de vista são diferentes, escolhas devem ser feitas – as grandes escolhas feitas por estadistas que ocupam altos cargos legislativos e judiciais, escolhas em menor escala por aqueles cujas decisões são mais limitadas e imediatas. Nenhum programa coerente pode valer por tanto tempo e para tantas pessoas; afinal, podemos deixar-nos conduzir pelas mãos da habilidade do direito, que é apenas um outro nome para a habilidade dos juízes competentes em impor qualquer ordem que puderem, como Hércules teve de fazer nos capítulos anteriores, num processo historicamente casual. Mas os filósofos são parte da história do direito mesmo assim, mesmo quando discordam e nenhuma opinião obtém um apoio dominante por muito tempo, pois seus argumentos, mesmo assim, lembram à profissão a pressão do direito além do direito, que os imperativos da integridade sempre desafiam o direito de hoje com as possibilidades de amanhã, e que toda decisão em um caso difícil é um voto para um dos sonhos do direito.

Epílogo: o que é o direito?

O direito é um conceito interpretativo. Os juízes devem decidir o que é o direito interpretando o modo usual como os outros juízes decidiram o que é o direito. Teorias gerais do direito são, para nós, interpretações gerais da nossa própria prática judicial. Rejeitamos o convencionalismo, que considera a melhor interpretação a de que os juízes descobrem e aplicam convenções legais especiais, e o pragmatismo, que a encontra na história dos juízes vistos como arquitetos de um futuro melhor, livres da exigência inibidora de que, em princípio, devem agir coerentemente uns com os outros. Ressalto a terceira concepção, do direito como integridade, que compreende a doutrina e a jurisdição. Faz com que o conteúdo do direito não dependa de convenções especiais ou de cruzadas independentes, mas de interpretações mais refinadas e concretas da mesma prática jurídica que começou a interpretar.

Essas interpretações mais concretas são indubitavelmente jurídicas porque dominadas pelo princípio de integridade inclusiva na prestação jurisdicional. A jurisdição é diferente da legislação, não de uma forma única e unívoca, mas como a complexa consequência da predominância desse princípio. Avaliamos seu impacto reconhecendo a força superior da integridade na prestação jurisdicional, que a torna soberana nos julgamentos de direito, embora não inevitavelmente nos vereditos dos tribunais, ao observar como a legislação convida a juízos políticos, diferentemente da jurisdição, e como a integridade inclusiva aplica distintas restrições à função judicial. A integridade não se impõe por si mesma; é necessário o julgamento. Esse julgamento é estruturado por diferentes dimensões de interpretação e diferentes aspectos destas. Percebemos como as convicções a respeito da adequação são conflitantes e restringem os julgamentos de substância, e como as convicções a respeito de equidade, justiça e devido processo legal adjetivo são conflitantes entre si. O julgamento interpretativo deve observar e considerar essas dimensões; se não o fizer, é incompetente ou de má-fé, simples política disfarçada. Entretanto, também deve fundir essas dimensões numa opinião geral: sobre a interpretação que, todos os aspectos considerados, torna o histórico legal da comunidade o melhor possível do ponto de vista da moral política. Dessa forma, os julgamentos legais são difusamente contestáveis.

Essa é a versão do direito como integridade. Acredito que oferece uma explicação melhor de nosso direito do que o fazem o convencionalismo e o pragmatismo em cada uma das duas principais dimensões da interpretação, de modo que nenhuma troca entre essas dimensões faz-se necessária no nível em que a integridade compete com outras concepções. O direito como integridade fornece tanto uma melhor adequação quanto uma melhor justificativa de nossa prática jurídica como um todo. Defendo as exigências da justificativa identificando e estudando a integridade como uma qualidade claramente perceptível da política comum, diversa das virtudes da justiça e da eqüidade e, às vezes, entrando em conflito com ela. Devemos aceitar a integridade como uma virtude da política comum, pois devemos tentar conceber nossa comunidade política como uma associação de princípios; devemos almejar isso porque, entre outras razões, essa concepção de comunidade oferece uma base atraente para exigências de legitimação política em uma comunidade de pessoas livres e independentes que divergem sobre moral política e sabedoria.

Discuti a primeira alegação – de que o direito como integridade fornece uma adequação esclarecedora com a nossa prática jurídica – ao mostrar como um juiz ideal comprometido com o direito como integridade decidiria três tipos de casos difíceis: pertinentes ao *common law*, à legislação e, nos Estados Unidos, à Constituição. Fiz com que Hércules decidisse vários casos que ofereci como exemplos práticos no capítulo I, e minhas alegações de adequação podem ser verificadas se compararmos seu raciocínio com o tipo de argumentos que pareciam apropriados aos juristas e juízes de ambas as posições, naqueles casos. Contudo, esse é um teste muito limitado para ser decisivo; os estudantes de direito e os juristas poderão testar o poder esclarecedor do direito como integridade em oposição a uma experiência muito mais ampla e variada do direito em funcionamento.

Já disse o que vem a ser o direito? A melhor resposta seria: até certo ponto. Não concebi um algoritmo para o tribunal. Nenhuma mágica eletrônica poderia elaborar, a partir de meus argumentos, um programa de computador que fornecesse um veredito aceito por todos, uma vez que os fatos do caso e o texto de todas as leis e decisões judiciais passadas fossem colocados à disposição do computador. Mas não cheguei à conclusão que muitos leitores considerariam de senso comum. Não afirmei que nunca há um caminho certo, apenas caminhos diferentes, para decidir-se um caso difícil. Ao contrário, afirmei que essa conclusão aparentemente sofisticada é um sério equívoco filosófico, se a entendermos como um exemplo de ceticismo externo, ou uma posição política polêmica apoiada em convicções políticas dúbias, se a tratarmos da maneira que estou inclinado a fazer, como uma perigosa incursão pelo ceticismo interno global.

Descrevi as questões interpretativas frequentes que um juiz deveria se colocar e, também, as respostas que, acredito, deveria dar às questões mais abstratas e básicas. Aprofundei o processo, em alguns casos, passando pelos vasos capilares bem como pelas artérias da decisão, mas somente como um exemplo, e sem maiores detalhes do que os necessários para ilustrar o caráter das decisões que os juízes devem tomar. Nossa preocupação principal foi identificar os pontos de ramificação do argumento jurídico, os pontos em que a opinião se divide da maneira proporcionada pelo direito como integridade. Para cada caminho seguido por Hércules, com base nessa concepção geral, um outro jurista ou juiz, que partisse da mesma concepção, encontraria um caminho diferente e terminaria em um lugar diferente, tal como o fizeram os juízes de nossos casos experimentais. Ele terminaria de forma diferente, pois se afastaria de Hércules, seguindo suas próprias considerações, mais cedo ou mais tarde, em algum ponto polêmico da discussão.

Se fui bem-sucedido em mostrar o que é o direito, todavia, cada leitor tem uma pergunta distinta. Ele deve perguntar-se até que ponto iria seguir-me nessa linha de argumentação, dadas as várias convicções morais, políticas e interpretativas que pensa ter após a reflexão que tentei provocar. Se ele abandonar meu argumento precocemente, em algum estágio abstrato crucial, então terei, em boa medida, falhado com ele. Caso o abandone mais tarde, num assunto relativamente detalhado, então terei sido bem-sucedido. Terei, contudo, falhado por completo se ele nunca abandonar meu argumento.

O que é o direito? Ofereço, agora, um tipo diferente de resposta. O direito não é esgotado por nenhum catálogo de regras ou princípios, cada qual com seu próprio domínio sobre uma diferente esfera de comportamentos. Tampouco por alguma lista de autoridades com seus poderes sobre parte de nossas vidas. O império do direito é definido pela atitude, não pelo território, o poder ou o processo. Estudamos essa atitude principalmente em tribunais de apelação, onde ela está disposta para a inspeção, mas deve ser onipresente em nossas vidas comuns se for para servir-nos bem, inclusive nos tribunais. É uma atitude interpretativa e autorreflexiva, dirigida à política no mais amplo sentido. É uma atitude contestadora que torna todo cidadão responsável por imaginar quais são os compromissos públicos de sua sociedade com os princípios, e o que tais compromissos exigem em cada nova circunstância. O caráter contestador do direito é confirmado, assim como é reconhecido o papel criativo das decisões privadas, pela retrospectiva da natureza judiciosa das decisões tomadas pelos tribunais, e também pelo pressuposto regulador de que, ainda que os juízes devam sempre ter a última palavra, sua palavra não será a melhor por essa razão. A atitude do direito é construtiva: sua finalidade, no espírito interpretativo, é colocar o princípio acima da prática para mostrar o melhor caminho para um futuro melhor, mantendo a boa-fé com relação ao passado. É, por último, uma atitude fraterna, uma expressão de como somos unidos pela comunidade apesar de divididos por nossos projetos, interesses e convicções. Isto é, de qualquer forma, o que o direito representa para nós: para as pessoas que queremos ser e para a comunidade que pretendemos ter.

Índice remissivo

Abordagem econômica do direito, 323
Aborto, problema do, e integridade política, 216, 224-5
Ação afirmativa, 468; e teorias contra a discriminação, 460-1; e caso *Bakke*, 468-73
Acidentes, direito sobre. *Cf.* direito dos danos involuntários
Acontextual, significado (interpretação), 22, 29, 112, 414-5, 421-2
Acordo: o remédio jurídico de Brown como, 38; entre as virtudes políticas, 213-5; e leis "conciliatórias", 216-23; interno *vs.* externo, 218; aceitação convencionalista do, 254; *vs.* princípio de comparação de danos, 364-5; nas intenções dos legisladores, 388
Afirmações construtivas no direito, 274
Aguilhão semântico, 55-6, 84, 86, 89, 109; e sistema jurídico, 114; e paradigmas jurídicos, 114-5; e direito perverso, 128; e a decisão de Hércules, 313; e prestação jurisdicional em matéria constitucional, 431

Alemanha nazista: e regra de reconhecimento, 43; o "direito" na, 126-34; e responsabilidade de grupo, 209-10
Alpers, Svetlana, 52 (n. 35)
Ambiguidade, e interpretação das leis, 419-22
Analogia da corda: e instituição da cortesia, 85-6; e "direito" nazista, 128. *Cf. também* Cadeia do direito
Argumentos políticos: no caso *McLoughlin*, 34-5; *vs.* princípio, 266-9, 292-3, 372-5, 405-6, 455; e remédios jurídicos, 465; na legislação *vs.* prestação jurisdicional, 489. *Cf. também* Teoria econômica dos danos involuntários
Arte, e intenção do autor, 67-80
Associações fraternais, 242-3; *Cf. também* Obrigações associativas
Atitude de protesto contra a lei, 492; e integridade, 230-1; e compartimentalização, 301-2
Atitude interpretativa: e divergência, 56-7; com relação à cortesia, 57-9 (*cf. também* Cortesia);

e ponto de vista interior, 59, 94; e
etapas da interpretação, 81-4;
objetiva, 94-101; e ceticismo interior,
96-8 (*cf. também* Ceticismo interior);
e sistemas jurídicos estrangeiros,
127-9, 132; e direito perverso,
131-4; do convencionalismo,
144-5; sobre as práticas convencionais,
151; e a necessidade de paradigmas,
não de convenções, 168-9; com relação
às obrigações associativas, 240-1, 246-7
Ativismo na interpretação constitucional:
vs. passivismo, 441-2; *vs.* direito como integridade,
452; e Hércules, 474-5
Atos performativos: promessas como, 413; legislação como, 414
Austin, J. L., 413 (n. 10)
Austin, John, 40-3, 135, 143 (n. 2)
Automóveis, como exemplo de intenção, 124-5; fabricantes de, em
exemplo de responsabilidade institucional, 205-8
Autonomia de governo, e integridade política, 229-30
Autoridade, o direito como, 116-7
(n. 3)

Bakke, caso, 468-73
Bem-estar, no utilitarismo, 347-55
Bentham, Jeremy: sobre direitos, 448; e positivismo jurídico, 170-1
(n. 6)
Berger, R., 432 (n. 6)
Bickel, Alexander M., 215 (n. 4)
Bork, R., 431 (n. 5), 446 (n. 12)
Brest, Paul, 385 (n. 3)

Brown, caso, 36-8; como revolução social, 4, 466, 468; remédio
jurídico no, 37, 464-8; e positivismo jurídico, 45-6; e convencionalismo,
146-7, 160-1; e integridade *vs.* pragmatismo, 265; e
moral popular, 299; e 14ª Emenda, 425; e historicismo, 438-9; e
passivismo, 446-7; a interpretação de Hércules do, 453-68,
475-6; a teoria das fontes banidas, 458-9. *Cf. também* Décima
Quarta Emenda
Burger, Warren, 27, 29, 47
Busing (transporte escolar de crianças de bairros brancos para escolas
de bairros negros, e vice-versa, com o objetivo de criar
integração racial nas escolas), 265, 467-8

Cadeia do direito: e romance em
cadeia, 275-9; e o personagem
Scrooge, 279-85; e o respeito ao
texto, 285-6; interação entre adequação e justificativa, 286-7; interpretação
das leis na, 377. *Cf.
também* Analogia da corda
Calabresi, G., 189 (n. 1), 336 (n. 4),
338 (n. 5)
Câmara dos Lordes: e decisões sobre
os relatórios confidenciais,
4-5; e precedente, 31-2; no caso
McLoughlin, 34-5, 47; do ponto
de vista convencionalista, 141-2;
e imunidade dos advogados, 264,
478-9
Cardozo, Benjamin, 14 (n. 7)
Carro de som: exemplo no jogo
limpo, 235

Casos criminais, e importância do direito, 3-4. *Cf.* também Casos

Casos difíceis: o direito como simples questão de fato, 14; nas teorias semânticas, 48-9, 54; questões de pós-interpretação nos, 124; no sistema nazista, 131; e interpretação, 131-2; abordagem convencionalista dos, 142-3, 154, 157-8, 162, 169, 192; tratamento pragmático dos, 192-6, 198-9; no direito como integridade 272-3, 276, 306, 308, 316-7, 490; Hércules *vs.* juízes reais nos, 315-6; e casos fáceis, 316-7, 422-3; ponto de vista popular sobre os, 317; e estudos jurídicos críticos, 328-31; e abordagem da simulação do mercado, 361-2; e os sonhos do direito, 488; e ponto de vista da "solução única", 491. *Cf.* também Lacunas no direito; "Criar" lei

Casos essenciais: *vs.* defesa "limítrofe" do positivismo, 50-2; e divergência, 55-6. *Cf.* também Paradigmas

Casos fáceis, problema dos, 422-3

Casos parecidos: tratamento semelhante dado aos, 201-2; e integridade política, 263-9. *Cf.* também Coerência com o passado; Precedente

Categorias banidas, 458-63, 469

Causalidade, exemplo do conceito de, 39, 104-5 (n. 27)

Cavell, Stanley, 69-70, 73

Certeza, valor da, 439-40

Ceticismo: e interpretação, 94-6, 104-5 (n. 27), 284-5; interior e exterior, 96-106, 318 (*cf.* também Ceticismo exterior; Ceticismo interior); sobre a moral, 98, 104-5 (n. 27), 106; com relação ao direito, 98, 107, 319-20; pragmatismo jurídico como, 119, 195; com relação à instituição associativa, 246, 248; com relação ao direito como integridade, 274-5, 312, 317-22; sobre o romance em cadeia, 276-8, 284-5; nos estudos jurídicos críticos, 322-6; argumento interpretativo *vs.* argumento histórico no, 324-5; e passivismo, 445-6; sobre os casos difíceis, 491; e liberalismo, 327-8 (n. 19)

Ceticismo exterior, 96-106, 318, 324, 446, 491

Ceticismo interior, 96-106, 491; sobre o romance em cadeia, 276-8; em relação ao direito como integridade, 318-22; nos estudos jurídicos críticos, 324-6; no passivismo, 446; sobre a moral, 104-5 (n. 27). *Cf.* também Ceticismo

Chayes, A., 467 (n. 22)

Ciência social e interpretação, 67, 78, 84. *Cf.* também História

Clareza de linguagem, e interpretação das leis, 419-22

Coerência: e integridade política, 263-9; e direito como integridade, 273-4

Coerência com o passado: e convencionalismo, 159-65, 179-80; e pragmatismo jurídico, 185, 194-5, 197-8; e integridade política, 204, 263-4; e direito como integridade, 273-4

Coerência do direito, e caso *Elmer*, 23. *Cf.* também Integridade, direito como

Coleman, Jules, 154 (n. 4)
Common law: cadeia do, 286-7; conflito de direitos no, 374-5. *Cf.* também Danos emocionais; Leis dos danos involuntários; Precedente
Compartimentalização do direito, 301-4
Comunidade: e atitude interpretativa, 56-8, 60; personificação da, 78-80, 204-12, 226-7, 271, 356; e direito como integridade, 119-20; em integridade política, 228-9; "básica" *vs.* "verdadeira", 243-4, 246-7, 251; sociedade política como, 251-2; modelo *de facto* de, 252, 255; modelo baseado em códigos de, 253-4, 256, 413; e o amor, 259; riqueza da, 334-8 (*cf.* também Riqueza, teste da); interpretação pura do direito dirigido à, 485-6; e atitude de direito, 492
Comunidade de princípios, 254; e legitimidade, 258, 260; no direito como integridade, 258-60; e integridade, 291-2, 314, 482-3, 490; e responsabilidade privada, 361, 371; e convicções dos legisladores, 394-6, 403; e história legislativa, 413-4; e justiça, 484
Conceito do direito, 115-7, 134-6; e força de lei, 135-6, 231
Concepções do direito, 117-20; problemas para, 124-6; e direito perverso, 126-9, 134; sobre os fundamentos e a força do direito, 134, 138; e prática jurídica, 169; e legitimidade, 231. *Cf.* também Convencionalismo; Integridade, direito como; Pragmatismo jurídico

Conflito: entre virtudes políticas, 213-5, 228; dos direitos abstratos, 353, 356, 363, 368, 372, 374; das convicções, 396-400
Consciência coletiva, 78, 79 (n. 15)
Consciência de grupo, 78, 79 (n. 15)
Consenso: na etapa pré-interpretativa, 81; *vs.* convenção, 165-9
Consentimento, legitimidade por meio do, 233-4
Consequencialismo. *Cf.* Teoria econômica dos danos involuntários; Normas de atuação; Utilitarismo
Conservadorismo: dos juízes, 428--30; e Hércules, 475
Constituição dos Estados Unidos: e cânone jurídico, 113; e ponto de vista convencionalista, 142, 168; e cláusulas sobre a escravidão, 223; e moral popular, 299; limitações na, 425; e o papel da Suprema Corte, 425-8; fundadores não representativos da, 436; como lei, 453; exigência de racionalidade na, 456-7, 473. *Cf.* também Suprema Corte
Conto de Natal, como romance em cadeia, 279-84
Contradição: e ponto de vista cético da integridade, 320, 322, 324--6; no liberalismo, 326, 328-31 (n. 20)
Contrafactuais, estados de espírito, 390-4
Convenção: na teoria de Hart, 42-3; *vs.* consenso, 165-9; coordenação por meio da, 176-9. *Cf.* também Regras
Convencionalismo, 118-20, 141-5, 488, 490; e pretensões juridicamente protegidas, 119, 186; pon-

to de vista popular por trás do, 141-2, 144, 146, 148; e teorias semânticas positivistas, 143-4; como apelo às expectativas protegidas, 145-8, 169-70; e convenções jurídicas, 148-52; estrito *vs.* moderado, 152-9; e coerência com o passado, 160-4, 179; e atenção às leis ou aos precedentes, 159-62, 165; e direito como integridade, 164, 271-2, 311, 489-90; e distinção convenção-consenso, 165-9, 177; *vs.* desenvolvimento do direito, 167-8, 192, 487; e democracia, 170-1; e equidade de, 170-3; e redução da surpresa, 172-6; unilateral, 173-5, 179-80, 437-8; e coordenação, 176-9, 182, 191; e pragmatismo jurídico, 179-83, 192, 196-7, 315; e igualdade formal, 225; e modelo de comunidade baseada em códigos, 254, 256; e compartimentalização, 301; e casos fáceis, 316-7; e o argumento da estabilidade, 437; e passivismo, 444; e regra de reconhecimento, 143 (n. 2); e hábito de obediência, 143 (n. 2)

Convencionalismo moderado, 152-7
Convencionalismo unilateral (unilateralismo), 173-5, 179-80, 437-8
Convenções jurídicas, 142, 148-52. *Cf. também* Convencionalismo
Convicções: na intenção legislativa, 390, 393-403, 432; na interpretação constitucional, 433-4
Coordenação: por meio de convenções, 176-9; e ponto de vista pragmático, 180-1; por meio de regulamentação retrospectiva,

191; e pragmatismo jurídico, 192-3
Corporações, em exemplo de responsabilidade institucional, 206-8
Cortesia: atitude interpretativa com relação a, 57-9; interpretação construtiva da, 63-4; intenções na, 70-1; e etapas da interpretação, 82; exposição filosófica da, 84-9; e ceticismo, 98, 100-1; como convenção, 151; e função do juiz, 275; *vs.* justiça, 90-1 (n. 20)
Cover, Robert, 263 (n. 27)
"Criar" lei: *vs.* divergência teórica, 8-9; e convencionalismo, 145, 147, 155, 161, 173; e direito como integridade, 147-8; e coerência com o passado, 162. *Cf. também* Lacunas na lei; Casos difíceis
Crítica literária comparada à função dos juízes, 275
Custo comparativo, e igualdade, 362-71
Custos das transações, 335-8, 346

Danos morais: e caso *McLoughlin*, 30, 33, 288-99, 309 (*cf. também*, *McLoughlin* caso); e convencionalismo, 144-5
Danos previsíveis: princípio do direito consuetudinário sobre os, 33; na abordagem de Hércules, 289, 293-8
Davidson, Donald, 245 (n. 22)
Décima Quarta Emenda, 36; e segregação nas escolas, 37; acordo interior anulado pela, 224; como limitação, 425; e papel da Suprema Corte, 427-8; e histo-

ricismo, 432-3, 471; e educação com segregação racial, 432; e mudança de circunstâncias, 437; e o direito contra a discriminação, 456-68; e ação afirmativa, 471-3. *Cf. também* Igual proteção
Defesa "finger-crossed", 49-50
Defesa limítrofe, do ponto de vista do positivismo, 49-52
Deficientes físicos ou mentais, e igualdade de recursos, 366-7, 486
Democracia: e expectativas protegidas, 170-1; e intenção dos legisladores, 436; e passivismo constitucional, 443-5; e a abordagem de Hércules, 474, 476; e positivismo jurídico, 170-1 (n. 6)
"Descoberta" do direito, *vs.* divergência teórica, 8-9
Desobediência civil, e força de lei, 139
Dever: de obedecer à lei, 139; de ser justo, 234; de aumentar a riqueza, 345-7. *Cf. também* Obrigação política
Devido processo legal adjetivo, 203; em conflito com outras virtudes, 214-5, 482-3; e integridade na prestação jurisdicional, 262-3; no direito como integridade, 271-2, 291; na interpretação de Hércules, 404-5; na integridade política, 482-3; e integridade pura, 484
Dilthey, Wilhelm, 62-3 (n. 2)
Direito: divergência empírica sobre o, 8, 41, 46; fundamentos do, 8-9, 15, 138 (*cf. também* Fundamentos do direito); divergência teórica sobre o, 8-11, 15 (*cf. também* Divergência teórica em

direito); o direito como simples questão de fato, 10-5, 19, 25, 38; (*cf. também* direito como simples questão de fato); e justiça, 11, 122; diretrizes vagas no, 12-3; como fenômeno social, 16-8, 40-1 (n. 29); perspectivas interiores e exteriores sobre o, 18-9; como um todo coerente, 24-5; e ceticismo, 98, 107, 319-20; forças centrífugas e convergentes no, 110; paradigmas do, 110-1, 114; desenvolvimento do, 111-2, 167-8, 192, 487; conceito de, 115-7, 134-5, 231; questões fundamentais sobre o, 118; concepções do, 117-20, 123-6 (*cf. também* Concepções do direito); e moral, 120-3, 125; em lugares perversos, 126-34, 249-50; cadeia do, 275-86, 377; compartimentalização do, 300-4; abordagem econômica do, 323; purificado, 477, 485-8; limitações ao, 480-1, 489; império do, 485, 492; sonhos utópicos do, 486-8; astúcia do, 487; como autoridade, 116-7 (n. 3) (*cf. também* Leis)
Direito civil, e unilateralismo, 174
Direito como conceito de interpretação, 109-15, 489; e análise da interpretação, 60; e direito em lugares perversos, 126; e força de lei, 137; e direito como integridade, 273-5; e cadeia do direito, 275-86, 377; e distinção entre liberal e conservador, 428; e distinção entre interpretativista e não interpretativista, 431-2
Direito como integridade. *Cf.* Integridade, direito como

Direito penal, unilateralismo no, 174
Direito sobre a negligência: e lei sobre o mau uso da propriedade, 303-4; interpretação da, 333, 352-3, 374-5 (cf. também Lei dos danos involuntários)
Direitos: em mercados simulados, 334-5; vs. estratégias coletivas, 352-3, 455-6; e custo comparativo, 368-71; e passivismo constitucional, 448-52; e remédios jurídicos, 465; vs. bem público, 487. Cf. também Princípio
Direitos "como se", no pragmatismo jurídico, 187-9, 192, 196-7
Direitos legais, 116, 187; e convencionalismo, 119-20, 188; vs. outras formas de direito, 145; e pragmatismo jurídico, 187-90, 193; e direito como integridade, 292-3; prima facie abstratos, 352, 356, 362, 368, 372, 374; proteção judicial aos, 427; e historicismo, 441; contra a discriminação racial, 456-68; aplicação dos, 465-8; protegendo a equidade vs. justiça, 442-3 (n. 11)
Direitos políticos: e personificação da comunidade; 210-1; e integridade, 268; e políticas, 374-5
Discriminação. Cf. Discriminação racial
Discriminação inversa. Cf. Ação afirmativa
Discriminação racial: e obrigação associativa, 245; direito constitucional contra a, 341-7
Distinção conceito-concepção, 87--8; para a justiça, 91-2
Distinção de precedentes, no caso McLoughlin, 32-4

Distinções: perspectiva exterior vs. perspectiva interior em direito, 18-9; doutrina estrita vs. doutrina moderada do precedente, 30-3; usos padrão vs. usos limítrofes de "direito", 48-9; casos limítrofes vs. casos essenciais, 50-2 (cf. também Casos fáceis problema dos); interpretação da prática vs. atos ou pensamentos de participantes, 77; significado vs. extensão, 87; conceito vs. concepção, 87-8; justificativa vs. conteúdo dos direitos, 131-2; direitos frágeis vs. ausência de direitos (nos sistemas perversos), 133; fundamentos vs. força de lei, 135-6, 426; extensão implícita vs. extensão explícita da convenção, 151-2; convencionalismo estrito vs. convencionalismo moderado, 152-3; convenção vs. consenso (acordo de convicção), 165, 177-8; argumentos sobre vs. argumentos no interior das regras, 167-8; paradigmas vs. convenções, 168-9; comunidade "em estado bruto" vs. comunidade "verdadeira", 243-4; competição vs. contradição de princípio, 320; elaboração acadêmica vs. elaboração prática da teoria moral, 344-5; direitos vs. estratégias coletivas, 353, 455-6; uso vs. atribuição de propriedade, 361; linguagem clara vs. linguagem obscura, 419; integridade inclusiva vs. integridade pura, 483-4
Divergência: dilema sobre a, 53-6; concepção interpretativa de, 56-7 (cf. também Interpretação); subjetiva vs. objetiva, 94-5, 98, 101-2

(*cf.* também Ceticismo); sobre fundamentos e força de lei, 137--9; sobre convenções jurídicas, 150. *Cf.* também Divergência empírica; Divergência teórica em direito

Divergência empírica sobre o direito, 8, 38, 41, 46. *cf.* também Verdade e falsidade

Divergência teórica em direito, 8, 15; *vs.* "inventar" o direito, 9-10; e o direito como simples questão de fato, 10-5, 38, 46 (*cf.* também Ponto de vista do direito centrado nos fatos); e caso *Elmer*, 25; e caso do *snail darter*, 29; e caso *Brown*, 38; e teorias semânticas, 38-52 (*cf.* também Teorias semânticas do direito); e critérios factuais comuns, 52-4; interpretativa, 109

Divisão proporcional de custos, princípio da, 320

Dominação parental: como exemplo de integridade, 245-8; e igual proteção, 480

Dred Scott, caso, e passivismo, 447

Earl (juiz), 23-5, 27, 44, 49, 53, 160

Eliot, T. S., 73 (n. 11)

Elmer, caso, 20-5; e princípio de que ninguém deve beneficiar-se de seu próprio erro, 25; e caso do *snail darter*, 26; e interpretação do direito natural, 44; e positivismo jurídico, 45-6; e interpretação das leis, 109; e etapa pós-interpretativa, 125; e convencionalismo, 142-3, 150-1, 153, 159; e pragmatismo jurídico, 192. *Cf.* também Lei sobre testamentos

Ely, John Hart, 431 (n. 5), 442 (n. 11), 448 (n. 15)

Equidade, 200-3; e convencionalismo, 171-2; e integridade, 202, 314, 483; e justiça, 214; em conflito com outras virtudes, 214-5, 228, 483; e leis "conciliatórias", 216, 218-9, 221-2; e igual proteção, 225; do ponto de vista pragmático, 227; comunidade de princípios, 257; no direito como integridade, 271-2, 291, 306; no tratamento dado por Hércules ao caso *McLoughlin*, 292, 298-9, 309-10; e interpretação das leis, 384-5, 405, 407-8, 409, 415, 417-8; e história legislativa, 409, 436-7; e historicismo, 431; e passivismo, 448, 450-1; *vs.* maioria transitória, 451; e ativismo, 452; e teoria da classificação da justiça racial, 461-2; e integridade pura, 484-5

Erdlich, G., 167 (n. 5)

Escolha: obrigação comunitária de, 239-40, 244; em comunidades políticas, 250; e responsabilidade pública, 358-9

Escravidão, e integridade política, 223-4

Estabilidade, como fundamento lógico do historicismo, 437-41

Estado de natureza, e legitimidade, 235-6

Estado, personificação do, 204-12, 226-7

Estados de espírito dos legisladores, 379, 382, 386-9, 402;

comunicação dos, 379; e método de Hércules, 380; contrafactuais, 390-4; e legislação como comunicação, 416; e historicismo, 432-3. *Cf.* também Intenções dos legisladores
Estudos jurídicos críticos, 322-6; e liberalismo, 326-31
Etapa interpretativa, 81; e "direito" nazista, 129
Etapa pós-interpretativa, 81-2; e problemas jurídicos, 124-6; e afirmações convencionalistas, 144-5; e interpretação da Constituição, 428
Etapa pré-interpretativa, 81; para a justiça, 92-3; contingente e local, 113; para o direito, 115; e "direito" nazista, 128-30
Ewald, William, 198 (n. 2)
Exigência de racionalidade da Constituição, 456-7, 473
Expectativas. *Cf.* Previsibilidade: Expectativas protegidas
Expectativas asseguradas: como ideal convencionalista, 146, 148, 158-9, 169-70; e convencionalismo moderado, 157; e democracia, 170; e equidade das, 170-3; e previsibilidade *vs.* flexibilidade, 175-83
Extensão, e significado, 87
Extensão explícita da convenção, 152-3, 158, 173

Fairman, Charles, 37 (n. 28)
Fascismo, fora do direito atual, 487
Fato, questões de, 516
Feinberg, Joel, 206 (n. 10)
Felicidade, no utilitarismo, 347-55

Fellini, Federico, intenção de, 69
Fessler, D., 294 (n. 9)
Fidelidade ao direito: questão da, 5-6, 8; e ponto de vista de simples fato, 11; e caso do *snail darter*, 29; como obrigação política, 251; e historicismo, 433, 435
Filosofia do direito. *Cf.* Jurisprudência
"Finalidade" (propósito): e interpretação, 71; do direito, 110, 118-9, 172, 183, 426; da decisão judicial, 168; da lei, 410. *Cf.* também Propósito
Finnis, John, 44 (n. 32)
Fish, Stanley, 82 (n. 16), 95 (n. 23)
Fiss, Owen, 467 (n. 22)
Fontes banidas, 458, 460-2, 469
Força do direito: e fundamentos do direito, 136-7; e concepções do direito, 137-8; e desobediência civil, 138-9; *vs.* integridade na decisão judicial, 262-3. *Cf.* também Legitimidade
Frank, Jerome, 13 (n. 6)
Frankfurter, Felix, 428
Fundamentos do direito, 7, 15; verdade e falsidade dos, 7, 9; e ponto de vista da simples questão de fato, 10-5; e teorias semânticas, 38-52; critérios comuns para os, 53; e força de lei, 136, 262-3; e concepções do direito, 137-8; e desobediência civil, 138-9; no direito como integridade, 271, 312-3
Gadamer, H. G., 63 (n. 2), 67, 75
Gavison, Ruth, 40 (n. 29)
Goodman, Nelson, 391 (n. 5)
Gordon, Robert, 79 (n. 15), 325 (n. 18)

Gray (juiz), 22-3, 25, 27, 44, 47, 53, 160
Gray, J. C., 114 (n. 2)
Grey, Thomas, 68 (n. 6), 431 (n. 5)

Habermas, Jürgen, 63 (n. 2), 78 (n. 14)
Hare, R. M., 350 (n. 11)
Harr, C., 294 (n. 9)
Hart, H. L. A., 42-3, 135, 143 (n. 2)
Hegel, G. W. F., 18
Hércules, 287, 333, 454-5, 491; sobre o caso *McLoughlin*, 288-99, 309, 318-22; e prioridade local, 300, 302-4; e compartimentalização, 301; e aplicação de convicções pessoais, 310; como impostor, 311-4, 317; arrogante, 314-5; como mito, 315; pressuposto não contraditório de, 319-20; e estudos jurídicos críticos, 322-6; interpretação da lei, 377-8, 380, 396, 404-11, 415-24, 435, 453-4; e casos difíceis *vs.* casos fáceis, 423-4; e interpretação constitucional, 453-70, 472--6; como tirano, 476; e o direito puro, 477; e limitações, 479-80; divergência com, 491
Hermes, sua interpretação da lei, 381-403, 433
Hipótese de previsão, e a opinião do juiz como, 45
História: e prática jurídica, 16-9; da justiça, 90-1; do desenvolvimento do direito, 111-2, 167-8, 192, 487; e o direito como integridade, 273-4; nos estudos jurídicos críticos, 324-5; legislativa, 378--9; 409-15, 418, 463, 483. *Cf.* também Coerência com o passado

História legislativa, 378-9; da Lei das Espécies Ameaçadas, 28, 415; e declarações oficiais de propósito, 409-15; ao longo do tempo, 418-9; e os direitos da Décima Quarta Emenda, 463; e devido processo legal adjetivo, 483
Historicismo na prestação jurisdicional em matéria constitucional, 430-7; e estabilidade, 437-41; e ação afirmativa, 471
Holmes, Oliver Wendell, 18, 19 (n. 9)
Hutchinson, Allan, 329 (n. 20), 423 (n. 13)
Hyek, F., 176 (n. 13)

Ideais políticos. *Cf.* Virtudes políticas
Identidade institucional, 84-6
Igual proteção: e segregação na educação, 36-7, 427-8, 431-2, 434-5; e fundadores da Décima Quarta Emenda, 37, 433-4; e integridade política, 225; e papel da Suprema Corte, 427-8; interpretação histórica da, 431-2; do modo como se requer dos estados, 455-6, 481-2; e abordagem de Hércules à, 455-68, 480; e ação afirmativa, 471
Igualdade: e relações familiares, 247-8, 480; e aumento da riqueza, 351-5; concepções de, 357--60; de recursos, 357-9, 362-71, 374, 481-2, 486; e responsabilidade pública *vs.* responsabilidade privada, 359-62; ceticismo a respeito da, 446. *Cf.* também Princípio igualitário

Igualdade de recursos, 357-9, 362-71, 374, 481-2, 486
Imunidade do advogado, como exemplo de integridade, 264, 480-1
Integridade, o direito como, 119-20, 260-1, 271-3, 305-7, 489-91; e precedente, 146, 288, 478-80; sobre a criação de novas leis, 147-8; convencionalismo moderado como, 156-7; e convencionalismo, 164, 271-2, 311, 488-90; e direitos legais, 186, 374-5; como interpretação contínua, 273-5, 286-7; e história, 273-5, 324-5; e cadeia do direito, 275-87, 377; e Hércules sobre o caso *McLoughlin*, 287-99, 309, 320-2; e prioridade local, 300-4, 479-80, 483-4; e as pessoas como intérpretes, 301-2; e objeções a Hércules, 309-17; e casos difíceis *vs.* casos fáceis, 316-7; ceticismo com relação ao, 317-22; e estudos jurídicos críticos, 322-31; e lei sobre os acidentes, 362, 371; e interpretação das leis, 377-8, 380 (*cf.* também Interpretação das leis); e interpretação das leis segundo Hércules, 405-7, 409, 415, 418-9; e o argumento de Marshall, 426-7; na distinção liberal-conservador, 428-9; e historicismo, 430-1; e valor da certeza, 439-40; e passivismo, 444-5; *vs.* ativismo, 430-1; e supervisão judicial, 466-7; teoria das categorias banidas, 470; e autopurificação do direito, 478; e supremacia legislativa, 479-80; e restrições à igualdade, 481-2; inclusiva *vs.* pura, 482-6; e direito mais puro, 485; e sonhos utópicos, 486-8. *Cf.* também Hércules

Integridade inclusiva, 483, 485, 489

Integridade legislativa, 203, 213, 261-2. *Cf.* também Integridade

Integridade pessoal, 202

Integridade política, 202; como virtude política distinta, 203, 213, 216, 223, 227-8, 313, 490; e direitos, 203; e eficiência da, 203, 228-9; na legislação e na prestação jurisdicional, 204, 213, 261-3; e coerência, 203, 263-9; e personificação da comunidade, 204-12, 226-7; em conflito com outras virtudes, 213-5, 226; e leis "conciliatórias", 216-23, 226, 261-2; e a Constituição dos Estados Unidos, 223-6; e comunidade, 228-9; e legitimidade, 232-3; na comunidade de princípios, 254-8, 314, 483-4, 490 (*cf.* também Comunidade de princípios); soberania da, 261-3; e convicções legislativas, 395, 402-3; estabilidade como, 440; e igualdade de recursos, 482, 486 (*cf.* também Igualdade de recursos); e julgamento, 489

Integridade pura, 484-5

Integridade textual das leis, 405-7, 409, 415, 418

Intenção: na interpretação da conversação, 61; e interpretação construtiva, 66; e interpretação social, 66, 70-1, 75-80; e interpretação artística, 67-71; e estrutura da interpretação, 71; e

valor estético, 72; declaração de vs. promessa, 413. *Cf.* também Propósito
Intenção do falante, ponto de vista do, na interpretação das leis, 378-82; e problemas de autoria, 382-5; intenção combinada no, 385-6, 402-3; esperanças e expectativas no, 386-90; e convicção do legislador, 390, 393-403; momento canônico em, 416-9; e obscuridade, 420; e historicismo sobre a Constituição, 433
Intenções dos legisladores: e caso *Elmer*, 23-4; e caso do *snail darter*, 26-9; como problema, 125; mudança de atitude com relação às, 167-8; do ponto de vista pragmático, 192-3; ponto de vista de Hércules sobre as, 377-8, 381, 416, 418; ponto de vista da intenção do locutor, 379-93, 402, 404, 416, 418, 420, 433; contra a revogação ou a emenda, 383; e alternativas realistas, 387; e convicções, 390, 393-403, 433; e história legislativa, 409-15; e tempo, 416-9; e Décima Quarta Emenda, 432-4, 437, 463, 471; e historicismo, 430-41; *vs.* passivismo, 441-2
Interpretação, 60; como conceito interpretativo, 60; científica, 60-1, 65; e propósito, 60-4, 68, 71, 75-80, 275; da conversação, 61-7, 78-80; construtiva, 64-6, 68, 74-5, 80, 112, 379, 402; e atos individuais *vs.* práticas coletivas, 66-7, 77-80; e método da intenção do artista, 65-75; literária, 72, 81; etapas da, 81-4; *vs.* invenção, 81-2; hipóteses ou convicções na, 83-4; e identidade institucional, 84-6; e distinção conceito-concepção, 86-8 (*cf.* também Concepções do direito); e paradigmas, 88-9, 114-5; da justiça, 89-93 (*cf.* também Justiça); ceticismo sobre a, 94-108, 284-5; o direito como, 109-15, 126, 273-4, 488-9; adequação e justificativa na, 169-70, 277-8, 286, 305-6, 488-9; da justiça pelos cidadãos, 229-30, 254-5; da comunidade, 246-7, 251 (*cf.* também Comunidade); das práticas políticas, 259-60; e o direito como integridade, 271-5, 287 (*cf.* também Integridade, direito como); *vs.* dicotomia entre descobrir e inventar o direito, 274-5; romance em cadeia, 275-86; e dicotomia entre liberdade e restrição, 281-2; e opiniões formais e substantivas, 283-4; e respeito pelo texto, 286; e Hércules no caso *McLoughlin*, 288-99, 309, 319-22 (*cf.* também Hércules); princípios competitivos e contraditórios na, 289, 320; como adequação às decisões judiciais *vs.* opiniões, 296-7, 343; prioridade local na, 300-4, 480-1, 483-4; convicções políticas na, 310
Interpretação artística, 61, 65-75
Interpretação construtiva, 64-6, 68, 74-5, 80; teoria jurídica como, 112; *vs.* ponto de vista da intenção do falante, 379, 402. *Cf.* também Interpretação
Interpretação criativa, 62-6, 68, 71, 75, 80, 275

Interpretação da Constituição: e o caso *Brown*, 36-7; liberalismo *vs.* conservadorismo na, 428-30; historicismo na, 430-41, 471; passivismo na, 441-53, 472; ativismo na, 442, 452, 474; e prática jurídica norte-americana *vs.* a de outros países, 452-3; abordagem de Hércules à, 453-76; e direitos individuais, 455-6; e discriminação racial, 456-68; e remédios jurídicos, 464-8; e ação afirmativa, 468-73. *Cf.* também Constituição dos Estados Unidos

Interpretação da conversação, 61-7, 78-80, 379

Interpretação da legislação. *Cf.* Intenções dos legisladores; Interpretação das leis

Interpretação das leis, 21-2, 377-8; literal, 22, 124, 159; intenção dos legisladores na, 23-4, 27-9, 377-93 (*cf.* também Intenções dos legisladores); do ponto de vista convencionalista, 141-2, 151, 159-60; divergência sobre, 151; e coerência com o passado, 161-4; do ponto de vista pragmático, 180, 188-9, 197; método de Hércules, 377-8, 381, 396, 404-12, 415-24, 435, 453-4; história legislativa na, 379, 409-10; convicções dos legisladores, 390, 393-403; e tempo, 416-9; e "obscuridade" da linguagem, 419-22. *Cf.* também Leis

Interpretação do direito. *Cf.* Concepções do direito; Convencionalismo; Integridade, direito como; Pragmatismo jurídico

Interpretação literal, 22; como problema, 124; como critério do convencionalismo estrito, 159

Interpretação literária: intenção do autor na, 72; e etapa pré-interpretativa, 81

Interpretação social, 60-7, 71, 76-80

Invenção *vs.* interpretação, 81, 83

"Inventar" lei, *vs.* divergência teórica, 8-9. *Cf.* também "Criar" lei

Jogo limpo: como defesa da legitimidade, 235-7; e comunidade baseada em códigos, 256

Johnson, J. W., 167 (n. 5)

Juízes: mecânicos, 11, 23; poder discricionário dos, 12; e a tomada de decisões intuitivas, 14; opinião pública sobre os, 15; na exploração da prática jurídica, 19; e doutrinas do precedente, 30-3; e ponto de vista do realismo jurídico, 45; interpretação dos, 109-10, 488-9; e jurisprudência, 113; e força de lei, 138, 262-3; convencionalismo, 142, 145, 147, 154-5, 158, 180, 192, 272; e expectativas protegidas, 158-9; e coerência com o passado, 161--4; e pragmatismo jurídico, 181, 185-99, 272; e integridade política, 204; e integridade na prestação jurisdicional, 261-3, 271; e direito como integridade, 273--4, 286-7, 292, 294, 305-8; como autores e críticos, 275; e Hércules, 287, 315-6 (*cf.* também Hércules); e declaração explícita de princípio, 296; e interpretação das leis, 378-9, 389, 399-400, 409-10 (*cf.* também Interpretação das leis); libe-

rais vs. conservadores, 428-30; e direitos das minorias, 448-9; nos casos de dessegregação nas escolas, 446-7; restrições que incidem sobre os, 478-81, 489; questões de interpretação colocadas aos, 491
Jurisprudência (filosofia do direito): e divergência teórica no direito, 9-10; ceticismo com relação à, 106; nos argumentos jurídicos, 112-3; e fundamentos vs. força de lei, 137-8; e advogados, 454; da integração racial, 446-7; e seus sonhos quanto ao direito, 486-8
Justiça, 200-1; e direito, 10, 122; e teoria do direito natural, 44; como conceito de interpretação, 89-93; no pragmatismo jurídico, 185, 227; e integridade, 202, 229-30, 314, 482-3; no comportamento pessoal, 211; equidade como, 214; em conflito com outras virtudes, 215, 228, 483; e leis "conciliatórias", 216-23; e igual proteção, 225; e o dever de mantê-la, 234; vs. obrigações comunitárias, 244-9; na comunidade de princípios, 257-8; no direito como integridade, 271-2, 291, 306, 313; no tratamento dado por Hércules ao caso *McLoughlin*, 290, 298-9, 309; elaboração acadêmica vs. elaboração prática da, 344-6, 350-1; e o dever de aumentar a riqueza, 345-7; utilitária, 347-55 (*cf.* também Utilitarismo); na interpretação das leis segundo Hércules, 404-5; ceticismo quanto a, 446; e passivismo, 446-9; na integridade pura, 483-4

Kant, Immanuel, e autolegislação, 229
Kennedy, Duncan, 259 (n. 26), 323 (n. 16), 325 (n. 18)
Klare, K., 323 (n. 16), 325 (n. 18)
Korematsu, caso, 449
Kuhn, Thomas, 65 (n. 4)

Lacunas no direito: e ponto de vista do direito como simples matéria de fato, 11-2; e positivismo, 45-7; e convencionalismo, 142-6, 155, 176. *Cf.* também Casos difíceis; "Criar" leis
Langen, P., 167 (n. 5)
Leader, Sheldon, 418 (n. 11)
Learned Hand, 3
Legislação: nas concepções do direito, 124; como comunicação, 379, 395, 416. *Cf.* também Leis
Legitimidade, 231-3; por acordo tácito, 233-4; e o dever de ser justo, 234; por meio do jogo limpo, 235-7; por meio das obrigações comunitárias, 249-51; e comunidade de princípios, 258-60
Lei das Espécies Ameaçadas, 26; história legislativa da, 27-8, 415; e intenções sobre a construção de uma barragem, 27-8; como exemplo de interpretação, 377, 380, 386-9, 390-4, 406-9, 417, 421-2. *Cf.* também *snail darter*, caso do
Lei dos danos involuntários: teoria econômica da, 333-43, 372 (*cf.* também Teoria econômica dos danos involuntários); e utilitarismo, 347-55; interpretação igualitária da, 355-71, 374-5; e igualdade de recursos, 357-60, 362-71,

374-5, 481-2; argumento antiliberal da, 328-31 (n. 20)
Lei dos delitos civis, ceticismo sobre a, 319. *Cf.* também Lei dos danos involuntários
Lei dos escravos fugitivos, 137, 263
Lei sobre o mau uso da propriedade: e lei sobre a negligência, 303-4; interpretação da, 333, 352-3, 374--5 (*cf.* também Lei dos danos involuntários)
Lei sobre testamentos, 20, 23, 150, 161, 382, 414, 420
Leis como documento *vs.* direito, 21; "conciliatória", 216-23, 226--7, 258, 262; e comunidade de princípios, 258; a Constituição como, 453. *Cf.* também Interpretação das leis
Leis "conciliatórias": como acordo político, 216-23, 226; e personificação do Estado, 227; e integridade, 262
Lewis, David, 151 (n. 3), 177 (n. 14)
Liberalismo: estudos jurídicos críticos sobre o, 326-31; dos juízes, 428-30; e Hércules, 475
Libertarismo, 357, 359, 362; e aguilhão semântico, 89, 94
Linguagem jurídica, flexibilidade da, 129-34
Lochner, caso, 447, 449, 475
Lukes, Stephen, 92 (n. 21)
Lyons, David, 154 (n. 4)

Madison, James, 223 (n. 9)
Marbury vs. Madison, 443
Marshall, John, 426-7
Marxismo: e justiça, 92-3; fora da esfera do direito, 487

McLoughlin, caso, 29-35, 47; e interpretação segundo o direito natural, 44; e positivismo jurídico, 46; e expectativas protegidas ou asseguradas, 146; no direito como integridade, 148; e convenção jurídica, 150; e convencionalismo moderado, 156; e convencionalismo estrito, 155; e coerência com o passado, 162; sob o unilateralismo, 174; e a surpresa, 172-3; e pragmatismo jurídico, 193-4, 197-8; e integridade, 214; e integridade *vs.* pragmatismo, 264-5; e cadeia do direito, 286-7; tratamento dado por Hércules ao, 289-99, 309, 318
Melamed, A. Douglas, 336 (n. 4), 338 (n. 5)
Mill, James, 214 (n.2)
Miller, Jonathan, 68 (n. 7)
Moral: no julgamento jurídico, 3--4; e ponto de vista do direito como simples matéria de fato, 10-12; e o precedente do caso *McLoughlin*, 35, 156; *vs.* políticos, 35; e teoria do direito natural, 44; ceticismo quanto à, 96--108; *vs.* preferência, 101-2; e o direito, 120-3, 125; *vs.* convencionalismo, 146-7; na interpretação das convenções, 151; e convencionalismo moderado, 157; no pragmatismo jurídico, 185-6, 195, 227; e integridade política, 202, 229-30; da comunidade personificada, 204-12; e obrigação política, 231-2; obrigações associativas na, 237-44; na equidade das decisões, 299; e compartimentalização do di-

reito, 301; e decisão de Hércules, 312-3; e elaboração acadêmica *vs.* elaboração prática, 344-6, 350-1; e o dever de aumentar a riqueza, 345-7; utilitarismo, 347-55 (*cf. também* Utilitarismo); e o cumprimento das promessas, 412-4; e Décima Quarta Emenda, 437; e liberalismo, 327-8 (n. 19). *Cf. também* Moral política

Moral política: problemas de, 5-6; e caso *Brown*, 37-8; e direito como integridade, 120, 286-7, 313-4; e concepções do direito, 125-6; e direito perverso, 130, 133-4; *vs.* expectativas protegidas, 145; e surpresas, 172; *vs.* força de lei, 262-3; e formulação explícita de princípios, 296--7; e casos difíceis, 306, 308; e interpretação, 310-1, 452, 489; e interpretação das leis, 381, 384-5, 411, 413-4; na interpretação constitucional, 439-40, 447-8; na política jurídica utópica, 488. *Cf. também* Moral

Nagel, Thomas, 99 (n. 24), 211
Negligência culposa, 341-2; comparativa, 341
Nelson, William, 224 (nn. 9-10)
Neurath, Otto, 137, 169
Nietzsche, Friedrich, e paradigmas da justiça, 93
Niilismo no direito: e medo dos teóricos semânticos, 54; e o direito como ilusão, 126
Nozick, Robert, 235 (nn. 18-19), 359 (n. 14)

Oakley, John, 25 (n. 13)
Objetividade, 100-1; e atitude interpretativa, 94-6, 98, 100-1; e casos difíceis, 317; e ceticismo exterior, 318. *Cf. também* Divergência empírica; Verdade e falsidade
Obrigação. *Cf.* Moral; Moral política; Obrigação política
Obrigação política, 231; e obrigações associativas, 237, 244, 248--9, 260; e emigração, 250
Obrigações associativas (comunitárias), 237-44; atribuições obrigatórias como, 237-8; condições das, 241-4; *vs.* justiça, 244-9; legitimidade por meio das, 249-51; e comunidade *de facto*, 252, 255; e comunidade baseada em códigos, 254, 256; e comunidade de princípios, 254-7, 260 (*cf. também* Comunidade de princípios)
Obrigações comunitárias. *Cf.* Obrigações associativas
Obrigações da comunidade. *Cf.* Obrigações associativas
Obscuridade da linguagem, e interpretação das leis, 419-22
Oitava Emenda, 425, 427
Opacidade das declarações e convicções, 397-8, 434

Paradigmas, 88-9; da justiça, 93; do direito, 110-2, 114-5; convencionalistas, 149; e atitude interpretativa, 168-9; preservação das espécies como, 408; e casos difíceis *vs.* casos fáceis, 423-4. *Cf. também* Casos essenciais
Parfit, Derek, 86 (n. 19)

Parlamento, e interpretação das leis, 411
Passivismo na prestação jurisdicional constitucional, 441-52; problemas de, 443; e equidade, 448-51; e justiça, 448-51; e ação afirmativa, 472; e Hércules, 474
Pensamento e expressão, 379
Perry, M., 431 (n. 5)
Personificação da comunidade ou do Estado, e integridade política, 204-12, 226-7, 271, 356
Plessy vs. Ferguson, 36, 147, 449, 453, 461, 463, 476
Polinsky, M., 343 (n. 7)
Política: o direito como, 11, 13; da prestação jurisdicional, 16, 454-5; e casos duvidosos, 50-1; como debate, 254
Ponto de vista do direito como simples matéria de fato, 10-5; e exemplos de casos, 19-20, 25, 38; e teorias semânticas positivistas, 38-9, 41, 45-6, 48-50; sobre as opiniões dos juízes, 112; e a máxima de Marshall, 426
Popper, Karl, 65 (n. 4)
Positivismo jurídico, 41-3, 45-52; e relação justiça-direito, 122; e relação moral-direito, 122; e direito perverso, 126-7; e uso inflexível no, 129-30; e natureza do direito vs. força de lei, 134; e o direito como autoridade, 116-7 (n. 3); e democracia, 170-1 (n. 6). Cf. também Teorias semânticas do direito
Posner, Richard, 334 (n. 1), 343 (n. 7)
Postema, G., 176 (n. 13)
Powell, H. J., 434 (n. 7)

Powell, Lewis, 28-9
Pragmatismo jurídico, 119, 185-7, 192-6, 489; e relação justiça-direito, 122; e convencionalismo, 179-83, 192, 196-7, 315; e moral, 185-6, 195, 227; e estratégia "como se" do, 187-9, 192, 196-7; e direitos, 187-9, 192, 195-9; e elaboração de regras prospectivas, 190-2; e desenvolvimento da cultura jurídica, 192; e direito como integridade, 264, 271-2, 292-3, 311, 489 90; e compartimentalização, 301; ativismo como, 451-2
Prática jurídica: argumentativa, 17; identificação da, 113; convenções na, 148-52; e pragmatismo jurídico, 192-5; e direito como integridade, 271; e ascensão da Suprema Corte, 426; e restrições, 479-81, 489; e impossibilidade de informatização, 190-1
Práticas tradicionais: e interpretação sexista da cortesia, 88-9; e igualdade, 245, 247-8, 480; e discriminação racial, 457, 463. Cf. também Cortesia
Precedente: doutrina atenuada do, 31-3; doutrina estrita do, 31-2, 478; e convergência da interpretação, 110; na concepção do direito, 123; e convencionalismo, 141, 150-2, 159, 161; divergência sobre a interpretação do, 151; e coerência com o passado, 161, 163; mudanças na doutrina do, 168; do ponto de vista jurídico-pragmático, 180, 188-90, 193, 197; na abordagem de Hércules, 288-99, 309, 404, 475-6, 479-80;

como restrição, 478-9; como devido processo legal adjetivo, 483. *Cf.* também Cadeia do direito
Prestação jurisdicional constitucional. *Ver* Interpretação da Constituição
Prestação jurisdicional: política prática de, 16; e integridade inclusiva, 489. *Cf.* também Juízes
Previsibilidade: *vs.* flexibilidade, 178-83, 188; por meio da compartimentalização, 301; valor da, 440. *Cf.* também Expectativas protegidas
Princípio: e acordo, 216-23; comunidade de, 254, 256-7, 483-4 (*cf.* também Comunidade de princípios); na integridade política, 266-9; *vs.* políticas, 266-9, 292, 372-5, 405-6, 455; contraditório *vs.* competitivo, 289, 320, 327-8; reconhecimento explícito do, 296-7; na justificativa utilitarista, 349-50. *Cf.* também Direitos
Princípio adjudicativo da integridade, 203, 213, 262-3, 403. *Cf.* também Integridade política
Princípio igualitário: e integridade, 267; e governo, 356; e igualdade racial, 455; e direitos constitucionais, 455-6. *Cf.* também Igualdade
Prioridade local nos juízos interpretativos, 300-4, 480-1, 483-4
Problemas: de direito, 6; de fidelidade, 6, 8, 11; de moral, 6, 11; de fato, 6, 15-6 (*cf.* também Divergência empírica; Verdade e falsidade); de reparação, 12; na etapa pós-interpretativa, 124-6

Processo criminal, coerência e integridade no, 269. *Cf.* também devido processo legal adjetivo
Processo legal justo. *Cf.* devido processo legal adjetivo
Processos civis, importância dos, 1. *Cf.* também Processos judiciais
Processos judiciais: importância dos, 3-5; problemas colocados pelos, 5-6; sob o unilateralismo, 175. *Cf.* também Casos; Casos difíceis
Processos que estabelecem precedentes. *Cf.* Casos essenciais
Promessas: e responsabilidades das autoridades públicas, 212; leis como, 412
Propósito e interpretação, 61-4, 68, 71, 75-80, 275; na interpretação das leis, 124; na história legislativa, 411-5; na Décima Quarta Emenda, 437. *Cf.* também Intenção; "Finalidade"
Propriedade: direitos abstratos na, 352, 361-2 (*cf.* também Direitos); nas concepções de igualdade, 356-62; e igualdade de recursos, 357-9, 486; política *vs.* princípio sobre a, 372-3. *Cf.* também Lei dos danos involuntários

Quine, W. V. O., 65 (n. 3), 398 (n. 6)
Quinta Emenda, 425

Rawls, John, 82 (n. 17), 214 (n. 1), 233-4, 235 (n. 18), 327 (n. 19)
Raz, Joseph, 85 (n. 18), 114 (n. 1), 117 (n. 3)

Realismo jurídico, 45, 188, 196-7; *vs.* direito como integridade, 274; e estudos jurídicos críticos, 324
Regra da pessoa razoável, 338-42, 368
Regra de reconhecimento, na teoria de Hart, 43
"Regra" do direito, 116
Regras: coordenação por meio de, 177-8; na justificativa utilitarista, 350-1. *Cf. também* Convenção; Princípio
Regras de simulação de mercado, 334-5; no dever de aumentar a riqueza, 345-7; no utilitarismo, 347-55; e igualitarismo, 355, 362-71
Regulamentação prospectiva *vs.* retrospectiva, 190-2
Relações familiares, e igualdade, 245, 247-8, 480
Relato de classificação subjetiva sobre um direito contra a discriminação, 457, 459-61
Responsabilidade: institucional, 205-8; coletiva, 209-10, 212, 229; das autoridades políticas, 210-2; princípio de, 320-1; pública *vs.* privada, 355-7, 361, 371-2 (*cf. também* Direitos legais); legislativa, 384-5, 408
Responsabilidade legislativa, 384-5, 408
Reparação, 12; e ponto de vista positivista, 47, 49
Riqueza, comunidade: definição de, 334, 345-7; o dever de aumentar, 345-7; no utilitarismo, 347-55
Riqueza, teste da, 334-8; e regra da pessoa razoável, 338-41; e negligência culposa, 341-2; e adequação, 342-3

Romance em cadeia, 275-9; e Scrooge, 279-85; e romance "verdadeiro", 286; e o direito, 286
Rousseau, Jean-Jacques, e autolegislação, 229

Scarman, lorde, 35, 47
Scrooge, interpretação de, 279-85
Segregação racial nas escolas: e direito "descoberto" *vs.* direito "inventado", 9; e caso *Brown*, 36-8, 461-3 (*cf. também* Caso *Brown*); e *busing* (transporte escolar de crianças de áreas brancas a escolas de áreas negras, e vice-versa, para criar escolas racialmente integradas), 265, 466-7; e papel da Suprema Corte, 427-8; e interpretação historicista, 431-5; e equidade, 450-1; remédios jurídicos contra, 464-8; e ação afirmativa, 468-73
Sensibilidade contextual: da linguagem jurídica, 130; e teorias semânticas, 133-4
Shavell, S., 343 (n. 7)
Significado: na atitude interpretativa, 57-8, 61; da prática *vs.* dos indivíduos, 66-7, 77-80; e extensão, 87
Significado do direito, 38. *Cf. também* Teorias semânticas do direito
Sistema de cotas. *Cf.* Ação afirmativa
Sistema federal: integridade política no, 225-6; e poder da Suprema Corte, 427-8; certeza *vs.* substância de alocação no, 440-1; injunção de igualdade no, 455-6, 481-2

Sistema majoritário: integridade no, 201, 215; e utilitarismo, 349-50; vs. direitos constitucionais, 426-7; e passivismo, 446-51; na abordagem de Hércules, 474; e equidade, 215 (n. 3). Cf. também Democracia
Skinner, B. F., 18
Snail Darter, caso do, 25-9; e positivismo jurídico, 45-6; e convencionalismo estrito, 155, 160; e convencionalismo moderado, 155-6; como exemplo de interpretação, 377, 382, 394, 396-9, 404, 410, 415
Sociedade. Cf. Comunidade
Sociologia: e prática jurídica, 16-9; no caso Brown, 38
Solidariedade coletiva, princípio da, 320
Soper, Philip, 154 (n. 4)
Stevens, John Paul, 429 (n. 3)
Supremacia legislativa: como restrição, 479; como equidade, 483; e justiça, 484
Suprema Corte dos Estados Unidos: poder da, 4, 425-7; no caso do snail darter, 27, 160; e precedente, 31; no caso Brown, 36-8; no ponto de vista convencionalista, 146-7; sobre uma vaga definição dos crimes, 174; regulamentação do aborto pela, 224, 226; e liberais vs. conservadores, 428-30; segundo a interpretação historicista, 438-9; e Marbury vs. Madison, 443; e passivismo, 449. Cf. também Brown, caso; Snail darter, caso do
Sutherland, A., 167 (n. 5)
Swift, Jonathan, 198 (n. 2)

Teoria acadêmica vs. teoria prática, 344
Teoria da legislação: e interpretação das leis, 22, 28-9; mudanças na, 166
Teoria do contrato social, 233-4
Teoria econômica dos danos involuntários, 333-8; e regra da pessoa razoável, 338-41; e negligência culposa, 341-2; adequação da, 342-3; e aumento da riqueza, 345-7; e utilitarismo, 347-55
Teoria igualitária sobre dano involuntário, 355, 374; e responsabilidade pública vs. responsabilidade privada, 355-7, 361, 371; custo comparativo na, 362-71
Teoria jurídica: aspectos da, 15-6; "exterior", 18-9; fundamentos e força do direito na, 135-6. Cf. também Divergência teórica em direito; Teoria da legislação
Teoria jurídica do comando, 41-2. Cf. também Positivismo jurídico
Teorias do direito. Cf. Convencionalismo; Integridade, direito como; Realismo jurídico; Ponto de vista do direito como simples matéria de fato; Positivismo jurídico; Pragmatismo jurídico; Teorias semânticas do direito
Teorias do direito natural, 44; e relação moral-direito, 122; relação justiça-direito nas, 122, 127; e o direito como integridade, 313; e Hércules, 473-4
Teorias semânticas do direito, 38-45; positivismo jurídico, 41-3, 45-52 (cf. também Positivismo jurídico); teorias do direito na-

tural, 44, 122, 127, 313, 473-4; realismo jurídico, 45, 188, 196- -7, 275, 324; defesas das, 45- 52; e usos centrais *vs.* usos nebulosos, 48-52; e casos essenciais, 50-2; como fuga ao niilismo jurídico, 53; e justiça, 89, 91; objetivo impossível das, 112; conflito entre o positivismo e o direito natural nas, 122; e direito perverso, 126-8, 134; uso inflexível nas, 129-30; e natureza do direito *vs.* força de lei, 135; e convencionalismo, 143-4; e coerência de princípio, 164-6

Proposições jurídicas, 6-7; fundamentos das, 7, 9, 15 (*cf. também* Fundamentos do direito); verdade ou falsidade das, 7, 40; teorias semânticas sobre as, 38-54; e analogia por causalidade, 39; usos essenciais *vs.* usos nebulosos, 48-52; e casos essenciais, 50-2; no direito como integridade, 271

Transparência das declarações e convicções, 398-9, 435

Transporte escolar, 265, 467

Tribe, Laurence, 224 (nn. 9-10)

Tushnet, Mark, 327 (n. 19)

Utilitarismo, 347-55; e aguilhão semântico, 89; e igualdade, 352-5, 357-8; e responsabilidade pessoal, 371-2; e discriminação racial, 457-8; no direito purificado, 486-7

Utopia: filosofia política como, 199- -200; na política jurídica, 486-7

Valores: e atitude interpretativa, 57-8; na interpretação construtiva, 64; e interpretação artística, 66, 69; da arte, 72-5; da integridade, 228; da certeza, 440

Verdade e falsidade: dos fundamentos do direito, 7, 9; das proposições jurídicas, 7-8, 40. *Cf. também* Divergência empírica; Objetividade

Verstehen, 63 (n. 2)

Virtudes políticas, 199-201; conflitos entre as, 145, 228, 482-3. *Cf. também* Equidade; Integridade; Justiça; devido processo legal adjetivo

Wakefield, John, 423 (n. 13)

Waldron, Jeremy, 229 (n. 14)

Walzer, Michael, 90 (n. 20)

Warren, Earl, 37, 430

Williams, Bernard, 99 (n. 24)

Wittgenstein, Ludwig: e forma de vida, 77; e analogia da corda, 85; sobre a comunicação do pensamento, 379

1ª edição 1999 | 3ª edição 2014 | 2ª reimpressão junho de 2021
Fonte TimesNewRomanPS | **Papel** Offset 75 g/m²
Impressão e acabamento EGB